Das Kind – Die Entwicklung in den ersten drei Jahren

Psychologie für pädagogische Fachkräfte

Katrin Hille,

Petra Evanschitzky,

Agnes Bauer

3., überarbeitete und erweiterte Auflage

Handwerk und Technik • Hamburg

handwerk-technik.de

ISBN 978-3-582-46346-3 Best.-Nr. 4798

Verlag Handwerk und Technik GmbH,
Lademannbogen 135, 22339 Hamburg; Postfach 63 05 00, 22331 Hamburg – 2024
E-Mail: info@handwerk-technik.de – Internet: www.handwerk-technik.de

Satz: CMS – Cross Media Solutions GmbH, 97082 Würzburg
Umschlagsmotiv: Dach, Martina, Ulm (aufgenommen in der Städtischen Kindertageseinrichtung Kinder- Welt-Entdecker Ruländerweg 1/1, Ulm): Bild 1, 2, 4–11;
Shutterstock Images LLC, New York, USA: Bild 3 (Maples Images)
Illustrationen: Tim Többe, Münster
Druck: Buchdruck Zentrum, 54595 Prüm

Zusatzmaterialien zu diesem Buch:
www.handwerk-technik.de/links/4798

Nutzen Sie unser kostenloses digitales Zusatzangebot!

An diesem Symbol erkennen Sie, dass Zusatzmaterialien angeboten werden.

Geben Sie in Ihrem Browserfenster folgenden Weblink ein:

handwerk-technik.de/links/XXXX *(fügen Sie für XXXX die Bestell-Nr. von der Rückseite des Buches ein).*

Anschließend wählen Sie das gewünschte Zusatzmaterial aus.

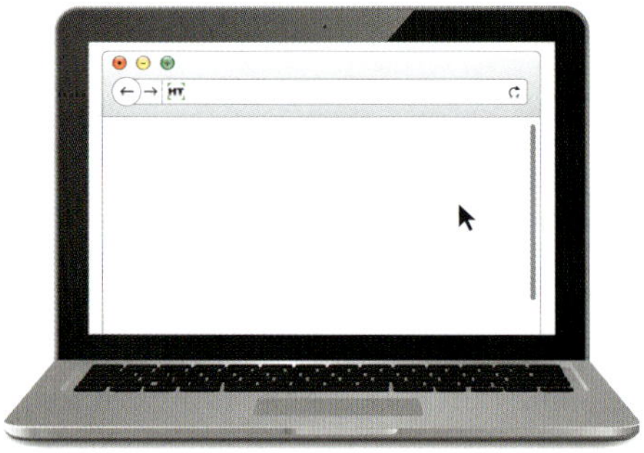

Vorab

Was wäre ein Buch für pädagogische Fachkräfte von Kindern in den ersten drei Jahren ohne einen Blick in Kinderkrippe und Kindertagesstätten für die Jüngsten? Dies war unser Anspruch. Deshalb haben wir Spuren aus der Praxis in dieses Buch einfließen lassen: Geschichten und Fotos von Kindern, Fotos und Zitate von pädagogischen Fachkräften sowie Erzählungen und Beobachtungen von Eltern. **Danke** den Eltern und pädagogischen Fachkräften für ihre Bereitschaft und ihre unkomplizierte Unterstützung. **Danke** der Fotografin. **Danke** den Kindern, dass wir fotografieren durften und so an ihrem Alltag teilhaben konnten. **Danke** auch den Kindern, deren Geschichten oder sprachliche Äußerungen in dieses Buch aufgenommen werden durften.

Ein Buch über die Entwicklungen von Kindern bis drei Jahren sollte auch wissenschaftlich fundiert sein. Da wir nicht in allen diesen Entwicklungsbereichen selbst forschen, haben wir die Expertise unserer Kolleginnen aus dem ZNL TransferZentrum für Neurowissenschaften und Lernen der Universität Ulm mit eingebunden. Wir haben von den Literaturtipps, Anregungen und Korrekturen profitiert. Das Buch auch. Weil Schokolade allein das nicht aufwiegt: hier unser offizielles **Danke**.
Auch standen uns erfahrene Weiterbilderinnen als Sparringspartnerinnen zur Seite. Sie haben unseren Blick immer wieder für die kindlichen Stärken und Kompetenzen geschärft und uns darin bestärkt, auch kritische Standpunkte einzunehmen und gut zu begründen. **Danke** dafür.
Ein Buch, das Brücken zwischen Wissenschaft und Praxis schlagen soll, gewinnt durch den Blick von Menschen, die beides gut kennen. Eine Erzieherin und Kindheitspädagogin zeigte uns immer wieder auf, wo wir noch weitere Brücken bauen können. **Danke** dafür.

Ein Buch, das (angehenden) pädagogischen Fachkräften einen Einstieg in die Psychologie des Kindes geben soll, profitiert auch von der Blickrichtung der Ausbildung. Wir haben all unsere Texte zur kritischen Prüfung einem Dozenten aus einer Fachschule für Sozialpädagogik zum Gegenlesen gegeben. Deshalb gibt es in diesem Buch jetzt ein paar wichtige Abschnitte, die wir sonst übersehen hätten. **Danke** dafür.

Die Autorinnen stellen sich vor

Katrin Hille, Psychologin, Jahrgang 1968

Meine Mutter war mit mir und meiner kleinen Schwester zu Hause. Aber ich erinnere mich nicht mehr daran. Ich erinnere mich aber an den Tag, an dem ich mit drei Jahren zum ersten Mal in den Kindergarten ging. Ich musste eine große Herausforderung meistern. Ich sollte von der Hand meiner Mutter weg und ganz allein durch den großen Raum zu den fremden Kindern und Erwachsenen gehen. In den folgenden Jahrzehnten hatte ich noch weitere Herausforderungen zu bestehen. Das hat wie damals im Kindergarten auch ganz gut geklappt. Mittlerweile brauche ich sogar Herausforderungen.

Petra Evanschitzky, Sozialpädagogin, Jahrgang 1970

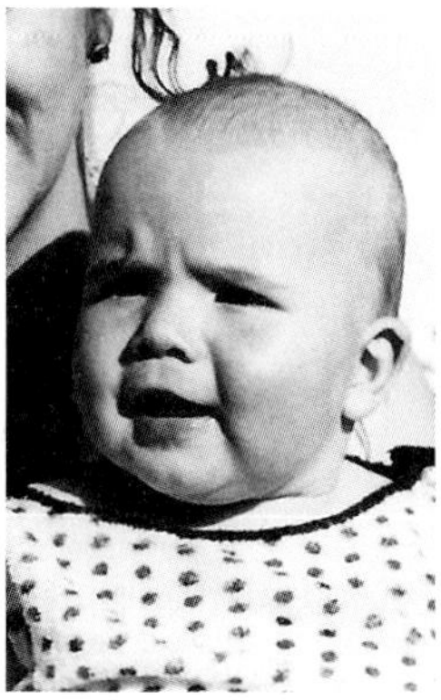

Weit in das Jahr 1973 reicht meine Erinnerung zurück: Opa, der mich auf ein kleines Fahrrad setzte, eine Nachbarin, die mich zu ihren Kindern einlud, wasserspuckende Steinpinguine (oder waren es Seehunde?) im Hof. Ich hatte alles, was heute eine Krippe bietet: liebevoll umsorgende Erwachsene – nicht nur die Eltern –, andere junge und ältere Kinder, viel Platz zum Spielen und Erkunden. Vor allem die anderen Kinder hatten es mir angetan. Den Erzählungen meiner Familie nach führte ich im Sandkasten gerne Regie. Eine Bauleiterin ist aus mir nicht geworden, aber dafür eine Regisseurin in der Welt der Pädagogik. Hier ist mir die Verbindung von wissenschaftlich-fundierten Erkenntnissen und konkretem Alltagshandeln ein Herzensanliegen geworden.

Agnes Bauer, Psychologin, Jahrgang 1981

Während meiner ersten drei Lebensjahre betreute mich meine Mutter, wie auch meine älteren Geschwister, wenn diese nicht im Kindergarten waren. Besonders mit meiner Schwester habe ich mich gut verstanden, von ihr habe ich damals wohl vieles übernommen. Außerdem gab es in der Nachbarschaft und im Freundeskreis einige kinderreiche Familien. So war ich häufig mit anderen Kindern zusammen, von denen die älteren mitunter auch die Betreuung übernahmen. Letzteres war nicht immer ganz einfach – es heißt, ich war sehr lebhaft und neugierig, bis hin zu draufgängerisch. Mindestens die Neugierde und die Freude an Beziehung sind mir geblieben. Ich liebe es, mich immer wieder tief in unterschiedliche Themen einzuarbeiten, um Menschen in ihrem Lernen und ihrer Entwicklung in verschiedenen Kontexten zu unterstützen.

Inhalt

Brückenschlag zur Pädagogik

Anhang

Zu diesem Buch

Dies ist ein Buch über die kindliche Entwicklung. Ein Psychologiebuch. Aber wenn Sie bei *Psychologie* jetzt an Pawlows Hund und Skinners Ratten denken, liegen Sie falsch. Hier geht es um junge Kinder – ihre Entwicklung und deren optimale Unterstützung und Begleitung.

Die Psychologie hat mehr zu bieten als Theorien losgelöst vom Praxisalltag. Wir haben unser Fach auf Praxistauglichkeit für Kindergarten und Krippe geprüft. Und wir haben es durch die Brille unserer langjährigen Zusammenarbeit mit Fachkräften der Frühpädagogik betrachtet. Das Ergebnis ist eine Zusammenstellung von psychologischen Theorien und empirischen Befunden, die Ihnen als Fachpersonal helfen soll, Ihre beruflichen Aufgaben zu bewältigen.

„Böse Zungen behaupten, die Psychologie sei eine Wissenschaft, die Fragen beantworte, die niemand gestellt hat, da entweder die Antworten längst bekannt sind oder die Fragen niemanden interessieren." *(Dietrich Dörner)*

Vieles davon ist relativ neu. Vieles davon stützt sich auf Erkenntnisse, die (noch) nicht Teil unseres eigenen Studiums waren. Viele Befunde wurden erst in den letzten Jahren durch die Forschung aufgezeigt oder erst vor Kurzem wiederentdeckt. Die Wissenschaft der kindlichen Entwicklung hat sich in den letzten Jahrzehnten, insbesondere im Bereich der Säuglingsforschung, rasant entwickelt. Und sie ist, auch unter Berücksichtigung der internationalen Literatur, angewandter geworden. Von diesem Fortschritt sollte auch die frühkindliche Erziehung profitieren. Darum haben wir dieses Buch geschrieben.

Als wir uns für diese dritte Auflage an die Arbeit machten, dachten wir zunächst: Na ja, so viel Neues ist wohl nicht hinzugekommen seit der letzten Überarbeitung. Die Frühpädagogik weiß doch schon richtig viel über kindliche Entwicklung und hat die Erkenntnisse aus der Psychologie und den verwandten Gebieten aus den Neurowissenschaften gut in pädagogische Konzepte integriert.

Und dann erinnerten wir uns wieder an Michael Tomasello, der inzwischen mit seinem Buch *„Mensch werden. Eine Theorie der Ontogenese"* ein großes umfassendes Werk über seine jahrzehntelange Forschung zusammengestellt hatte. Welch eine Fundgrube für uns! Und damit war klar: Wir werden uns mit Leidenschaft hineinstürzen, um herauszustreichen, wie unglaublich gut ausgestattet das junge Menschenwesen rund um den Globus in die Welt startet, welche bewundernswerte Lernfähigkeit, welche Motivation und Anstrengungsbereitschaft im Menschen steckt – und wie tief seine grundlegende Bereitschaft, zu kooperieren, sich mit anderen zu verbinden geht. Bindung, wie sie die klassische Bindungsforschung nach wie vor versteht, sollte im Kontext Krippe keine fachliche Begründung für das pädagogische Handeln sein. Sie werden als zukünftige pädagogische Fachkräfte eine andere Rolle einnehmen als Eltern. Daher werden Sie auch in dieser Auflage wieder die kritische Einordnung und eher eine historische Würdigung der Bindungstheorie finden. Sie als Grundlage für pädagogische Konzepte zur Beziehungsgestaltung zu nutzen, halten wir aus guten Gründen für einen Irrweg.

Auch das Thema psychische Grundbedürfnisse, bzw. die Forschungen von Edward Deci und Richard Ryan und ihre Rahmentheorie der Selbstbestimmung, ist inzwischen in einem großen Standardwerk erschienen (Ryan & Deci, 2017), das die jahrzehntelange Forschung umfassend wiedergibt. Den von uns entwickelten Bedürfniskreis aus den früheren Auflagen konnten wir im Rahmen einer internationalen SDT-Konferenz mit den beiden diskutieren. In dieser Auflage haben wir nun eine neue grafische Darstellung vorgenommen, die die Kernaussagen des Forschungsduos transportiert.

Theorien, deren praktische Anwendung im Kindergarten selbst uns verschlossen blieb, sucht man hier vergeblich. Aufgenommen wurden hingegen Befunde aus Studien, die praktisches Handeln zu leiten vermögen, und natürlich auch solche Studien, die dazu beitragen, ein Verständnis der zugrunde liegenden kindlichen Entwicklungsprozesse zu schaffen und zu festigen. Einerseits fiel uns das Einschränken nicht immer leicht. Andererseits gibt es bereits eine Fülle empfehlenswerter Spezialliteratur, die vertiefende Einblicke ermöglicht. Was wir bisher vermisst haben, ist ein Einstiegswerk. Auch darum haben wir dieses Buch geschrieben.

Was uns erneut klar wurde: Wir selbst sind zutiefst verwurzelt in unserer Kultur, und damit in unserer Auswahl und Interpretation von Studien. Die Kulturanthropologie weist zu Recht darauf hin, dass das, was wir für entwicklungsförderlich erachten und auf welche pädagogischen Ziele hin wir uns ausrichten, sich keinesfalls als allgemeingültig beschreiben lässt. Ein Großteil der wissenschaftlich veröffentlichten Studien wurde in westlich-industrialisierten Ländern durchgeführt, obwohl die Menschen von dort nur etwa 12 Prozent der Gesamtbevölkerung ausmachen. Für die Pädagogik heißt es daher umso mehr: Achtung mit scheinbar allgemeingültigen Aussagen, auch hinsichtlich dessen, was Kinder angeblich brauchen. Da wir ein Buch für unseren kulturellen Kontext schreiben, halten wir es für legitim, bestimmte Empfehlungen und Aussagen für die Pädagogik im deutschsprachigen Raum zu machen. Und müssen gleichzeitig sagen: Angesichts einer immer diverser werdenden Gesellschaft und der Begegnung mit vielen kulturellen Kontexten hat (nicht nur) die Frühpädagogik hier die immense Aufgabe, sich diesen anderen Kulturen zu öffnen.

Ihre frühpädagogische Ausbildung soll Sie dazu befähigen, auch Kinder in den ersten drei Jahren professionell zu begleiten. Unser Buch dient dabei als Einstieg in die relevanten Themen der Entwicklung des Kindes in diesem Alter. Die Altersgrenzen sind der Institution Krippe geschuldet.

Sie bekommen durch das Buch Zugang zu einem strukturierten Wissensbestand, auf den Sie im weiteren Verlauf Ihrer beruflichen Aus- und Weiterbildung aufbauen können. Gedacht als Einstieg, haben wir in dem Buch mehr Befunde, Theorien und Namen weggelassen als aufgenommen. Die Altvorderen, die sich einen Platz in der Geschichte der Psychologie erworben haben, wurden nicht zwangsläufig nur deshalb mit aufgenommen, weil sie eben bekannt sind.

Wenn dieses Buch eines erreichen kann, dann dies: Lassen Sie sich anstecken von unserer eigenen Begeisterung für das Lernen der Kinder. Kommen Sie mit auf Entdeckungsreise. Denn auch für diese Neuauflage galt für uns: Wir fokussieren uns auf Wesentliches, nicht auf die Fülle an Wissen. Wir öffnen Türen für Sie. Die Fülle dahinter mögen Sie selbst erkunden!

Zum Aufbau des Buches

Das Buch gliedert sich in drei Teile: Im ersten Teil befinden sich die **Grundlagen**, aufgeteilt in die drei Kapitel: Wahrnehmung, Lernen sowie Bedürfnisse und ihre Regulation. Der zweite Teil widmet sich der **kindlichen Entwicklung** mit den Kapiteln motorische, kognitive und sprachliche Entwicklung sowie die soziale Entwicklung im Kapitel Beziehung und Interaktion. Anders als in der Vorauflage dieses Buches haben wir hier eine Änderung in der Reihenfolge der Kapitel vorgenommen. Früher wurde das Denken der Kinder über Sprache erfasst. Sie wurden befragt und antworteten. Sie wurden angewiesen und handelten. Kein Wunder, dass man damals dachte, Sprechen und Denken seien ganz eng miteinander verknüpft. Je mehr aber das Denken des Kleinkinds erforscht wird, desto mehr zeigt sich: Denken gibt es schon vor der Sprache. Daher steht nun das Kapitel Kognition vor dem Kapitel Sprache. Der dritte Teil bietet mit seinem Fokus auf die Begleitung der Entwicklung einen **Brückenschlag zur Pädagogik**.

Jedes der Kapitel beginnt mit einem **Appetizer**, der Ihnen Appetit auf das Thema machen soll. Dies sind kleine Geschichten, die Neugier wecken, schmunzeln lassen oder vielleicht auch irritieren. Sie sind als emotionale Türöffner für die darauffolgenden Ausführungen gedacht. Oft, aber nicht immer, werden sie im Kapitel wieder aufgegriffen.

Der breite Rand des Buches wird vielfältig genutzt. Zum einen werden hier Fachbegriffe und Fremdwörter erläutert, die im nebenstehenden Text hervorgehoben sind. Zum anderen finden Sie dort immer wieder Zitate oder Angaben, die das Thema des Kapitels metaphorisch aufgreifen, untermalen oder weiterführen.

metaphorisch:
bildlich, im übertragenen Sinne

„Glaube denen, die die Wahrheit suchen, und zweifle an denen, die sie gefunden haben."
(André Gide)

Innerhalb des Buches werden diverse **Studien** beschrieben. Studien sind die Bausteine wissenschaftlicher Erkenntnisse. Über ihr Verständnis gelangt man zu einem Verständnis der Wissenschaft. Sie, liebe Leserinnen und Leser, sollen mit diesem Buch nicht tief in die Wissenschaften eintauchen. Aber es ist uns wichtig, dass Sie sich mit einzelnen Studien auseinandersetzen. Sie sollten Studien und wissenschaftliche Erkenntnisse verstehen, um sie in ihren Grenzen und Aussagemöglichkeiten einschätzen zu können.

Altersangaben sind hier manchmal wichtig und sehen z. B. so aus (1;3) – dieses Kind ist also ein Jahr und drei Monate alt.

Jedes Kapitel beginnt mit einer **Themenlandkarte**, manchmal auch **ConceptMap** genannt. Sie gibt Ihnen einen Überblick über die Inhalte des Kapitels, indem sie die wichtigen Begriffe benennt und zueinander in Beziehung setzt. Diese Themenlandkarte kann von Ihnen auch zur Selbstkontrolle genutzt werden: Kann ich mit allen Begriffen etwas anfangen? Kann ich sie genauer erläutern? Verstehe ich, warum die Beziehungen untereinander so und nicht anders dargestellt sind?

Zur Selbstkontrolle sind am Ende einzelner Unterkapitel auch **Fragen** angegeben. Sie sollen Ihnen helfen, das Gelesene zu verinnerlichen. Sie können damit prüfen, was Sie schon verstanden haben. Am Ende eines Kapitels stehen **Transferfragen**. Das sind Fragen und Aufgaben, die über die Sachinformationen des Kapitels hinausgehen. Hier sollen Sie angeregt werden, sich vertiefter mit der Thematik auseinanderzusetzen und eigene Erfahrungen mit dem Gelesenen zu verbinden.

Auch 2024 gibt es noch keine verbindlichen Sprachregelungen, die eine Berücksichtigung aller Geschlechter ermöglichen. Wo es uns gelungen ist, **formulieren wir inklusiv**. Wir möchten möglichst viele Menschen selbstverständlich mitdenken und ansprechen. Wo uns dies noch nicht gelungen ist, freuen wir uns über Anregungen für die Zukunft.

Weil das Buch nur ein Einstieg in die kindliche Entwicklung in den ersten drei Jahren sein will, endet jedes Kapitel mit kommentierten **Lesetipps**. Wenn Sie noch mehr erfahren wollen – und wir hoffen, mit diesem Buch Ihr Interesse an Vielem zu wecken –, finden Sie hier Verweise auf Links und Literatur zur Vertiefung und Weiterführung.

„Zu wissen, wie man anregt, ist die Kunst des Lehrens."
(Henri-Frédéric Amiel)

Die Lesetipps und die gesamte Literaturliste sind auch auf der Webseite des Verlags unter www.handwerk-technik.de/links/4798 zu finden. Das erleichtert Ihnen die eigene Recherche im Internet.

Grundlagen

1

Wahrnehmung – Mit allen Kanälen auf Empfang

Nach dem Regen erkunden Luca und Noah, beide ein knappes Jahr alt, den Garten der Krippe *Villa Kunterbunt*. Dort riecht es intensiv nach Erde und Gras.
Luca reißt ein Büschel Gras aus und verteilt die Halme zwischen den Händen. Er beobachtet, wie die Halme durch die Finger fallen.
Noah setzt sich derweil auf eine Waschbetonplatte. Er fährt mit den Händen über die Oberfläche, mit den Fingerspitzen tastet er in die feinen Ritzen. Schließlich leckt er die Platte hingebungsvoll ab. „Nicht essen, das ist bah!“, sagt die Erzieherin.
Nun entdeckt Luca die Gießkannen: Sie klingen ganz hohl. „Hu“, ruft er in eine Kanne hinein. „Huhu!“ Noah horcht auf und blickt dann zu seinem Freund hinüber.
In einer der Gießkannen ist noch etwas Wasser, wie Luca feststellt. Er taucht seine Hand immer wieder hinein und patscht ins kühle Nass. Schließlich schüttet er das Wasser auf die Wiese. Eine Matschpfütze entsteht, in die Noah kräftig hineingreift. Er formt den Schmutz zu einem kleinen Haufen, streicht die Seiten sorgfältig glatt und steckt sich dann, dabei hoch konzentriert, etwas Erde in den Mund. Lächelnd greift er nach der nächsten Portion. So könnte er den ganzen Tag verbringen!

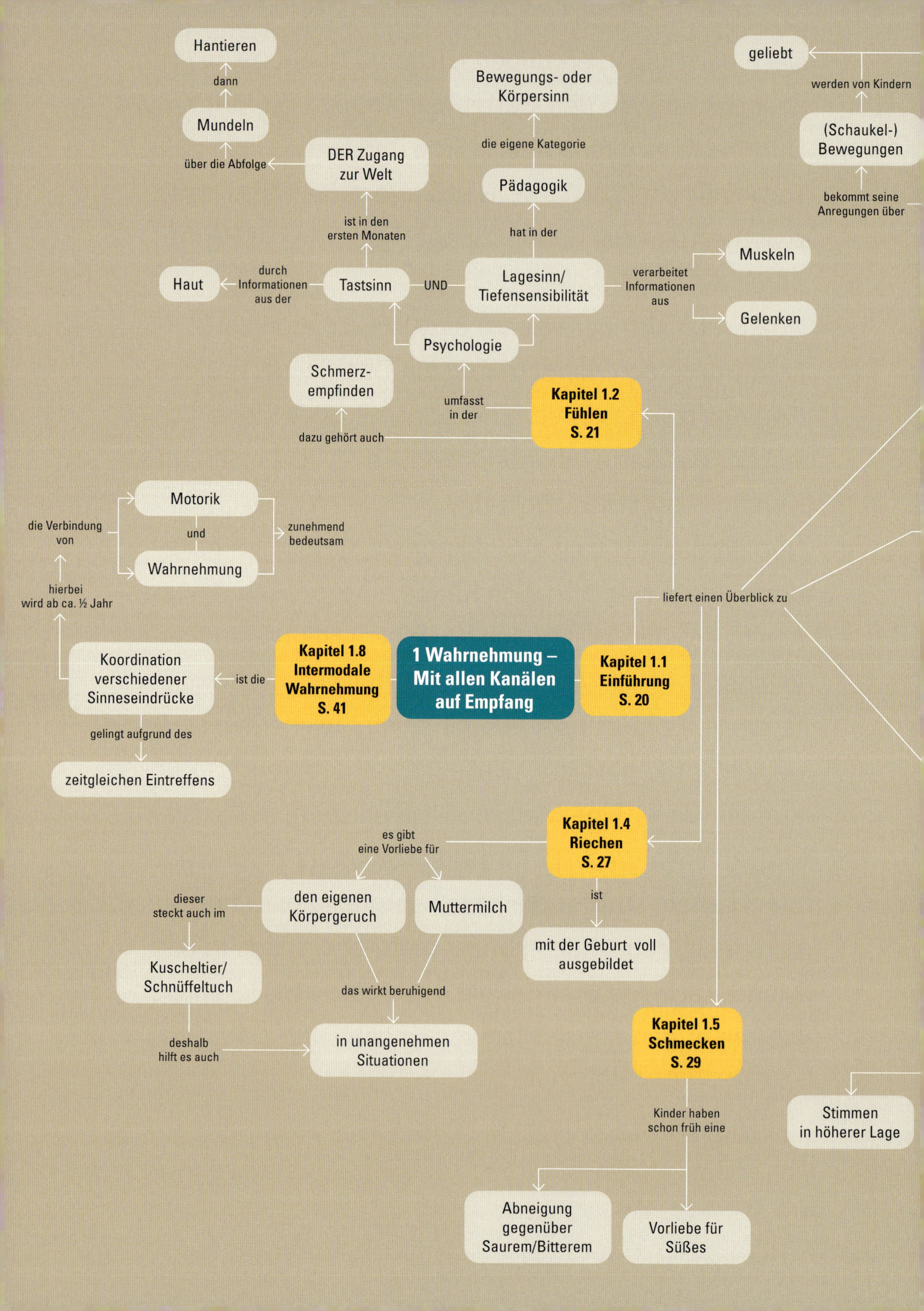

1 Wahrnehmung – Mit allen Kanälen auf Empfang
Kapitel 1.1 Einführung S. 20
liefert einen Überblick zu
Kapitel 1.2 Fühlen S. 21
umfasst in der
Psychologie
Tastsinn
UND
Lagesinn/ Tiefensensibilität
durch Informationen aus der
Haut
ist in den ersten Monaten
DER Zugang zur Welt
über die Abfolge
Mundeln
dann
Hantieren
hat in der
Pädagogik
die eigene Kategorie
Bewegungs- oder Körpersinn
verarbeitet Informationen aus
Muskeln
Gelenken
dazu gehört auch
Schmerz-empfinden
geliebt
werden von Kindern
(Schaukel-) Bewegungen
bekommt seine Anregungen über
Kapitel 1.8 Intermodale Wahrnehmung S. 41
ist die
Koordination verschiedener Sinneseindrücke
gelingt aufgrund des
zeitgleichen Eintreffens
hierbei wird ab ca. ½ Jahr
die Verbindung von
Motorik
und
Wahrnehmung
zunehmend bedeutsam
Kapitel 1.4 Riechen S. 27
es gibt eine Vorliebe für
den eigenen Körpergeruch
Muttermilch
dieser steckt auch im
Kuscheltier/ Schnüffeltuch
deshalb hilft es auch
das wirkt beruhigend
in unangenehmen Situationen
ist
mit der Geburt voll ausgebildet
Kapitel 1.5 Schmecken S. 29
Kinder haben schon früh eine
Abneigung gegenüber Saurem/Bitterem
Vorliebe für Süßes
Stimmen in höherer Lage

handwerk-technik.de

In diesem Kapitel erfahren Sie:

- mit welchen Sinnen die Kinder ihre Welt erkunden,
- wie diese Sinne zusammenspielen.

1.1 Eins, zwei, drei, vier, viele – Einführung

Rezeptor:
eine Zelle zum Auslösen einer Sinneswahrnehmung

Die sinnliche Wahrnehmung ist unser Zugang zur Welt. Sie hilft uns, das wahrzunehmen, was um uns herum und in unserem Körper geschieht. Physiologisch betrachtet ist ein Sinn dadurch bestimmt, dass wir spezifische Rezeptoren für ihn haben. Im Alltag sprechen wir oft von unseren fünf Sinnen und meinen damit das Sehen, Hören, Riechen, Schmecken und Fühlen. Die vier erstgenannten sind jeweils klar mit einem entsprechenden Sinnesorgan verbunden. Hingegen wird es beim Fühlen schon komplexer: Hier geht es um die Wahrnehmung von Druck, Temperatur und Schmerz. Die Rezeptoren dafür verteilen sich über den ganzen Körper – auf der Haut und durch Sinneszellen an Muskeln und Gelenken im Körperinneren. Gemeinsam mit dem Gleichgewichtssinn, an den wir im Alltag meist nicht denken, geht es hier auch um die Wahrnehmung unseres Körpers im Raum: Wo ist oben? Wo ist unten? Wie weit bin ich von der Tischkante entfernt? Passe ich durch das Loch im Zaun?
Der Gleichgewichtssinn nimmt Informationen über spezifische Rezeptoren im Innenohr auf. Somit kennt die Psychologie sechs Sinne. In der Pädagogik wird die Wahrnehmung für die Lage im Raum hingegen gerne als eigenständiger Sinn definiert, auch als Körpersinn oder Bewegungssinn bezeichnet.

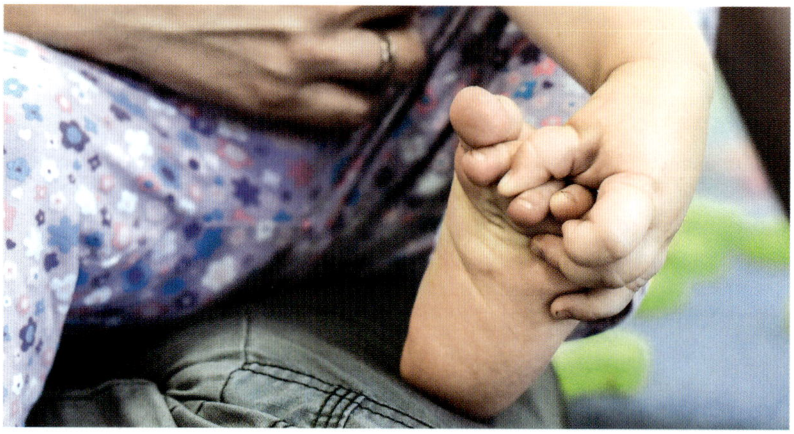

Wo ist der Fuß nur wieder? Das erfahren wir über das Fühlen gleich mehrfach.

Ein Ungeborenes erfährt Berührung, Geräusche, Gerüche, Geschmäcker. Es spürt auch das Schaukeln, wenn seine Mutter sich bewegt. Zu sehen gibt es hingegen noch nicht viel. Die Welt im Mutterleib ist der Ausgangspunkt für sinnliche Erfahrungen beim Neugeborenen. Sie unterscheidet sich jedoch stark von der Welt außerhalb. Entsprechend sind die Sinne, insbesondere im ersten Lebensjahr, qualitativ ganz anders ausgeprägt als bei Erwachsenen. Im ersten Lebensjahr, speziell in den ersten Lebensmonaten, finden rasante Reifungs- und Entwicklungsschritte statt. Babys eignen sich in kurzer Zeit Dinge an, die uns mitunter sehr komplex erscheinen, beispielsweise verknüpfen sie Eindrücke unterschiedlicher Sinne miteinander, wenn sie in die Richtung blicken, aus der ein Geräusch kommt (Clifton et al., 1991). Kurzum: Bezogen auf ihre Sinneswahrnehmungen, sind bereits Babys ausgesprochen kompetent.

Prüfen Sie Ihr Wissen:

1. Welche sechs Sinne zählt die Psychologie?
2. Warum sind die Sinne beim Säugling zunächst anders ausgeprägt als beim Erwachsenen?

1.2 Touching for Knowing – Fühlen

Touching for Knowing: Fühlen, um zu wissen

Unseren Tastsinn empfinden wir meist als so selbstverständlich, dass wir ihn nur dann bewusst wahrnehmen, wenn er ausfällt. Zum Beispiel wenn uns ein Bein einschläft und wir schwanken, weil wir in diesem Moment nicht über ein zuverlässiges Tastempfinden verfügen. Die Wahrnehmung dieses Sinnes erstreckt sich über den gesamten Körper – an der Oberfläche wie in der Tiefe: Über unsere Haut verspüren wir Druck, nehmen Wärme oder Kälte wahr und erkennen, wenn etwas schmerzhaft ist. Darüber hinaus erhält unser Gehirn aus unseren Muskeln und Gelenken Informationen, mit deren Hilfe wir erfassen, welche Gliedmaßen welche Stellung eingenommen haben. Dieser Lagesinn wird auch als Tiefensensibilität oder Propriozeption bezeichnet.

Touching for Knowing ist auch Titel eines Fachbuchs zu Denkprozessen, die vom Tasten ausgehen.

Propriozeption: bezeichnet die Wahrnehmung der Körperbewegung und -lage im Raum bzw. der Stellung einzelner Körperteile zueinander

Sanfte Berührungen und streicheln sind für die gesunde Entwicklung von Babys unerlässlich. Durch sichtbare (Blickverhalten) und unsichtbare (Frequenz des Herzschlags) Reaktionen zeigen neun Monate alte Babys, wie angenehm sie bestimmte Berührungen empfinden (Fairhurst et al., 2014). Wer aufmerksam beobachtet, erhält die nötige Rückmeldung, um Situationen der Körperpflege auch in der Krippe für die Kleinsten angenehm zu gestalten.

Besonders im ersten Lebensjahr machen Babys in erster Linie über den Mund und die Hände viele wichtige Erfahrungen. So lernen sie die Gegenstände ihres Alltags kennen. Auch in den Folgejahren eröffnet der Tastsinn kleinen Kindern den wichtigsten Zugang zu ihrer Umwelt. In der Konsequenz brauchen Kinder den *direkten* Kontakt mit den Dingen, die sie interessieren. Um sie gründlich zu erkunden, müssen sie diese Dinge drehen und wenden bzw. ihre Hände und ihren Mund um die Dinge herum bewegen.

Der Tastsinn ist bereits vor der Geburt sehr weit entwickelt. Zusätzlich trainieren Babys ihre Mundmotorik schon im Mutterleib und lernen, diese zu kontrollieren. Entsprechend beginnt der Säugling, seine Welt in einer bestimmten Abfolge zu erkunden: Am Anfang steht das Mundeln, dem folgen das Hantieren und schließlich das Betrachten (Largo, 2010).

Beim Mundeln für gut befunden – dann erkundet Pascal (1;3) mit Hand und Auge weiter.

Das Mundeln sorgt bei Erwachsenen schnell für Unverständnis und teilweise auch Sorge – schließlich stecken Säuglinge alles, was sie erreichen können, in den Mund. Beobachtenden stellen sich mitunter folgende Fragen: Hält mein Baby die Dinge, die es sich in den Mund steckt, für Nahrung? Ist dies nicht unhygienisch und sollte daher unterbunden werden?

Konsistenz: Beschaffenheit, Festigkeit

Säuglinge erkunden Gegenstände mit dem Mund. Sie lernen diese nicht zuerst mit den Augen kennen, sondern durch das Betasten mit Lippen und Zunge. So erspürt das Kind Form, Größe, Konsistenz und Oberfläche des Objektes. Dieses Mundeln ist notwendig, um den ersten Zugang zur dinglichen Welt zu erlangen.

Aufgabe der Erwachsenen ist es also, geeignete und ungefährliche Gegenstände auszuwählen und bereitzustellen. Ungefährlich bedeutet, insbesondere die Gefahr durch Verschlucken und Ersticken zu minimieren: Dinge, die etwa erdnussgroß sind, gehören ohne Aufsicht nicht in die Hände eines Kleinkindes.

Unter Aufsicht sind Kirschkerne für Dennis (1;3) tolle Erkundungsobjekte.

Sobald sich Babys liegend oder sitzend aufrechthalten können, greifen sie nach Gegenständen, die sie in ihrer Umgebung entdecken, um diese an den Mund zu führen oder näher zu betrachten. Letztlich erkunden die Kinder ihre Umgebung zeitgleich über zwei unterschiedliche Sinne: Sehen und Tasten. Zudem ist das Gehirn gefordert. Es muss die Informationen unterschiedlicher Sinneskanäle zugleich verarbeiten, um so einen ganzheitlichen Eindruck vom untersuchten Gegenstand zu erhalten. Das feine Gespür in Fingerspitzen und Mundorganen nehmen wir bis ins Erwachsenenalter mit (vgl. Box).

Der sensorische Cortex und die Bedeutung des Tastsinns beim Erwachsenen

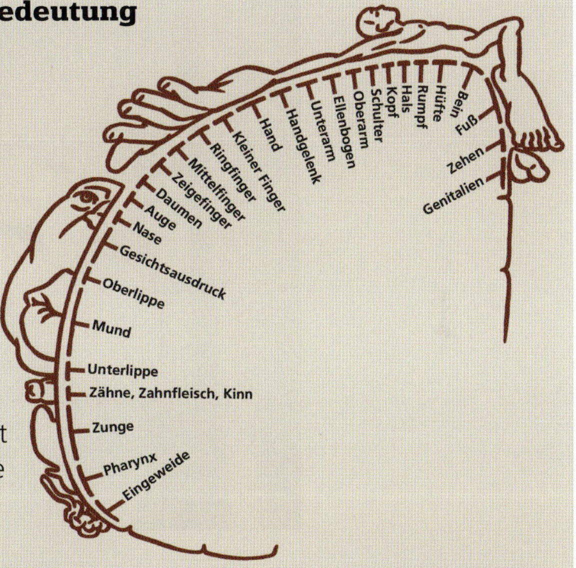

Die nebenstehende Abbildung zeigt einen Ausschnitt aus dem sensorischen Cortex, jenem Teil der Großhirnrinde, in dem die Tastempfindungen unseres Körpers verarbeitet werden. Bestimmte Körperregionen (z. B. Lippen, Zunge, Zeigefinger) beanspruchen dort, im Verhältnis gesehen, deutlich mehr Platz, als sie es an unserem Körper tun. Deshalb sind die Körperteile hier auch überdimensioniert gezeichnet. Es handelt sich hierbei um jene Körperteile, die dem Säugling wichtige Tasterfahrungen ermöglichen und bei uns Erwachsenen immer dann zum Einsatz kommen, wenn es darum geht, ganz besonders fein wahrzunehmen (z. B. beim Austausch von Zärtlichkeiten oder Lesen der Blindenschrift).

sensorischer Cortex: Teil der Großhirnrinde, der Tastempfindungen verarbeitet

Der Rücken z. B. ist in der Zeichnung verhältnismäßig klein, obwohl seine Fläche verglichen mit anderen Körperteilen ja recht groß ist. Da aber über den Rücken kaum Tastsignale ans Gehirn kommen, ist für den Rücken auch entsprechend weniger Cortex „zuständig".

Der Tastsinn ist wichtiger als uns oft bewusst ist. Wir brauchen ihn, um Druck und Temperatur zu fühlen, um Oberflächenstrukturen, Vibration und auch Schmerz wahrzunehmen. Wir brauchen ihn auch für die Lagewahrnehmung unserer Gliedmaßen: Wir spüren damit, ob wir mit beiden Füßen fest auf dem Boden stehen oder ob wir einen Pappbecher fest genug halten, um ihn nicht fallen zu lassen, und ihn zugleich locker genug halten, um ihn nicht zu zerdrücken.

Das Schmerzempfinden gibt der Forschung noch immer Rätsel auf, da es sich hierbei um eine subjektive Empfindung handelt. Schmerzwahrnehmung und -reaktion sind komplexe Vorgänge, die nicht in einem einheitlichen Sinnsystem verarbeitet werden: Der Schmerz geht nicht von einem bestimmten Sinnesorgan aus – wie beispielsweise beim Sehen oder Hören –, das ihn dann an eine spezialisierte Hirnregion weiterleitet. Sondern die Schmerzwahrnehmung beinhaltet auch Gedanken und Gefühle und unterliegt vielfältigen weiteren Einflüssen (Hamzelou, 2015).

Müde und hungrig? Dann tut es besonders weh.

Zum Beispiel können Hunger und Müdigkeit den leichten Aufstoß beim Sturz in großem Geschrei enden lassen, während ein sattes und ausgeschlafenes Kind den Aufprall kaum bemerkt. Sogar Gerüche verändern die Wahrnehmung des Schmerzes (Rattaz et al., 2005). Besonders bei kleinen Kindern erfolgt die Reaktion mitunter auch deutlich zeitverzögert (Rushforth, 1994). Letztlich kann sogar die Reaktion der Bezugsperson entscheidend sein: Das erschreckte oder entspannte Gesicht der erwachsenen Person hilft dem Kind, zu bewerten, ob es einfach weiterspielen kann oder ob es Trost oder gar Erste Hilfe benötigt. Die Empfehlung für Erwachsene, ruhig zu bleiben, kann also auch dazu beitragen, dass Schmerz erst gar nicht so intensiv empfunden wird.

Loben und bestärken

Der Psychiater und Buchautor Ben Furman berichtet von einem Ereignis, das er selbst zusammen mit seiner Tochter bei einem Freund erlebt hatte:
Beim Abendessen saß er mit seinem Freund zusammen, als seine dreijährige Tochter aus Versehen heißen Tee über sich verschüttete. Noch bevor sie überhaupt losbrüllte, schnappte der Freund sie und stellte sie unter die kalte Dusche. Inzwischen schrie sie aus Leibeskräften, Ben Furman schaute zunächst verblüfft zu. Dann meinte sein Freund, er, Ben, könne jetzt übernehmen, was dieser auch tat. Er beruhigte seine Tochter, und sie nahmen wieder am Tisch Platz. Nun sprachen sie über das Ereignis. Der Freund lobte die Tochter, wie gut sie sich verhalten hatte, dass sie ihren Arm übers Gesicht gehalten hatte, so dass der Tee nicht ins Gesicht spritzen konnte. Dann lobte er Ben, dass er als Vater seine Tochter so gut beruhigen konnte. Ben stieg in das Loben ein und meinte, sein Freund sei ja auch so pfiffig gewesen, gleich mit der Tochter ins Bad zu rennen. Und auch der scheinbar unbeteiligte achtjährige Sohn des Freundes bekam eine Bestärkung: „Und wir konnten nur so rasch ins Bad kommen, weil du so blitzschnell Platz gemacht hattest." Der Clou: Das Loben und das Bestärken in dieser Situation führte dazu, dass die Tochter sich später an dieses Ereignis mit Stolz erinnerte, weil sie da etwas geschafft hatte. Die Erinnerung an die Bewältigung war also stärker als die Erinnerung an die Schmerzen, die der heiße Tee und das eiskalte Wasser vermutlich ausgelöst hatten (Furman, 2013, S. 45).

Prüfen Sie Ihr Wissen:

1. Aus welchen Körperteilen erhält das Gehirn Informationen für das Fühlen?
2. Was ist mit dem Begriff *Lagesinn* gemeint?
3. Warum nehmen Babys fast alles in den Mund?
4. Im Gehirn ist die Region, die für Lippe, Zunge oder Zeigefinger zuständig ist, besonders groß. Warum ist das so?

1.3 Hoppe, hoppe Reiter, wenn er hopst, dann lacht er – Gleichgewichtssinn

„Der Mensch spielt nur, wo er in voller Bedeutung des Worts Mensch ist, und er ist nur da ganz Mensch, wo er spielt." *(Friedrich Schiller)*

Babys lieben das Gefühl von Bewegung. Ob wir sie schaukeln, wiegen, hopsen lassen oder einfach herumtragen – sie genießen das Gefühl rhythmischer Bewegungen. Und ältere Kinder lachen und rufen begeistert: „Noch mal! Noch mal!", wenn wir sie herumwirbeln, wie ein Pendel schwingen lassen oder auf den Kopf stellen. Der Grund dafür, dass Babys und Kinder Bewegung so gerne haben, liegt in ihrem Gleichgewichtssinn, der bereits mit der Geburt auf Empfang ist.

Schaukeln macht Spaß!

Unser Gleichgewichtssinn sitzt im Innenohr und ist ständig im Einsatz: Wir brauchen ihn für die Ausrichtung von Kopf und Körper, insbesondere dafür, unsere Augen richtig zu bewegen. Wenn wir beispielsweise rennen, müssen unsere Augen ausgleichende Bewegungen machen, ansonsten würde die Welt ständig auf und ab hüpfen. Für diese Bewegungen brauchen wir Informationen unseres Gleichgewichtsorgans. In der Regel wird uns die ununterbrochene Arbeit unseres Gleichgewichtssinns nicht bewusst, außer wir drehen uns schnell und empfinden in der Folge Schwindel.

vestibulär: den Gleichgewichtssinn betreffend

In der Erfahrungswelt von Babys machen diese so genannten vestibulären Eindrücke einen großen Anteil der sinnlichen Wahrnehmung aus. So wirkt gleichmäßige Bewegung auf Neugeborene beruhigend. Bei Säuglingen ab etwa sechs Monaten kann zudem beobachtet werden, wie sie durch rhythmische Bewegungen selber für Gleichgewichts-Input sorgen: Sie schaukeln und taumeln, hüpfen (mit Hilfsmitteln), wiegen den Körper oder schütteln ihren Kopf rhythmisch hin und her (Sandler & Coren, 1981). Bereits früh konnte gezeigt werden, dass die Anregung des Gleichgewichtssinns sich positiv auf die motorische Entwicklung auswirkt (Clark et al., 1977). Daraus ergibt sich auch, dass Bewegungsangebote, die den Gleichgewichtssinn ansprechen, schon für die Kleinsten ein sinnvoller Bestandteil ihres Krippentages sind.

Prüfen Sie Ihr Wissen:

1. Wo befindet sich unser Wahrnehmungsorgan für den Gleichgewichtssinn?
2. Wie trainieren Kleinkinder ihren Gleichgewichtssinn?

1.4 Eine Nasenlänge voraus – Riechen

Welcher Geruch ist der wichtigste in Ihrem Leben? Eine schwierige Frage? Für Erwachsene durchaus. Für ein Neugeborenes ist sie ganz einfach zu beantworten: Es ist der Geruch von Muttermilch. Und diesen kennt ein Baby von Anfang an ausgesprochen gut, denn im Gegensatz zu anderen Sinnen ist der Geruchssinn bei der Geburt bereits ausgereift. Neugeborene kommen mit einem außerordentlich sensiblen Spürsinn auf die Welt, den sie binnen weniger Lebenstage noch weiter verfeinern (Schaal, 1988).

Schon im Alter von zwei Tagen erkennen Kinder den Milchduft und drehen ihren Kopf häufiger und länger zu einem Stückchen Stoff, das nach einer stillenden Mutter riecht. Haben Babys die Wahl zwischen Stoffstücken, die nach der eigenen oder einer anderen stillenden Mutter riechen, dreht sich die Mehrzahl der Neugeborenen gleich häufig zu beiden Stoffeinlagen. Aber bereits nach sechs Tagen wird der Geruch der mütterlichen Brust von über der Hälfte der Babys bevorzugt (Porter et al., 1992). Diese starke Vorliebe für den Geruch von Muttermilch ergibt Sinn, schließlich hängt das Überleben der Babys davon ab, ihre Mutter und damit ihre Nahrungsquelle zuverlässig zu erkennen. Dieses Phänomen lässt sich bei vielen Säugetierarten beobachten.

Justus, sechs Wochen alt, reagiert bei einer „Geruchssafari" mit einem ruckartigen Abwenden des Kopfes und einem deutlichem „Bäh". Alba schnuppert mit dreieinhalb Wochen interessiert an Minzblättern und Mangostücken; mit sechs Wochen weckt frisches Basilikum ihr Interesse.

Babys und Kleinkinder zeigen bei Gerüchen Präferenzen und Abneigungen, die denen von Erwachsenen gleichen (Schmidt et al., 1998): Während sie beim Geruch fauler Eier Grimassen ziehen und sich abwenden, genießen sie den Duft von Honig und Vanille – mitunter so sehr, dass sie mit einem Lächeln reagieren (Steiner et al., 1979). Die Bewertung von Gerüchen ist letztlich überlebenswichtig, um sowohl Essbares als auch Giftiges zu erkennen.

Was riecht hier so gut? Neugeborene im Alter von sechs Tagen bevorzugen Stoffstücke, die nach ihrer Mutter riechen.

Eine Nasenlänge voraus

Babys können nicht nur gut riechen, vertraute Gerüche helfen ihnen sogar, schmerzhafte Situationen besser zu ertragen: Im Rahmen der routinemäßigen Vorsorgeuntersuchungen wird Babys auch Blut aus der Ferse entnommen. Dazu ist ein kurzer, aber schmerzhafter Stich notwendig. Diesem Leid verleihen Babys Ausdruck, indem sie weinen, das Gesicht verzerren und zuweilen wild strampeln. Babys, die bei der Fersenblutentnahme den Geruch von Mamas Milch in der Nase haben, zeigen eine geringere Schmerzreaktion als jene, die den Milchgeruch von fremder Muttermilch, Säuglingsanfangsnahrung oder nichts zu riechen bekommen. Dass der Geruch von Mamas Milch Schmerz leichter ertragen lässt, zeigt sich nicht nur in der Reaktion der Kinder, sondern auch im Speichel der Babys: Das Stresshormon Cortisol steigt trotz der schmerzhaften Behandlung nicht an. Eine ähnlich beruhigende Wirkung kann auch mit Vanilleduft erreicht werden, vorausgesetzt die Babys kennen den Geruch bereits vor der Fersenblutentnahme, sodass es sich um einen vertrauten Duft handelt (Rattaz et al., 2005).

Cortisol:
Hormon, das in Belastungssituationen vermehrt vom Körper ausgeschüttet wird

„Nicht ohne mein Schnuffeltuch!" Viele Kleinkinder nutzen vertraut riechende Tücher und Kuscheltiere zur Beruhigung.

Im Laufe der ersten beiden Lebensjahre wird für viele Kinder ein Kuscheltier oder ein Schnuffeltuch zum ständigen Begleiter, insbesondere in Situationen, in denen das Kind müde oder unsicher ist oder Trost braucht. Diese Übergangsobjekte sind aus Sicht der kindlichen Nase vor allem aufgrund einer Eigenschaft bedeutsam: Sie riechen vertraut, tragen den körpereigenen Geruch.

Prüfen Sie Ihr Wissen:

1. Ab wie vielen Tagen können Babys den Geruch von Mamas Milch von der anderer Mütter unterscheiden?
2. Was macht für ein Kind den Wert eines Schnuffeltuchs aus?

1.5 So süß – Schmecken

Wie auch der Tastsinn entwickelt sich der Geschmackssinn eines Babys bereits im Mutterleib. Vermittelt durch die Lebensmittel, die die Mutter in der Schwangerschaft zu sich nimmt, entstehen schon vor der Geburt Vorlieben und Abneigungen. Neugeborene können mit süß, sauer, bitter, salzig und umami die gleichen Unterscheidungen wie Erwachsene treffen. Angeboren sind die Bevorzugung von Süßem und die Ablehnung von Saurem oder Bitterem. Für kleine Kinder kann allerdings problematisch werden, dass sie noch keine eindeutige Abneigung gegen zu salzigen Geschmack haben. Hier besteht Lebensgefahr, denn bereits drei Gramm Salz pro Kilo Körpergewicht gelten als tödlich.

„Was der Bauer nicht kennt, isst er nicht." Dieses Sprichwort trifft auch für die Ernährungsvorlieben von Kleinkindern zu: Sie essen bevorzugt das, was sie schon kennen. Im Umkehrschluss heißt das für eine gesunde Ernährung, dass Kinder die Möglichkeit haben sollten, viele unterschiedliche Lebensmittel immer wieder zu probieren, damit ihnen diese vertraut werden. Erwachsene oder ältere Kinder, die sich neugierig an Unbekanntes wagen, sind hier gute Vorbilder (Rupp-Glogau, 2014).

Die „vierjährige Angelina hat zwei Esslöffel Salz – das sie offenbar für Zucker hielt – in einen Puddingbecher gerührt." Ihre Stiefmutter nutzt die harmlose Panne für eine drastische Erziehungsmaßnahme: „Angelina muss den widerwärtig schmeckenden Pudding auslöffeln. Danach lebt Angelina noch anderthalb Tage, eine sofortige Notfallbehandlung ist vergebens."
(Wolfgang Janisch, Stern 2006)

Am liebsten süß!

Prüfen Sie Ihr Wissen:

1. Wie erklären Sie sich, dass Säuglinge bereits kurz nach der Geburt ganz bestimmte Geschmacksvorlieben haben?
2. Welche allgemeinen Geschmacksvorlieben sind angeboren?

1.6 Schau mir in die Augen – Sehen

Fovea:
Ort in der Hornhaut, durch den wir am schärfsten sehen, da sich hier viele Sehsinneszellen auf kleiner Fläche befinden

Babys können in ihren ersten Lebensmonaten nur unzusammenhängende Schatten erkennen, so dachten Psychologen einige Jahrzehnte lang. Und eine heute noch weitverbreitete Annahme ist, dass Neugeborene nur auf einer Entfernung von etwa 20 Zentimetern scharf sehen können, weil sich in diesem Abstand das Gesicht der Mutter beim Stillen befindet. Mittlerweile wissen wir jedoch, dass Neugeborene zunächst überhaupt nicht scharf sehen, egal, bei welchem Abstand. Denn in der Fovea des kindlichen Auges sind noch nicht genug Sehsinneszellen ausgebildet – vergleichbar mit einer Digitalkamera, die keine scharfen Bilder erzeugt, da sie über zu wenig Pixel verfügt. Zugleich sind die für die Verarbeitung zuständigen Hirnregionen bei Neugeborenen noch nicht ausgereift. Das verwundert wenig, da es vor der Geburt kaum relevante Reize gibt und die Augen beim Ungeborenen sogar zeitweise geschlossen sind. Nach der Geburt reift der Sehsinn dann in kürzester Zeit von null auf hundert, sodass sich die Wahrnehmungsmöglichkeiten eines sechsmonatigen Babys bereits stark von denen eines Neugeborenen unterscheiden.

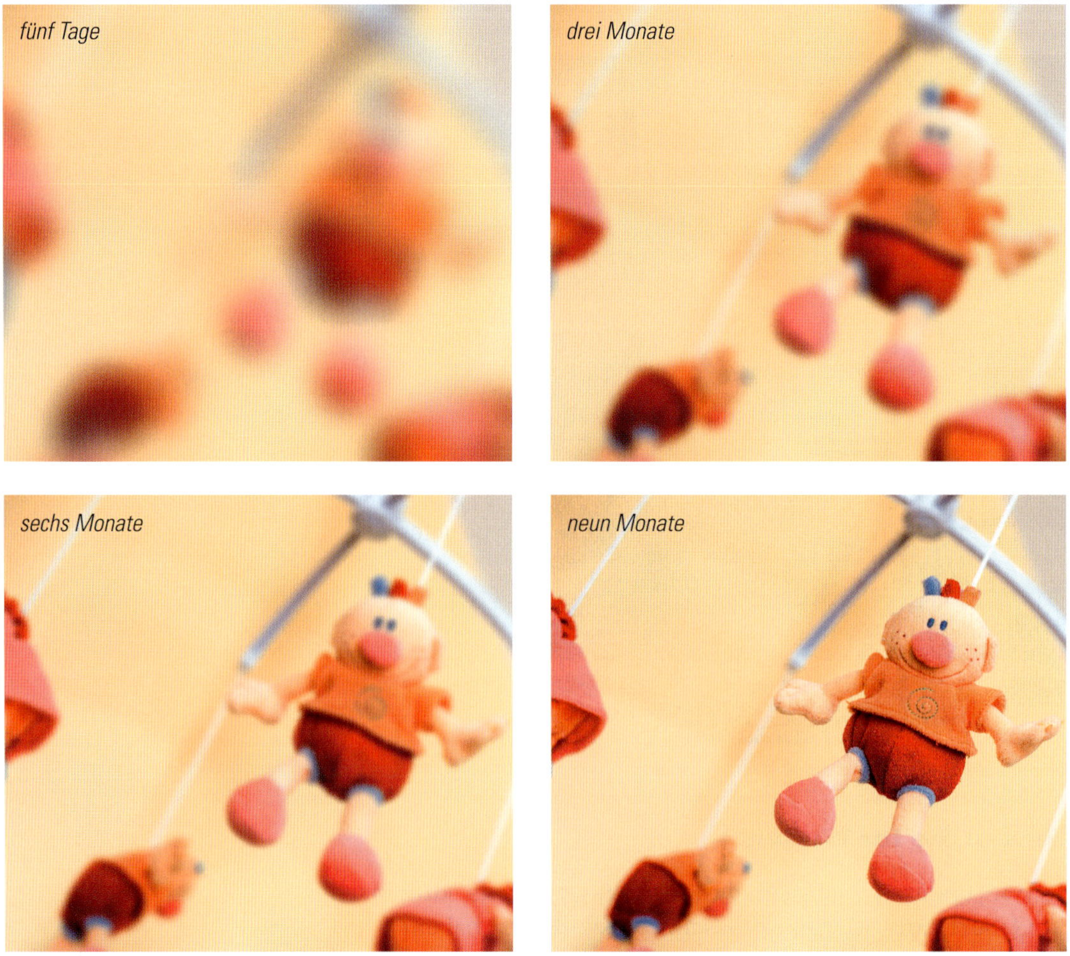

So sehen Babys mit fünf Tagen, drei Monaten, sechs Monaten und neun Monaten ihre Umgebung.

Unser Sehen beruht auf zahlreichen Teilfähigkeiten, die sich in den ersten Lebensmonaten und -jahren rasch entwickeln. Die nachfolgende Tabelle fasst die einzelnen Entwicklungsschritte zusammen. So bilden sich zunächst grundlegende Fähigkeiten aus, die uns ermöglichen, unsere Umwelt in feinen Abstufungen wahrzunehmen:

Entwicklungsschritte des Sehvermögens im ersten Lebensjahr (in Anlehnung an Pauen, 2006, S. 44–67)

Teilfähigkeit	Bedeutung	Entwicklung
Fokussierung	beide Augen (dauerhaft) auf einen Punkt richten	etwa ab dem vierten Lebensmonat
Sehschärfe	scharf sehen	ab der Geburt bis etwa zum siebten Lebensmonat stetige Zunahme, anschließend ähnlich leistungsfähig wie bei Erwachsenen
Farbwahrnehmung	Farben unterscheiden	
Kontrastsensitivität	Kontraste unterscheiden (auch ähnliche Farbnuancen und Flächen, z. B. Unterscheidung von Hellgrau und Mittelgrau)	
Blickfolgebewegung	einem bewegten Gegenstand auch durch Augenbewegungen folgen	bis etwa zum fünften Lebensmonat nur reflexhaft, dann erst gezielte Steuerung vom Großhirn
visuelles Scannen	ein Objekt systematisch mit dem Blick abtasten	gelingt ab dem dritten Lebensmonat deutlich schneller und abgestufter
stereoskopisches Sehen	Informationen aus beiden Augen für räumliches Sehen im Gehirn zusammenführen	entwickelt sich zwischen dem zweiten und zehnten Lebensmonat

Darauf aufbauend entwickeln sich ab der zweiten Hälfte des ersten Lebensjahres komplexe Sehfähigkeiten, die bereits den Übergang zum Denken darstellen.

visuell: das Sehen betreffend, durch das Sehen vermittelt

stereoskopisch: räumlich wirkend, dreidimensional erscheinend

Komplexe Sehleistungen (in Anlehnung an Pauen, 2006)

Sehfähigkeiten	Bedeutung
Tiefenwahrnehmung	Erkennen, dass sich Dinge unterschiedlich weit entfernt befinden
Gesichterwahrnehmung	Gesichter als solche erkennen
Objektwahrnehmung	Objekte als zusammenhängend erkennen

„Kuckuck!" – Gesichter erkennen ist nicht immer leicht.

Auch wenn Neugeborene noch nicht gut sehen können, betrachten sie gerne Gesichter – so gerne, dass sie sogar ihren Kopf danach drehen. Eine Studie untersuchte das Verhalten von Neugeborenen, die Zeichnungen betrachteten. Entweder mit schematisch gezeichneten Gesichtern, durcheinandergebrachten Gesichtern oder mit leeren Gesichtern (vgl. Abb. unten). Die Babys lagen auf dem Schoß ihrer Mütter, während die gezeichneten Gesichter über ihrem Kopf bewegt wurden. Dabei wurde festgehalten, wie stark die Neugeborenen ihre Augen und ihren Kopf drehen, um die jeweilige Zeichnung zu betrachten. Das Ergebnis der Untersuchung zeigt deutlich, dass Neugeborene die schematischen Gesichtszeichnungen gegenüber anderen Mustern bevorzugen (vgl. Diagramm S. 33). Wichtig dabei ist, dass die ungefähre Anordnung der geometrischen Figuren einem menschlichen Gesicht entspricht (Johnson et al., 1991).

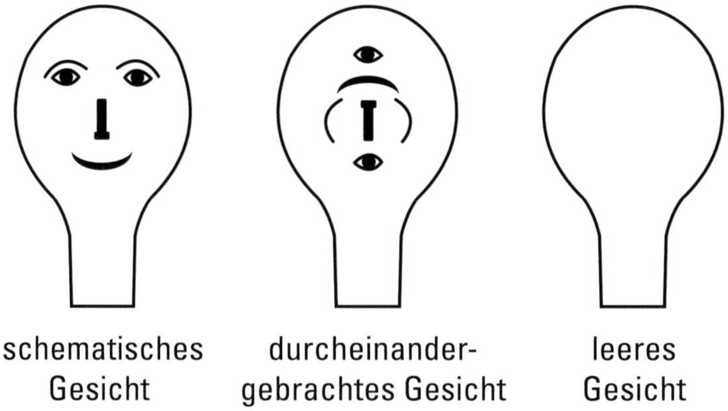

Schematische Gesichter und Musteranordnungen

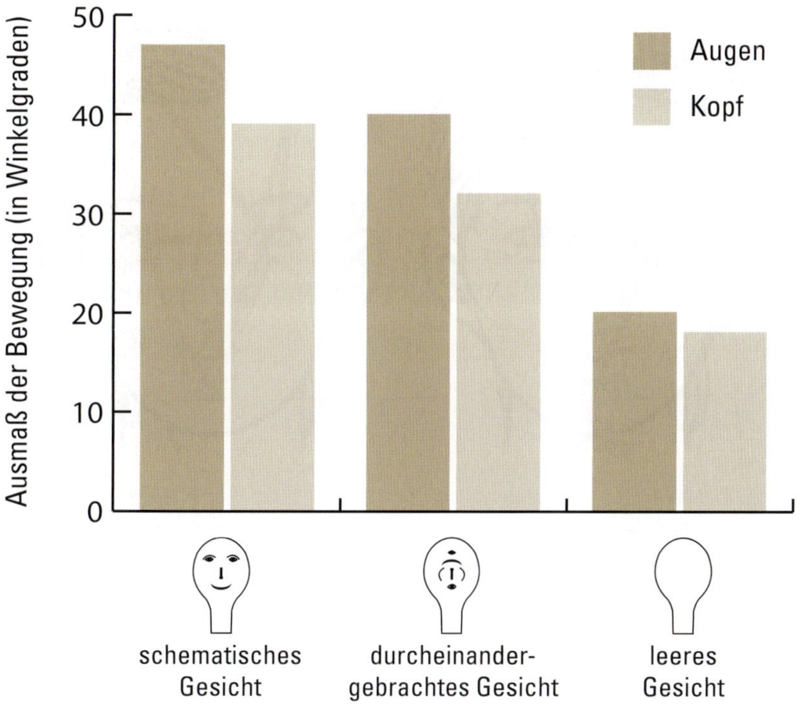

Ausmaß der Bewegung von Augen und Kopf beim Betrachten der schematischen Gesichter und Musteranordnungen

Neugeborene blicken besonders gerne das Gesicht ihrer eigenen Mutter an, denn mit wenigen Tagen können sie es bereits von anderen Gesichtern unterscheiden. Diese Fähigkeit zeigt sich, selbst wenn die Babys neben dem Gesicht der Mutter ein Gesicht einer ähnlich aussehenden Frau zur Auswahl haben. In einem Folgeexperiment ließen die Forscher sowohl die Mütter als auch die fremde Frau eine Kopfbedeckung tragen. Sie kamen zu dem Ergebnis, dass die Babys das Gesicht ihrer Mutter nun nicht mehr von dem Gesicht der fremden Frau unterscheiden konnten. Die Neugeborenen sahen beide Gesichter gleichhäufig und gleichlange an. Daraus lässt sich schlussfolgern, dass der Verlauf des Haaransatzes Neugeborenen maßgeblich dabei hilft, Gesichter zu unterscheiden. Hier gibt es in der Regel einen deutlichen Kontrast zwischen Hautfarbe und Haarfarbe, den Babys offenbar zur Unterscheidung und Erkennung brauchen, da ihre Kontrastsensitivität noch nicht gut entwickelt ist. Fehlt ihnen diese Information, erkennen sie das Gesicht ihrer Mutter nicht.

Die folgenden Abbildungen zeigen, wie sich die Sehvorlieben von Babys bereits in den ersten beiden Lebensmonaten verändern. Mit einem Monat (linkes Bild) konzentriert sich der Blick besonders auf Ränder und Kanten. Erst ab dem zweiten Lebensmonat sind die Babys in der Lage, auch geringer ausgeprägte Kontraste und Konturen zu erkennen, sodass sie dann beispielsweise auch gerne die Augen oder den Mund ihres Gegenübers betrachten (rechtes Bild).

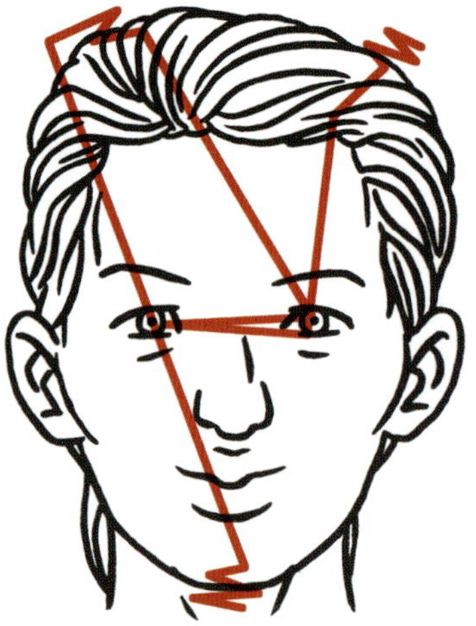

Darauf fällt der Blick eines einmonatigen Babys beim Betrachten eines Gesichts.

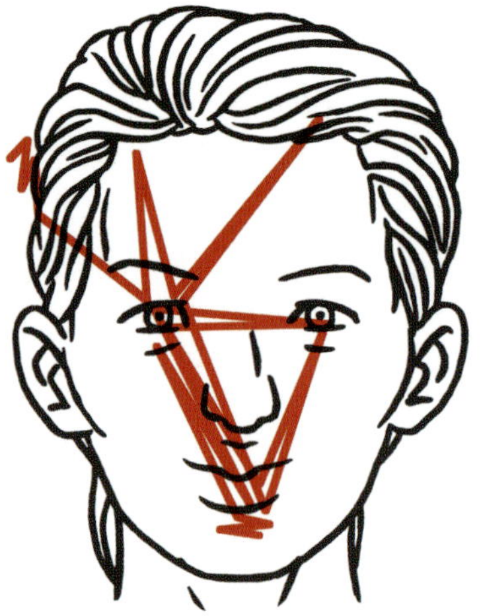

Darauf fällt der Blick eines zweimonatigen Babys beim Betrachten eines Gesichts (Maurer & Salapatek, 1976).

Die Fähigkeit, Dinge dreidimensional zu sehen, also zu erkennen, dass manches näher und anderes weiter entfernt ist, stellt einen wichtigen Teil unseres Sehsinns dar. In einem unbekannten Raum können wir Abstände zwischen und zu verschiedenen Dingen abschätzen, da beispielsweise nahegelegene Objekte andere Dinge verdecken oder weil sie schlicht größer scheinen. Das gelingt uns auch dann noch, wenn wir ein Auge schließen, jedoch wirkt die Welt dann flacher, ähnlich wie auf einem Foto. Ein echter dreidimensionaler Eindruck des Raumes entsteht erst, wenn wir mit beiden Augen schauen. Für diese Tiefenwahrnehmung muss unser Gehirn die leicht unterschiedlichen Informationen aus beiden Augen gut aufeinander abstimmen und verarbeiten. Diese Fähigkeit wird als stereoskopisches Sehen bezeichnet. Voraussetzung dafür ist, dass ein Baby beide Augen auf ein Objekt ausrichten kann. Das vermögen Kleinkinder im Alter von etwa vier Monaten. Nur dann können bestimmte Nervenzellen – die binokularen Zellen – lernen, den Input aus beiden Augen zu kombinieren und zu verarbeiten. Wenig später nutzen Babys dies, um mithilfe beider Augen zu erkennen, welches Spielzeug weiter entfernt ist. Somit können sie räumlich sehen und richten beispielsweise ihre Greifbewegungen danach aus. Voraussetzung dafür ist, dass die Informationen beider Augen im Gehirn auch gemeinsam verarbeitet werden. Jedoch kommt es vor, dass die Augen eines Babys unterschiedlich gut funktionieren. In der Folge liefern sie unterschiedlich gute Informationen an die Sehrinde im Gehirn und der nötige Lernprozess findet nicht statt. Das Gehirn – genauer gesagt die binokularen Zellen – lernt nicht, räumlich zu sehen. Deswegen sollten Babys, die übermäßig stark schielen, gut beobachtet werden.

In den ersten Lebenswochen ist Schielen normal (schließlich können die Babys ihre Augenmuskeln noch nicht so gut steuern), doch wenn ein Säugling auch mit vier bis fünf Monaten noch vermehrt schielt, sollte noch im ersten Lebensjahr etwas dagegen unternommen werden. Häufig kommt eine Augenklappe zum Einsatz, die das gut funktionierende Auge abdeckt. So wird das schwächere Auge trainiert und liefert zunehmend besseren Input an die binokularen Zellen. Im Ergebnis erhält das Gehirn aus beiden Augen wieder gleichwertigen Input und lernt stereoskopisches Sehen.

Ohne stereoskopisches Sehen sieht die Welt nicht nur flach aus, sie kann auch gefährlich werden, beispielsweise wenn Höhen nicht richtig eingeschätzt werden. Eine Studie aus den 1960er-Jahren untersuchte die Tiefen- und damit auch Höhenwahrnehmung bei Krabbelkindern im Alter von sechs bis 14 Monaten (Gibbson & Walk, 1960). Dafür konstruierten die Forscher eine visuelle Klippe (siehe Abbildung).

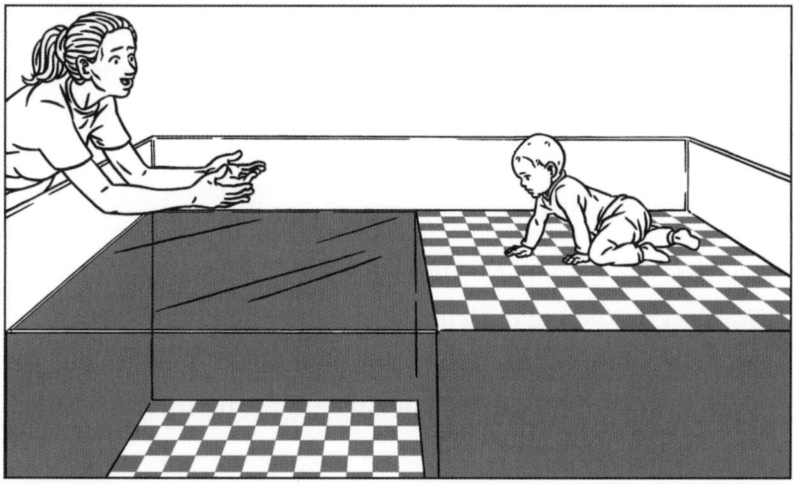

Visuelle Klippe: Versuchsaufbau

Sie bauten einen Spezialtisch, der auf der einen Seite ein bestimmtes Muster trug und auf der anderen Seite durch eine starke Glasplatte fortgesetzt wurde, durch die die Babys einen gleichermaßen gemusterten Boden sahen. Die Babys wurden anschließend auf den Tisch gesetzt und von ihren Müttern zu sich gerufen. Die Babys mussten entweder über den Tisch oder über die Glasplatte krabbeln. Die Kinder krabbelten ohne größere Probleme zu ihren Müttern, wenn sie sich dazu ausschließlich auf dem Tisch bewegen mussten. Aber kein einziges Baby folgte dem Ruf der Mutter über die Glasplatte, manche weinten sogar oder krabbelten in die andere Richtung. Die Kinder hatten augenscheinlich Angst vor der Höhe und waren also in der Lage, zu erkennen, dass es vor ihnen vermeintlich – nämlich unter der Glasplatte – in die Tiefe geht.

Im nächsten Schritt untersuchten die Forscher gleichaltrige Babys, die noch nicht krabbeln konnten: Diese zeigten keine Angst vor der Tiefe. Sie konnten diese schlicht nicht wahrnehmen, da ihr stereoskopisches Sehen noch nicht weit genug entwickelt war. Den Unterschied macht also die eigene Erfahrung der Kleinkinder. Erst durch ihre Bewegungen im Raum sammeln krabbelnde Babys Eindrücke und entwickeln eine Idee davon, was es mit Höhe auf sich hat.

Wenn das Sehen beeinträchtigt ist

Nicht alle Kinder verfügen über einen voll funktionsfähigen Sehsinn. In Deutschland kommen jährlich knapp 200 Kinder blind zur Welt und etwa 1 000 Kinder mit starker Sehbehinderung (Uniklinikum Würzburg, www.ukw.de). Ein paar einfache Dinge erleichtern den Kindern mit Sehbeeinträchtigungen die Teilhabe am Alltag: Gedrucktes Material sollte überschaubar, mit deutlichen Kontrasten und klaren Strukturen sein – also lieber große Blätter mit wenig Motiven. Treppenkanten sollten farbliche Kontraste aufweisen. Für blinde und sehbeeinträchtigte Kinder sind Beschreibungen ihrer Umgebung hilfreich. Sie geben ihnen wichtige Informationen über einen Raum. Hilfreich sind auch Ankündigungen, wenn man einen Raum betritt oder verlässt. Die Internetseiten von Selbsthilfeverbänden wie www.dbsv.org oder www.anderes-sehen.de geben weitere Hinweise.

Prüfen Sie Ihr Wissen:

1. Warum sehen Säuglinge zunächst unscharf?
2. Welche grundlegenden Teilfähigkeiten gehören zum Sehen?
3. Was vermuten Sie: Warum stellen die Fähigkeiten Tiefenwahrnehmung, Gesichterwahrnehmung und Objektwahrnehmung einen Übergang zum Denken dar?
4. Was hilft Säuglingen dabei, Gesichter zu unterscheiden?
5. Wie hat man herausgefunden, ab wann Kinder stereoskopisch sehen können?
6. Räumliches Sehen: Warum wird mit der Augenklappe das stärkere Auge abgedeckt? Dann sieht das Baby doch noch weniger. Oder?
7. Wie können Sie Kindern mit einer Sehbeeinträchtigung die Teilhabe besser ermöglichen?

1.7 Spitz die Ohren – Hören

Mit unserem Gehörsinn nehmen wir Geräusche, Sprache und Musik wahr. Das Hören ist bereits im letzten Schwangerschaftsdrittel gut entwickelt, schließlich bietet auch der Mutterleib eine vielfältige Geräuschkulisse. Allerdings sind Neugeborene noch etwas schwerhörig. Damit sie auf ein Geräusch reagieren, muss dieses etwa viermal lauter sein, als das leiseste Geräusch, das ein Erwachsener wahrnehmen kann. Erst im Alter von fünf bis acht Jahren hat das Hörvermögen das Niveau eines erwachsenen Gehörs erreicht.

Auf laute Geräusche reagieren Babys jedoch bereits im Mutterleib. Und vielmehr noch: Sie lernen die Stimme ihrer Mutter kennen, sodass sie diese bereits wenige Tage nach der Geburt von anderen weiblichen Stimmen unterscheiden können. In einer Studie bekamen Neugeborene wenige Tage nach ihrer Geburt einen speziellen Sauger in den Mund und Kopfhörer auf die Ohren gesetzt. Durch die Sauggeschwindigkeit jedes Babys konnte bestimmt werden, ob es die Stimme seiner Mutter oder eine andere weibliche Stimme zu hören bekam. Die Ergebnisse der Untersuchung zeigten, dass die Neugeborenen nicht nur zwischen den Stimmen unterscheiden können, sondern dass sie sich sogar anstrengen, häufiger die mütterliche Stimme zu hören (DeCasper & Fifer, 1980).

Neugeborenes mit Spezialschnuller und Kopfhörern

Besonders genau können Babys sprachliche Laute unterscheiden. Neugeborene bemerken den Unterschied zwischen „ti, ti, ti" und „pah, pah, pah". Babys im Alter von einem Monat bemerken sogar schon den feinen Unterschied zwischen „pah, pah, pah" und „bah, bah, bah". Wie Forscher das herausgefunden haben? Durch ein Habituationsexperiment (vgl. Kap. 2.3). Aus einem seitlich angebrachten Lautsprecher hörten die Babys einen Laut so lange, bis sie sich gelangweilt abwendeten. Sie hatten sich an den Reiz habituiert, also gewöhnt. Ein neuer Laut hingegen weckte auch wieder Interesse und sie drehten ihren Kopf entsprechend. Als neu oder anders erkennen Babys einen Laut (z. B. „bah") jedoch nur dann, wenn sie auch erkennen, dass er sich von dem alten Laut (z. B. „pah") unterscheidet (Bertoncini et al., 1987).

Habituation:
Gewöhnung

Babys sind gut darauf vorbereitet, Sprache zu verarbeiten. Sie unterscheiden Laute sogar feiner als Erwachsene. Denn Babys können Laute unterscheiden, die in ihrer Muttersprache gar nicht vorkommen: Eine Studie mit kenianischen Babys zeigte, dass die Babys zwischen Lauten unterscheiden konnten, die in ihrer Muttersprache Kikuyu als ein Laut behandelt werden – also nicht unterschieden werden (Streeter, 1976). Aus unserem Alltag ist uns dieses Phänomen vertraut: Beispielsweise haben erwachsene Personen mit Chinesisch als Muttersprache oftmals Schwierigkeiten damit, r und l auseinanderzuhalten, denn für sie hören sich die beiden Laute gleich an. Sie haben diese Unterscheidungsfähigkeit verloren, weil der Unterschied in ihrer Muttersprache keine Rolle spielt.

„Fuchs, du hast die Gans gestohlen" – Singen gehört zum (Kita)-Alltag.

Überall auf der Welt wird Babys gerne vorgesungen. Möglicherweise liegt dies auch daran, dass Babys Musik ähnlich wahrnehmen und verarbeiten wie Erwachsene. In den 1970er-Jahren galt unter Wissenschaftlern noch die Annahme, dass Babys nur einzelne Töne wahrnehmen und nicht eine zusammenhängende Melodie erkennen können. Doch es zeigte sich, dass bereits fünf Monate alte Babys kurze Melodien als zusammengehörig wahrnehmen. Sie erkennen diese sogar, auch wenn die Tonabfolge in einer höheren oder tieferen Tonlage gespielt wird. Hingegen erkennen Babys die Melodie als anders, wenn dieselben Noten in einer anderen Reihenfolge gespielt werden. Es ist also egal, ob Piccoloflöte oder Basstuba das vertraute Gutenachtlied spielen, wichtig ist, dass die Tonabfolge gleich bleibt (Trehub, 2010). Auch bevorzugen viermonatige Babys konsonant gespielte Musik und wenden sich dieser über einen längeren Zeitraum zu als dissonant gespielter Musik. Da Kleinkinder bereits so frühzeitig die gleiche Vorliebe wie erwachsene Musikhörer zeigen, geht die Forschung davon aus, dass unser Gehör bereits von Natur aus auf konsonante Musik ausgerichtet ist (Zentner & Kagan, 1998).

konsonant:
harmonisch zusammenklingend

dissonant:
unstimmig, unharmonisch, misstönend

Beim Klatschen und Singen ist Sina ganz Ohr.

Weiterhin kann beobachtet werden, dass auch Säuglingen Musik in die Beine geht. In einer Studie hörten Säuglinge im Alter von neun bis 13 Monaten unterschiedliche Instrumentalstücke: einerseits fröhliche, marschähnliche Musik (Mc Namara's Band), andererseits ein langsames, melodisches Stück (Schumanns Träumerei). Im Anschluss bekamen Erwachsene die Videos der Babys zu sehen – aber ohne Ton. Diese konnten ohne Probleme zuordnen, ob das Baby im Film gerade eine ruhige oder lebhafte Melodie hörte, allerdings konnten sie nicht recht erklären, woran sie es erkannt hatten. Eine systematische Analyse der Videos zeigte dann, dass die Babys bei der lebhaften Musik durchschnittlich etwa viermal mehr hüpften als bei der langsamen Musik. Babys können Musik demnach nicht nur hören und verarbeiten, sie wirkt sich auch merklich auf ihr Verhalten aus.

Eine weitere wichtige Fähigkeit unseres Gehörsinns ist es, erkennen zu können, aus welcher Richtung ein Geräusch kommt. In den 1960er-Jahren untersuchte ein besonders eifriger Wahrnehmungspsychologe diese Fähigkeit in den ersten Lebensminuten seines frisch geborenen Kindes. Es zeigte sich, dass sein Neugeborenes bereits die akustische Lokalisation beherrschte. Dabei handelt es sich jedoch um einen Reflex, der kurze Zeit später wieder verloren geht. Erst mit etwa vier Monaten können Babys dann wieder die Geräuschquelle verorten und ihre Bewegungen danach ausrichten. Im Alter von sieben Monaten erkennen Babys dann nicht nur, aus welcher Richtung ein Geräusch kommt, sondern auch, ob das Geräusch in Greifnähe oder weiter entfernt entsteht (Muir et al., 1979).

akustische Lokalisation: den Ort einer Schallquelle wahrnehmen

Wer mit Babys spricht, stellt sich meist intuitiv auf das kindliche Hörvermögen ein: Babys hören gut im Frequenzspektrum der menschlichen Stimme und bevorzugen dabei höhere Töne. Daher sprechen Erwachsene und Kinder kulturübergreifend mit Babys oft in einer Art Singsang und verwenden bestimmte Melodien, um zu beruhigen (z. B. „Ist schon gut.“) oder Aufmerksamkeit zu wecken (z. B. „Schau mal!“). Dem Baby ist es fast egal, in welcher Sprache zu ihm gesprochen wird, solange wir im leichten Singsang sprechen. In einer Studie reagierten Babys mit entsprechendem Gesichtsausdruck auf zustimmende Äußerungen (z. B. „So brav bist du.“/ „You're so good.“), egal, in welcher Sprache gesprochen wurde. Wichtig scheint folglich zu sein, wie wir mit Babys sprechen, und nicht, was wir genau sagen.

Wer sich mit einem Kind mit Hörbeeinträchtigung verständigt, kann dies zusätzlich unterstützen: das Kind direkt von vorne ansprechen, ggf. durch Armbewegungen oder Berührung auf sich aufmerksam machen; erst zu sprechen beginnen, wenn Blickkontakt besteht und diesen halten, so dass die Lippen zu sehen sind; langsam und deutlich sprechen – in kurzen, aber vollständigen Sätzen. Natürliche Gestik, Mimik und Körpersprache unterstützen die Aussagen und ersetzen die Sprachmelodie.

Prüfen Sie Ihr Wissen:

1. Ab welchem Alter erreichen Kinder das Hörvermögen von Erwachsenen?
2. Was versteht man unter akustischer Lokalisation?
3. Wie hat man herausgefunden, dass Babys Melodien und nicht nur einzelne Töne wahrnehmen?
4. Wie können Sie die Verständigung mit einem Kind mit Hörbeeinträchtigung erleichtern?

1.8 Jetzt alles zusammen – Intermodale Wahrnehmung

Wenn Luca und Noah wie zu Beginn dieses Kapitels den Garten erkunden, tun sie dies über verschiedene Sinne: Sie sehen den Matsch, spüren seine Beschaffenheit, riechen die feuchte Erde und hören das Patschen der eigenen Hände im Wasser oder Schlamm. All diese Sinneswahrnehmungen gehören zu diesem einen Erlebnis des Herummatschens. Dahinter steckt jedoch die Koordination und Verarbeitung verschiedener Sinneseindrücke – das verstehen wir unter intermodaler Wahrnehmung.

„Es ist egal, mit welchem Sinn ich erkenne, dass ich im Dunkeln in einen Schweinestall gestolpert bin."
(Erich Moritz von Hornbostel)

intermodale Wahrnehmung: die Kombination von Informationen aus zwei oder mehr Sinnen

Matsch fühlen – zugleich sehen, hören, riechen und oft auch schmecken.

Piaget war der Überzeugung, dass Babys zunächst überhaupt nicht in der Lage sind, Informationen aus verschiedenen Sinneskanälen miteinander in Verbindung zu bringen. Er war der Ansicht, dass Kinder erst viele Erfahrungen sammeln müssen, um bestimmte Klänge und Anblicke als zusammengehörig zu erkennen. Doch wie bereits zu Beginn der 1970er-Jahre ein Experiment zeigte, wissen schon 30 Tage alte Babys, dass die Stimme der Mutter und ihr Gesicht zusammengehören. Wenn einem Baby dieser Zusammenhang vertraut ist, dann müsste es irritiert sein, sobald es die Stimme und das Gesicht seiner Mutter an verschiedenen Orten wahrnimmt, so die Überlegung der Forscher. Folglich legten sie Babys so hin, dass diese durch eine Glasscheibe ihre Mutter sehen konnten, während deren Stimme aus zwei Lautsprechern – links und rechts des Kindes – ertönte. Zunächst hörten die Babys die Stimme der Mutter gleichstark aus beiden Lautsprechern (Variante 1). Das klang so, als käme die Stimme von vorne, also von dorther, wo sie die Mutter auch sehen konnten. Dann wurde die Lautstärke so verändert, dass die Stimme von einer der Seiten zu kommen schien, obwohl das

Baby seine Mutter weiterhin vor sich sah (Variante 2). Kurz nach dem Wechsel zu Variante 2 zeigten sich nun oftmals dramatische Verhaltensänderungen bei den Kindern. Die Babys begannen, mit ihren Armen zu rudern, verzogen das Gesicht und zeigten weitere Anzeichen von Unruhe und Unwohlsein. Einige Babys bewegten sich heftig, andere weinten. Die Babys hatten also bereits nach ihrem ersten Lebensmonat gelernt, dass Gesicht und Stimme der Mutter zusammengehören (Streri et al., 2013).

Als fernsehende Erwachsene kennen wir die Irritation, wenn bei einem synchronisierten Film gesehene Sprache (also Lippenbewegungen) und gehörte Sprache nicht zusammenpassen.

Damit wir intermodal wahrnehmen, ist wichtig, dass die Informationen zeitgleich eintreffen. Darüber hinaus zeigen Dauer, Tempo und Rhythmus an, dass Informationen zusammengehören könnten (Streri, 2012). Luca und Noah, die mit ihren Händen in den Matsch patschen, spüren, sehen und hören dies zeitgleich und im selben Rhythmus.

taktil:
das Tasten, Berühren betreffend

visuell:
über das Sehen vermittelt

Bereits vier Monate alte Säuglinge können taktile und visuelle Erfahrungen zusammenbringen, wenn sie die Möglichkeit haben, Dinge auch mit den Händen zu erkunden: In einer Studie bekamen vier Monate alte Babys Ringe, die sie festhalten und betasten, aber nicht sehen konnten. Dieses Ringspielzeug gab es in zwei Varianten. Entweder waren die Ringe durch einen starren Stab fest oder durch ein dehnbares, flexibles Band miteinander verbunden. Durften die Babys im Anschluss beide Spielzeugvarianten sehen, erkannten sie wieder, mit welchem sie zuvor blind gespielt hatten. Sie blickten länger auf das neue Spielzeug, mit dem sie noch nicht gespielt hatten. Das bekannte Spielzeug hatte durch die (tastende) Habituation seinen (visuellen) Reiz verloren (Streri & Spelke, 1988).

Wenn die Körner in die Kiste rieseln, sind die Augen ganz Ohr.

Säuglinge zeigen sogar noch komplexere Integrationsleistungen, denn sie stellen Beziehungen zwischen visuellen Informationen und der eigenen Körperwahrnehmung her. Babys im Alter von drei bis fünf Monaten wurden dabei gefilmt, wie sie ein Spielzeug mit ihrer rechten Hand erkundeten. Zugleich blickten sie auf zwei Monitore: Einer zeigte die Live-Aufnahme der eigenen Hand, der andere Monitor bildete die Aufzeichnung der Hand eines anderen Babys ab. Dabei fanden die Babys das Unbekannte, also den Film mit den Bewegungen eines anderen Babys, interessanter als den eigenen Film. In einer Variation dieses Experimentes wurden die eigenen Bewegungen dann seitenverkehrt dargeboten. Nun interessierten sich die Babys auch wieder für ihre eigenen, spiegelverkehrten Bewegungen (Schmuckler, 1996).

Bei Babys im Alter ab etwa einem halben Jahr wird die Verbindung zwischen Wahrnehmung und Motorik immer wichtiger: Das Greifen nach Objekten wird durch das Sehen unterstützt und gelenkt, das Aufrechtstehen und das Sichfortbewegen gelingen im Wechselspiel. Auch die räumliche Orientierung und das Suchen von Dingen verlangt eine Zusammenarbeit von Sehen und Bewegen. Möglicherweise gelingt die Zusammenführung von multimodaler Wahrnehmung und Bewegung bei manchen Kindern schlecht.

Prüfen Sie Ihr Wissen:

1. Was heißt *intermodale Wahrnehmung* und welche Voraussetzung muss gegeben sein, damit sie stattfindet?
2. Welche verschiedenen Sinnesinformationen können zusammenkommen, wenn ein Kind sich immer wieder in eine Kiste setzt und mit ihr hantiert?
3. Bei welchen Handlungen wird erkennbar, dass Wahrnehmung und Motorik zusammenspielen?

Vertiefung und Transfer

1. Verschluckungsgefahr im ersten Lebensjahr – insbesondere durch erdnussgroße Gegenstände: Was in Ihrem Umfeld ist gefährlich? Wie können Sie jungen Kindern dennoch ihre sinnliche Erfahrung ermöglichen?

2. „Gucken tut man mit den Augen." Diskutieren Sie, inwieweit das für Kinder im ersten Lebensjahr zutrifft.

3. Vom Begreifen zum Begriff: Erklären Sie, was mit diesem Ausdruck gemeint sein könnte. Welche Rolle spielt hier die Wahrnehmumg?

4. Testen Sie an sich selbst die Wirkung unterschiedlicher Musik: Was beruhigt Sie? Was bringt Sie in Bewegung? Tauschen Sie sich darüber mit Kolleginnen und Kollegen aus. Überlegen Sie, was das für den Musikeinsatz in der Krippe bedeutet.

5. Forschen Sie selbst einmal, welche Handlungen Ihnen bei Kindern zeigen, dass diese Melodien oder Tonabfolgen erkennen oder gar selbst produzieren.

6. Auch als Erwachsene unterstützen wir unsere Wahrnehmung durch Bewegungen (z. B. Hand ans Ohr, vorbeugen, um genau hinzuschauen). Finden Sie weitere Beispiele.

7. Wie würden Sie beim Essen damit umgehen, dass Kinder zunächst nur das essen, was sie bereits kennen?

8. Das Zusammenspielen von Sinnen und Motorik selbst erleben: Halten Sie das Buch mit ausgestreckten Armen vor sich und lesen Sie im Text weiter. Nun halten Sie den Blick starr geradeaus und bewegen das Buch langsam ein wenig hin und her. Machen Sie Ihre Armbewegungen schneller und größer, bis Sie den Text nicht mehr lesen können. Geben Sie nun das Buch einer anderen Person, die es im gleichen Abstand – erst wenig und langsam dann immer schneller und weiter – vor Ihren Augen bewegt, bis Sie nicht mehr lesen können. Was fällt Ihnen dabei auf? Wie können Sie Ihre Beobachtungen im Bezug auf die intermodale Wahrnehmung erklären?

9. Der Mensch sei eine „physiologische Frühgeburt", wurde der Schweizer Biologe Adolf Portmann häufig zitiert. Mittlerweile ist immer häufiger vom „kompetenten Säugling" die Rede. Nehmen Sie mit Bezug auf die Entwicklung der frühkindlichen Wahrnehmungsfähigkeiten Stellung.

Lesetipps

Eliot, L. (2010). Was geht da drinnen vor? Die Gehirnentwicklung in den ersten fünf Lebensjahren. Berlin: Berlin Verlag.

- Unterhaltsam, anschaulich und gut verständlich beschreibt die Autorin (nicht nur) die Entwicklung unserer Sinne.
- Für jeden Sinn werden die jeweiligen Sinnesorgane in ihrem Aufbau und ihrer Funktion beschrieben. Die Entwicklungen der Sinnesmodalitäten sind mit ihrem pränatalen Beginn bis zum fünften Lebensjahr beschrieben.

Pauen, S. (2006). Was Babys denken: eine Geschichte des ersten Lebensjahres. München: C. H. Beck.

- Schwerpunkt des Buchs ist die Denkentwicklung von Säuglingen im ersten Lebensjahr, die anhand zahlreicher Experimente beschrieben wird. Die Entwicklung der Wahrnehmung als Voraussetzung für das Denken wird knapp und fundiert geschildert.

Schwarz, R. (2014). Die Bedeutung der Wahrnehmung für die Bewegungsentwicklung. KiTa Fachtexte.

- Dieser KiTa Fachtext zeigt die enge Verbindung insbesondere des Sehens und der Motorik auf. Anhand ausgewählter Studien wird aufgezeigt, wie sich Sehen und Greifen sowie Krabbeln und Tiefenwahrnehmung gegenseitig bedingen.

Zimmer, R. (2016). Bewegte und bewegende Räume – Krippen bewegt gestalten. Niedersächsisches Institut für frühkindliche Bildung und Entwicklung e. V. (Hrsg.).

- Bewegung und Schärfung der Sinne geht bei Kindern im Krippenalter Hand in Hand. Das stellt dieser kurze Fachbeitrag sehr anschaulich dar.
- Verfügbar unter: www.nifbe.de/component/themensammlung [03.01.2024].

2

Lernen – Zum Lernen ist man nie zu jung

Als mein Sohn gerade wenige Wochen alt war, fuhr ich mit ihm erstmals in Berlin S-Bahn. Der Kinderwagen stand gleich neben der Tür und an jeder Station gab es ein schrilles Dadüda, bevor die Tür laut krachend zuflog. Das lärmende Rumsen der Tür schreckte meinen Sohn aus seinem Schlaf auf. Zum Glück schlief er aber gleich wieder ein. Doch da kamen die nächste Station und das schrille Dadüda, gefolgt vom krachenden Rums. Es dauerte ein paar Stationen, dann wurde das Hochschrecken weniger. Schließlich schlief mein Sohn friedlich – wie ein Baby – neben der laut zuschlagenden Tür. Der Lärm schien ihn nun weder aufzuwecken noch zu beeindrucken. Er hatte gelernt, dass auf Dadüda ein Rums folgt: Das Rumsen erschreckte ihn in der Folge nicht mehr.

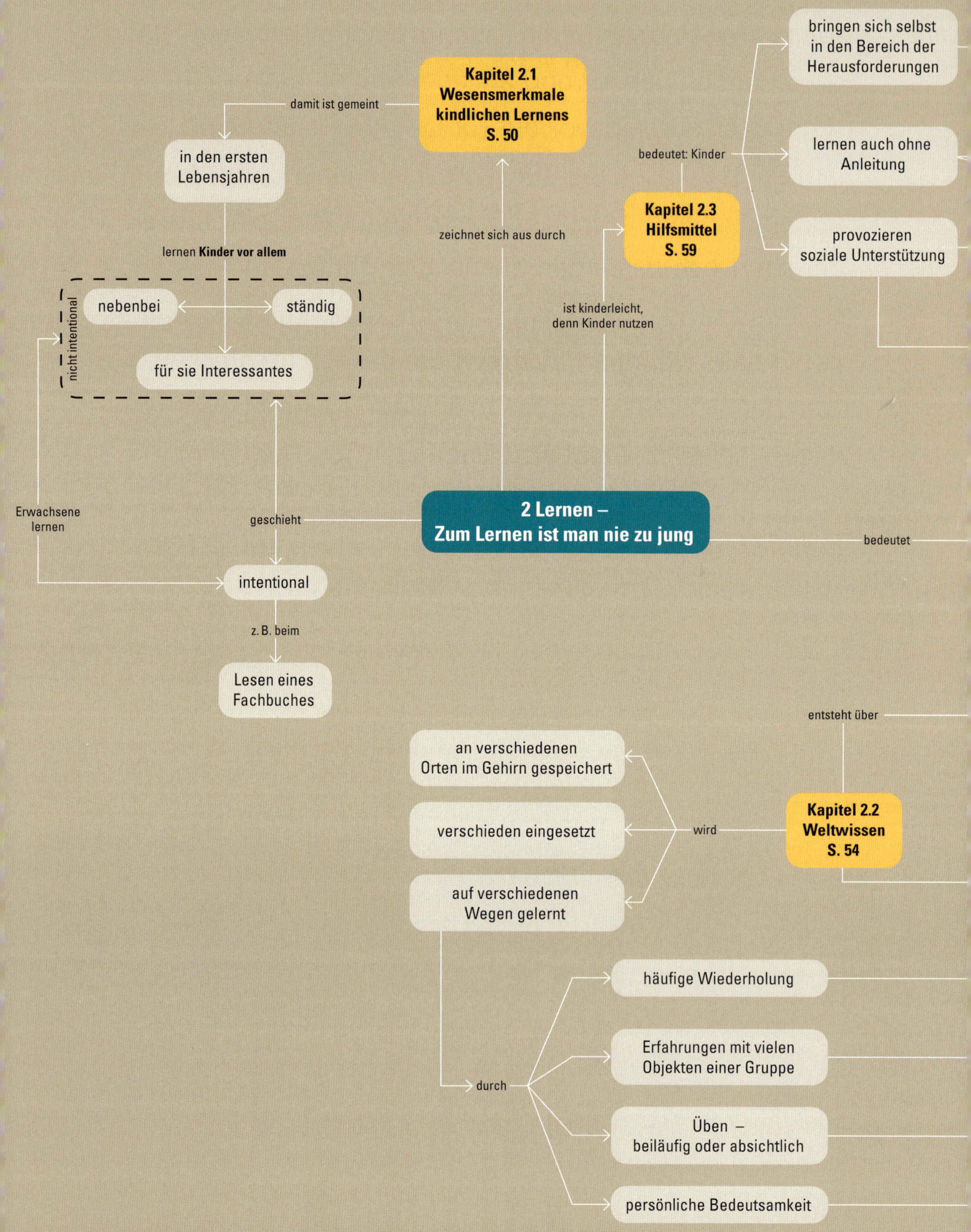

2 Lernen –
Zum Lernen ist man nie zu jung
zeichnet sich aus durch
Kapitel 2.1
Wesensmerkmale
kindlichen Lernens
S. 50
damit ist gemeint
in den ersten
Lebensjahren
lernen Kinder vor allem
nicht intentional
nebenbei
ständig
für sie Interessantes
Erwachsene
lernen
geschieht
intentional
z. B. beim
Lesen eines
Fachbuches
ist kinderleicht,
denn Kinder nutzen
Kapitel 2.3
Hilfsmittel
S. 59
bedeutet: Kinder
bringen sich selbst
in den Bereich der
Herausforderungen
lernen auch ohne
Anleitung
provozieren
soziale Unterstützung
bedeutet
entsteht über
Kapitel 2.2
Weltwissen
S. 54
wird
an verschiedenen
Orten im Gehirn gespeichert
verschieden eingesetzt
auf verschiedenen
Wegen gelernt
durch
häufige Wiederholung
Erfahrungen mit vielen
Objekten einer Gruppe
Üben –
beiläufig oder absichtlich
persönliche Bedeutsamkeit

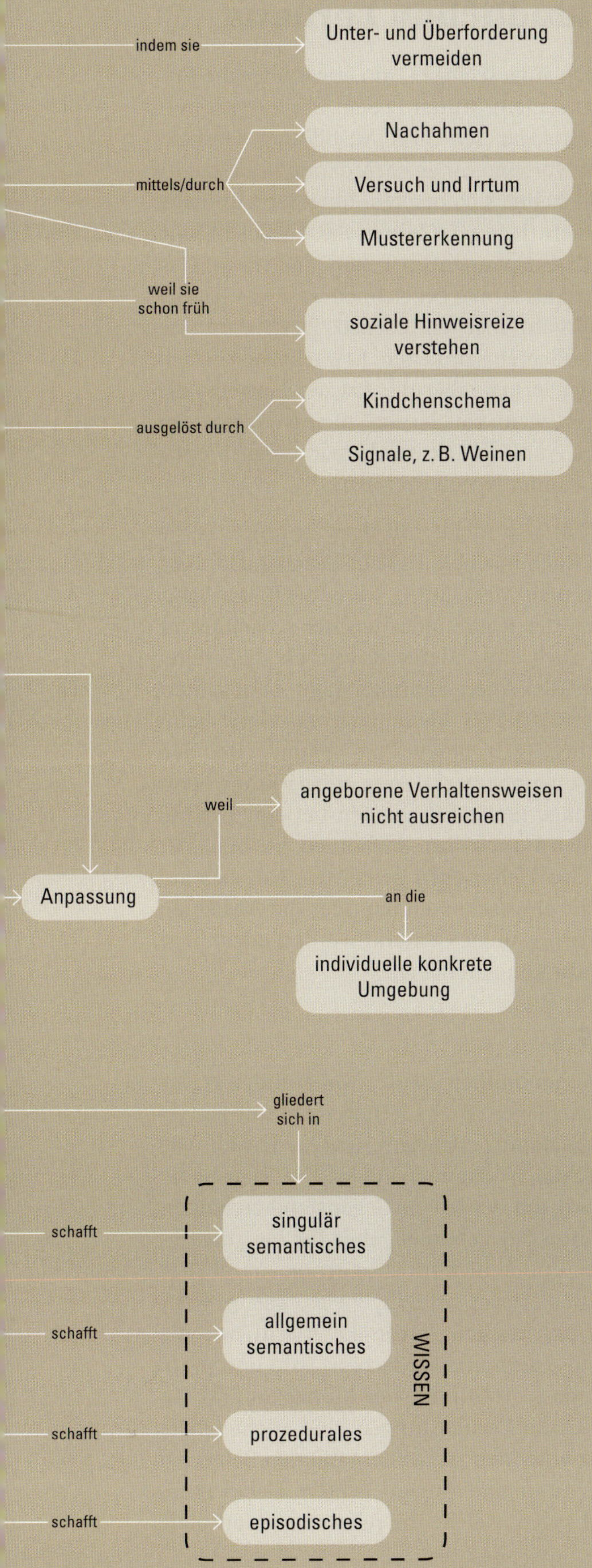

In diesem Kapitel erfahren Sie:

- dass Kinder in ihren ersten drei Lebensjahren ständig lernen,
- was dieses Lernen ausmacht,
- warum und wie Kinder in ihren ersten drei Lebensjahren lernen,
- welche Hilfsmittel den Kindern dabei zur Verfügung stehen.

2.1 Lernen statt pauken – Merkmale kindlichen Lernens

Das Englische unterscheidet zwei Worte, die im Deutschen beide mit „lernen" übersetzt werden:

- *to study* als ein Erwerb oder Wiederholen von Informationen, damit man sich diese einprägt;
- *to learn* als der Erwerb von Wissen oder Fertigkeiten (auch durch Erfahrungen).

Vielleicht haben Sie das Buch aufgeschlagen, um etwas über die Entwicklung des Kindes bis zu seinem dritten Lebensjahr zu erfahren. Vermutlich ist dieses Thema sogar Teil Ihrer Ausbildung. Deshalb haben Sie sich schon länger vorgenommen, sich damit zu beschäftigen, und nun tun Sie es. Sie haben sich bequem hingesetzt und alle störenden Einflüsse minimiert. Und jetzt lernen Sie. Vielleicht würden Sie lieber auf der Couch entspannen, aber nein, Sie lernen. Das, was Sie gerade machen, wird als *lernen* bezeichnet; das, was Kinder bis zu ihrem dritten Lebensjahr machen, ebenso. Doch damit erschöpfen sich schon fast die Gemeinsamkeiten. Erwachsene können zwar auch wie kleine Kinder lernen, aber die Art des Lernens, die Erwachsene meist anwenden, wenn sie „lernen" meinen, bleibt den Jüngsten noch verschlossen. Auf Englisch würde man sagen, Sie studieren *(to study)*, während Kinder lernen *(to learn)*.

Das Lernen der Jüngsten hat also nichts mit dem zu tun, was Sie augenblicklich mit diesem Buch machen. Es hat auch nichts mit Arbeitsblättern, Vokabellisten oder Merksätzen, wie es sie in der Schule gibt, zu tun. Das Lernen der Kleinkinder erscheint darüber hinaus auf den ersten Blick auch ein anderes zu sein als das älterer Kinder (ab fünf Jahren). Bei den Älteren kann man gut beobachten, wie sie nach dem Lernen etwas Neues wissen (z. B. das Gerät heißt *Akkuschrauber*) oder können (z. B. einen Purzelbaum). Bei den Jüngsten geschieht lernen oft unbemerkt. Wer aufmerksam beobachtet, kann zwar eine Menge neuer Fähigkeiten bei einem Kind entdecken. Doch einiges wird auch ihm verborgen bleiben, beispielsweise dass ein Kind das Tiefensehen gemeistert hat, sich auf die Laute der Muttersprache eingeschossen hat oder die Absichten anderer erkennt. Ob die Lernresultate bemerkt werden oder nicht, die Kinder lernen – und zwar von Anfang an.

„Erwachsene meinen oft, das meiste Lernen sei das Ergebnis von Unterricht und das entdeckende, spontane Lernen sei ungewöhnlich. Tatsächlich ist spontanes Lernen aber viel grundlegender." *(Alison Gopnik, 2009)*

Kinder lernen ständig

Vielleicht haben Sie sich vorgenommen, heute zwei Stunden zu lernen und dieses Buch aufzuschlagen. Babys lernen nicht nur zu festgesetzten Zeiten, sie lernen ständig. Bei dem, was sie lernen, wie zum Beispiel räumliches Sehen, ist das auch gut so. Die Kleinen lernen, beide Augen gleichzeitig auf denselben Gegenstand zu lenken. Im Prinzip können das schon Neugeborene, aber für ein scharfes Bild ist die Fähigkeit anfangs noch nicht präzise genug ausgebildet. In den ersten Lebensmonaten erlernt ein Baby vieles, was im Kapitel Wahrnehmung bereits beschrieben wurde: Es erlernt, wie die Milch der Mutter riecht, den Unterschied zwischen „pah" und „bah", kurze Melodien und auch, dass die Stimme der Mutter und ihr Gesicht zusammengehören. Diese Lernleistungen sind nicht trivial. Um zum Beispiel Gesichter erkennen zu können, müssen Babys auf relevante Merkmale (wie Mund und Augen) achten. Dabei muss niemand einem Kleinkind sagen, welche die relevanten Merkmale sind. Niemand muss erklären, wie sie zueinander in Beziehung stehen, um das eine von dem anderen Gesicht zu unterscheiden. Das Erkennen und Zuordnen von Gesichtern ist eine außerordentlich komplexe Leistung. Babys meistern sie mühelos. Sie erkennen das Gesicht der Mutter und das des Vaters. Sie bilden sogar Kategorien von vertrauten und fremden Gesichtern. Mit wenigen Monaten haben sie allgemeine Gesichtszüge erfasst und merken, wenn etwas neu und interessant ist.

Weil wir im Normalfall nur Gesichter unserer Volksgruppe sehen, werden wir zu Spezialisten für diese Gesichter, zugleich aber auch zu Laien für die Gesichter anderer Volksgruppen. Wenn wir asiatische Gesichter seltener sehen, bekommen wir den Eindruck, dass Menschen aus Asien oftmals mehr oder weniger gleich aussehen. Für diese Menschen hingegen sind wir aus Mitteleuropa kaum voneinander zu unterscheiden.

Frühe Lernprozesse umfassen verschiedenste Entwicklungsbereiche: Im ersten Lebensjahr lernen die Babys, beispielsweise die Bewegungen ihrer Arme und Hände unter Kontrolle zu bringen. Zum ersten Geburtstag schaffen es dann schon viele, sich auf den eigenen Beinen zu halten. Ebenfalls im ersten Lebensjahr werden Kleinkinder Profis für die Laute der eigenen Muttersprache(n). Sie lernen damit auch, die eigene von anderen Sprachen zu unterscheiden. Im zweiten Lebensjahr sind die Kinder in der Lage, zum Beispiel Auto und Flugzeug, Hund und Fisch auseinanderzuhalten. Etwas später Auto und Motorrad, Hund und Hase. Dreijährige können dann noch ähnlichere Dinge voneinander abgrenzen, wie Auto und LKW, Hund und Pferd (Mandler et al., 1991).

Die Mehrheit der Zweijährigen kann ein Auto von einem Flugzeug unterscheiden, aber nur 20 % ein Auto von einem LKW. Ein halbes Jahr später können das schon doppelt so viele.

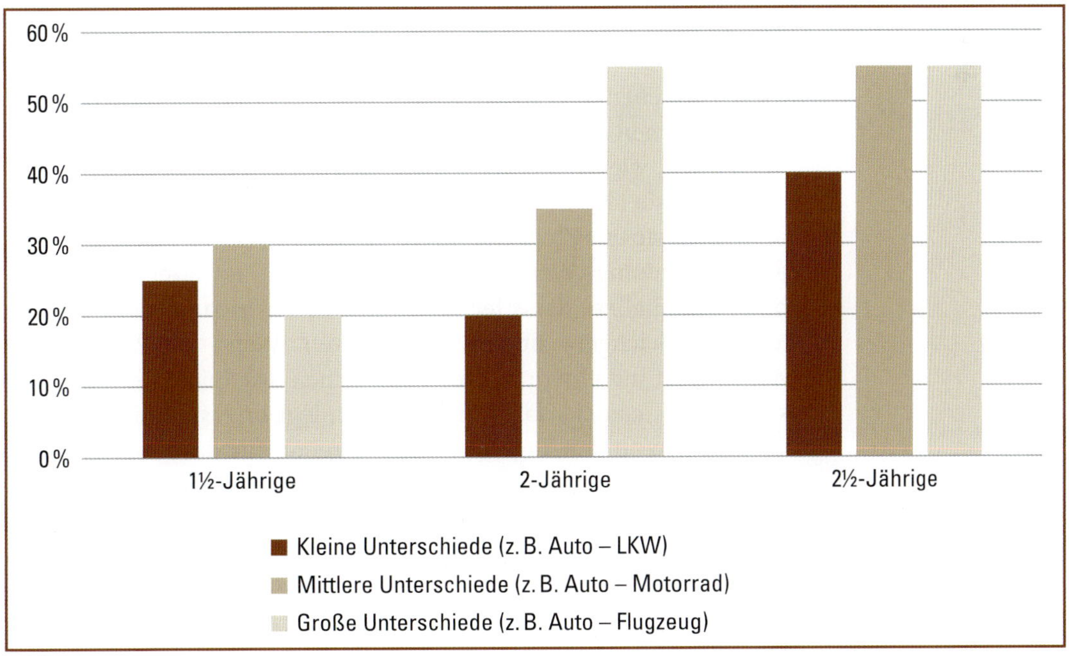

Prozentsatz der Kinder, die große, mittlere und kleine Unterschiede zuverlässig erkennen (nach Mandler et al., 1991).

Kinder lernen, was sie wollen

„Man kann in Kinder nichts hineinprügeln, aber vieles herausstreicheln." *(Astrid Lindgren)*

Kinder beschäftigen sich mit dem, was für sie bedeutsam ist. Sie lernen dabei, diese Dinge immer feiner zu unterscheiden. Dabei ist egal, um was für eine Sache es sich handelt, solange die Kleinkinder viele Beispiele davon in ihrer Umgebung finden und die Dinge eine Bedeutung für sie haben.

Lernen ist die Grundlage der Entwicklung im motorischen, kognitiven, sprachlichen und sozio-emotionalen Bereich. Aber ohne eine relevante Umgebung, ohne entsprechende Umweltreize, kann nicht gelernt werden. Lernen ist insofern von der Umwelt abhängig. Das räumliche Sehen entwickelt sich erst, wenn es etwas Dreidimensionales zu sehen gibt. Die relevanten Merkmale von Gesichtern können nur erkannt werden, wenn es Gesichter in der Umwelt des Kindes gibt. Und wo es keine Sprache gibt (oder sie zumindest nicht in den Hörzentren des Gehirns ankommt), wird es keine Profis für die Laute einer Muttersprache geben. Die Umwelt spielt demzufolge eine zentrale Rolle: Sie bestimmt, was gelernt werden kann und was nicht. Natürlich lernen Kinder das, was sie auch lernen wollen, sofern es dafür einen Reiz in ihrem Umfeld gibt. Meist wird dieser von den Bezugspersonen angeboten. Kinder lernen Autos und Flugzeuge nur dann voneinander zu unterscheiden, wenn sie ähnlich wie wir aufwachsen. Dort, wo weder Autos fahren noch Flugzeuge fliegen, werden Kinder beides nicht zu unterscheiden lernen. Da, wo weder Hunde laufen noch Fische schwimmen, werden sie diese nicht kennenlernen. Vielleicht lernen sie stattdessen, im Wald spielend, Traubeneiche und Stieleiche voneinander abzugrenzen. Oder sie unterscheiden Pokémon Nr. 675 namens *Pangoro* von Pokémon Nr. 676 namens *Furfrou*.

Kinder lernen nebenbei

In Ihrem Leben haben Sie viel gelernt und Sie wissen, wie das geht. Heute nehmen Sie sich dazu dieses Buch vor. Kleine Kinder wissen noch nicht, wie das Lernen funktioniert. Kleinkinder lernen laufen, ohne dass sie überhaupt wissen, was lernen ist. Sie lernen sprechen, ohne dass sie es sich vornehmen: Tausende Wörter und die Regeln ihrer Benutzung. Wenn eine Einjährige sich auf zwei Beinen hält, ohne umzufallen, dann lernt sie, ihre Muskeln zu steuern und damit ihr Gleichgewicht auszubalancieren. Wenn ein Zweijähriger verschmitzt mit einem fremden Menschen das Spiel Hin- und Wegschauen „Kuckuck, da bin ich!" spielt, legt er erstaunliche soziale Fertigkeiten an den Tag. Wenn eine Dreijährige das Wort *Schokolade* ausspricht, erfordert das eine komplizierte Abstimmung der Atmung mit der Zungen- und Lippenstellung. Keine dieser Fähigkeiten ist angeboren. All das – und noch viel mehr – muss gelernt werden. Und es wird gelernt: beiläufig. Dabei steht das Lernen selbst nicht im Fokus.

„Die Dinge aber erziehen uns durch die Erfahrung, die wir mit ihnen machen, und durch die Anschauung." *(Jean-Jacques Rousseau)*

Ein Baby versucht seine ersten Schritte nicht, um laufen zu lernen, sondern um von der Bank zum Tisch zu gelangen, weil dort vielleicht ein Kuscheltier liegt. Ein Kind spielt immer wieder „Kuckuck, da bin ich!", weil es ihm einen Riesenspaß macht, und nicht, weil es das Ziel verfolgt, seine sozialen Fähigkeiten auszubauen. Es formt Wörter und erste Sätze, weil es sich mit seinen Wünschen verständlich machen möchte. Beiläufiges Lernen ist also im Gegensatz zum intentionalen Lernen ein Nebenprodukt des Handelns des Kindes.

intentionales Lernen: planmäßiges, beabsichtigtes Lernen

Beiläufig lernen wir ein Leben lang. In den ersten drei Lebensjahren ist es jedoch die Hauptform des Lernens und meist in Spielhandlungen eingebettet. Das unterstreicht auch die Wichtigkeit des Spiels in jungen Jahren.

Dennis (1;3) interessiert sich für die reflektierenden Eigenschaften des Löffels: Kinder erlernen ständig und nebenbei das, was sie interessiert.

Prüfen Sie Ihr Wissen:

1. Beschreiben Sie Unterschiede beim Lernen von Erwachsenen und von Kindern im Alter unter drei Jahren.
2. Nennen Sie je ein Beispiel für etwas, das beiläufig im ersten, zweiten und dritten Lebensjahr gelernt wird.
3. Mit 1½ Jahren kann ein Drittel der Kinder ein Auto von einem Motorrad unterscheiden, mit 2½ Jahren ist es über die Hälfte der Kinder. Was hat das mit dem Lernen zu tun?

2.2 Die Schatztruhe füllen – Weltwissen entsteht

Warum müssen Babys eigentlich so viel lernen? Oder anders gefragt: Warum können sie nur so wenig, wenn sie geboren werden? Manche Tierarten können sich sofort nach der Geburt in ihrer Umwelt allein zurechtfinden und versorgen. Menschenkinder dagegen kommen – bis auf ein paar Reflexe – hilflos zur Welt und sind viele Monate lang auf die Unterstützung anderer angewiesen. Was als Nachteil erscheint, ist tatsächlich ein Vorteil. Die Natur hat uns zwar nicht mit vielen Verhaltensweisen ausgestattet, die wir bereits nach der Geburt beherrschen, aber mit etwas viel Wertvollerem: Mechanismen zum Erlernen von Verhaltensweisen. So sind wir in der Lage, nicht nur Verhaltensweisen zu lernen, die allgemein für Menschen nützlich sind, sondern können insbesondere auch jene lernen, die zu jedem einzelnen Menschen in seiner ganz konkreten Umgebung passen. Für ein kleines Mädchen aus der amerikanischen Oberschicht sind ganz andere Verhaltensweisen sinnvoll als für einen kleinen Jungen im Kriegsgebiet. Mutter Natur gibt uns mit den Lernmechanismen nicht einen Fisch, der uns einmal satt macht, sondern eine Angel zum Fischen.

Gib mir einen Fisch und ich bin einen Tag lang satt. Gib mir eine Angel und ich muss nie wieder hungern. *(chinesisches Sprichwort)*

Für Menschenkinder gibt es demnach viel zu lernen, bevor sie einigermaßen selbstständig in ihrer Umwelt zurechtkommen. Es gilt, die Regeln ihrer Welt zu erkennen (nicht nur die der Berliner S-Bahn), um Geschehnisse vorauszusehen und darauf vorbereitet zu sein. Es gilt, das Greifen, Stehen und Laufen mit den vorhandenen, ständig wachsenden Knochen und Muskeln auszutarieren. Es gilt, soziale Situationen zu erfassen, um die Unterstützung anderer in den ersten hilflosen Jahren sicherzustellen. Es gilt, zu kommunizieren, also die Sprache, Zeichen, Gestik und Mimik der Mitmenschen zu verstehen und sich selbst damit auszudrücken. All das braucht ein Menschenkind, um sich in seiner Welt sicher zu bewegen.

Gehirnentwicklung

Für das Entstehen von Verbindungen im Gehirn sind die ersten drei Jahre eine besondere Zeit. Bei der Geburt sind bereits fast alle Nervenzellen vorhanden. Die Zahl der Verbindungen zwischen ihnen nimmt jedoch bis zum zweiten Lebensjahr deutlich zu. Es entsteht ein gleichmäßiges, dichtes Netz. Impulse aus einer Nervenzelle werden in alle Richtungen weitergeleitet. Doch damit ist dann Schluss.

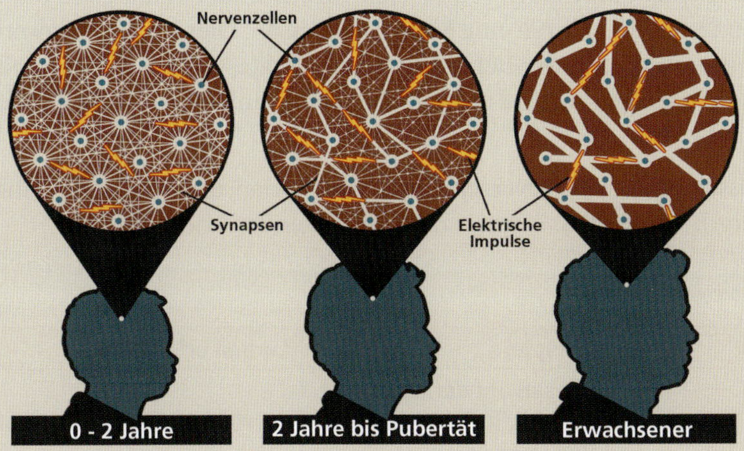

Nervenzellen und ihre Verbindungen im Laufe der Gehirnentwicklung

Das Gehirn löst die Aufgaben, die ihm seine Umwelt stellt. Es erkennt Gesichter, bewegt gezielt Arme und Beine, spezialisiert sich auf die Muttersprache. Das führt dazu, dass jene Verknüpfungen zwischen den Nervenzellen verstärkt werden, die häufig gebraucht werden. Andere Verbindungen hingegen verkümmern oder sterben ab, weil sie nicht benötigt werden. Das Gehirn entwickelt sich, indem es zunächst sehr viele Verbindungen anlegt. Jene, die sich als wichtig herausstellen, werden ausgebaut; die unwichtigen abgeschafft. Nach der Pubertät steht Erwachsenen dann mehr oder weniger nur noch das bis dahin ausgebildete Netz zur Verfügung. Dieser „Wegeplan" ist nun individuell an die jeweilige Umwelt dieses Menschen angepasst.

Der ganze Entwicklungsprozess gleicht einer kostspieligen, aber sehr effektiven Art und Weise, ein Schienennetz auszubauen. Schienen und Trassen werden zunächst zwischen allen Ortschaften angelegt, egal, wie klein diese und wie unbedeutend die Verbindungen zwischen ihnen sind. Die Reisenden, in dem Falle die Informationen, die von einer Nervenzelle zur nächsten geschickt werden, können somit in alle Richtungen fahren. Auf der Strecke des Zuges, in den viele Passagiere einsteigen, wird die Linienführung ausgebaut. Bald gibt es zahlreiche Hochgeschwindigkeitszüge. Dort, wo wenige Reisende unterwegs sind, gibt es ab und zu mal eine Bummelbahn. Strecken, für die sich niemand findet, werden stillgelegt. Es entsteht ein Verkehrsnetz, das an die Bedürfnisse der Reisenden angepasst ist.

Der Blick auf die Gehirnentwicklung von Kindern unter drei Jahren hat immer wieder die Gemüter erhitzt. Nicht der Fakt, dass die ersten Jahre für die Gehirnentwicklung fundamental sind. Darin herrscht Einigkeit. Die Gemüter erhitzen sich an der Frage, was das zu bedeuten hat. Heißt es, dass nach dem dritten Lebensjahr alle Weichen schon gestellt sind? Nein, das heißt es nicht. Lernen findet während der gesamten Kindheit statt und darüber hinaus ein ganzes Leben lang. So können im Gehirn immer neue Pfade angelegt werden. Allerdings wird mit zunehmendem Alter mehr Aufwand und Zeit dafür benötigt.

Noch vor wenigen Jahren haben Bildungsverantwortliche gefragt: „Was hat denn das Gehirn mit dem Lernen zu tun?“ Diese Zeiten sind vorbei.

Damit sich ein Kind in seiner Welt zurechtfindet, häuft es schon in den ersten drei Jahren eine Menge Wissen an. Dieses Wissen kommt in unterschiedlichen Bereichen zum Einsatz, wird auf verschiedenen Wegen gelernt und im Gehirn auch an unterschiedlichen Orten gespeichert.

Wissen lässt sich in verschiedene Kategorien untergliedern (Goldberg/Barr, 1994, S. 74), wie die nachfolgende Tabelle zeigt.

Arten des Wissens und wie es erworben wird

<table>
<tr><th colspan="3">Arten des Wissens</th><th>Beispiel</th><th>Lernen erfolgt durch …</th></tr>
<tr><td>episodisches Wissen</td><td rowspan="3">wissen, was</td><td rowspan="2">Einzelnes</td><td>Ich saß auf der Ladefläche des Traktors und Papa neben mir.</td><td>persönliche Bedeutsamkeit.</td></tr>
<tr><td>singulär semantisches Wissen</td><td>Konkretes benennen/ erkennen: „Opa Toni, da!“</td><td>häufige Wiederholung.</td></tr>
<tr><td>allgemein semantisches Wissen</td><td rowspan="2">Verallgemeinertes</td><td>Die Dinge in der Keksdose schmecken gut.</td><td>Erfahrungen mit vielen Objekten dieser Gruppe.</td></tr>
<tr><td>prozedurales Wissen</td><td>wissen, wie</td><td>Wenn man den Becher langsam kippt, kommt immer mehr Trinken nach; wenn man zu schnell kippt, wird man nass.</td><td>Üben – beiläufig oder absichtlich.</td></tr>
</table>

Das **singulär semantische Wissen** umfasst Einzelheiten, wie Namen und Eigenschaften von Dingen und Menschen. Mithilfe dieser Wissensbestandteile lässt sich über Dinge außerhalb des Blickfelds reden. Zum Beispiel, dass Opa Toni einen Rasenmäher gekauft hat, der so groß ist, dass er darauf sitzen kann.

extrahieren:
etwas aus einer Mischung herausziehen

Das **allgemein semantische Wissen** beinhaltet alle extrahierten Regeln, die aus wiederkehrenden Erfahrungen gewonnen wurden. Es ist die Basis für das erlebte Weltwissen und hilft dabei, dass sich ein Kind in seiner Umwelt auskennt. Ein Beispiel: Rasenmäher sind laut und Kinder dürfen sie nicht allein benutzen.

„Was man lernen muss, um es zu tun, das lernt man, indem man es tut.“ *(Aristoteles)*

Das **prozedurale Wissen** besteht aus durchführbaren Handlungsabläufen, die durch mehrmaliges Üben gelernt werden, beispielsweise aus einem Becher zu trinken oder sich an einen Rasenmäher heranzuschleichen. Mit prozeduralem Wissen kann ein Kind die Umwelt beeinflussen und sich in ihr bewegen.

Das **episodische Wissen** umfasst die persönlichen Geschichten, also Erlebnisse und einzelne bedeutsame Erfahrungen. Diese Versatzstücke aus der Vergangenheit bilden die Bausteine für die Zukunftspläne einer Person.

Lernen mit großen und kleinen Bildschirmen

Kinder unter drei Jahren sollen weder Fernsehen noch mobile Mediengeräte, wie Smartphones oder Tablets, nutzen, empfiehlt der Medienratgeber „SCHAU HIN! Was dein Kind mit Medien macht". Für diese Kinder ist es „wichtiger, erst einmal die reale Welt mit allen Sinnen zu erfahren" (www.schau-hin.info). Das Leben hält für die Kleinen Entwicklungsaufgaben bereit, die vor großen und kleinen Bildschirmen nicht bewältigt werden können.

Bildschirme und motorische Entwicklung

Wenn Kleinkinder vor Bildschirmen sitzen oder liegen, wird ihre Körpermotorik nicht herausgefordert. Zwar werden für das Wischen und Tippen an Smartphone und Tablet Hand- und Fingermotorik gebraucht. Diese Bewegungen sind für Kleinkinder (übrigens auch für Hunde und Katzen, für die es eigene Apps gibt) leicht zu lernen. Es sind keine motorischen Meisterleistungen. Eine halbe Stunde vor dem Bildschirm unterstützt auf diese Weise weniger die Hand- und Fingermotorik als eine halbe Stunde Spielen mit Bausteinen oder Puppen (Spitzer, 2013).

Bildschirme und sprachliche Entwicklung

Kinder im Alter von unter drei Jahren lernen Sprache nicht von Bildschirmen. Sie lernen Sprache nur in der Interaktion mit einer Person, die zu ihnen spricht. Das Sprechen kann auch medial vermittelt sein, beispielsweise durch Videotelefonie. Aber es darf keine Einbahnstraße sein (Kuhl et al., 2003). Die Kommunikation muss gezielt auf das jeweilige Kind ausgerichtet sein und damit einen echten gemeinsamen Austausch, ein echtes Aufeinandereingehen darstellen. Sobald eine Abstimmung der beiden fehlt und die Sprache nur eine abgespielte Aufnahme ist, kann ein Kind nicht daraus lernen. Kleinkinder sind darauf angewiesen, dass ihre Aufmerksamkeit in der Interaktion auf das Wichtige der Situation gelenkt wird. Wörter und Sätze aus der Konserve unterstützen die sprachliche Entwicklung daher nicht (DeLoache et al., 2010; Zimmerman et al., 2007).

Bildschirme und Selbststeuerung

Bildschirme fesseln die Aufmerksamkeit der Kinder, sie lenken ab und unterhalten. Dies wird oftmals dazu genutzt, kleine Kinder „ruhigzustellen". Im englischen Sprachraum gelten mobile Mediengeräte deshalb auch als *Shut Up Toys*. Doch Kleinkinder müssen auch lernen, ihr Verhalten der Situation anzupassen, selbst wenn Situationen manchmal etwas anderes fordern, als sie gerade mögen. Man spricht hier von Selbststeuerung. Werden Kinder mit *Shut Up Toys* gesteuert, können sie weniger Selbststeuerung lernen. Das hat negative Folgen (Munzer et al., 2021; Choe et al., 2023).

Shut Up Toy: Halte-den-Mund-Spielzeug

Kinder im Alter von unter drei Jahren lernen von Bildschirmen nicht in gleichem Maße wie in der realen Welt. Mehr noch: Es verdrängt wichtige Erfahrungen mit echten Dingen und echten Menschen. Daher zeugt es von Professionalität und Kompetenz, wenn Erwachsene Kleinkindern viele positive Erfahrungen mit realen Gegenständen in der realen Welt ermöglichen und den Kontakt mit virtuellen Welten beschränken.

Pascal füllt seine Weltwissensschatztruhe.

Prüfen Sie Ihr Wissen:

1. Begründen Sie, warum Kinder überhaupt viel lernen müssen.
2. Wie entwickelt sich die Anzahl der Nervenzellen und ihrer Verbindungen (Synapsen) von der Geburt bis zur Pubertät?
3. Nennen Sie mindestens drei verschiedene Arten von Wissen. Finden Sie dazu jeweils ein Beispiel, das nicht schon im Buch erwähnt wurde.
4. Welche Art des Wissens wird durch persönliche Bedeutsamkeit gelernt? Welche durch viele Erfahrungen mit bestimmten Objekten?
5. Sehen Sie sich das Foto „Pascal füllt seine Wissensschatztruhe“ oben an und überlegen Sie, welches Wissen sich der kleine Junge in diesem Augenblick aneignen könnte.

2.3 Lernen ist kinderleicht – Hilfsmittel kindlichen Lernens

Damit Kleinkinder ihr Lernpensum auch bewältigen können, sind sie mit wertvollen Hilfsmitteln ausgestattet, die in der folgenden Tabelle aufgelistet werden. Diese Hilfsmittel und Mechanismen sorgen dafür, dass der Mensch nach der Geburt zwar nicht sofort loslaufen, aber sofort loslernen kann.

Der Mensch lernt bereits vor der Geburt. Babys „erinnern" sich an das, was ihre Mutter zu sich genommen hat (Mennella et al., 2001).

Hilfsmittel kindlichen Lernens

Hilfsmittel zum Lernen	sorgt für	Erkennungsmerkmal
Vermeidung von Überforderung	Herausforderung	Babys bevorzugen Bekanntes (z. B. Geschmack, Geräusch).
Vermeidung von Langeweile		Babys beachten Neues gezielt.
Kindchenschema	soziale Unterstützung	Erwachsene und andere Kinder finden die Kleinen niedlich und anziehend.
Weinen		Erwachsene versuchen, zu helfen.
frühes Verstehen sozialer Hinweisreize		Babys können Handelnde und deren Absichten deuten.
Nachahmen	Lernen ohne Anleitung	Babys kopieren Verhalten unaufgefordert.
Versuchs- und Irrtumslernen		Babys probieren unermüdlich, bis das, was sie erreichen möchten, klappt. Das erfolgreich gewesene Verhalten behalten sie dann bei.
Mustererkennung		Menschen filtern Regeln aus Umweltreizen heraus. Babys können das besonders gut.

Kinder suchen sich selbst Herausforderungen

Babys mögen das, was sie schon kennen. Sie wählen lieber Nahrung mit dem bekannten Geschmack. Sie hören lieber die Muttersprache als andere Sprachen und auch lieber die Stimme der vertrauten Fürsorgeperson als andere Stimmen. Damit meiden sie – wenn auch nicht bewusst – Situationen, die möglicherweise beängstigend sind. Aber Langeweile mögen Babys auch nicht. Menschen und besonders Kinder wollen das Unbekannte erkunden (Sánchez-Amaro & Rossano, 2023). Auf dem sicheren Schoß einer bekannten Bezugsperson erkunden sie die unbekannten Facetten der Welt: Sie hören besonders auf die neuen Sprachen, die neuen Stimmen, sie betrachten die neuen Muster und die unerwarteten Szenen. Babys zu langweilen, ist ein beliebtes Versuchsdesign der Säuglingsforschung. Dafür bekommen die Kleinen immer wieder dieselbe Szene zu sehen oder dieselben Klänge zu hören, bis sie sich langweilen. Wenn es dann aber etwas Neues zu sehen oder zu hören gibt, erwacht ihr Interesse augenblicklich. Das passiert allerdings nur, wenn das Neue für das Kleinkind wirklich neu ist. Weil Babys noch nicht sagen können: „Das finde ich jetzt aber interessant!", nutzen Forscher stellvertretend dafür die Orientierungsreaktion.

Orientierungsreaktion: ein Kind lenkt seine Aufmerksamkeit auf etwas Neues, es orientiert sich.

Ein drei Monate altes Mädchen beim Habituationsexperiment. Im ersten Foto (oben links) sieht es ein neues Bild vor sich. Es schaut interessiert darauf. Im Laufe der Zeit verliert es das Interesse daran. Erst im letzten Foto (unten rechts) erscheint ein neues Bild vor ihm.

Mihaly Csikszentmihalyi gab seinem Buch „Das Flow-Erlebnis" den Untertitel „Jenseits von Angst und Langeweile". In diesem Bereich finden nicht nur die Jüngsten beste Lern- und Wohlfühlbedingungen.

Mit der Vorliebe des Bekannten und der Abneigung gegen Langeweile bringen sich die Kleinen selbstständig in einen ungefährlichen, aber herausfordernden Lernbereich. Damit schaffen sie für sich selbst die besten Lernbedingungen – jenseits von Angst und Langeweile.

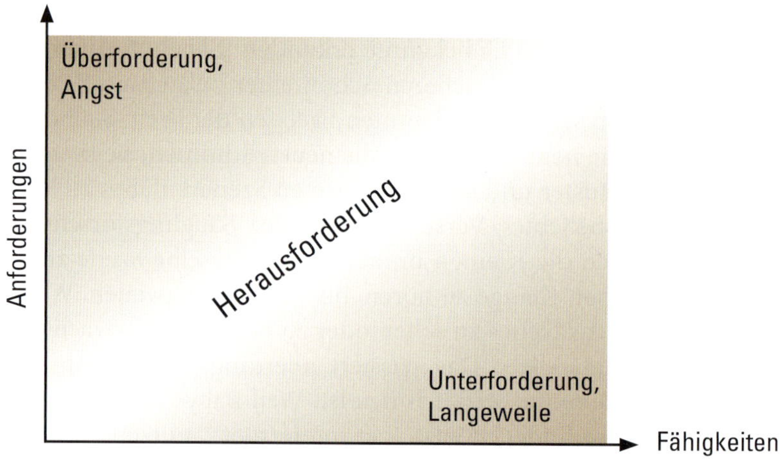

Lernen kann man nur an Herausforderungen, jenseits von Angst und Langeweile.

Kindern wird gern geholfen

Kindchenschema

Kleine Kinder sehen so süß aus. Das finden nicht nur deren Eltern. Schönheit liegt zwar immer im Auge des Betrachters, doch Kinder haben einen Vorteil: Ihr Äußeres folgt dem sogenannten Kindchenschema. Das heißt, der typische Kleinkindkopf ist voller Schlüsselreize: Die großen, runden Augen zusammen mit der kleinen Nase, dem kleinen Kinn und der hohen Stirn lösen im Betrachter Schutz- und Pflegeverhalten aus. Wenn Erwachsene ein Gesicht mit den Merkmalen des Kindchenschemas sehen, verhalten sie sich beschützender, fürsorglicher und weniger aggressiv (Preston, 2013; Doebel, 2022).

Das Kindchenschema ist keine Erfindung der Anthropogenese. Es findet sich auch im Tierreich: Ein junges Kätzchen, ein Welpe und selbst ein kleines Vögelchen aktivieren den Beschützerinstinkt. Einem kleinen Wesen, ausgestattet mit den Merkmalen des Kindchenschemas, fällt es leichter, soziale Unterstützung sowie Ansprache anderer zu bekommen. Nützlich ist das nicht nur für das Überleben, sondern auch für das Lernen. Das Kleinkind ist zum Beispiel darauf angewiesen, dass mit ihm gesprochen wird, um seine Muttersprache zu erlernen.

Anthropogenese: Entwicklung zum Menschen

Das Kindchenschema

Das Kindchenschema im Verhältnis zu einem artverwandten älteren Tier (nach Lorenz, 1971, S. 155)

Kindchenschema in Comics

Das Kindchenschema löst den Beschützerinstinkt aus. Weil es so gut funktioniert, werden Frauen, beispielsweise in Comics, oft mit übertriebenem Kindchenschema dargestellt.

Weinen

Soziale Unterstützung erweckt das Kleinkind nicht nur durch sein Aussehen, sondern auch durch sein Weinen. Selbst wer keine Kinder hat, würde eine Menge dafür tun, dass ein weinendes Kind sich wieder beruhigt. Das Weinen eines Kindes lässt niemanden kalt. Das wissen die Mitreisende im Zugabteil, die Nachbarschaft hinter hellhörigen Wänden und besonders auch die Eltern des Kindes, die sich für das „Abstellen" des Schreiens verantwortlich fühlen. Abgesehen von den Problemen, die das Weinen der Kleinen für die Großen mit sich bringt, ist genau dies ein wirksamer Mechanismus, damit Kleinkinder soziale Unterstützung heraufbeschwören. Auch das funktioniert artübergreifend: Immer wieder wird berichtet, dass Muttertiere, zum Beispiel weibliche Schafe, weinenden Menschenbabys zu Hilfe eilen.

Kleinkinder sind hilflose Wesen. Aber mit ihrem Aussehen und Weinen schaffen sie es, uns Erwachsene für ihre Zwecke einzuspannen. Ein kurzer Blick, ein entschiedener Fingerzeig und schon springen wir. Während der eigene Körper noch nicht so funktioniert, schaffen es die Kleinen, sich der Möglichkeiten der anderen zu bedienen. Um beispielsweise zu beobachten, wie ein Löffel immer wieder herunterfällt, wird auch jemand gebraucht, der ihn immer wieder aufhebt. Und das tun wir, öfter als es uns selbst lieb ist. Dass Kleinkinder uns dazu bringen können, kommt auch ihrem Lernen zugute. Sie brauchen schließlich die Wiederholungen für genaue Beobachtungen und für das Ableiten von Mustern und Regeln.

Absichten verstehen

Doch die Kleinen haben mehr als nur Zuckerbrot (das niedliche Aussehen) und Peitsche (das nervige Weinen), um andere zum Helfen zu verführen. Mit 9 Monaten verstehen Babys, dass das Verhalten von Akteuren mit Zielen verbunden ist (Tomasello, 2020). Sie beginnen, die Absichten anderer zu verstehen. Dazu wurde ein Experiment durchgeführt (Csibra et al.,1999; Csibra et al., 2003), in dem neun Monate alte Säuglinge, wie oben beschrieben, erst einmal gelangweilt wurden. Immer wieder sahen sie einen kurzen Trickfilm, in dem ein kleiner Kreis über ein Hindernis springt und dann bei einem großen Kreis liegenbleibt. Dann aber kam ein neuer Trickfilm, wieder mit dem großen und dem kleinen Kreis, jedoch diesmal ohne Hindernis.

Mehrere Säuglinge sind während des Experiments eingeschlafen. Sie standen somit der Forschung an dieser Stelle nicht mehr zur Verfügung.

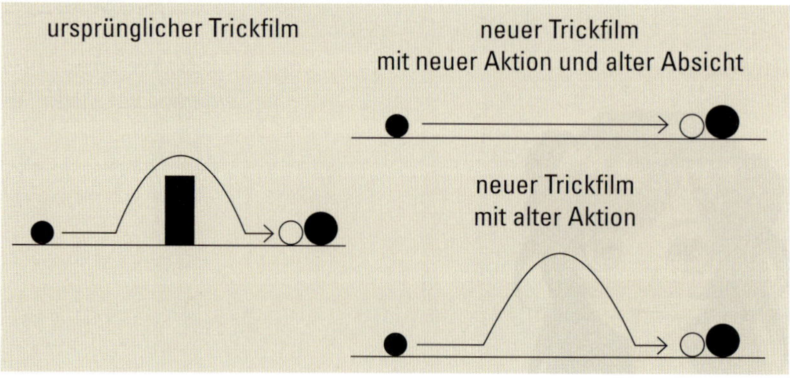

Der ursprüngliche Trickfilm und die beiden Varianten der neuen Trickfilme

Die Säuglinge, die im zweiten Schritt den kleinen Kreis einfach zu dem großen Kreis hinrollen sahen, waren eher gelangweilt. Das schien ihnen offenbar klar zu sein: Der kleine Kreis will zum großen. Aber so klar ist das nicht. Nur wenn die Säuglinge die Absicht des Kreises (zum großen Kreis zu wollen) verstanden haben, langweilte das Hinrollen sie. Andere Säuglinge sahen nach dem ersten Film eine geringfügig andere Szene: Der große Kreis hüpfte auf derselben Bahn wie zuvor durch die Luft – diesmal allerdings ohne ein Hindernis. Er sprang also grundlos. Diese Szene betrachteten die Säuglinge aufmerksamer. Vor dem Hintergrund der Absicht (zum großen Kreis zu wollen) war das hüpfende Verhalten des kleinen Kreises unerwartet und neuartig. Neun Monate alte Säuglinge verstehen demnach die Absichten anderer Handelnder. Das ist äußerst hilfreich, denn wer andere versteht, kann sie besser für seine Zwecke einspannen. Wer andere versteht, weiß auch, wann es sich lohnt, sich für etwas einzusetzen.

Das belegt ein weiteres Experiment mit neun Monate alten Säuglingen (Behne et al., 2005). Sie bekamen von einer Versuchsleiterin verschiedene Spielzeuge gereicht. Doch immer mal wieder kam ein Spielzeug nicht zum Kind. Entweder, weil es die Versuchsleiterin offensichtlich nicht wollte und lieber selbst mit dem Spielzeug spielte. Oder weil die Versuchsleiterin es nicht zum Kind bringen konnte, da sich das Spielzeug in einem Glasgefäß befand und sie nicht heranreichte. War die Versuchsleiterin nicht fähig, dem Kind das Spielzeug zu geben, verhielten sich die Säuglinge geduldiger. War sie dagegen nicht willig, dem Kind das Spielzeug zu überlassen, so waren sie unzufriedener. Sie zeigten das durch Greifbewegungen zum Spielzeug hin und durch Klopfen auf den Tisch. Schon mit neun Monaten also lernen die Kleinen, die „Bedienungsanleitung" für ihre Mitmenschen zu verstehen: Sie erkennen ihre Absichten und wissen, zu beeinflussen. Das hilft ihnen, sich in ihrer sozialen Umwelt zurechtzufinden. Sie können dadurch ihre eigenen Möglichkeiten mithilfe anderer erweitern.

Kinder brauchen keine Anleitung

Die Absichten der Mitmenschen verstehen zu können, hat einen weiteren großen Vorteil für das Lernen: Wer Absichten erfasst, ohne dass sie erklärt werden müssen, kann schon vom Zuschauen den Sinn einer Handlung erkennen. Mit Erklärungen („Der kleine Kreis ist gerne bei dem großen.") wäre ein Säugling überfordert. Wären die Kleinen beim Lernen auf Erläuterungen angewiesen, gäbe es kein Lernen, bevor sie nicht ein solides Sprachverständnis entwickelt hätten (Was ist ein Kreis? Was bedeutet *gerne*?). Doch wie sollte das Kind zu diesem Sprachverständnis kommen, wenn es dafür schon komplizierte Erklärungen verstehen müsste?

Es ist also gut, dass Kinder beim Lernen nicht auf Belehrungen angewiesen sind. Sie haben Hilfsmittel zum Lernen ohne Anleitung und Instruktion.

Erziehung ist zwecklos. Kinder machen alles nach.

Dass Kleinkinder mit Erklärungen überfordert sind, hält Erwachsene meist nicht davon ab, Sachverhalte zu erläutern. Dies kommt jedoch dem Sprachverständnis und dem Wortschatz der Kleinen entgegen.

Nachahmen

Kinder sind geborene Nachahmer: Sie imitieren die Menschen und deren Handlungen in ihrer Umgebung. Schon wenige Tage nach der Geburt können Babys Erwachsene nachahmen: Sie strecken zum Beispiel die Zunge heraus oder öffnen den Mund, wenn der Erwachsene dies in ihrem Sichtfeld vorführt (Meltzoff, 1977). Sie sind aber auch clever im Nachahmen, besonders sobald sie Absichten verstehen können. In einem Experiment sehen Einjährige eine Erwachsene, die eine Lampe mit der Stirn anschaltet (Gergely et al., 2002; Zmyj et al., 2009). In der einen Version hat die Frau dabei keine Hand frei, da sie eine Decke um ihre Schultern festhält. In einer anderen Version sind die Hände frei. Und nun passiert das Erstaunliche: Sehen die Kleinen die Version mit den freien Händen, betätigen sie die Lampe eher mit der Stirn. Sehen sie die andere Version, nutzen sie vermehrt ihre Hände zum Einschalten des Lichtes. Sie haben die Absichten erkannt: Das Licht soll leuchten und muss angeschaltet werden. Wer keine Hand zur Verfügung hat, behilft sich halt anders. Das Kind hat aber die Hände frei und nutzt diese.

Experiment: Licht einschalten

Das Experiment zeigt eine Meisterleistung kindlichen Nachahmens. Die Handlung der Frau wird beobachtet. Die Absicht, das Licht einzuschalten, wird verstanden. Die Einschränkung, dass keine Hand frei ist, wird bemerkt. Beim Nachahmen lassen sich die Kleinen jedoch selbst nicht einschränken. Weil sie ihre Hände frei haben, nutzen sie sie auch. Sie imitieren die beabsichtigte Handlung, nicht die Ausführung.

Kinder sind clevere Nachahmer. Sie verstehen auch Absichten.

Nicht für jeden ist das mit dem Nachahmen so einfach.

Neurowissenschaftliche Studien werfen Licht auf die Mechanismen, die dem Nachahmen zugrundeliegen (Saby, 2013): Wenn 14 Monate alte Babys sehen, wie ein Erwachsener mit der Hand auf ein Spielzeug drückt, wird das Handareal des Babygehirns aktiviert. Drückt die Person mit dem Fuß, zeigt der Bereich für die Füße mehr Aktivierung. Diese Aktivierungen kommen allein durch das Zuschauen zustande, ohne dass das Baby selber die Hand oder den Fuß bewegt.

Kinder haben den Älteren noch nie besonders gut zugehört. Aber sie ahmen sie nach.

Kinder machen alles nach.

Affen äffen nach? Menschenkinder sind die besseren Imitatoren!

Als Donald Kellogg zehn Monate alt war, bekam er eine kleine Schwester: die sieben Monate alte Gua, eine Schimpansin. Auf Initiative des Vaters und Wissenschaftlers Winthrop Kellogg wurden die beiden Kleinen in der Familie völlig gleichbehandelt. Sie wurden gleich angezogen, gebadet, gefüttert und erzogen. Winthrop Kellogg wollte herausfinden, wie viel Mensch aus einem Affenbaby werden kann, wenn es wie ein Menschenbaby aufwächst. Tatsächlich lernte Gua menschliche Verhaltensweisen. Und Donald lernte auch von Gua: Er kopierte nicht nur Spiele, sondern auch Guas „Sprache". Er nutzte ihren Futterruf und bat jeweils mit Keuchlauten um eine Orange. Seine ersten drei richtigen Worte sprach Donald mit anderthalb Jahren. Zu diesem Zeitpunkt wurde das Experiment abgebrochen. Kritiker kommentierten, Winthrop Kellogg wolle aus einem Affen einen Menschen machen und mache dabei aus einem Menschen einen Affen. Das Menschenbaby war einfach zu gut im Nachahmen.

Beim Ballspiel (nach Kellogg & Kellogg, 1933)

Übrigens: Donald Kellogg holte seinen Rückstand in der Sprachentwicklung schnell auf, studierte später Medizin und wurde Psychiater.

„Die Menschen, die den richtigen Weg gehen wollen, müssen auch von Irrwegen wissen." *(Aristoteles)*

Versuch-Irrtum-Lernen

Jonas kann noch nicht sicher laufen. Er stolpert. Erzählen Sie ihm als Hilfestellung etwas über Gewichtsverlagerung und Fußabrollbewegungen? Marie schnappt ein neues Wort auf. Sie sagt: „Dadel", und hält stolz die Gabel in die Höhe. Würden Sie ihr erklären, dass sie für den *g*-Laut die Zunge nach hinten fallen lassen muss und für den *b*-Laut die Lippen bei gleichzeitigem Luftstrom durch den Mund schließen soll? Unsere Hilfestellungen beim Sprechen wie beim Laufen verraten viel über das Lernen solch komplexer Fertigkeiten. Wir regen an, weiter zu probieren. Niemand käme auf die Idee, mit Gaumenstellung des Artikulationsapparates oder Winkelgrad des Fußes zu argumentieren. Es ist auch nicht nötig. Solche Dinge werden durch Versuch und Irrtum gelernt.

Artikulationsapparat: *Artikulation* bezeichnet den Vorgang, durch den aus Stimmgeräuschen die Wörter einer Sprache geformt werden. Zum Artikulationsapparat gehören Lippen, Zunge, Zähne, Kiefer und Gaumen.

Das Prinzip des Versuch-Irrtum-Lernens (englisch *trial and error*) wurde erstmals vom Psychologen Edward Thorndike untersucht. Er steckte Katzen, Hunde und Hühner in verschiedene Käfige, die sich auf bestimmte Art und Weise öffnen ließen. In einem Käfig musste das Tier eine Art Knopf drücken, in einem anderen an einer Schlaufe ziehen. Letztlich gab es sogar einen Käfig, der genau dann geöffnet wurde, wenn die Katze anfing, sich zu putzen, oder wenn das Huhn seine Federn mit dem Schnabel ordnete. Die Tiere hatten keine Chance, den Mechanismus zu verstehen, der letztendlich zur Öffnung des Käfigs führte. Doch die meisten Tiere, besonders die jungen hungrigen Katzen, schafften es irgendwann durch Zufall, den Käfig zu öffnen. Wurden sie später wieder in diesen Käfig gesetzt, stellten sich die Tiere schon besser an. Je öfter sie in dem Käfig saßen, desto früher gelang es ihnen, sich zu befreien. Ein fünf Monate altes Kätzchen brauchte in dem Käfig mit einer Schlaufe beim ersten Versuch fast drei Minuten, ab Versuch 15 nur noch zehn Sekunden oder weniger. Es hatte gelernt, indem es so lange versucht und geirrt hatte, bis der Käfig schließlich aufging. Die erfolgreiche Strategie wurde dann beibehalten und perfektioniert.

„Never will you get a better psychological subject than a hungry cat." *(Edward Thorndike)*

Lernen durch Versuch und Irrtum funktioniert, indem man irgendetwas probiert und danach bewertet, wie nah man damit dem gewünschten Ziel gekommen ist. So haben die Tiere gelernt, Thorndikes Käfige zu öffnen. So lernt auch der Säugling Jonas, seine Arme und Beine zielgerichtet zu bewegen oder bestimmte Laute von sich zu geben. Beim Brabbeln oder Lallen (z. B. „wa, wa" oder „ga, ga") formt er unterschiedliche Laute und Lautkombinationen. Damit erkundet er die Möglichkeiten des komplizierten, kaum erklärbaren Zusammenspiels von Lippen, Zunge und Kehlkopf.

Große Teile der Künstlichen Intelligenz fußen auf Versuch-und-Irrtum-Lernen. Dabei werden zufällige Lösungen produziert. Die besten werden weiterentwickelt – erneut durch trial and error – bis noch bessere Lösungen herauskommen.

Mustererkennung

Kleine Kinder sind begabte Nachahmer und unermüdlich beim Versuch-Irrtum-Lernen. Sie haben aber noch ein Ass im Ärmel: Sie sind gute Mustererkenner (Lany & Saffran, 2013). Das müssen sie auch. Stellen Sie sich vor, Sie probieren zum ersten Mal eine Spielkonsole aus. Sie drücken auf *Start* und eine Folge verschiedener, Ihnen unbekannter Geräusche und bunter, bewegter Bilder strömt auf Sie ein. Es ist ein heilloses Durcheinander. Ständig verändert sich etwas. Ob Sie diese Szenen durch Ihr eigenes Zutun verändern, wissen Sie nicht. Sie können (noch) keinen Sinn in den Geräuschen und Bildern erkennen. Ungefähr so dürfte ein Neugeborenes unsere Welt erleben. Ihnen könnte eine Bedienungsanleitung helfen, bevor Sie zur Spielekonsole greifen. Oder auch jemand, der Ihnen erklärt oder zeigt, wie alles funktioniert. Diese Optionen hat ein Neugeborenes nicht. Es gibt keine Gebrauchsanweisung, selbst wenn, könnte es diese nicht verstehen. Das kleine Kind muss sich selbst helfen. Das tut es, indem es die Muster herausfiltert, mit denen die Geräusche, Bilder, Gerüche und Empfindungen zusammen oder nacheinander auftreten. Zwei Dinge, die immer nacheinander auftreten, werden zu einem zusammengefasst.

Das können schon die ganz Kleinen (Kirkham, 2002). Selbst bei Säuglingen, die nur wenige Tage alt waren, wurde diese Fähigkeit in einer Untersuchung nachgewiesen (Bulf, 2011). In ihrem Sichtfeld präsentierten sich vier verschiedene Formen, die einem logischen Muster folgten:

Musterabfolge, aus der Säuglinge im Experiment Regelmäßigkeiten erkennen.

Nach dem Quadrat kommt immer ein X, nach dem Kreis ein Dreieck. Auch in diesem Versuch wurden die Formenabfolgen so lange präsentiert, bis sich die Babys langweilten. Wurden daraufhin Formen gezeigt, die das Muster verletzten (z. B. nach dem Kreis ein Quadrat), dann betrachteten die Kleinen die Formen länger. Daraus kann geschlossen werden, dass schon kleine Babys die Komplexität der Welt reduzieren, indem sie Zusammengehörendes zusammenfassen. So wurde nach wenigen Minuten aus den zwei Dingen Kreis und Dreieck ein Kreis-Dreieck-Verbund. So wurde wohl auch aus dem Dadüda und dem krachenden Rums der Berliner S-Bahn ein Verbund, mit der Folge, dass sich mein Sohn beim Rums nicht mehr erschreckte. Ebenso werden aus der Konstellation von Augen und Mund das Gesicht der Mutter und aus dem kontinuierlichen Lautstrom der Sprache Silben und schließlich verständliche Worte der Muttersprache. So wird aus den Geräuschen eines nahenden Autos und eines sich öffnenden Garagentors zur Abendzeit die Information „Papa kommt nach Hause“. Schließlich wird irgendwann aus dem Chaos vieler bewegter Bilder und verschiedener Geräusche eine verstehbare Szene, zum Beispiel „Ich bin mit meiner Familie am Hauptbahnhof, am Gleis wird unser Zug angekündigt. Wir fahren wieder zu Opa Toni und ich darf dann mit auf dem Rasenmäher sitzen“. Bis dahin ist es ein weiter Weg, doch das Transportmittel ist klar: das Erkennen von Mustern und anderen Regelmäßigkeiten. Überhaupt ist das eine Hauptfunktion des Gehirns: Die Vorhersage der Zukunft aus Mustern und das Treffen von Entscheidungen, die Wünschenswertes nach sich ziehen.

Konditionieren

Wer in älteren Psychologiebüchern den Begriff *Lernen* nachschlägt, wird auf jeden Fall auf das Themengebiet Konditionierung stoßen. Vor über 100 Jahren begann damit die Forschung zum Lernen bei Hunden.
Denken Sie einmal an Ihre Lieblingsspeise: frische Pasta aus dem Parmesanlaib vom Italiener um die Ecke, die Pralinen vom Konditor oder doch das saftige Steak? Läuft Ihnen gerade das Wasser im Munde zusammen? So ging es auch Pawlows Hund. Nur, dass der nicht direkt an seine Lieblingsspeise dachte. Aber wenn er sein Fressen bekam, erklang zuvor immer ein Glöckchen. Schon bald führte dieser Klang zum Speichelfluss, auch ohne das Futter in Sicht zu haben. Der Hund wurde konditioniert, das Glöckchen mit der bevorstehenden Fütterung zu verbinden. Man spricht hier von klassischem Konditionieren, oder anders gesagt, der Hund hat das Muster erkannt: Immer wenn es klingelt, gibt es etwas zu fressen.

Weitere Tierversuche folgten. Es blieb nicht nur dabei, Reflexe (wie den Speichelfluss) mit Belanglosigkeiten (wie klingenden Glöckchen) zu verknüpfen. Der nächste Schritt war die Beeinflussung des Verhaltens von Ratten. So stellte Skinner fest, dass bei Ratten zahlreiche Verhaltensweisen „erpresst" werden können, wenn diese nur hungrig genug sind und mit Futter belohnt werden. Vieles kann auch erzwungen werden, wenn man ihnen Elektroschocks gibt oder anderes Unangenehmes antut. Hier handelt es sich um operantes Konditionieren. Die Ratten lernten folgendes Muster: Bestimmte Verhaltensweisen gehen mit positiven Konsequenzen (Futter) einher. Andere Verhaltensweisen hingegen haben eine negative Konsequenz (Stromschläge) zur Folge. Und siehe da, die Ratten taten mehr vom einen und weniger vom anderen.

Manche glaubten früher, dieses Konditionieren sei auch als Erziehungsmethode geeignet. Heute erzieht man so nicht mal mehr Hunde. Erziehung durch Konditionierung wird weder Erwachsenen noch Kindern gerecht. Es widerspricht dem kindlichen Autonomiebedürfnis und provoziert verständliche Gegenwehr. Und letztendlich sollen die Kinder zu gesunden und selbstbestimmten Menschen aufwachsen.

Prüfen Sie Ihr Wissen:

1. Kinder suchen sich selbst Herausforderungen. Nennen Sie ein Beispiel, wie sie Unterforderung und Überforderung vermeiden.
2. Kinder müssen umsorgt werden. Dafür hat die Natur sie mit besonderen Merkmalen ausgestattet. Nennen Sie mindestens zwei und begründen Sie, wie diese auch das Lernen der Kinder unterstützen.
3. Kinder können schon früh die Absichten von anderen erkennen. Wie haben Forschende das herausgefunden?

Vertiefung und Transfer

1. Kinder können auch ohne Anleitung lernen. Erklären Sie anhand eines Beispiels, warum das überaus nützlich ist.
2. Schildern Sie anhand eines Ihnen persönlich bekannten Beispiels, wie Kinder im Alter unter drei Jahren genau das lernen, was sie interessiert.
3. Was haben Sie in Ihrer bisherigen Ausbildung ohne Anleitung gelernt? Geben Sie jeweils ein Beispiel für das Nachahmen, das Versuch-Irrtum-Lernen und die Mustererkennung.
4. Beschreiben Sie eine der Arten des Konditionierens als Prozess der Mustererkennung. Überzeugen Sie eine fiktive Person davon, dass für die Erziehung das Konzept der Mustererkennung wichtiger ist als das Konzept des Konditionierens.
5. David hat zu seinem ersten Geburtstag ein Tablet mit vielen lustigen Kinderspielen geschenkt bekommen. Jetzt verlangt er täglich mehrere Male nach dem Gerät. Die Mutter ist sich nicht sicher, wie sie mit dem Wunsch umgehen soll. Sie würde sich aber freuen, wenn David der Umgang mit dem PC später einmal leichter fällt als ihr selbst. Was raten Sie der Mutter?

Lesetipps

Zum Lernen junger Kinder

Pauen, S. (2020). Was Babys denken: eine Geschichte des ersten Lebensjahres. München: CH Beck.

- Die Autorin beschreibt anhand von vielen Experimenten die Denkentwicklung von Säuglingen im ersten Lebensjahr und verrät damit einiges über das Lernen in diesem Alter.

Tomasello, M. (2020). Mensch werden. Eine Theorie der Ontogenese. Berlin: Suhrkamp.

- Der Wissenschaftler und ehemalige Max-Planck-Direktor Michael Tomasello fasst in seinem Buch jahrzehntelange Forschungsarbeit zusammen und präsentiert einen neuen Blick auf die kindliche Entwicklung.
- Im Fokus steht die Entwicklung von sozialen und kommunikativen Fähigkeiten wie auch von Zusammenarbeit und sozialen Normen.
- Sabina Pauen (s. o.) meint: „Man kann fast sicher sein, dass [Tomasellos] Buch schon bald zu den Standardwerken der Entwicklungspsychologie zählen wird.“ (Frankfurter Allgemeine Zeitung, 09.10.2020).

Bostelmann, A., & Fink, M. (2015). Elementare Spielhandlungen von Kindern unter 3: erkennen, begleiten, fördern. Bananenblau – der Praxisverlag für Pädagogen.

- Wie vielfältig das Ausprobieren und Üben der Kinder aussehen kann, wird in diesem Buch sehr anschaulich beschrieben.

- Das Buch zeigt, wie Kinder beim Spiel Muster lernen. Die vorgestellten musterhaften Spielhandlungen helfen, das Lernen der Kinder zu erkennen.

Largo, R. H. (2019). Babyjahre: Entwicklung und Erziehung in den ersten vier Jahren. München: Piper.

- Der Kinderarzt Remo Largo beschreibt in seinem Standardwerk die frühkindliche Entwicklung in den ersten vier Lebensjahren. Neben medizinischen Aspekten, wie Wachstum und Schlafverhalten, geht es natürlich auch um das Lernen in verschiedenen Entwicklungsbereichen.

Neurowissenschaftliche Betrachtungen des Lernens

Braun, A. K. (2012). Früh übt sich, wer ein Meister werden will – Neurobiologie des kindlichen Lernens. München: Deutsches Jugendinstitut.

- Eine Expertise für Weiterbildner und pädagogische Fachkräfte im Kindergarten mit einem Überblick über die Funktionsweise des Gehirns und die neurowissenschaftliche Lernforschung (auch im Tierbereich).
- Übersichtliche Hinweise auf Literatur: Wer sich tiefer mit der Materie beschäftigen will, findet die Originalstudien.

Spitzer, M. (2007). Lernen: Gehirnforschung und die Schule des Lebens. Heidelberg: Spektrum.

- 500 Seiten zu den neurowissenschaftlichen Grundlagen des Lernens, wobei einzelne Kapitel auch für sich gelesen werden können.
- Wichtige einzelne Studien werden beschrieben, die die Funktionsweise des Gehirns verstehen lassen.
- Lehrreich, verständlich und amüsant geschrieben.
- Selbst 20 Jahre nach der Erstauflage findet es sich noch in Bestseller-Listen.

Kleine Kinder und Bildschirmmedien

Bleckmann, P. (2014). Kleine Kinder und Bildschirmmedien. KiTa Fachtexte.

- Die Autorin beschreibt in diesem KiTa Fachtext das Konzept der Medienmündigkeit. Sie zeigt, wie die Kita dazu beitragen kann, indem sie ein Entwicklungsumfeld für ein Lernen mit allen Sinnen schafft und auch unsichere Eltern beraten kann.
- Wer vom Thema und dem ansprechenden Schreibstil der Autorin nicht genug kriegt, findet mehr in ihrem Buch.

Bleckmann, P. (2018). Medienmündig: Wie unsere Kinder selbstbestimmt mit dem Bildschirm umgehen lernen. Stuttgart: Klett-Cotta.

- Ein Buch für Eltern, Erzieherinnen, Lehrer und alle, die mehr über einen souveränen Umgang mit den Medien herausfinden wollen. Mit Checks, Tipps und Tricks für den Alltag.
- Klar, durchdacht und mit vielen Denkanstößen. Sehr gut zu lesen.

3

Bedürfnisse und ihre Regulation – Ich brauch, ich will, ich mache etwas

Ein wunderschöner Herbsttag, die Krippengruppe *Mäusenest* macht sich startklar für einen kleinen Erkundungsgang in der Natur. Also alle Mann ab in die Matschkleidung!
Während Tim noch am Frühstückstisch sitzt und genüsslich an seiner Karotte kaut, ist Dana schon draußen und halb angezogen. Plötzlich wirkt ihr Blick abwesend. „Muss Pipi", sagt sie und streift die Kleidung wieder ab. „Berfin! Lass die Hausschuhe im Regal!", ruft eine Erzieherin, weil Berfin mal wieder das Regal ausräumt. Der kleine Felix lässt sich ruhig von oben bis unten verpacken, während die dreijährige Lina ganz stolz ist, denn Gummistiefel sind kein Problem für sie. Sogar sich die Buddelhose anzuziehen klappt schon fast alleine. Da wird die zweijährige Maja plötzlich laut: „Jacke selber!", schreit sie und stößt den Jahrespraktikanten, der ihr beim Reißverschluss helfen wollte, von sich. Sie wirft sich auf den Boden. Aber Maja kann ihre Jacke eben noch nicht selbst zumachen. Nach vielen Tränen, Rotz und Taschentüchern lautet die Lösung: Kein Reißverschluss, dafür schließt Maja die Klettverschlüsse, die auch an der Jacke sind, eigenständig.
Endlich sind alle startklar, da beginnt Tim zu maulen: „Ich hab Hunger!"

Überforderung
führt zu
Unsicherheit
daher sucht das Kind
Bezugspersonen
Rituale
andere Kinder
vertraute Umgebung/Dinge
sorgen für
Sicherheit
durch
zunehmende Bedeutung ab dem 2. Lebensjahr
hat
Autonomie erleben
Resonanz und Wahrgenommen werden
beinhaltet auch das Bedürfnis nach
ermöglichen
Kompetenz erleben
Verbundenheit erleben
GRUNDBEDÜRFNISSE
Herausforderungen
provoziert das Streben nach
Unterforderung
und das damit einhergehende
Schlaf
Essen/Trinken
das Streben nach den drei Grundbedürfnissen
ist
kulturell unterschiedlich gewichtet
universell
Kapitel 3.3 Psychische Bedürfnisse regulieren S. 86
Kapitel 3.2 Physiologische Bedürfnisse regulieren S. 78
3 Bedürfnisse und ihre Regulation – Ich brauch, ich will, ich mache etwas
sind
von Natur aus mitgegeben
Entwicklungsaufgabe
ist eine
auf dem Weg von der
unterstützten
zur
internalen
Steuerung
meint die
erfordern
von
Verhalten
Emotionen
Kapitel 3.4 Selbstregulation S. 96
ist ein
Erfolgsfaktor
für
kognitive und soziale Anforderungen
Trotz
ist ein
emotionsregulatorischer Notfall
mitunter begleitet von
aggressivem Verhalten
der das
Missverhältnis
widerspiegelt zwischen
Autonomiebedürfnis (ich WILL)
und
vorhandener Kompetenz (ich KANN NOCH NICHT)
Durchgangsphänomen

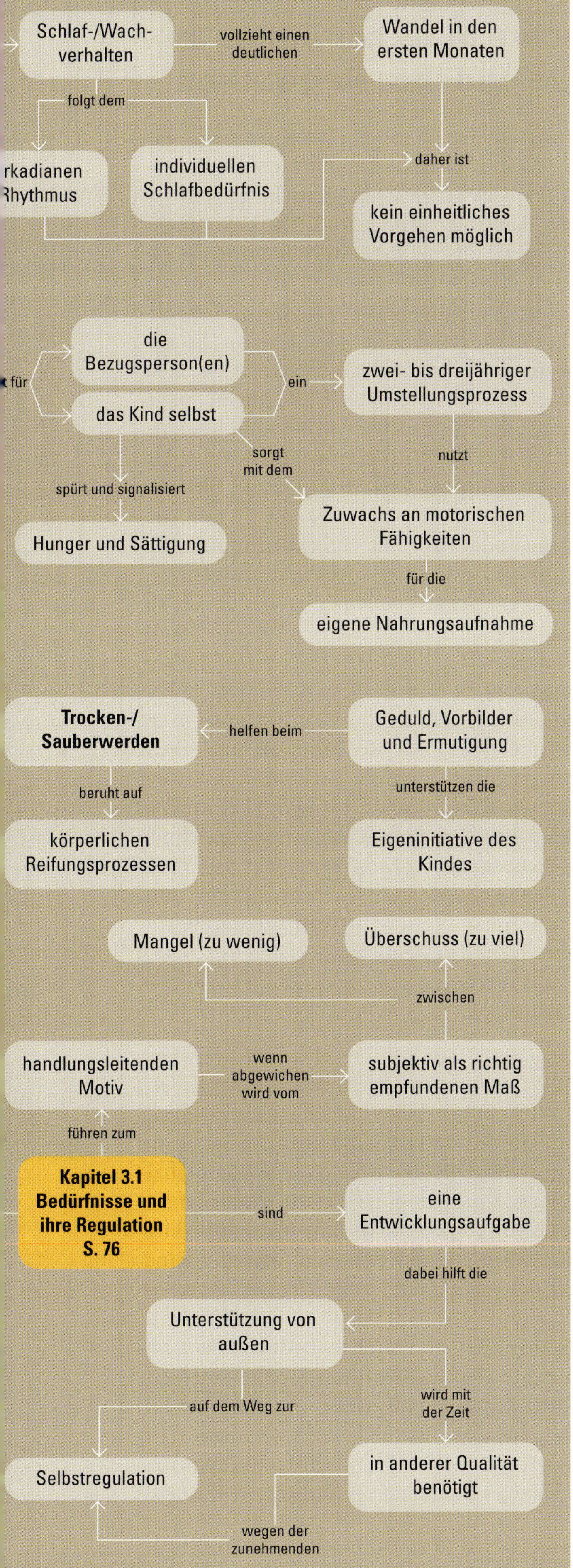

In diesem Kapitel erfahren Sie:

- welchen Zweck Bedürfnisse haben,
- wie Bedürfnisse und Motive zueinander stehen,
- wie Kleinkinder ihre körperlichen Bedürfnisse regulieren,
- welche psychischen Grundbedürfnisse Menschen haben,
- wie Kleinkinder ihre Emotionen und ihr Verhalten zunehmend selbst regulieren.

3.1 Auf das rechte Maß kommt es an – Bedürfnisse und ihre Regulation

Zum Glück sind wir vom ersten Tag an mit Bedürfnissen ausgestattet. Ohne sie würden wir kaum überleben. Denn unsere Bedürfnisse zeigen uns an, wenn etwas aus dem Gleichgewicht geraten ist: Wir verspüren Müdigkeit, damit wir genügend Schlaf bekommen, Hunger, damit wir Nahrung zu uns nehmen, oder Einsamkeit, damit wir Kontakt zu anderen aufnehmen.

Wenn wir von Bedürfnissen sprechen, meinen wir zwei verschiedene Dinge. Seltener geht es um die universellen Bedürfnisse, die alle Menschen haben. In diesem Sinne sind Bedürfnisse den Menschen innewohnende Kräfte, die uns zu bestimmten Handlungen anstiften. Hunger regt zum Essen oder Essensuchen an; bei Kleinkindern, die dieses Bedürfnis noch nicht einordnen können, führt es zu Unruhe und schließlich zum Schreien, Erwachsene sind mitunter „hangry". Unser Schlafbedürfnis veranlasst uns über das Gefühl von Müdigkeit, schlafen zu gehen oder zur Ruhe zu kommen; unerfüllt führt es bei Kleinkindern wiederum zu Quengeln und Schreien.

(universelles) Bedürfnis:
Ein grundlegendes Verlangen nach etwas, das Menschen zum Leben brauchen. Bedürfnisse haben alle Menschen, auch wenn sie diese nicht dauerhaft empfinden.

hangry:
Kombination aus hungry (engl. hungrig) und angry (engl. wütend) – also gereizt und/weil hungrig

Wenn jemand sagt, er habe ein Schlaf- oder Hungerbedürfnis, so weist er nicht darauf hin, dass auch er ein Mensch ist und damit über die dem Menschen eigenen Bedürfnisse verfügt. Er gebraucht den Begriff anders. Er meint, er ist jetzt in diesem Moment müde oder hungrig. Das ist die zweite Art, in der der Begriff *Bedürfnis* in der Alltagssprache verwendet wird. Das Bedürfnis ist jetzt aktiv und handlungsleitend. Es ist gerade so groß, dass man zu dessen Befriedigung handeln möchte. Nachfolgend wird in diesem Zusammenhang von Motiv gesprochen. Der Begriff Bedürfnis bezeichnet hier den ersten Fall und steht für die universellen, nicht dauerhaft aktiven Bedürfnisse, mit denen alle Menschen geboren werden. Oft geben uns Emotionen Hinweise auf unsere Bedürfnisse und inwieweit diese gerade erfüllt sind. Erfüllte Bedürfnisse gehen mit positiven Emotionen einher (z. B. Freude, Dankbarkeit), unerfüllte Bedürfnisse mit negativen Emotionen (z. B. Wut, Angst, Trauer).

Motiv:
augenblicklich empfundenes Bedürfnis. Ein Motiv entsteht situativ.
Es leitet das Handeln, um das zugehörige Bedürfnis zu befriedigen.

Unsere Bedürfnisse zu regulieren, umfasst, zu erkennen, was uns gerade zu wenig oder zu viel ist und welche Handlungen abhelfen. Diese Entwicklungsaufgabe ist in der frühen Kindheit ganz zentral. Der Säugling äußert sein Befinden und seine Bedürfnisse bereits in den ersten Lebensmonaten durch Blicke oder bestimmte Verhaltensweisen (z. B. ein Schmatzen bei Hunger). Werden diese Signale ignoriert oder kann der Säugling selbst nichts tun, um sein Bedürfnis zu befriedigen, signalisiert er es durch Schreien. Schreitet seine Entwicklung voran, sinkt die Schreidauer, weil er besser anzeigen kann, was er braucht.

regulieren:
einen Prozess steuern, ihn unter Kontrolle behalten

Egal, ob bei physiologischen oder psychischen Bedürfnissen: Im Hintergrund läuft immer eine Prüfung, ob unser momentaner Zustand unserem gewünschten Zustand entspricht – ob also alles im grünen Bereich ist (siehe Abbildung rechte Seite, kein Alarm). Ist das nicht so, entsteht ein Motiv. Das Bedürfnis wird aktiv. Wir versuchen nun mehr oder weniger heftig, den gewünschten Zustand

physiologisch:
körperlich

wieder herzustellen (also vom roten oder orangenen Bereich wieder in den grünen Bereich zu kommen). Weil sich die Art der Bedürfnisanzeige und die Fähigkeit, die Bedürfnisse selbst zu befriedigen, bei Kindern noch entwickeln muss, suchen und erhalten sie Unterstützung – häufig von Erwachsenen. Diese Unterstützung ist anfangs sehr umfassend und grundlegend nötig (z. B. Beruhigung bei Aufregung, Versorgung mit Nahrung), mit der Zeit benötigt das Kind eine andere Qualität von Hilfe und Unterstützung (z. B. Rückversicherung, Aufmerksamkeit gemeinsam lenken).

„Der Leib hat so wie der Geist seine Bedürfnisse." *(Jean-Jacques Rousseau)*

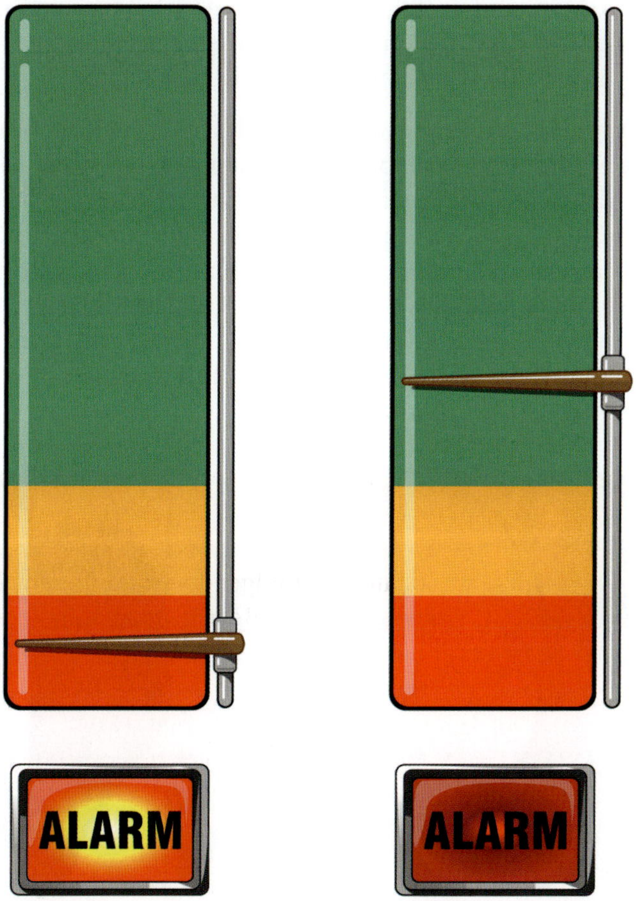

Ist ein universelles Bedürfnis nicht ausreichend erfüllt, entsteht ein handlungsleitendes Motiv, der Alarm geht an (links). War die Handlung erfolgreich, ist danach wieder alles im grünen Bereich (rechts) – das Bedürfnis ist ausreichend erfüllt.

Prüfen Sie Ihr Wissen:

1. Warum haben Menschen Bedürfnisse?
2. Beschreiben und unterscheiden Sie die Begriffe *Bedürfnis* und *Motiv* mit eigenen Worten.
3. Warum sinkt die Schreidauer, je älter ein Säugling ist?

3.2 K(l)eine Selbstverständlichkeiten – Physiologische Bedürfnisse regulieren

Schlaf

In den ersten Lebensmonaten wandelt sich das Schlafverhalten von Säuglingen sehr stark: Sie passen ihre Schlaf- und Wachphasen an den Tag-Nacht-Wechsel an und entwickeln einen regelmäßigen Schlafrhythmus. Nach und nach lernen Babys, selbstständig einzuschlafen. Die Kinder erbringen hierbei enorme Anpassungsleistungen.
Jedoch wie viel und wann sollten kleine Kinder schlafen?

Diese Frage lässt sich nur mit Blick auf das einzelne Kind beantworten. Die Schlaf- und Wachphasen können sich selbst bei Kindern, die am gleichen Tag geboren sind, stark unterscheiden. Der zweijährige Marco ist zum Beispiel bereits früh am Morgen wach und braucht täglich 14 Stunden Schlaf, während die gleichaltrige Sina zwar ein Morgenmuffel ist, aber mit elf Stunden Schlaf auskommt. Diese Unterschiede im Schlafverhalten ergeben sich zum einen durch das individuelle Schlafbedürfnis und zum anderen durch den sogenannten zirkadianen Rhythmus.

zirkadian:
Dinge, die sich etwa innerhalb von 24 Stunden abspielen

Pascal (1;3) zeigt deutlich, dass nun Zeit für seinen Mittagsschlaf ist.

„Schlaf verbessert sowohl bei Kleinkindern, Vorschulkindern und Schulkindern als auch bei Erwachsenen die Leistung des Gedächtnisses."
(Manfred Spitzer)

Während Tag und Nacht zusammen immer 24 Stunden ergeben, weicht der zirkadiane Schlaf-Wach-Rhythmus der meisten Menschen hiervon ab: Bei vielen ist er länger als 24 Stunden. Diese sogenannten Eulen könnten abends länger aufbleiben und morgens länger liegen bleiben. Lerchenmenschen hingegen sind Frühaufsteher. Ihre innere Uhr läuft in weniger als 24 Stunden einmal durch.

Vom Schlaf*bedürfnis* hängt ab, wie viel Schlaf ein Kind braucht. Es ist von Mensch zu Mensch verschieden. Das Schlaf*motiv* sowieso. Das gilt für jede Altersstufe, auch für Säuglinge und Kleinkinder.

Die nachfolgende Tabelle gibt eine grobe Orientierung über die jeweils empfohlene Schlafdauer (Hirshkowitz et al., 2015).

Schlafempfehlungen für Kinder

Gruppe	Alter	Schlafempfehlungen in Stunden je Tag (24 Stunden)	nicht empfohlen
Neugeborene	0–3 Monate	14–17 Stunden	unter 11 Stunden mehr als 19 Stunden
Säuglinge	4–11 Monate	12–15 Stunden	unter 10 Stunden mehr als 18 Stunden
Kleinkinder	1–2 Jahre	11–14 Stunden	unter 9 Stunden mehr als 16 Stunden
Kindergarten-kinder	3–5 Jahre	10–13 Stunden	unter 8 Stunden mehr als 14 Stunden

Daraus folgt, dass Kinder in der Krippe oder Kita entsprechend ihres Bedürfnisses unterschiedlich lang ruhen bzw. schlafen dürfen sollten. Bemerkenswert ist auch, dass die Spannen zwischen minimaler und maximaler Schlafempfehlung in den aktuellen Empfehlungen sogar ausgeweitet wurden – auch starke Unterschiede sind völlig normal.

Was für den Gesamtschlaf gilt, lässt sich auch auf den Tag- und Nachtschlaf übertragen: Die Kinder schlafen ganz unterschiedlich lang bei Tag und bei Nacht. Das Diagramm zeigt, wie stark sich Schlafbedürfnisse unterscheiden können und wie die Verteilung auf Tag und Nacht entfällt (Largo, 2010). Für unsere beiden Zweijährigen könnte das folgendermaßen aussehen: Marco (blauer Punkt) schläft tagsüber zwei Stunden und nachts zwölf Stunden, während Sina (roter Punkt) tagsüber eine Stunde und nachts zehn Stunden schläft. Beide Kinder befinden sich damit im Bereich eines normalen Tag- und Nachtschlafbedarfes.

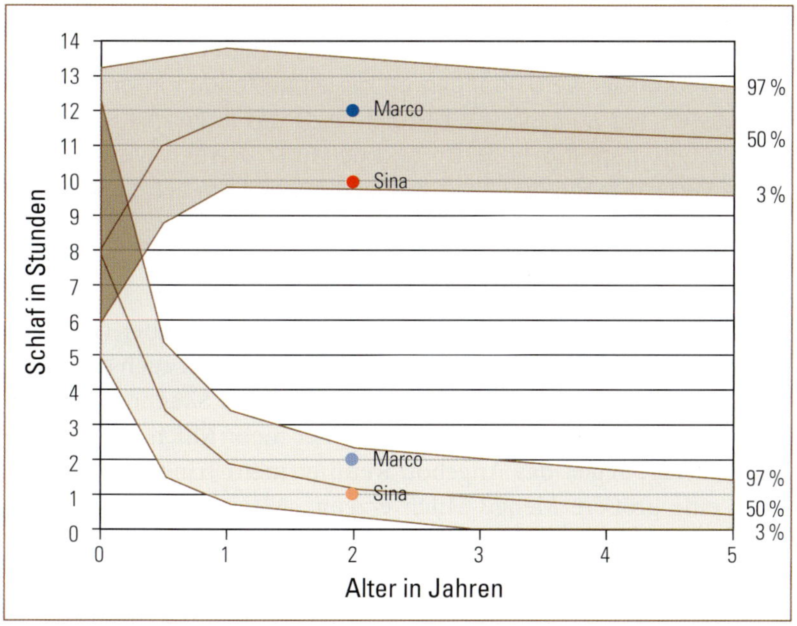

Entwicklung des Nacht- und Tagschlafs: Die dunkle Fläche gibt die Entwicklung und Streubreite des Nachtschlafes, die helle Fläche die des Tagschlafes an. Die Linie in der Mitte bezeichnet die jeweils durchschnittliche Schlafdauer.

Daran zeigt sich, dass es kein einheitliches Vorgehen geben kann, das allen Kindern gerecht wird. Wichtig ist, auf das individuelle Bedürfnis und das gegenwärtige Motiv, also das Müdigkeitsgefühl, des Kindes einzugehen. Eltern wünschen sich mitunter, dass ihr Kind einen Mittagsschlaf hält und abends früh ins Bett geht. Dabei kann ein Kind nur so lange und so oft schlafen, wie es seinem Schlafbedarf entspricht. Und wie viel Schlaf ein Mensch braucht, ist in hohem Maße biologisch vorgegeben.

Eine Überblicksstudie mit Daten von insgesamt fast 700.000 Kindern zeigt für den Zeitraum von 1905 bis 2008 (Matricciani et al., 2012), dass Kinder immer weniger schlafen. Verglichen mit ihren Eltern schlafen heutige Kinder im Durchschnitt 20 bis 25 Minuten weniger als ihre Eltern, als diese im Kindesalter waren.

Diese Entwicklung ist alarmierend: ausreichend Schlaf ist nicht nur bedeutsam für Gehirnentwicklung und Gedächtnisprozesse (z. B. bei 12-monatigen Babys, siehe Seehagen et al., 2015). Schlafmangel bei Kindern hat langfristige Auswirkungen auf ihre spätere Konzentrationsfähigkeit (O'Callaghan et al., 2010) sowie auf die Entwicklung eines gesunden Körpergewichts (Ash & Taveras, 2017).

Lernen und Gehirnentwicklung im Schlaf

Es ist besser, das zu überschlafen, was du zu tun beabsichtigst, als dich von dem wach halten zu lassen, was du getan hast.
(Sprichwort der Igbo)

Ein Drittel unserer Lebenszeit verbringen wir mit schlafen. Schlaf dient der Erholung, klar. Das merkt jeder, der zu wenig schläft. Schon länger ist bekannt, dass Schlaf notwendig ist, um Gedächtnisinhalte langfristig abzuspeichern. Kinder lernen tagsüber eine ganze Menge, indem ihr Gehirn über die Sinneskanäle Informationen aufnimmt. Während des Schlafes verarbeitet das Gehirn die Informationen und Ereignisse des Tages. Dadurch werden die Ereignisse in das Langzeitgedächtnis überführt. Allerdings sind Erfahrungen und Erinnerungsspuren empfindlich. Ohne Schlaf vergisst das Gehirn wieder, was es erlebt hat. Erst durch den Schlaf entstehen dauerhafte Spuren im Gehirn. Seit Kurzem ist belegt, dass der Schlaf auch für eine erfolgreiche Gehirnentwicklung benötigt wird (Bridi et al., 2015). Hier hilft er, die Anzahl und Stärke neuronaler Verbindungen an die eintreffenden Informationen anzupassen. Nur so kann sich beispielsweise das räumliche Sehen entwickeln (vgl. Kap. 1.6, S. 30 ff.) und genau so werden wichtige neuronale Verbindungen dauerhaft ausgebaut (vgl. Kap. 2.2, S. 54 ff.).

Essen

Wer gegessen hat, wird für den Hungrigen kein Feuer machen.
(Sprichwort aus Nigeria)

Säuglinge nehmen alle Nährstoffe, die sie brauchen, über (Mutter-) Milch zu sich. Mit dem Wachstum des Kindes wächst auch sein Energie- und Nährstoffbedarf. Dabei sorgt der gestillte Säugling selbst dafür, dass er mehr Milch bekommt, wenn er mehr Milch braucht: Seine Nachfrage regelt das Angebot; wenn er mehr trinkt, wird in der Folge eine größere Menge Milch erzeugt. Meist funktioniert diese Steuerung durch den Säugling hervorragend. Er selbst signalisiert Hunger- und Sättigungsgefühl, sodass Übergewicht und Unterversorgung bei gestillten Säuglingen in der Regel kein Thema sind.

Mit dem Übergang zur Breikost und schließlich zu fester Nahrung meistern Kind und Bezugsperson eine Reihe an Umstellungen. Die damit verbundenen Entwicklungsaufgaben zeigt folgende Tabelle im Überblick (basierend auf Rupp-Glogau, 2014). Mit jeder Nahrungsumstellung ändern sich Beschaffenheit und Geschmack der Nahrungsmittel, zudem werden andere Hilfsmittel, wie Flasche, Löffel und Becher, eingesetzt. Dabei nimmt die Unabhängigkeit beim Essen permanent zu: vom Saugen an Brust und Flasche, über das Füttern mit Brei, bis hin zu selbstständigem Essen fester Nahrung mit Händen und Besteck. Besonders ab dem 2. Lebensjahr wollen die Kinder mehr und mehr eigenständig essen. Das zeigt sich auch im Nachahmen von Essverhalten. Stetig lernt das Kind, Appetit, Hunger und Sättigung zu regulieren und die motorischen Fähigkeiten, die zur Nahrungsaufnahme nötig sind, zu koordinieren.

Entwicklungs- und Anpassungsaufgaben beim Essen

Alter	Nahrung	Entwicklungs- und Anpassungsaufgabe
0–3 Monate	Muttermilch/Flaschennahrung	Saugen (Brust/Flasche), Rhythmus von Hunger und Sättigung
4–6 Monate	Milch; Beginn mit pürierter, breiiger Nahrung	ggf. Übergang zur Flaschennahrung mit erhöhter Intensität des Saugens; Anpassung an die Löffelkost
2. Halbjahr	Löffelkost, zunehmend stückig, grob und handlich	neue Geschmacksrichtungen und Konsistenzen; zunehmend sitzende Position
2. Jahr	grob gehackte und klein geschnittene Nahrung, rohes Obst und Gemüse; später regelmäßige Mahlzeiten am Tisch; Trinken aus der Tasse	selbstständiges Essen und Trinken
3. Jahr	Tischkost	zunehmende Übernahme von Gewohnheiten der Familie und der Kultur

Selber zu essen, findet Pascal prima.

Konsistenz:
Beschaffenheit

Wie schnell die jeweilige Umstellung erfolgt, hängt unter anderem davon ab, wie sich die Mundmotorik entwickelt und wann welche Zähne durchbrechen. Bei diesen Zeitverläufen gibt es große, völlig normale Unterschiede (Largo, 2010). Im Alter von 18 bis 26 Monaten beginnen die meisten Kinder, Speisen zu kauen. Einige beginnen bereits früher, andere später. Mit dem Löffel selbstständig essen können die meisten Kinder mit 18 bis 20 Monaten, einige früher, andere später. Einen Überblick dazu geben die folgenden Abbildungen.

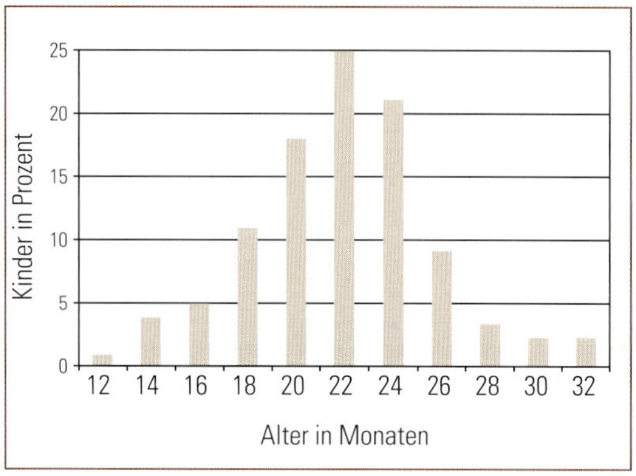

Wie viele Kinder beginnen in welchem Alter, ihr Essen zu kauen?

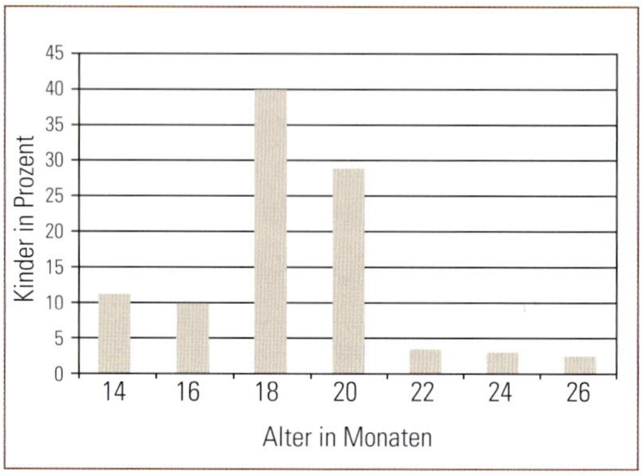

Wie viele Kinder beginnen in welchem Alter, selbstständig mit dem Löffel zu essen?

Auch bei den Essensmengen gibt es unter kleinen Kindern große Unterschiede. Die Abbildung „Wie viel Nahrung nehmen kleine Kinder am Tag auf?“ zeigt, dass manche Kinder mehr als die doppelte Menge Nahrung zu sich nehmen im Vergleich zu anderen Kindern im gleichen Alter (Largo, 2010).

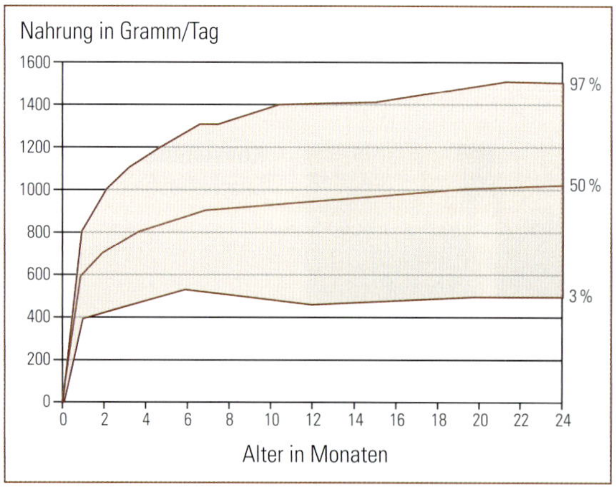

Wie viel Nahrung nehmen kleine Kinder am Tag auf?

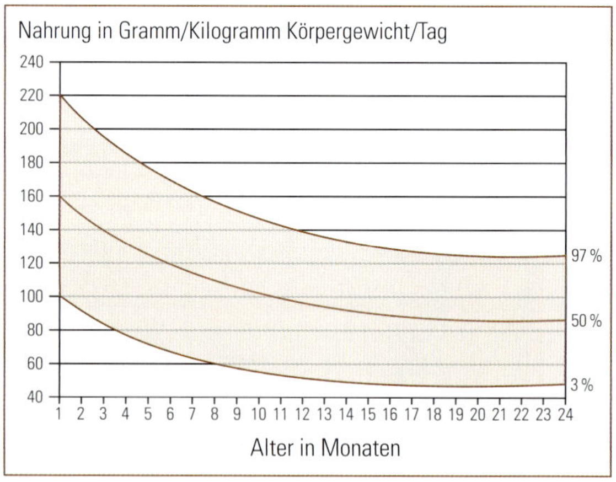

Tägliche Nahrungsaufnahme je Kilogramm Körpergewicht

Selbst wenn man zugleich das Körpergewicht der Kinder betrachtet, bleiben Unterschiede bestehen, wie die rechts stehende Abbildung darstellt. Über die Essensmengen entscheiden also die Kinder und ihr Appetit. Wann es was zu essen gibt, liegt in der Hand der Betreuungspersonen. Damit gewinnt die Frage, wie angemessene und gesunde Ernährung jeweils aussieht, an Bedeutung.

Trocken und sauber werden

„Dana ist jetzt trocken!", verkünden ihre Eltern stolz und erleichtert. Das kleine Mädchen benutzt nun tagsüber die Toilette und kommt somit ohne Windel aus. Bis Kinder trocken sind, machen sich manche Eltern viele Sorgen.

In den 1960er- und 1970er-Jahren war es üblich, den Prozess des Trockenwerdens durch „Töpfchentraining" zu beschleunigen: Das Kind wird, ob es muss oder nicht, nach einem festen Schema auf das Töpfchen gesetzt. Dabei belegen Studien, dass Kinder, die bereits im ersten Lebensjahr aufs Töpfchen gesetzt werden, überhaupt nicht früher trocken werden als ihre Alterskollegen, die munter Windeln tragen. Das hat einen einfachen Grund: Damit ein Kind trocken und sauber wird, muss es bewusst wahrnehmen können, dass es „muss". Außerdem muss es in der Lage sein, genau jene Blasen- und Darmentleerung noch so lange zurückzuhalten, bis es ausgezogen auf der Toilette oder dem Töpfchen sitzt. Dahinter steckt ein körperlicher Reifungsprozess, der eben seine Zeit braucht und nicht beschleunigt werden kann. So, wie Kinder ihre Zeit brauchen, um einen Meter groß zu werden. Zum Glück zeigen die Kinder selbst an, wann sie so weit sind: Sie nehmen die charakteristische Körperhaltung für „Ich muss mal!" ein, tänzeln herum, verziehen ihr Gesicht oder äußern sich sogar sprachlich (Haug-Schnabel, 2011). Die nachfolgende Abbildung zeigt, dass diese Eigeninitiative frühestens um den zwölften Lebensmonat auftritt, bei den meisten Kindern jedoch zwischen dem 18. und 36. Monat (Largo, 2010).

Das Gras wächst nicht schneller, wenn man daran zieht.
(afrikanisches Sprichwort)

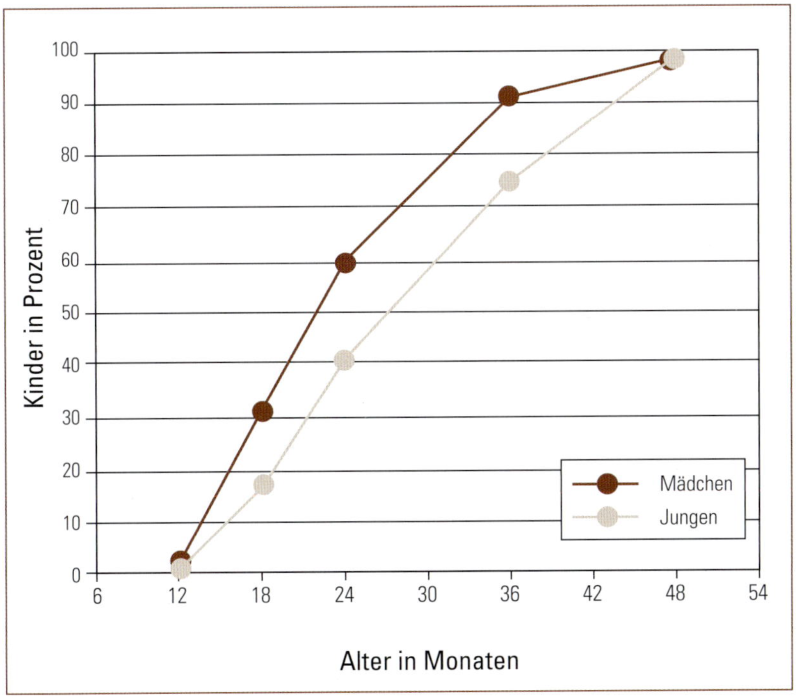

Anteil der Kinder, die Eigeninitiative zum Sauber- und Trockenwerden zeigen.

Die Eigeninitiative spiegelt das Bedürfnis des Kindes wider, trocken und sauber zu werden. Dann zeigt es auch selbst Interesse daran und möchte mit anderen auf die Toilette mitgehen. Mit dem Zugang zu Vorbildern, Geduld und ein wenig praktischer Unterstützung können Kinder selbstständig trocken und sauber werden.

- Wichtig sind Vorbilder: Die Kleinen brauchen Gelegenheiten, dabei zu sein, wenn andere auf die Toilette gehen. Wer Interesse zeigt, darf also mitgehen.
- Am Anfang geht's öfter daneben. Geduld, reichlich Wechselkleidung, eine Dusche und ein tröstendes „Beim nächsten Mal klappt's vielleicht." unterstützen dann.
- Hosen mit Gummibund (ohne Knöpfe, ohne Reißverschluss) kann das Kind selbst aus- und wieder anziehen.
- Kleinkindertoiletten oder Sitzverkleinerer und Hocker für die Füße geben auf der Toilette mehr Halt und Sicherheit.

„Geduld ist angesagt, möglichst keine Hektik und – wenn mal etwas schiefgeht – kein Schimpfen und Entmutigen. Die anstehende Kompetenzerweiterung erweist sich noch als sehr labil." *(Gabriele Haug-Schnabel)*

„Geduld und Zeit bringen mehr als Gewalt und Streit." *(Jean de La Fontaine)*

Für Erwachsene kann es zur Geduldsprobe werden, wenn ein Kind auch nach seinem vierten Geburtstag keine Eigeninitiative zeigt. Wie die beiden Abbildungen darstellen, wird etwa ein Viertel der Kinder erst in diesem Alter trocken und sauber. Deutlich wird auch, dass der körperliche Reifungsprozess frühestens ab dem 24. Lebensmonat einsetzt, sodass die meisten Kinder im Verlauf des dritten und vierten Lebensjahres sauber und trocken werden (Largo, 2010).

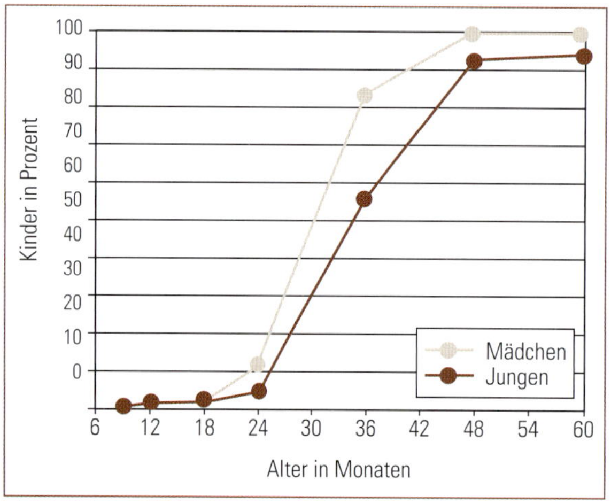

Entwicklung der vollständigen Darmkontrolle

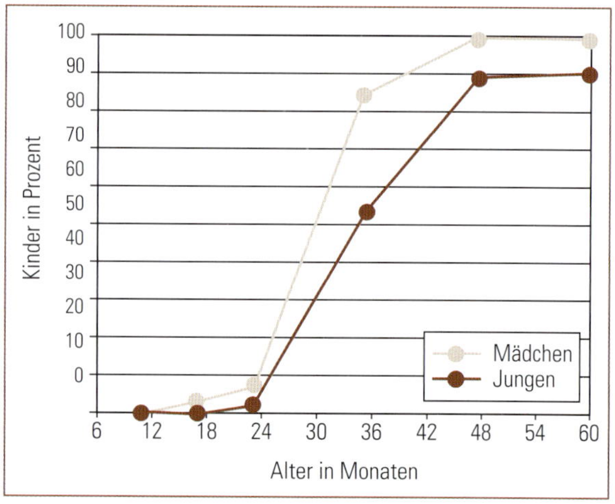

Entwicklung der vollständigen Blasenkontrolle

Die ersten Schritte oder die ersten Wörter eines Kindes werden meist freudig als selbstverständliche Entwicklungsschritte erlebt. Niemand käme auf die Idee, diese mit Geschenken zu belohnen. Seltsamerweise setzen Erwachsene dann aber bei anderen Entwicklungsaufgaben, wie beispielsweise dem Trockenwerden, vielfältige Belohnungs- und Bestrafungssysteme ein. Dabei würden sich die meisten Kinder mit ein wenig Geduld und praktischer Unterstützung zufriedengeben. Sauberkeitserziehung vor diesem Hintergrund bedeutet demnach, das Kind in seinem Entwicklungsprozess zu begleiten, ihm die Ermutigung und Unterstützung zu bieten, die es selbst auch einfordert. Das Kind bestimmt das Tempo.

Eine Frage der Gewohnheit

Ein Kleinkind, das trocken und sauber wird, muss auch eine neue Gewohnheit entwickeln: Nachdem es seinen Stuhlgang zwei Jahre und länger in Windeln gemacht hat, soll es plötzlich ins Töpfchen machen. Auch diese Umgewöhnung an einen völlig anderen Rahmen macht das Trockenwerden zur Herausforderung für Kinder. Andersherum kann es jedoch ebenso schwerfallen, Gewohnheiten zu ändern: Astronauten beispielsweise müssen als Erwachsene erneut umlernen und wieder in eine Windel machen. Zu ihrem Glück sind die Astronautenwindeln die saugstärksten Windeln, die es gibt. Mit einem Fassungsvermögen von eineinhalb Litern verhindern sie erfolgreich, dass der Urin in den Raumanzug fließt.

Millionen Babys in Afrika, Asien und Südamerika haben es da vielleicht leichter: Sie lernen keine Windeln kennen. Ab der Geburt tragen die Mütter ihre nackten Säuglinge direkt am Körper und halten sie zur Blasen- und Darmentleerung einfach über eine geeignete Stelle. Da stellt sich die Frage, ob diese Kinder also schon als Säuglinge trocken und sauber sind. Nein – schließlich gilt auch für Säuglinge auf anderen Kontinenten, dass hierfür der oben benannte körperliche Reifungsprozess nötig ist. Aber die Mütter nutzen zunächst einen angeborenen Mechanismus und bauen diesen schließlich zu einer Gewohnheit aus: Neugeborene geben einige Sekunden, bevor sie Urin oder Stuhl ausscheiden müssen, einen kurzen, charakteristischen Schrei von sich und machen mit den Beinchen ruckartige Bewegungen. Nach dieser Vorwarnung halten die Mütter ihr Baby vom Körper weg. In den weiteren Lebensmonaten üben Mutter und Kind (z. B. bei den Digos in Ostafrika) nach dem Aufwachen oder Essen das gezielte Urinieren. Dazu macht die Mutter ein Geräusch („shuus") und belohnt das Kind im Anschluss, zum Beispiel durch kuscheln. Auch Neugeborene in westlichen Kulturen zeigen ihr Bedürfnis auf diese Weise an. Der Mechanismus ist universell und angeboren, jedoch gewöhnen wir in unserer Kultur Säuglinge während der ersten Lebenswochen an Windeln.

Windelfrei unterwegs in Deutschland? Eltern hatten ihren drei Monate alten Sohn daran gewöhnt, beim Pinkeln über das Waschbecken gehalten zu werden. Zu Hause kein Problem. Während einer dreistündigen Zugfahrt allerdings fiel es dem Sohn schwer, seine Geschäfte in der Windel zu erledigen.

Prüfen Sie Ihr Wissen:

1. Welche zwei grundlegenden Dinge haben Einfluss auf das individuelle Schlaf- und Wachverhalten?
2. Das Schlafbedürfnis ist von Mensch zu Mensch verschieden. Das Schlafmotiv sowieso. Warum?
3. Der kleine Alexander ist neun Monate alt und schläft innerhalb von 24 Stunden etwa elfeinhalb Stunden. Davon macht er rund zwei Stunden Mittagsschlaf. Sehen Sie Grund zur Beunruhigung?
4. Welche Anpassungsaufgaben bewältigen Kinder beim Essen in den ersten drei Lebensjahren?
5. Wie stark kann sich die tägliche Menge an Nahrung bei gleichaltrigen Kindern unterscheiden? Hat das Körpergewicht einen Einfluss? Beziehen Sie sich auf die Grafiken auf S. 82 unten.
6. Woran ist die kindliche Eigeninitiative für das Trockenwerden erkennbar?
7. Wie können Kinder dabei unterstützt werden, trocken und sauber zu werden?

3.3 Der Mensch lebt nicht von Brot allein – Psychische Bedürfnisse regulieren

Unsere Bedürfnisse sind das, was uns zum Handeln antreibt – wenn daraus Motive entstehen. Das können physiologische Motive sein, die mitunter keinen Aufschub dulden. Doch dann, wenn wir ausgeschlafen und satt sind und nicht auf die Toilette müssen, gibt es fast immer etwas, das uns umtreibt – ein psychisches Motiv. Zum Beispiel erkundet ein neunmonatiges Kind im Haus jeden Winkel, den es erreichen kann. Oft erlebt es sich dadurch kompetent: „Geschafft!". Wenn es die Winkel auswählen kann, erlebt es sich auch als eigenständig: „Ich bestimme!". Und wenn eine Erwachsene Bezugsperson anerkennend nickt, erlebt es sich sozial eingebunden.

universell:
allgemeingültig, über alle Länder und Kulturen hinweg, unabhängig von Sprache, Sozialisation, Zeiten, Erfahrungen etc.

Die Theorie der Selbstbestimmung beschreibt diese drei universellen psychischen Bedürfnisse (z. B. Deci & Ryan, 1993). Diese sind den Menschen – ähnlich wie Schlafen und Essen – angeboren. Sie sind damit auch der Antrieb für Entwicklungen, weil Menschen nach der Erfüllung dieser drei Bedürfnisse streben:

- Autonomie oder Eigenständigkeit erleben,
- Kompetenz oder Erfolgserleben,
- Verbundenheit erleben oder sozial eingebunden sein.

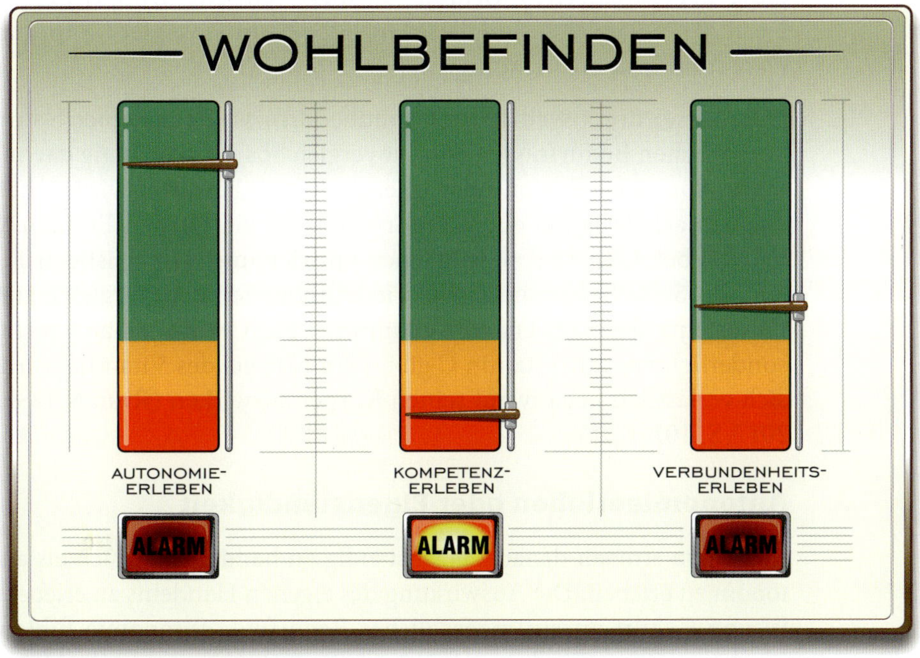

Die Erfüllung der drei psychischen Grundbedürfnisse sind Voraussetzung für psychisches Wohlbefinden und Wachstum.

Für jedes Bedürfnis gilt: Wir streben jeweils nach einem individuell als richtig empfundenen Maß – dem grünen Bereich. Bei einer Abweichung geht der Alarm an. Ein entsprechendes Streben leitet unser Handeln, damit wir etwas tun, um uns (oder unsere Umgebung) wieder dem optimalen Maß anzunähern:

„Das Arbeiten ist meinem Gefühl nach dem Menschen so gut ein Bedürfnis wie Essen und Schlafen." *(Wilhelm von Humboldt)*

- Um uns als autonom zu erleben, brauchen wir Freiräume, in denen wir in Übereinstimmung mit dem eigenen Willen handeln können. Bei zu viel Zwang, suchen wir bewusst nach selbstbestimmten Handlungsmöglichkeiten. Werden die Freiräume jedoch zu groß, suchen wir nach Orientierung.
- Um uns als kompetent zu erleben, beschäftigen wir uns bei Überforderung mit Bewältigbarem, um daran unsere Wirksamkeit zu spüren. Wird das Bewältigbare jedoch zu langweilig, suchen wir nach Herausforderung und bekommen Kompetenzerlebnisse mit Neuartigem.
- Um uns als verbunden zu erleben, suchen wir die Verbindung zu persönlich wichtigen Menschen oder einer Gruppe, in der wir uns als bedeutsamer Teil fühlen. Wird der Kontakt jedoch zu eng, ziehen wir uns zurück.

Die drei Grundbedürfnisse stehen auch in einer Wechselbeziehung zueinander. Sie können sich aber nicht gegenseitig ersetzen. Wenn ein Kind oder eine erwachsene Person keine Erfolge erlebt, hilft dennoch kein Eingebundensein aus dem Unbehagen heraus. Wenn jemand sich nur als fremdbestimmt wahrnimmt, führt auch kein Erfolgserlebnis zu Zufriedenheit. Für unser körperliches Wohlbefinden ist die Befriedigung körperlicher Bedürfnisse entscheidend. Für unser geistiges und emotionales Wohlbefinden ist die Befriedigung der psychischen Grundbedürfnisse entscheidend (Ryan & Deci, 2017). Zugleich sind diese Grundbedürfnisse unser Motor für Wachstum und Entwicklung.

Jedes dieser drei psychischen Grundbedürfnisse ist in seiner Natur körperlichen Bedürfnissen absolut vergleichbar: unabhängig davon, wie es von einer Person oder in einer Kultur bewertet wird, führt die Vernachlässigung eines Bedürfnisses zu merklichen Einbußen in Wohlbefinden und persönlicher Entwicklung. Die geistigen Eltern der Selbstbestimmungstheorie selbst ziehen den Vergleich zur Versorgung des Körpers mit Vitaminen: auch wenn jemand nicht sonderlich viel auf Vitamin C gibt – ein Mangel des Vitamins wird sich verlässlich negativ auf seinen Körper auswirken (Ryan & Deci, 2017, S. 10).

Autonomieerleben oder Eigenständigkeit

autonom:
selbstständig, eigenständig, unabhängig

Menschen streben danach, eigenständig zu handeln und sich als autonom zu erleben. Die Auswirkung des eigenen Handelns zu erleben, ist von Geburt an ein menschliches Bedürfnis. Autonomie fühlen Kinder, wenn sie Einfluss auf Dinge haben, etwas selbst in die Hand nehmen und Abläufe (immer mehr) selbst bestimmen können.

„Hauptsache ist, dass man das Kind auf eigenen Beinen stehen, mit eigenen Augen sehen lasse, auf das es selbstständig bleibe. Wirklich und wahr!" *(Johann Wolfgang von Goethe)*

Säuglinge lieben Mobiles – besonders, wenn sie sich bewegen und gar Töne von sich geben. Aber Babys lieben noch mehr, wenn sie *selbst* steuern können, *wann* sich das Mobile bewegt. Diese Lust hat sich eine Studie zunutze gemacht (vgl. Abb., Alessandri et al., 1990).

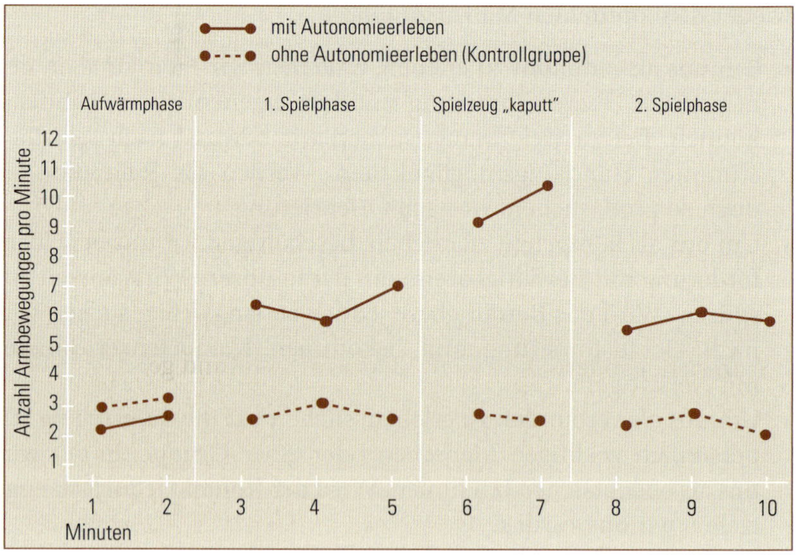

Autonomieerleben wirkt sich auf Spielbewegungen aus.

Säuglinge konnten mit ihren Armbewegungen steuern, wann sich ein Spielzeug in Bewegung setzt und Töne von sich gibt. Dafür bekamen zunächst alle Babys ein Armband. Während der Aufwärmphase bewegte sich das Spielzeug noch nicht, die Forschenden beobachteten aber, wie oft die Babys ihren Arm einfach so bewegten. Dann kam die erste Spielphase. Die Hälfte der Babys konnte über ihr Armband das Spielzeug steuern: Es wippte und spielte eine Melodie, sobald das Kleinkind seinen Arm bewegte. So konnte das Kind die Wirkung seiner eigenen Handlung unmittelbar erleben. Während der ersten Spielphase bewegten die Babys dieser Gruppe ihren Arm viel öfter als zuvor. Die andere Hälfte der Babys, die sogenannte Kontrollgruppe, sah das Spielzeug wippen und hörte die Melodie in der ersten Spielphase auch. Nämlich genau dann, wenn *ein anderes Baby* seinen Arm bewegte. Die Kontrollgruppen-Babys erlebten also *keine Wirkung ihrer* Handlungen und bewegten ihre Arme in der Spielphase nicht öfter als zuvor. Dann ging das Spielzeug plötzlich „kaputt": Es bewegte sich nicht und spielte kein Lied. Egal, wie stark und wie oft die Babys ihre Arme bewegten. Richtig wütend wurden die Kinder sogar, aber nur die Babys, die das Spielzeug zuvor selbst steuern konnten. Sie wollten das Spielzeug unbedingt wieder bewegen und waren frustriert, dass es nicht klappte. In der anschließenden zweiten Spielphase kehrte wieder Ruhe ein. Das Spielzeug „funktionierte" wieder und die Babys konnten es selbst steuern. Sie erlebten „Ich entscheide. Ich habe Einfluss." und bewegten ihren Arm wieder so oft wie in der ersten Spielphase.

„Zwischen Können und Tun liegt ein großes Meer und auf seinem Grunde die gescheiterte Willenskraft." *(Marie von Ebner-Eschenbach)*

Besonders deutlich entwickelt sich das kindliche Autonomiebedürfnis im zweiten Lebensjahr. Dann bilden Kinder die Fähigkeit aus, überhaupt *wollen* zu können (Bischof-Köhler, 2011). Gleichzeitig nehmen die Kleinen ihre wachsenden Möglichkeiten, ihre Umwelt zu beeinflussen, wahr. Sie laufen immer sicherer und gelangen so schneller und selbstständiger an neue Orte. Jetzt nutzen Kinder ihre erworbenen Fähigkeiten, um damit autonom in ihrer Umwelt zu handeln. Diese Zeit erleben Erwachsene oft als anstrengend: Während sich das Baby noch bereitwillig Socken und Schuhe anziehen lässt, besteht das Kleinkind darauf, sich selbst anzuziehen. Hat das Kind entdeckt, dass es *will*, geht es nicht unbedingt um die Sache an sich, sondern um das Wollen selbst. Oft und gern bekundet das Kind sein Wollen, ohne dass es eigentlich genau weiß, *was* es will.

Kindheit spielt sich hierbei im Spannungsfeld von Abhängigkeit und Autonomie ab. Durch die Autonomieentwicklung entstehen Konflikte: Das Kind will etwas so und nicht anders. Oder es will etwas, darf es jedoch nicht alleine oder kann es noch nicht alleine machen.

Kompetenz:
Fähigkeit, das Vermögen, etwas zu tun

Kompetenz- oder Erfolgserleben

Die zweijährige Sina ist gerade an einem Klettergerüst die ersten Sprossen hinauf- und wieder hinuntergeklettert. Sicher am Boden angelangt, klatscht sie in die Hände und ruft: „Supi gemacht, Sina, Supi!“ Sie hat etwas geschafft, worauf sie offensichtlich auch selbst stolz ist und worüber sie sich freut. In den Minuten darauf wiederholt sie ihr Vorgehen. Dabei steigert sie selbst den Schwierigkeitsgrad, indem sie nach und nach eine Sprosse mehr überwindet.

Menschen wollen nicht nur eine Wirkung auf ihr Handeln zurückführen, sie wollen sich in ihrem Handeln auch als erfolgreich erleben. Damit Kinder spüren „Ich schaffe das!“, braucht es drei Dinge, die zunächst ganz selbstverständlich scheinen:

- das Kind muss sich selbst als handelnde Person, als *Ich*, wahrnehmen,
- das Kind muss *dürfen* können,
- das Kind braucht Herausforderungen.

Für Kleinkinder ist das (noch) nicht selbstverständlich: Sie müssen erst ihr Selbsterkennen entwickeln. Nur dann kann sich ein Kind als eigenständig handelnde Person wahrnehmen, denn das macht auch einen Unterschied in der Wahrnehmung und Wichtigkeit des eigenen Könnens aus. In einer Studie bauten Kinder gemeinsam mit einem Erwachsenen an einem Turm aus Bauklötzen. Kinder, die sich noch nicht im Spiegel erkannten, freuten sich einfach am Turmbauen, egal, wer den letzten Baustein aufsetzte. Für Kinder, die sich im Spiegel erkannten, war der eigene Beitrag zum Werk auch entscheidend für die Freude daran. Einen sprachlichen Bezug – also „ich“ oder „selber“ sagen – stellten dabei erstmals Kinder im Alter von 19 bis 26 Monaten her. Ältere Kinder (zwischen 25 und 31 Monaten) betonten außerdem noch ihre Kompetenz und wehrten Hilfsangebote beim Turmbauen ab: „Ich kann das!“

Kompetenz meint also gewisse Fähigkeiten, Fertigkeiten oder auch bestimmtes Wissen, das jemand hat. *Kompetenzerleben* tritt in dem Moment ein, wenn eine Person die Erfahrung macht, dass die von ihr eingesetzten Mittel oder Ressourcen ausreichen, eine *bisher unbekannte* Situation zu bewältigen. Sina hat genügend Muskelkraft und ihre Beinlänge reicht aus, um den Abstand der Sprossen zu überwinden. Sie handelt also kompetent, wenn sie am Gerüst klettert. Ihr eigenes Kompetenzerleben trat ein, als ihr dies erstmals gelang (sie klatschte freudig in die Hände). Ob jemand sich als kompetent erlebt, ist damit auch eine Frage der subjektiven Bewertung.

Es gibt Kinder, die die wichtige Erfahrung „Ich darf etwas tun“ eher selten machen. Oft sind wir als Erwachsene versucht, Kindern Tätigkeiten abzunehmen. Häufig vermitteln wir Kindern auch: „Du bist zu klein, das kannst du noch nicht!“ Dabei ist es gerade für das Erleben der eigenen Kompetenz wichtig, dass Kinder Herausforderungen meistern. Bereits Babys nutzen dies als Hilfsmittel zum Lernen (vgl. Kap. 2.3, S. 59 f.). Herausforderungen entstehen, wenn die gestellte Anforderung ein klein wenig höher als die vorhandenen

Fähigkeiten ist. Sind die Anforderungen zu hoch, ist das Kind überfordert. Liegen die Anforderungen jedoch unter den Fähigkeiten, ist das Kind unterfordert. Wenn Kinder etwas tun, von dem sie bereits wissen, dass sie es können, handeln sie routiniert und selbstverständlich. Ein echtes Kompetenzerleben ist nicht möglich. Im freien Spiel suchen sich Kinder meist ganz automatisch Aufgaben, die sie als herausfordernd empfinden und die zu einem Kompetenzerleben führen (Sylva et al., 2004).

Sina steht auf der vorletzten Sprosse in etwa zwei Metern Höhe. Sie überlegt, ob sie über den höchsten Punkt klettern soll, um auf der anderen Seite wieder hinunterzusteigen. Der Erzieher Florian könnte sie jetzt ohne Weiteres hinüberheben. Dann könnte sie auch ganz alleine wieder auf der anderen Seite hinuntersteigen. Florian hält sich jedoch zurück und bleibt beobachtend darunter stehen. Sina hebt ein Bein, stellt fest, dass die Beinlänge nicht ausreicht und dass sie sich mit ihren Händen nicht mehr abstützen kann. Sie lässt es sein und steigt auf derselben Seite wieder ab. Dann probiert sie es ein zweites Mal. Oben wieder angekommen, startet sie den Versuch mit dem anderen Bein. Nein, auch das reicht nicht. Sie atmet kurz durch, steigt wieder hinunter, schaut sich dann das Gerüst noch einmal von unten an und wendet sich anderen Aktivitäten zu.

„Yes, I can!" – Sina meistert eine Herausforderung am Klettergerüst.

Sina macht hier eine kleine Grenzerfahrung. Sie selbst spürt genau das Maß, wie viel sie sich zutrauen kann und was sie lieber noch sein lässt. Hätte der Erzieher Florian sie einfach darübergehoben, hätte sie ihre eigene Grenze nicht so genau gespürt und auch kein eigenes Kompetenzerleben erfahren.

Wir lernen aus unseren Fehlern und wachsen an unseren Aufgaben.

Wer herausgefordert ist, kann scheitern: Wer rennen übt, kann sich das Knie aufschlagen. Wer selbst isst, muss mit den Erbsen kämpfen oder kann sich vollkleckern. Wer selbst auf die Toilette geht, schafft es nicht immer, die Hose rechtzeitig auszuziehen. Das alles ist Teil des Kleinkinderlebens. Aber es führt nicht zum Aufgeben. Aus vielen unterschiedlichen Erfahrungen und Teilerfolgen werden durch Lernprozesse immer häufiger Erfolge und Fortschritte. Kompetenzerleben im Kitaalltag kann auch ganz einfach ermöglicht werden: Spielsachen in erreichbarer Höhe, Kleidung selbst aufräumen, beim Wickeln und Anziehen das selbst machen, was schon möglich ist. Wenn Erwachsene dabei die Autonomiebestrebungen der Kinder unterstützen, bleiben diese auch länger an einer herausfordernden Aufgabe.

Sina (2;0) trägt bei, was sie schon kann, um den Wickelplatz vorzubereiten.

Das Gegenstück zur Suche nach Herausforderung ist die Suche nach Sicherheit: Ist ein Kind mit einer Aufgabe überfordert, fühlt es sich schnell unsicher. Es möchte sich wieder sicher fühlen. Sicherheit gibt eine Situation, in der das Kind kompetent handelt. Über viele Kompetenzerlebnisse wächst auch das Selbstwertgefühl des Kindes, sodass zeitweise Verunsicherungen nicht so schwer wiegen.

Sicherheit kann aber auch die Nähe zu einer vertrauten Person geben. Oder Rituale, vertraute Räume und vertraute Dinge. Daraus erklärt sich auch die Bedeutung von Konzepten für den Übergang von der Familie in die Krippe, den sogenannten Eingewöhnungsmodellen. Wenn das Kind mit den Personen, der Umgebung und den Gegenständen in der Krippe vertraut ist, gibt ihm diese Vertrautheit Sicherheit.

Der Begriff **Eingewöhnungskonzept/Eingewöhnungsmodell** hat sich in der Fachsprache eingeschliffen. Er trifft es aber nicht ganz, denn es geht auch um ein Miteinandervertrautwerden aller Beteiligten: der Fachkräfte, der Kinder in der Krippe und in der Familie.

Wie maßgeblich auch die Umgebung Sicherheit geben kann, zeigt eine Studie, die bereits in den 1960-er Jahren mit Schimpansen durchgeführt wurde. Die Schimpansen konnten immer zwischen zwei Pflegern wählen, die jeweils als „Raufkumpan“ oder als „Bemutterungskumpan“ verkleidet waren. Ihre bevorzugte Wahl hing davon ab, in welcher Umgebung die Schimpansen wählen sollten. In vertrauter Umgebung wurde eher der Raufkumpan gewählt und umgekehrt (Mason, 1965).

Verbundenheit erleben

Menschen sind soziale Wesen, die sich von Geburt an in sozialen Beziehungen befinden. Menschen streben immer wieder nach der Resonanz in und mit ihrer Umgebung. Hierbei geht es um das Mitschwingen und sich Einstimmen aufeinander. Das, was wir tun, wie wir handeln und uns verhalten, sollen bei anderen Menschen ankommen.

„Vieles kann der Mensch entbehren, nur den Menschen nicht.“
(Ludwig Börne)

Resonanz:
von lateinisch *resonare* „widerhallen“, meint das Mitschwingen eines Systems.

Im Umgang mit ihrer sozialen Umwelt bewältigen Säuglinge und Kleinkinder wichtige Entwicklungsaufgaben: Zunächst bauen Kinder stabile, überdauernde Beziehungen zu ihren Fürsorgepersonen auf. In anderen Kulturen (siehe Box S. 94) können das durchaus ältere Geschwister sein (Lamm, 2018). Gleichaltrige wie auch ältere und jüngere Kinder werden in unserem westlich-industrialisierten Kulturkreis zu wichtigen Interaktionspartnern spätestens mit Eintritt in die Krippe.

In der Kita erleben Kinder Verbundensein schon früh, auch untereinander.

Im Bedürfnis nach Verbundenheit – und damit im Streben nach Kontakt und Geselligkeit einerseits, sowie Rückzug und Ruhe andererseits – gibt es individuelle Unterschiede. Dies gilt für Erwachsene ebenso wie für Kinder. Kinder zeigen bereits sehr früh ihr Streben nach Kontakt wie auch nach Rückzug an. Diese Signale gilt es, zu erkennen und zu respektieren. Im Krippenalltag geben fest verankerte Gruppenaktivitäten (z. B. Morgenkreis, Spiel- und Singkreise, gemeinsame Mahlzeiten) Möglichkeiten, Kontakt und Geselligkeit zu erleben. Räumlichkeiten, die Bewegungsbereiche und geschützte Ruhezonen vorsehen, oder auch Spielmaterialien, die zum Alleinerforschen wie auch zum Mitspielen anregen (z. B. große, weiche Baumaterialien, Kartons, Wasserspiele, Musikinstrumente, verschiedene Bälle und Fahrzeuge, große Kugelbahnen) ermöglichen Kindern vielfältige Gestaltungsmöglichkeiten, ihr richtiges Maß eines Eingebundenseins herzustellen.

Grundbedürfnisse sind universell, die Gewichtung allerdings nicht

Die drei psychischen Grundbedürfnisse teilen Menschen rund um den Globus. Jedoch werden sie in unterschiedlichen Gesellschaften und damit auch in der Erziehung verschieden gewichtet: Ein Säugling einer westlichen Mittelschichtsfamilie wird von Beginn an ermutigt, eigenständig seine Wahl zu treffen, mitzuteilen, was ihm lieber ist, und sich durchzusetzen. Babys haben damit bereits eine aktive Rolle. Die Eltern legen Wert auf die Eigenständigkeit des Kindes: Kinder sollen allein sein können. Damit sich Babys tatsächlich alleine beschäftigen können, nimmt das Spielzeug eine wichtige Rolle ein und bildet den Rahmen für alltägliche Kompetenzerfahrungen. Interaktionen mit Babys laufen über Blickkontakt und Dialog. Der Körperkontakt läuft viel über Hand- und Fingerkontakt. Übergangsobjekte sind weit verbreitet. Schnuffeltücher oder Kuscheltiere, die dem Kind als treue Begleiter dienen, geben Sicherheit, auch wenn die Bezugsperson nicht verfügbar ist. Eltern finden wichtig, dass ihr Kind eine eigenständige, individuelle Persönlichkeit wird sowie seine Talente und Interessen entwickelt. Das passt in die westliche Welt, in der Kinder in Kernfamilien aufwachsen, eine langjährige formale Ausbildung durchlaufen und Frauen ihr erstes (und häufig einziges Kind) mit Anfang bis Mitte 30 zur Welt bringen.
Anders sieht es in traditionellen Bauernfamilien wie zum Beispiel bei den Nso-Bauern in Kamerun aus. Dort und in anderen, landwirtschaftlich geprägten, dörflichen Gemeinschaften weltweit leben Großfamilien zusammen und teilen einen gemeinsamen Lebensraum. Im ersten Lebensjahr ist das Baby ständig in Körperkontakt. Von Anfang an teilen sich verschiedene, meist drei bis fünf feste Babysitter die Betreuung und tragen das Baby bei ihren Tätigkeiten mit sich: Babys sind also niemals allein, aber selten im Mittelpunkt. Den Nso ist besonders wichtig, dass das Kind im ersten Lebensjahr in die Geschwistergruppe (die auch weitere Verwandte im selben Alter um-

fassen kann) hineinwächst und gute Beziehungen zu allen entwickelt. Durch den Körperkontakt und die permanente Betreuung erleben Nso-Kinder, dass soziale Beziehungen eng sind und mit sozialen Pflichten einhergehen. Bei den Nso sollen sich die Kleinen anpassen und in das hierarchische, soziale System eingliedern, sodass sie bereits früh Aufgaben bei der Feldarbeit oder bei traditionellen Festen übernehmen können. Das erfordert auch eine andere Art der Autonomie, nämlich die des selbstständigen und sozial verantwortlichen Handelns (Otto, 2009).

Ältere Kinder kümmern sich um jüngere.

Spielzeuge fürs Kompetenzerleben

Prüfen Sie Ihr Wissen:

1. Nennen und beschreiben Sie die drei psychischen Grundbedürfnisse.
2. Beschreiben Sie für alle drei psychischen Grundbedürfnisse Situationen, in denen ein Mangel oder Überschuss dazu führt, dass ein entsprechendes Motiv handlungsleitend wird.
3. Warum erleben Erwachsene die Entwicklung des kindlichen Autonomiebedürfnisses mitunter als anstrengend?
4. Welche drei Dinge sind nötig, damit sich ein Kind kompetent erleben kann?
5. Schildern Sie eine Situation, in der ein Kind kompetent handelt, und eine Situation, in der ein Kind sich kompetent erlebt.
6. Der Text schildert Situationen im Krippenalltag, die Raum für Kontakt bieten, und Situationen, die Raum für Rückzug bieten. Welche? Fallen Ihnen weitere ein?

3.4 Vom Selberwollen und Selberkönnen – Selbstregulation

Emotionen und Verhalten regulieren

Tim und Felix streiten um den roten Bagger. Tim gewinnt. Felix weint. Dann läuft er aus der Spielecke zu einer Erzieherin, die ihn auf den Schoß nimmt. Lina versucht, einen richtig großen Turm aus Bauklötzen zu bauen. Aber nach ein paar Bausteinen beginnt der Turm zu wackeln. Er stürzt ein. Nach dem fünften Anlauf pfeffert sie einen Bauklotz wütend in die Ecke und setzt sich an ein Puzzle.

Emotionsregulation: die Fähigkeit, emotionale Erregungszustände selbstständig zu bewältigen und sich nach Stress oder Aufregung eigenständig wieder zu beruhigen

Felix und Lina haben eine schwere Aufgabe: Sie sind wütend und müssen damit irgendwie umgehen. Sie müssen ihre Emotionen regulieren. Diese Emotionsregulation kann durch Bezugspersonen unterstützt werden (external) oder durch das Kind selbst (internal) geschehen: Lina gelingt es, sich mit einem Puzzle abzulenken. Felix braucht Trost durch die Erzieherin. Dabei muss eine Situation, die Emotionsregulation erfordert, nicht gleich so aufwühlend sein wie im Beispiel von Felix und Lina. Wenn Kinder mit einem Riesenhunger auf das Essen warten müssen oder einer unbekannten Person oder Situation begegnen und keine vertraute Person in der Nähe ist, müssen sie sich ebenfalls regulieren und mit ihren jeweiligen Emotionen umgehen.

Selina (2;10) weiß sich zu helfen – Nuckeln hilft Kindern, sich zu regulieren.

Über die gesamte frühe Kindheit findet eine Entwicklung von der externalen zur internalen Regulation statt. In diesem Prozess gibt es große Unterschiede zwischen unterschiedlichen Kindern. Die Entwicklung der Selbstregulation hängt neben der genetischen Veranlagung und dem Temperament des Kindes sowohl von der kognitiven Entwicklung des Kindes als auch von den Regulationshilfen der Bezugspersonen ab. Während Kinder die Unterstützung ihrer Bezugspersonen anfänglich eher passiv annehmen, fordern sie diese über Monate und Jahre hinweg aktiver ein. Erwachsene passen ihr Unterstützungsverhalten an den jeweiligen Entwicklungsstand des Kindes an. Gespräche gewinnen erst mit zunehmenden sprachlichen Fähigkeiten der Kinder an Bedeutung, wie auch die untere Grafik veranschaulicht. Zugleich brauchen Kinder die Möglichkeit, ihre Emotionen selbst zu regulieren, um nach und nach ihre Regulationsfähigkeiten auszubauen. Entsprechend nehmen sich die Erwachsenen mit zunehmendem Alter der Kinder mehr und mehr zurück (Grolnick et al., 1998).

Die folgende Grafik zeigt Beispiele für Verhaltensweisen, mit denen Erwachsene die Emotionsregulation von Kleinkindern unterstützen bzw. die Kleinkinder selbst anwenden, um ihre Emotionen zu regulieren.

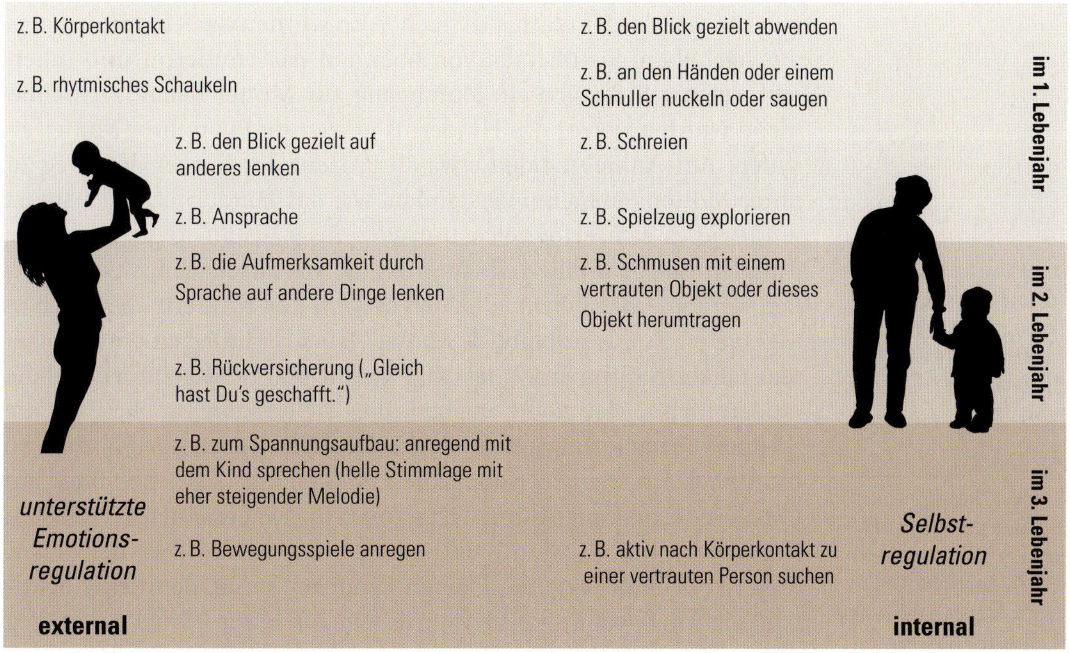

Beispiele für internale und externale Emotionsregulation in den ersten drei Lebensjahren

Zu lernen, eigene Emotionen zu regulieren, ist eine wichtige Entwicklungsaufgabe in den ersten Lebensjahren sowie eine wesentliche Voraussetzung für unterschiedlichste Anforderungen im kognitiven und sozialen Bereich. Wer seine Ziele erreichen will, muss unabhängig von seinem Alter in der Lage sein, die eigenen Emotionen zu regulieren. Langzeitstudien zur Emotionsregulation zeigen auch, wie wichtig diese für spätere soziale Kompetenzen sind (Kochanska et al., 2000).

Doch Kleinkinder lernen nicht nur, ihre Emotionen zu regulieren, sondern auch, ihr Verhalten zu steuern. Berfin (1;2) räumt die Kiste mit den Holztieren aus, ein Tier nach dem anderen. Doch jetzt ist aufräumen angesagt. Die Pädagogin Sabine packt mit Berfin alle Tiere wieder in die Kiste und stellt diese ins Regal. Berfin will sich die Kiste erneut holen. „Nein, Berfin. Jetzt ist Aufräumzeit!", sagt Sabine. Berfin greift nach der Kiste, Sabine wiederholt: „Nein, Berfin", und stellt die Kiste zurück ins Regal. Noch einmal geht es hin und her, dann setzt sich Berfin schmollend vor das Regal, lässt die Kiste jedoch an ihrem Platz stehen. In dieser Situation braucht Berfin Selbstregulation auch zur Verhaltenskontrolle: Sie übt, unerwünschtes Verhalten zu unterlassen und gewünschtes Verhalten umzusetzen – auch wenn ihr eigener Wille dem entgegensteht.

In solchen Situationen, besonders, wenn sie sich wiederholen und dem Erwachsenen allmählich die Geduld ausgeht, stellen sich manchem entnervt die Fragen: „Kind, kapierst du eigentlich nicht, was ich dir sage?! Kannst du nicht oder willst du nicht folgen?"

Studien zum „beharrlichen Krabbeln" zeigen hier, wie lang der Weg von der erfolgreichen Einsicht zur erfolgreichen Verhaltenssteuerung ist. Kinder, die bereits krabbeln konnten, wurden durch ein Hindernis von ihrer Mutter getrennt (vgl. linke Abb. S. 99). Zum Darübergucken war das Hindernis zu hoch. Also wurden die Kinder eingangs hochgehoben. Sie blickten von oben auf das Hindernis und sahen, auf welcher Seite sich ein Durchgang zur Mutter befand. Anschließend wurden sie vor das Hindernis gesetzt und von ihrer Mutter gerufen. Auf Anhieb fanden etwa 80 Prozent der Kinder den Weg zu ihrer Mutter. Sie hatten verstanden, wie das Hindernis aufgebaut ist und wie es sich erfolgreich umgehen lässt. Dann folgten mehrere Runden mit demselben Ablauf – Hindernis anschauen, sitzen, gerufen werden, loskrabbeln –, jedoch nur mit den Kindern, die gleich in der ersten Runde erfolgreich waren. Dabei veränderten die Forscher das Hindernis immer wieder: Mal war die eine Seite geöffnet, mal die andere Seite. Man sollte meinen, dies stellte kein Problem für die kleinen Orientierungsgenies dar. Schließlich hatten alle Kinder, die nun noch im Rennen waren, die Hilfestellung (seitlicher Blick auf das Hindernis) auf Anhieb erfolgreich in zielgerichtetes Verhalten (in die richtige Richtung loskrabbeln) umgesetzt. Aber der Seitenwechsel beeindruckte die kleinen Krabbler wenig, denn eine deutliche Mehrheit wählte – egal, welche Seite offen war – wieder den Weg, der im ersten Durchgang erfolgreich war. Sie blieben also beharrlich bei ihrem einmal gewählten Verhalten: Obwohl das Denken bereits richtig ist, können die Kinder ihr Verhalten noch nicht so steuern, dass das richtige Denken auch in die richtige Tat umgesetzt wird. Erst im Alter von rund zwei Jahren gelingt es den meisten Kindern, bei Bedarf auf Anhieb von der Route im ersten Durchgang abzuweichen (vgl. rechte Abb. S. 99) (Spencer & Blades, 1985). In Wartesituationen lässt sich entsprechend beobachten, wie Kinder ihr Verhalten immer besser regulieren können. Sie essen beispielsweise ihren Muffin erst dann, wenn alle am Tisch sitzen. Bis dahin haben sie schon eine Menge geschafft.

Die deutsche Rechtsprechung greift diesen Unterschied auf: Nur wer einsichtsfähig und steuerungsfähig ist, gilt als schuldfähig.

Der sogenannte „A-nicht-B-Fehler" bezeichnet ein gleichartiges kindliches Beharren bei einer Greif- und Suchaufgabe. Die Kinder suchen dabei einen versteckten Gegenstand immer wieder im Versteck A, bei dem sie im ersten Durchgang Erfolg hatten – selbst wenn sie beobachten konnten, dass der Gegenstand nun im Versteck B ist. Lange Zeit wurde dieser Fehler für einen Denkfehler gehalten.

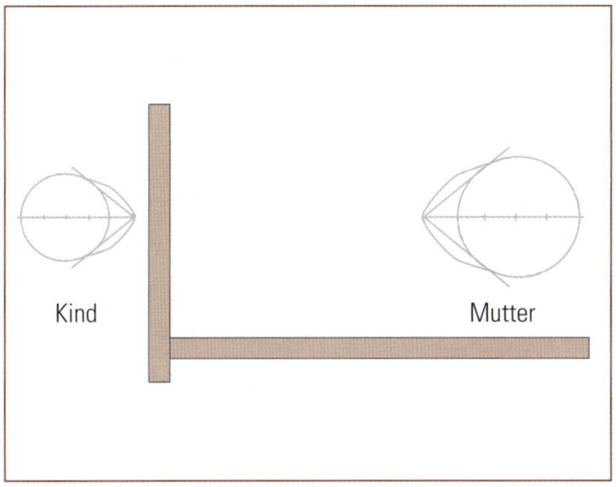

Positionierung von Kind, Mutter und Hindernis aus der Vogelperspektive

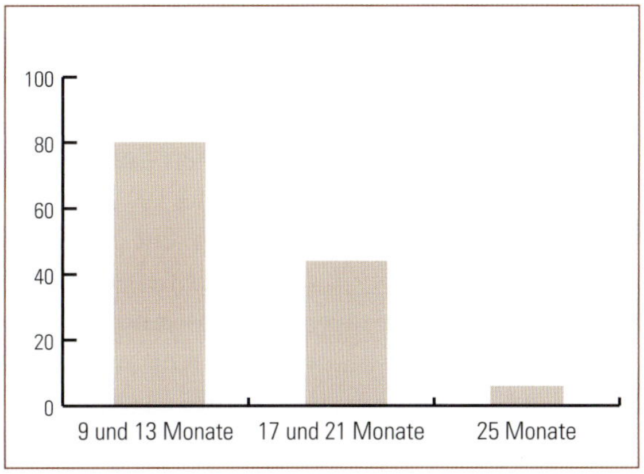

Anteil der „beharrlichen Krabbler" in Abhängigkeit vom Alter

Trotz

Am Anfang des Kapitels steht die Geschichte der kleinen Maja, die einen richtiggehenden Trotzanfall durchlebt. Dabei handelt es sich letztlich um einen emotionsregulatorischen Notfall. Die kleine Maja weiß sich nicht mehr zu helfen. Sie kann noch nicht mit *dieser* Situation umgehen. Gleichzeitig kann sie allerdings schon eine Menge, denn trotzen kann (noch) nicht jeder.

In einer Trotzsituation tritt typischerweise das Missverhältnis zwischen der kindlichen Autonomie- und Kompetenzentwicklung zutage: Das Autonomiebedürfnis, das „Ich will", ist stark ausgeprägt und steht einem „Ich kann noch nicht" gegenüber. Oft kommt es durch das eigene Wollen zu Konflikten mit der Bezugsperson. Die Reaktion äußert sich dabei auch als ein „Ich will nicht!", „Nein!", „Ich auch!" oder „Alleine!". Das Kind erlebt (ob mit oder ohne Interaktion mit der Bezugsperson) in all diesen Situationen Frust. Im Umgang mit der eigenen Inkompetenz versucht es, mitunter Sicherheit über die Bezugsperson zu erhalten. Damit kann ein Widerspruch zum Autonomiebedürfnis entstehen. Schließlich ist die kindliche Emotionsregulationsfähigkeit überfordert, so kommt es zu einem gründlichen Trotzanfall (Bischof-Köhler, 2011).

„Über Trotz zu schreiben, ist viel weniger anstrengend, als ein trotzendes Kind zu betreuen."
(Agnes Bauer)

In solchen Verweigerungssituationen einfühlend, achtsam und respektvoll mit dem Kind umzugehen, ist nicht ganz einfach. Schnell kommt es zu einem Machtkampf, wenn der Erwachsene den Kontrollverlust fürchtet. Bleibt dieser aus, kann das Kind eine wichtige Erfahrung machen: Es darf sich abgrenzen und bleibt dennoch geliebt und geschützt.

Meist legen sich die Turbulenzen gegen Ende des zweiten Lebensjahres: Durch wiederkehrende Erfolgserfahrungen wächst auch die Selbstsicherheit. In fast allen Fällen ist das Trotzen also ein Durchgangsphänomen: vorübergehend und typisch für den aktuellen Stand der Entwicklung.

Vermutlich handelt es sich sogar um eine universelle Entwicklungserscheinung: Trotzanfälle wurden auch in Indien, Japan, Zentralafrika und bei den Indios in Peru beschrieben. Trotz tritt bei einer großen Mehrheit der Kinder auf, meist zwischen dem zweiten und sechsten Lebensjahr. Erstmals trotzen Kinder meist zwischen dem 15. und 19. Lebensmonat, wobei zum normalen Trotzen bei bis zu 80 Prozent der Kinder auch Aggressionen gehören: 70 Prozent aller Kinder nehmen einem anderen ein Spielzeug weg; knapp die Hälfte schubst und stößt andere; etwa ein Viertel beißt, kratzt, tritt, schlägt und zieht an den Haaren. Am häufigsten zeigt sich solches Verhalten bei Zweijährigen. Vermutlich, weil sie noch nicht in der Lage sind, ihrem Frust sprachlich Ausdruck zu verleihen. Entsprechend nimmt das Trotzverhalten im vierten Lebensjahr ab. Das folgende Diagramm zeigt, wie verbreitet gelegentliches aggressives Verhalten, wie beißen, schlagen oder treten bei Kleinkindern ist und wie deutlich es mit zunehmendem Alter nachlässt (Cierpka & Cierpka, 2012).

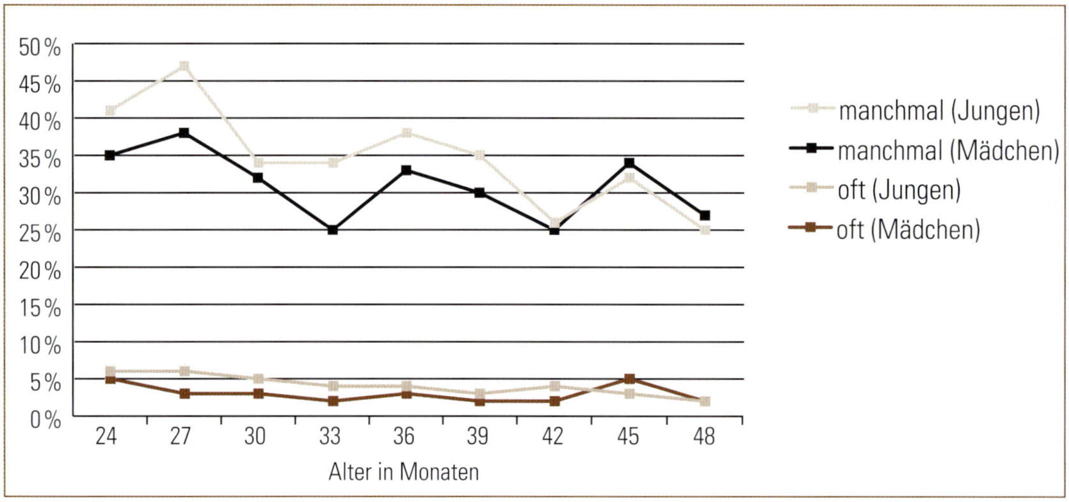

Auftrittshäufigkeit von aggressiven Verhaltensweisen in Abhängigkeit vom Geschlecht und vom Alter der Kinder (in Monaten)

Prüfen Sie Ihr Wissen:

1. Beschreiben Sie den Begriff *Emotionsregulation* in eigenen Worten.
2. Nennen Sie je ein Beispiel für emotionale Selbstregulation im ersten, zweiten und dritten Lebensjahr.
3. Wie entsteht Trotz?

Vertiefung und Transfer

1. Im Entwicklungsgespräch sind die Eltern von Kai (2;6) besorgt: Immer wieder kommt es zu Situationen, in denen Kai andere Kinder beißt. Die Eltern verstehen nicht, woher das kommt, und befürchten, dass sich ihr Sohn zu einem aggressiven Kind entwickelt. Kai sei bisher ein so friedliches Kind gewesen. Mit welchen Argumenten könnten Sie Kais Eltern erklären, warum es besonders in diesem Alter zu aggressivem Verhalten kommt? Wie würden Sie ihnen ihre Sorge nehmen?
2. Unterstützung beim Trocken- und Sauberwerden anstelle von Töpfchentraining: Wie kann das in der Kita umgesetzt werden?
3. Wenn durch Überforderung Unsicherheit entsteht, geben uns Situationen, in denen wir kompetent handeln, wieder Sicherheit. Welche selbst erlebten Situationen fallen Ihnen dazu ein? Was können Sie bei Kindern beobachten?
4. Beobachten Sie einmal bei sich selbst: Welche emotionalen Situationen kennen Sie, wenn zwei Ihrer Grundbedürfnisse miteinander in Konkurrenz stehen?
5. Analysieren Sie Alltagskonflikte zwischen Kindern untereinander nach den Aspekten der psychischen Grundbedürfnisse: Wie wird das Verhalten nun erklärbar?
6. Als pädagogische Fachkraft unterstützen Sie Kinder durch externale Regulation. Welche Verhaltensweisen können Sie bei sich und anderen Kolleginnen und Kollegen beobachten? Inwieweit passen Ihre Beobachtungen zu den Beispielen für internale und externale Emotionsregulation in der schematischen Abbildung?

Lesetipps

Regulation allgemein

Link, F. (2015) Regulationshilfen im Krippenalltag – wie pädagogische Fachkräfte Kleinstkinder in ihrer Regulationsfähigkeit unterstützen können. KiTa Fachtexte.

- Wie können pädagogische Fachkräfte ein Kind in der Entwicklung seiner Selbstregulation unterstützen? Um Säuglingen und Kleinkindern eine angemessene Umgebung und Regulationshilfen anbieten zu können, fasst der Text grundlegende Aspekte der Regulation im Säuglings- und Kleinkindalter zusammen.
- Anschließend werden konkrete Hinweise gegeben, wie Fachkräfte den Aufbau von Regulationsfähigkeiten bei Kindern unterstützen können.
- Dabei betont die Autorin die Notwendigkeit, Regulationshilfen im individuellen Kontext zu betrachtet und das eigene Vorgehen regelmäßig zu reflektieren.

Körperliche Bedürfnisse

Largo, R. H. (2010). Babyjahre: Entwicklung und Erziehung in den ersten vier Jahren. München: Piper.

- Zu Recht ein Klassiker (nicht nur) der Elternratgeberliteratur: Anschaulich und wertschätzend geschrieben, beschreibt der Autor die kindliche Entwicklung in den ersten vier Lebensjahren.
- Besonders wertvoll und eindringlich wird auf Basis insbesondere der Züricher Längsschnittstudie aufgezeigt, wie unterschiedlich und damit normal kindliche Entwicklungen aussehen.

Rupp-Glogau, R. (2014). Selbstbestimmtes Essen für kleine Menschen unter drei Jahren. TPS Sammelband, 70–71.

- So können Essenssituationen in der Krippe ablaufen. Ein schönes prägnantes Beispiel, das Möglichkeiten aufzeigt, wie Kleinkinder in ihrer Regulation rund um das Essen gut unterstützt werden können.

Kramer, M., Gutknecht, D. (2016). Schlafen in der Kinderkrippe. Achtsame und konkrete Gestaltungsmöglichkeiten. Freiburg: Herder.

- Die Schlafenszeit in der Krippe ist für Fachkräfte immer wieder eine Herausforderung, gerade weil die Kinder sehr unterschiedlich ihre Bedürfnisse zum Ausdruck bringen.
- Die Autorinnen greifen die wichtigsten Fragen auf und geben Anhaltspunkte für einen guten Umgang damit.

Gutknecht, D., Haug-Schnabel, G. (2019). Windel adé. Kinder in Krippe und Kita achtsam begleiten. Freiburg: Herder.

- Basiswissen für die ersten pädagogischen Schritte in der Krippenpädagogik.
- Die Autorinnen tragen dazu bei, sich von Fehlannahmen rund ums "trocken und sauber werden" zu verabschieden.
- Den Stress rausnehmen: das ist das Anliegen der Autorinnen.
- Pädagogische Fachkräfte können mit diesem Wissen auch Eltern eine gute Orientierung geben.

Resonanz. Sehnsucht nach Verbundenheit. TPS – Theorie und Praxis der Sozialpädagogik, 06/2019. Stuttgart: Klett.

- Schwerpunktheft mit verschiedenen Artikeln.
- aktuell beziehbar unter: www.klett-kita.de. Suche: Resonanz. Sehnsucht nach Verbundenheit [07.01.2024].

Haug-Schnabel, G. (2011). Die Sauberkeitsentwicklung unter dem Aspekt des Erlangens von Autonomie und Kontrolle. KiTa Fachtexte.

- Wie trocken werden und die Welt erobern – und zwar mit so wenig Hilfe wie möglich – aussehen kann, wird in diesem Text deutlich.
- Knapp und anschaulich wird die Entwicklung von Autonomiebedürfnis und Trotz mit Bezug zum Trockenwerden geschildert.
- Wie die Fachkraft das Kind in seiner Sauberkeitsentwicklung praktisch und emotional unterstützen kann, sodass sich das Kind autonom und selbstwirksam erlebt, wird aufgezeigt.

Psychische Bedürfnisse

Deci, E. L. & Ryan, R. M. (1993). Die Selbstbestimmungstheorie der Motivation und ihre Bedeutung für die Pädagogik. Zeitschrift für Pädagogik, 39(2), 223–238.

- Leicht lesbarer wissenschaftlicher Artikel der Hauptvertreter der Selbstbestimmungstheorie, der bis heute nichts von seiner Aktualität eingebüßt hat.
- Zwar beziehen sich die Autoren in den Beispielen vor allem auf Schulen, doch auch die interessierte Erzieherin findet hier Argumente und Anregungen.
- Für alle, die mehr Informationen und aktuelle Artikel zur Selbstbestimmungstheorie suchen und auch vor englischer Fachliteratur nicht zurückschrecken: www.selfdeterminationtheory.org.

Höke, J. (2011). Die Bedeutung des Spiels für die kognitive Entwicklung. KiTa Fachtexte.

- Zunächst mag irritieren, dass ein Text zur kognitiven Entwicklung an dieser Stelle empfohlen wird. Jedoch bildet das Erleben von Autonomie, Kompetenz und Eingebundensein eine wichtige Vorbedingung für gelingendes Lernen.
- Es wird deutlich, warum gerade das Spiel ermöglicht, dass sich Kinder selbstbestimmt und an den eigenen Interessen orientiert in einer wohlwollenden Umgebung mit Herausforderungen auseinandersetzen.

Trotz und aggressives Verhalten

Gutknecht, D. (2015). Wenn kleine Kinder beißen. Achtsame und konkrete Handlungsmöglichkeiten. Freiburg: Herder.

- Sehr praxisnah werden verschiedene Situationen beschrieben.
- Das Buch hilft, Kinder besser zu verstehen und sich in Geduld zu üben.

Cierpka, M., Cierpka, A. (2012). Entwicklungsgerechtes Trotzen, persistierendes Trotzen und aggressives Verhalten S. 263–284. In: M. Cierpka (Hrsg.), Frühe Kindheit 0–3 Jahre. Beratung und Psychotherapie für Eltern mit Säuglingen und Kleinkindern. Berlin: Springer.

- Keine leichte Bettlektüre, aber lesenswert rund um das Thema Trotz: Wie es zu Trotz kommt und wie Eltern und Betreuungspersonen damit umgehen können.
- In den Abschnitten zu andauerndem Trotzen und aggressivem Verhalten wird deutlich, was als normal und unbedenklich angesehen werden kann und wann durch den kindlichen Trotz eine echte Belastungssituation für alle Beteiligten entsteht.

Kindliche Entwicklung

4

Motorische Entwicklung – Kein Halten mehr

Kahlei ist ein Skater. Und was für einer. Er donnert die Rampe herunter und legt sich elegant in die Kurve. Er lässt sein Skateboard über die Bordsteinkante auf die Straße springen, auf ihm stehend natürlich. Gekonnt verlagert er sein Gleichgewicht erst auf die Hinter-, dann auf die Vorderräder. Zack ist er wieder oben. Auch Treppen sind kein Hindernis, sondern eine Herausforderung. Wenn er stürzt, steht er wieder auf, als wäre nichts gewesen. Dann versucht er denselben Stunt noch einmal und noch einmal. Kahlei beherrscht sein Brett so gut, dass die Bilder von ihm um die Welt gehen. Aber eines unterscheidet ihn von anderen Skatern: Kahlei ist erst zwei Jahre alt. Seine Stunts zeigt er, bekleidet nur mit einer Windel und einer traditionellen Maori-Halskette (Spiegel online, 2014). Zweijährige Kinder sollten genügend Gleichgewicht haben, um etwas vom Boden aufzuheben, ohne dabei umzufallen. Mit drei Jahren sollten sie beidbeinig von einer der unteren Treppenstufen herunterspringen können. In diesem Alter gibt es von Kahlei neue Videos (www.youtube.com). Mit Anlauf springt er auf seinem Brett vier Treppenstufen abwärts, landet sicher und rollt weiter durch den Skatepark, um den nächsten schwierigen Sprung zu proben.

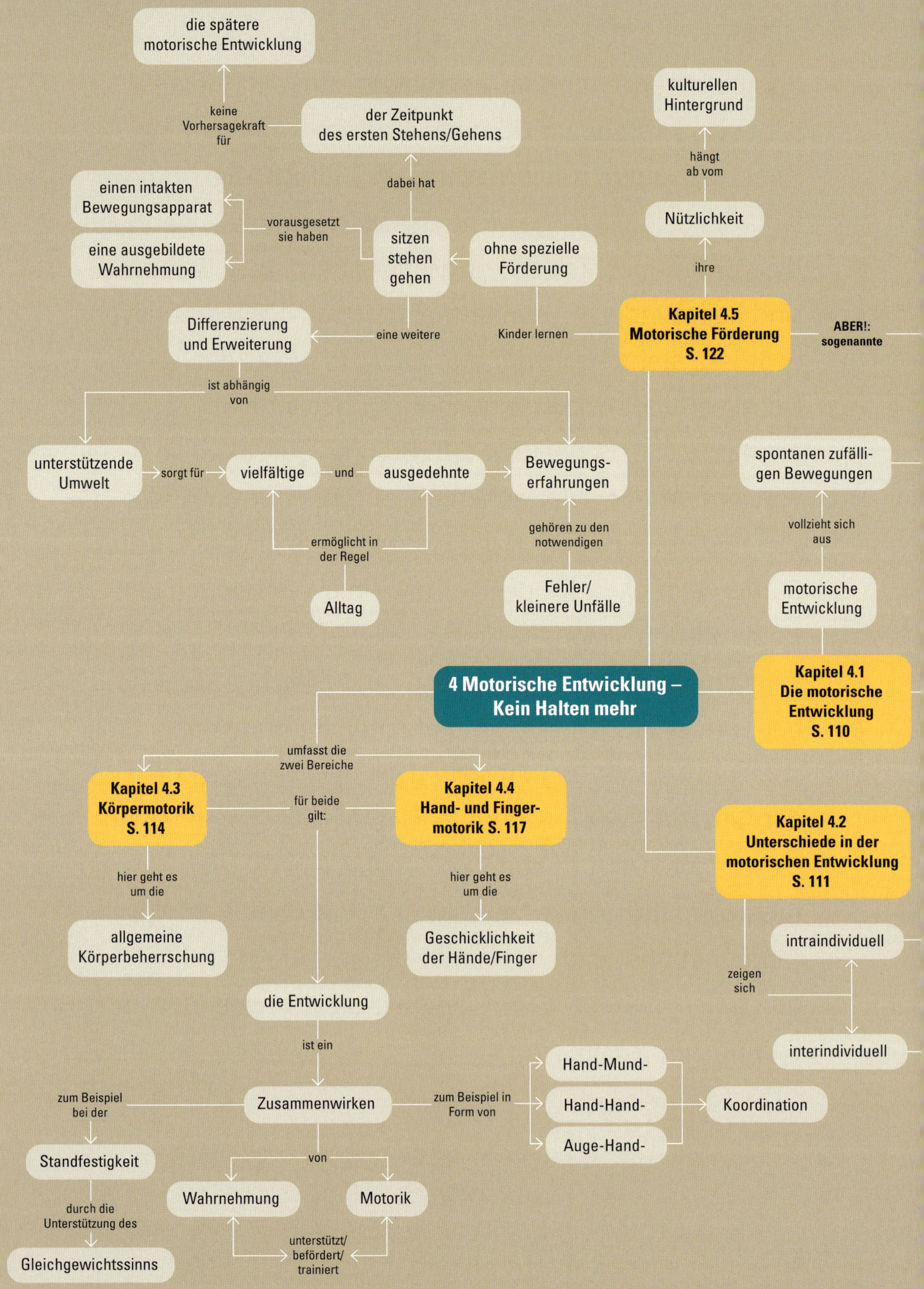

4 Motorische Entwicklung – Kein Halten mehr
Kapitel 4.1 Die motorische Entwicklung S. 110
motorische Entwicklung
vollzieht sich aus
spontanen zufälligen Bewegungen
Kapitel 4.2 Unterschiede in der motorischen Entwicklung S. 111
zeigen sich
intraindividuell
interindividuell
Kapitel 4.5 Motorische Förderung S. 122
ABER!: sogenannte
ihre
Nützlichkeit
hängt ab vom
kulturellen Hintergrund
Kinder lernen
ohne spezielle Förderung
sitzen stehen gehen
dabei hat
der Zeitpunkt des ersten Stehens/Gehens
keine Vorhersagekraft für
die spätere motorische Entwicklung
vorausgesetzt sie haben
einen intakten Bewegungsapparat
eine ausgebildete Wahrnehmung
eine weitere
Differenzierung und Erweiterung
ist abhängig von
unterstützende Umwelt
sorgt für
vielfältige
und
ausgedehnte
Bewegungserfahrungen
ermöglicht in der Regel
Alltag
gehören zu den notwendigen
Fehler/ kleinere Unfälle
umfasst die zwei Bereiche
Kapitel 4.3 Körpermotorik S. 114
Kapitel 4.4 Hand- und Fingermotorik S. 117
für beide gilt:
hier geht es um die
allgemeine Körperbeherrschung
hier geht es um die
Geschicklichkeit der Hände/Finger
die Entwicklung
ist ein
Zusammenwirken
zum Beispiel bei der
Standfestigkeit
durch die Unterstützung des
Gleichgewichtssinns
von
Wahrnehmung
Motorik
unterstützt/ befördert/ trainiert
zum Beispiel in Form von
Hand-Mund-
Hand-Hand-
Auge-Hand-
Koordination

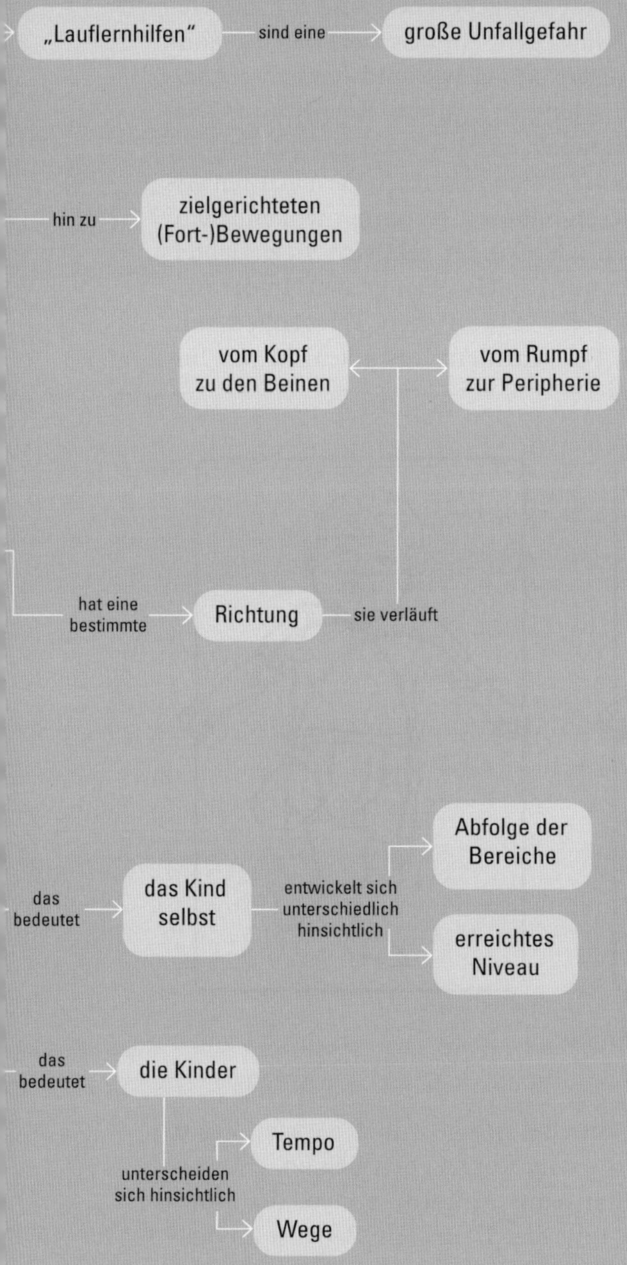

In diesem Kapitel erfahren Sie:

- etwas über die Grundzüge der motorischen Entwicklung bei Kindern bis drei Jahren,
- dass die motorische Entwicklung bei Kindern sehr unterschiedlich verlaufen kann,
- wie sich die Körpermotorik bei Kindern bis drei Jahren entwickelt,
- wie sich die Hand- und Fingermotorik bei Kindern bis drei Jahren entwickelt,
- welche Grenzen und welcher Nutzen motorische Förderung hat.

4.1 Von null auf hundert in 18 Monaten – Die motorische Entwicklung

Reflex:
eine unwillkürliche, rasche und gleichartige Reaktion eines Organismus auf einen Reiz

Erwachsene freuen sich oft, wenn ein Baby ihren Finger nicht mehr loslassen will. Das hat jedoch nichts mit Zuneigung zu tun. Babys können etwas willentlich ergreifen, bevor sie es wieder willentlich loslassen können.

motorisch:
von Motorik: Fähigkeit des Körpers, sich gesteuert zu bewegen

Ein Neugeborenes, dem eine Rassel auf die Handfläche gedrückt wird, umschließt sie mit der Hand. Dieses Greifen ist ein Reflex. Es kann sich nicht dagegen entscheiden. Mit dem Älterwerden verlieren sich diese Reflexe und an ihre Stelle treten absichtsvolle Bewegungen. Das Kind bekommt mehr und mehr seinen Körper in den Griff. Doch es startet fast von Null.

Die motorischen Fähigkeiten von Neugeborenen sind dürftig. Gerade einmal vom Hals an aufwärts geht ein bisschen was: Sie können den Kopf drehen, die Augen und den Mund bewegen. Aber sonst? Neugeborene können wenig mit ihrem Körper tun. Die Arme und Beine hängen meist herab. Es ist schwierig, sie zu halten, weil alles abgestützt werden muss. Doch innerhalb der nächsten anderthalb Jahre werden aus diesen hilflosen, zu keiner willentlichen Bewegung fähigen Säuglingen Kleinkinder, die sich zielgerichtet fortbewegen und entschlossen nach Spielsachen greifen. In der frühen Kindheit entwickeln sich die motorischen Fähigkeiten mit großen und gut erkennbaren Fortschritten. Das gilt nicht nur für den Skater Kahlei.

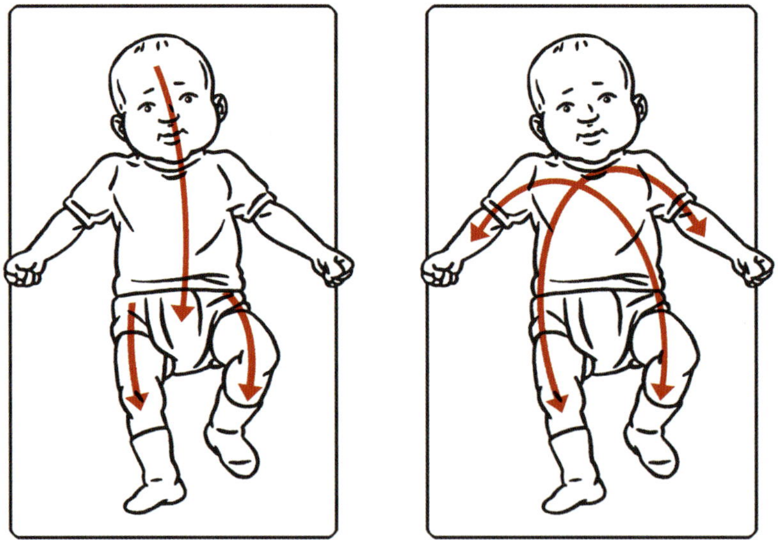

Richtungen der motorischen Entwicklung –
A: vom Kopf zu den Beinen; B: vom Rumpf nach außen

Die motorische Entwicklung entfaltet sich geordnet: Sie schreitet in zwei Richtungen fort. Einerseits vom Kopf zu den Beinen, also von oben nach unten. Der Kopf mit seiner Motorik reift vor der Motorik der Arme, die wieder vor jener der Beine. Ein Baby ist im Normalfall zuerst in der Lage, seinen Kopf zu halten und dorthin zu drehen, wo es etwas Interessantes zu sehen gibt. Später rollt es sich vom Bauch auf den Rücken und zurück. Noch später sitzt und krabbelt es, bevor es aufsteht und schließlich die ersten Schritte geht. Andererseits entwickelt sich die Motorik vom Rumpf zur Peripherie, also von innen bzw. vom Zentrum nach außen. Die Motorik der Arme entwickelt sich vor der Motorik der Finger, die Motorik der Beine vor der der Füße, jene der großen Muskeln vor jener der kleinen. Das Greifen mit der ganzen Hand ist vor dem Greifen mit zwei Fingerspitzen ausgebildet.

4.2 Anders ist normal – Unterschiede in der motorischen Entwicklung

Beim Skater Kahlei klappt das mit der Motorik schon fabelhaft. Sonst würde er mit zwei Jahren sein Skateboard noch nicht so gut beherrschen. Aber normal ist das nicht. Doch was ist schon normal? Die Hälfte aller Kinder kann an ihrem ersten Geburtstag ohne Hilfe frei gehen. Ist das Gehen ohne Hilfe mit 12 Monaten „normal“? Und was ist mit Anna, die es schon mit neun Monaten kann. Ist das unnormal? Muss man da etwas tun? Und was ist mit Berta, die es mit 15 Monaten noch nicht alleine kann? Ist das auch unnormal? Muss man da etwas tun?

Mit Unterstützung der Erzieherin erkundet Pascal (1;3) Schritt für Schritt die Welt.

Es ist normal, dass sich nicht alle Kinder gleich schnell entwickeln. Dabei spricht man von interindividuellen Unterschieden oder interindividueller Variabilität. Es ist normal, dass Kinder bestimmte motorische Fähigkeiten, wie das freie Gehen, zu unterschiedlichen Zeitpunkten bewältigen. Wenn ein Kleinkind schneller ist, besteht kein Grund zur Sorge. Ebenso besteht aber auch kein Grund zum fast unvermeidlichen elterlichen Stolz. Der Zeitpunkt, zu dem ein Kind ohne Unterstützung sitzt oder ohne Hilfe geht, sagt so gut wie nichts über die spätere allgemeine motorische Entwicklung aus (Jenni et al., 2013). Wie alt ein Kind ist, wenn es einen motorischen Meilenstein erreicht, lässt keine Vorhersage weiterer Entwicklungen zu. Im Durchschnitt geht ein Kind mit 13 Monaten frei, also ohne Hilfe (Jenni, 2021). Das heißt aber nicht, dass Kinder, die es in diesem Alter noch nicht können, „unnormal" sind. Ein Kind sollte nicht mit dem verglichen werden, was andere Kinder schon können. Aber Erwachsene sollten auch nicht nur hoffen und harren, bis sich alles irgendwie „herauswächst".

interindividuelle Variabilität:
bezieht sich auf Unterschiede zwischen verschiedenen Personen

Meilensteine, ursprünglich an Straßen errichtete Entfernungsanzeiger, wurden in das Projektmanagement als Zwischenziele übernommen und von dort aus auch zur Markierung von Entwicklungen. Meilensteine beschreiben festgelegte Etappenziele, die ein Kind passiert.

Zur Entscheidungsfindung, ob man gelassen warten kann oder doch einen Termin in der Kinderarztpraxis vereinbart, gibt es im deutschsprachigen Raum ein einfaches Instrument: die Grenzsteine der Entwicklung (z. B. Laewen, 2009; Michaelis et al., 2013; Berger, 2023). Diese Grenzsteine beschreiben, wann fast alle Kinder (90 bis 95 Prozent) etwas können. Damit markieren sie die Grenze zwischen „Nur die Ruhe, das wird schon noch!" und „Da sollte man etwas tun!". In diesem Sinne sind die Grenzsteine eine Art Frühwarnsystem für pädagogische Fachkräfte, um Risikolagen zu erkennen. Die oben erwähnte Berta, die mit 15 Monaten immer noch nicht alleine frei geht, hat noch drei Monate. Vorher muss sich niemand Sorgen machen. Erst wenn Berta noch nicht so weit ist wie 95 Prozent der anderen Kinder ihres Alters, ist die Wartegrenze erreicht. Dann sollte etwas unternommen werden. Medizinisches Fachpersonal sollte sich das Kind genauer anschauen.

Grenzsteine der Entwicklung:
eine Art Frühwarnsystem für Risikolagen der kindlichen Entwicklung

Es ist normal, dass sich nicht alle Kinder gleich schnell entwickeln. Es ist auch normal, dass nicht alle Kinder die Entwicklungspfade auf dem Weg zum ersten Schritt nehmen. Zuerst kommt das Robben: die Fortbewegung mithilfe der Arme. Dann folgt das Kriechen: die Fortbewegung mithilfe der Arme und Beine. Das geht über in den Vierfüßlergang. Anschließend richtet sich das Kind auf und läuft schlussendlich. Richtig? Für viele Kinder stimmt das. Aber nicht für alle. Manche Kinder überspringen den Vierfüßlergang. Andere richten sich schon nach dem Robben auf. Weitere kommen vom Rutschen auf dem Po zum Aufrichten. Sie alle lernen laufen. Sie alle nehmen verschiedene Wege. Und sie alle sind normal.

Unterschiede gibt es nicht nur in der motorischen Entwicklung, sondern in allen Bereichen. Doch im Bereich der Motorik kann man sie oft leichter erkennen.

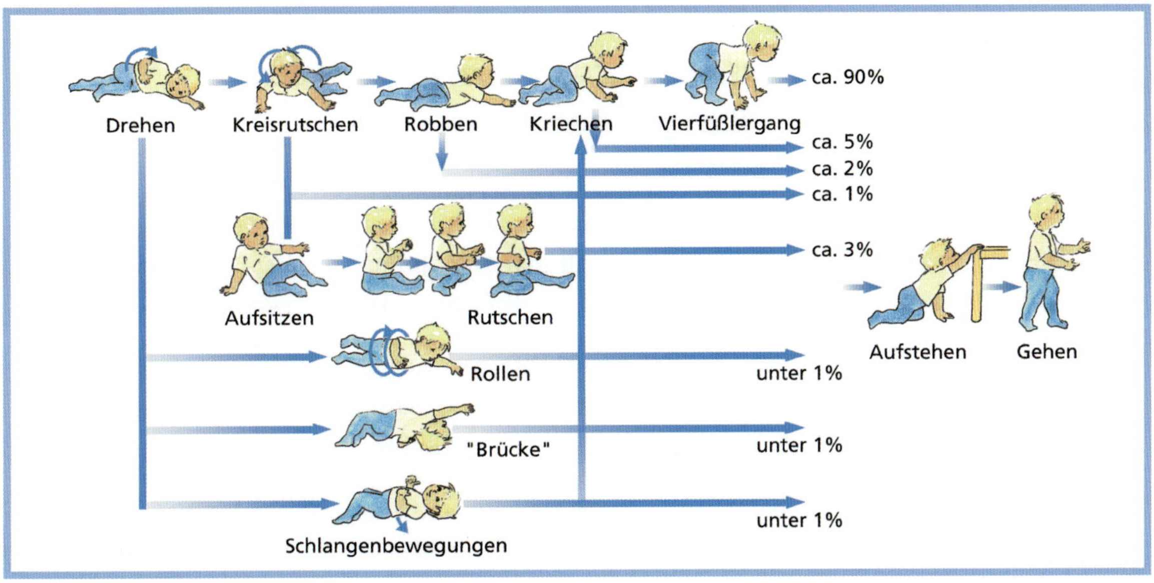

Normale Verläufe der frühen motorischen Entwicklung: vom Drehen zum Laufen (nach Largo, 1995)

Es ist normal (und unbedenklich), wenn sich die früh laufende Anna von der spät laufenden Berta in ihrer motorischen Entwicklung unterscheidet. Es ist aber auch normal, wenn das nicht für die gesamte motorische Entwicklung gilt. Berta kann viel früher als Anna Buchseiten geschickt umblättern und sogar ihre Jacke selbst schließen. Berta ist fingerfertig. Am liebsten sitzt sie und spielt mit den großen glänzenden Murmeln. Aber Berta läuft noch nicht wie Anna. Bei Berta ist die Fingermotorik schon weiter als die Körpermotorik. Man spricht hier von intraindividuellen Unterschieden oder intraindividueller Variabilität. Kinder, die in einem Bereich schneller sind als andere, sind das nicht zwangsläufig in allen Bereichen. Kahlei, so gut er auf dem Skateboard ist, wird beim Auffädeln von Perlen vielleicht nicht so große Fortschritte machen wie Berta, die glitzernden Schmuck liebt.

intraindividuelle Variabilität: bezieht sich auf Unterschiede innerhalb einer Person

Prüfen Sie Ihr Wissen:

1. Die motorische Entwicklung folgt zwei Entwicklungsmustern. Nennen Sie eines und beschreiben Sie das Muster in seinen Auswirkungen.
2. Was versteht man unter *interindividueller Variabilität?* Erklären Sie und geben Sie ein erlebtes oder fiktives Beispiel.
3. Was versteht man unter *intraindividueller Variabilität?* Erklären Sie das Konzept und geben Sie ein Beispiel mit Bezug zu Ihren eigenen motorischen Fähigkeiten.

4.3 Auf die Beine kommen, einmal und dann immer wieder – Körpermotorik

Auf einem Skateboard zu balancieren und Perlen aufzufädeln, gehört zur Motorik. Dabei sind diese Fähigkeiten sehr unterschiedlich. Deshalb unterteilt man die Motorik in zwei Bereiche: die Körpermotorik einerseits und die Hand- und Fingermotorik andererseits.
Die Körpermotorik umfasst die allgemeine Körperbeherrschung. In diesen Bereich fällt alles, was zum Aufrichten, wie das Sitzen oder Stehen, oder zur Fortbewegung, wie das Gehen oder Skateboardfahren, gebraucht wird. Dieser Bereich wird manchmal auch *Grobmotorik* genannt. Dabei ist das ein unpassender Begriff. Denn diese Art der Motorik ist keinesfalls grob. Das Aufrichten des eigenen Körpers und das ständige Ausbalancieren auf den Füßen erfordern genau abgestimmte Muskelkraft.

Doch das allein reicht noch nicht. Auch die Wahrnehmung muss so weit ausgebildet sein, dass sie Bewegungen auch unterstützen kann. Um beispielsweise den Körper auch im Stand aufrecht zu halten, muss der Gleichgewichtssinn sehr gut entwickelt sein. Er muss merken und melden können, wenn der Schwerpunkt auch nur ein kleines bisschen falschliegt. Nur dann können wir durch Gewichtsverlagerung vermeiden, dass wir auf dem Po landen. Die Sinne müssen mit der Motorik zusammenwirken, damit wir erfolgreich das Gleichgewicht halten können.

> Gleichgewichtsinn an alle: „Uns zieht es etwas nach hinten! Nicht gut!“
>
> Gleichgewichtssinn an Motorik: „Tu etwas!“
>
> Motorik an Gleichgewichtssinn: „Reicht ein Ausfallschritt nach hinten?“
>
> Gleichgewichtssinn an Motorik: „Ja, aber schnell. Es wird immer schlimmer!“
>
> *Motorisches Programm „Schritt zurück“ wird ausgeführt.*
>
> Gleichgewichtsinn an alle: „Gleichgewicht im grünen Bereich. Over and out.“

In einem Experiment wurden Babys auf einen Stuhl, der sich drehte und auch abrupt stoppte, gesetzt (Clark et al., 1977). Die Babys verbesserten dadurch ihren Gleichgewichtssinn und sogar ihre Motorik.

Gute Motorik braucht also mehr als gute motorische Programme, wie „Schritt zurück“. Gute Motorik braucht auch nützliche Informationen aus den Sinnen. Und selbst das reicht noch nicht: Sie braucht auch die präzise Abstimmung zwischen diesen Informationen und den motorischen Programmen.

Oder anders betrachtet: Wenn's mal schiefgeht und es doch zum ungewollten Pofall kommt, kann das verschiedene Ursachen haben. Vielleicht hat der Gleichgewichtsinn nicht aufgepasst. Oder die Motorik hat das falsche Programm ausgewählt. Oder das richtige ausgewählt, dies aber falsch ausgeführt. Oder wie in einer schlechten Ehe: Die beiden haben aneinander vorbeigeredet.

Die Wahrnehmung unterstützt nicht nur die Motorik. Die Motorik hilft auch der Wahrnehmung. Und die verschiedenen Sinne helfen sich gegenseitig aus. Der akkurate Sehsinn hilft der noch ungenauen Propriozeption (vgl. Kap. 1.2, S. 21). Der Sehsinn zeigt, was los ist, und das Kind beginnt schließlich, seine Arme und Beine dort zu fühlen, wo es sie sieht. Doch das geht natürlich nur über die Motorik. Wenn die Arme nur an einem Ort sind, können sie nicht woanders gesehen und gefühlt werden. Und die Motorik gibt noch weitere Hilfestellungen. Sehen und Hören können dann viel mehr aufnehmen, wenn wir uns zu einem Geräusch oder einer interessanten Szene hindrehen oder sogar auf sie zubewegen. Auf diese Weise erweitert die Körpermotorik die Möglichkeiten eines Kindes. Die Umwelt zu erfahren und sich mit ihr auseinanderzusetzen, geht mit guter Motorik viel leichter. Und wenn das Sitzen und das Stehen gut klappen, sind auch die Arme und Hände frei, um Buchseiten umzublättern oder Holzklötzchen zu stapeln.

Wie lernt ein Kind laufen? Von Fall zu Fall.

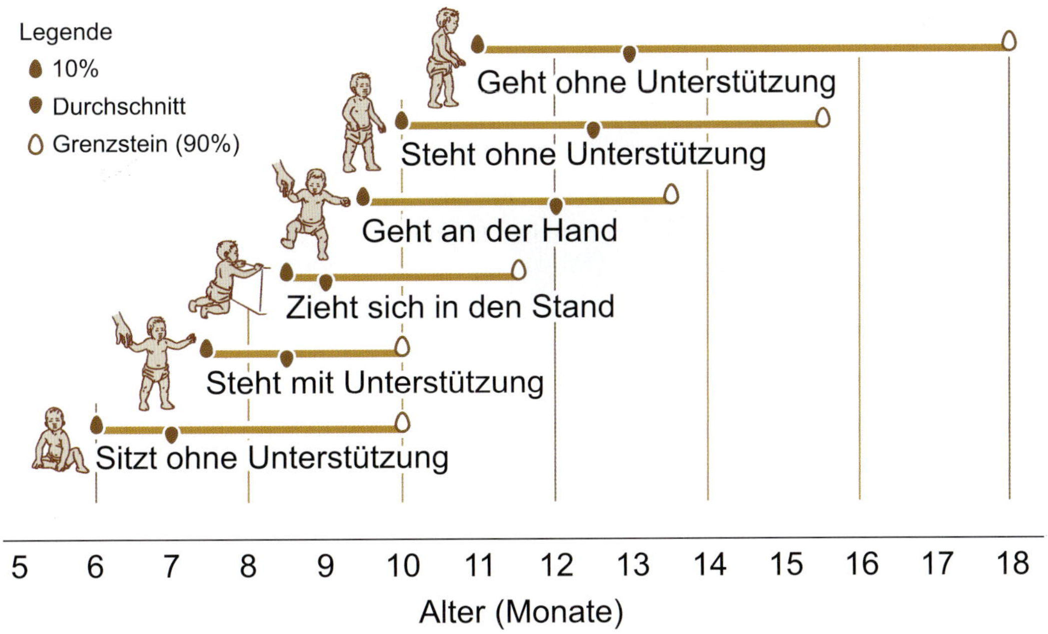

Die Entwicklung der Körpermotorik mit Grenzsteinen – dem Zeitpunkt, an dem 90 % der Kinder die Fähigkeit entwickelt haben (Daten aus Jenni, 2021).

Grenzsteine für die Körpermotorik

Grenzsteine geben den Zeitpunkt an, zu dem die meisten gesunden Kinder eine bestimmte Fähigkeit erworben haben. Ein Kind darf sich hinsichtlich der Fähigkeiten auch ruhig Zeit nehmen. Vor diesem Zeitpunkt sollte es nicht als entwicklungsgestört und behandlungsbedürftig angesehen werden.

Grenzsteine der Entwicklung für die Körpermotorik ab 18 Monate (nach Laewen, 2009)

Alter des Kindes	**Körpermotorische Fähigkeit** **Das Kind ...**
18 Monate	• geht frei und zeitlich unbegrenzt (noch etwas breitbeinig, nicht in ganz gerader Körperhaltung und mit den Armen etwas abgespreizt), • kontrolliert sicher sein Gleichgewicht.
24 Monate	• hebt Dinge vom Boden auf, ohne das Gleichgewicht zu verlieren, • bewältigt Treppen (im Nachstellschritt, hält sich am Geländer oder an der Hand Erwachsener fest).
36 Monate	• hüpft beidbeinig von einer der unteren Treppenstufe, ohne das Gleichgewicht zu verlieren, • läuft mit deutlichem Armschwung, umsteuert Hindernisse und kann plötzlich anhalten.

Eine Treppe kann man auf verschiedene Weise erklimmen, aber immer braucht es gute Körpermotorik.

Prüfen Sie Ihr Wissen:

1. Welche zwei Arten der Motorik werden im Allgemeinen unterschieden?
2. Ein Kleinkind landet bei seinen ersten Schritten auf dem Po. Was könnten Ursachen dafür sein, dass die Schritte noch nicht so gut klappen?
3. Betrachten Sie die Abbildung „Die Entwicklung der Körpermotorik mit Grenzsteinen" (S. 115). Lesen Sie daraus ab:
   - wann die ersten Kinder ohne Unterstützung sitzen.
   - wann ein „durchschnittliches" Kind mit Unterstützung steht.
   - wann der Grenzstein für das Gehen mit Unterstützung erreicht wird und
   - wann ein Kind, das es noch nicht kann, medizinischem Fachpersonal vorgestellt werden sollte.

4.4 Die Welt be-greifen – Hand- und Fingermotorik

Der zweite Bereich der Motorik betrifft die Hand- und Fingermotorik, die manchmal auch als *Feinmotorik* bezeichnet wird. Unter den Begriffen *Hand-* und *Fingermotorik* versteht man die Geschicklichkeit der Hände und Finger.

Allerdings müssen die Finger und Hände erst einmal dorthin kommen, wo sie ihre Geschicklichkeit überhaupt unter Beweis stellen können. Die ersten Bewegungen eines Neugeborenen unterliegen noch nicht dem Willen des Kindes. Aus sogenannten spontan auftretenden Bewegungen entwickelt sich in den ersten Lebensmonaten die willentliche Motorik. Die Hand landet spontan neben dem Mund, das Kind lutscht zufällig an seinem Daumen. Es gefällt ihm. Es versucht, öfter die Hand mit dem Daumen an den Mund zu führen. Dabei übt das Baby eine Fähigkeit, die auch *Hand-Mund-Koordination* genannt wird. Im Unterschied dazu spricht man von *Hand-Hand-Koordination*, wenn ein Baby versucht, seine Hände zusammenzuführen, um sie gegenseitig zu betasten. Und dann gibt es noch die Auge-Hand-Koordination. Das Kind beginnt, das, was es sieht, mit dem, was es tut, zu koordinieren. Man spricht auch von visuell-motorischer Koordination. Auch wenn Sie diese vielleicht noch nicht kennen – Sie beherrschen sie schon lange. Sie brauchen sie zum Beispiel, um die Seiten dieses Buches umzublättern.

Koordination: das Abstimmen verschiedener Aktivitäten aufeinander für ein gutes Zusammenspiel

visuell-motorische Koordination: die Steuerung der Motorik mithilfe von Informationen aus dem Sehsinn

Kinder koordinieren Sehsinn und motorische Programme, wenn sie nach einem interessanten Objekt greifen, einen Baustein auf einen anderen setzen, den Löffel unter das Essen schieben oder einen Kreis malen. Immer dann ist visuell-motorische Koordination, die Steuerung der Motorik mithilfe von Informationen aus dem Sehsinn, gefragt. Weil hierbei die Augen gewissermaßen die Hand lotsen, spricht man auch von *Auge-Hand-Koordination.*

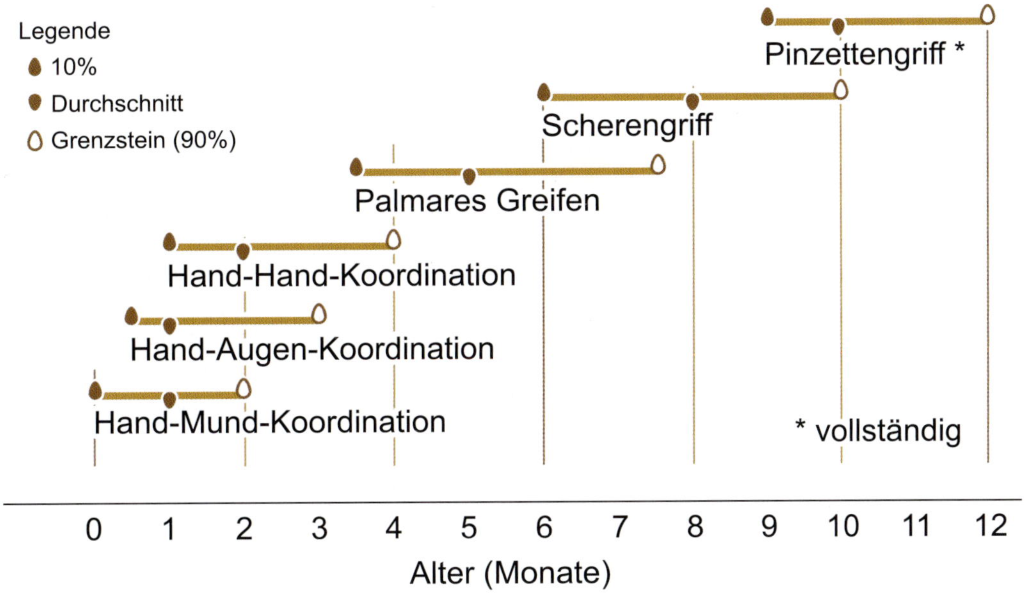

Die Entwicklung der Hand- und Fingermotorik mit Grenzsteinen – dem Zeitpunkt, an dem 90 % der Kinder die Fähigkeit entwickelt haben (Daten aus Jenni, 2021)

Zu Beginn der visuell-motorischen Koordination steht der Blick auf die eigenen Hände. Das Kind liegt auf dem Rücken und manchmal wandern sie zufällig in das Blickfeld. Und manchmal wandern die Hände auch ungewollt wieder hinaus. Das Kind erkennt anfangs nur, dass da etwas vor seinem Gesicht geschieht. Es merkt aber noch nicht gleich, dass es dieses Geschehen auch aktiv beeinflussen kann. Hier hilft die Mustererkennung (vgl. Kap. 2.3, S. 67 f.). Sie verknüpft die motorischen Programme mit den für das Auge sichtbaren Resultaten. Der Sehsinn trainiert so die Motorik: „Weiter links, noch weiter links, noch ein bisschen ausstrecken!" Per Versuch-Irrtum-Lernen (vgl. Kap. 2.3, S. 66 f.) werden motorische Programme ausgeführt und die treffsichersten Programme beibehalten.

Für Erwachsene wird die visuell-motorische Koordination erkennbar, wenn ein Kind gezielt nach einem interessanten Gegenstand greift – mit oder ohne Erfolg. Wenn es zum Beispiel einen roten Ball in seiner Reichweite schnappen will. Nicht nur das Kind erfasst jetzt die sichtbaren Resultate seiner Muskelaktion. Auch der Erwachsene sieht, ob die zielgerichtete Aktion wirklich zielführend war: Der rote Ball liegt ganz woanders, der rote Ball wurde aus Versehen weggestoßen oder der rote Ball wurde geschnappt. Ist der rote Ball nicht in der Hand, heißt es: weiter üben. Es gibt keine Erwachsenen, die anfeuern: „Los, los. Den Musculus deltoideus pars clavicularis mehr anspannen!" Übung macht hier motorische Meisterschaft. Der Sehsinn zeigt schon lange, wohin es gehen soll. Die Propriozeption informiert das Kind immer besser darüber, wo sich der Arm und die Finger gerade befinden. Unter den verschiedenen ausprobierten Motorikprogrammen werden die ausgewählt, die in Vergangenheit in einer solchen Situation immer erfolgreich waren. Und irgendwann werden sie dann richtig nacheinander ausgeführt: Arm ausstrecken, Finger öffnen, Finger schließen, Ziel erreicht. Der rote Ball ist in der eigenen Hand.

Mit Babys, die interessante Gegenstände in ihrer Reichweite greifen, lassen sich auch einfache Untersuchungen durchführen. Daher weiß man, dass Kinder im Alter von ungefähr vier Monaten mit ihrer Hand den interessanten Gegenstand auch schon berühren. Aber noch klappt das Greifen nicht immer: Sie erreichen den Gegenstand mit dem flachen Teil der Hand oder sie schließen die Hand zu früh oder zu spät. Mit sechs Monaten können die meisten Babys dann auch erfolgreich zugreifen: Sie benutzen die Arme, um die Hand zu dem Objekt zu bringen, und die Finger, um das Objekt auch zu ergreifen. Sie verfügen dann sogar über so viel visuell-motorische Koordination, dass sie nicht nur einen liegenden Ball schnappen können, sondern sogar einen, der an ihnen vorbeirollt (von Hofsten, 2004).

Mit der Zeit, mit Übung und mit verschiedenen Gegenständen, nach denen gegriffen werden kann, entwickeln sich immer neue Arten des Greifens mit der Hand.	
Faustgriff oder palmares Greifen: Greifen mit der ganzen Innenfläche der Hand	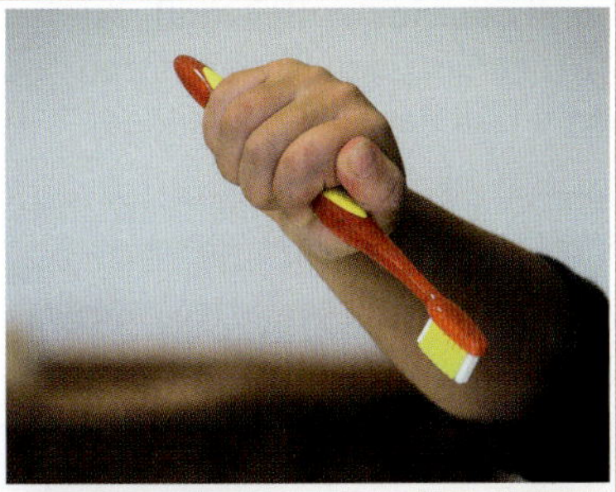
Faustgriff mit Daumen oder radialer Faustgriff: Greifen mit der ganzen Hand, wobei sich Daumen und Zeigefinger gegenüberstehen	
Scherengriff: Greifen mit gestrecktem Daumen und gestrecktem Zeigefinger, jedoch noch nicht mit den Fingerkuppen	
unvollständiger Pinzettengriff: Greifen mit gebeugtem Daumen und Zeigefinger	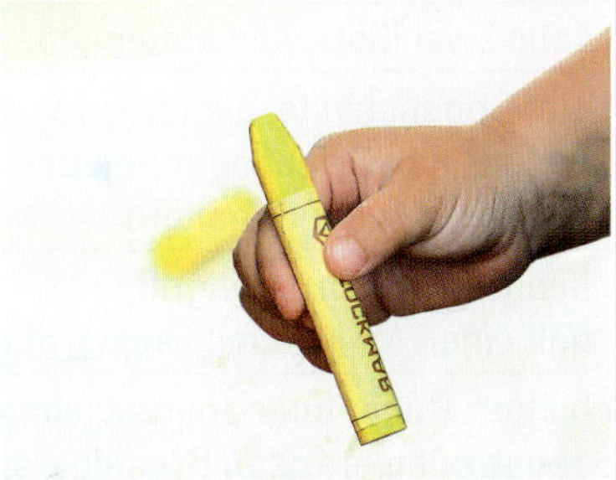
Pinselgriff: Greifen mit den ersten drei Fingern, der Stift liegt dabei in der Handinnenfläche	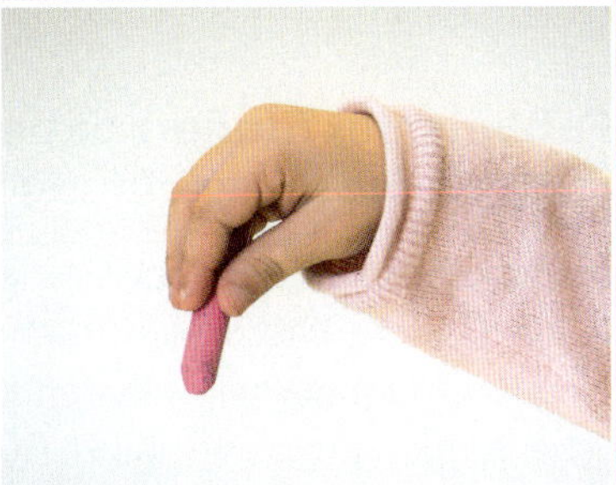

„Die Greifarme von Robotern sind taktil-mechanische Waisenknaben gegenüber den Händen von Dreijährigen."
(Manfred Spitzer)

Mit der Zeit, mit Übung und mit verschiedenen Gegenständen, nach denen gegriffen werden kann, entwickeln sich immer neue Arten des Greifens mit der Hand.
Pinzettengriff, auch Zweifingergriff oder feiner Spitzgriff: Greifen mit den Fingerspitzen von Daumen und Zeigefinger 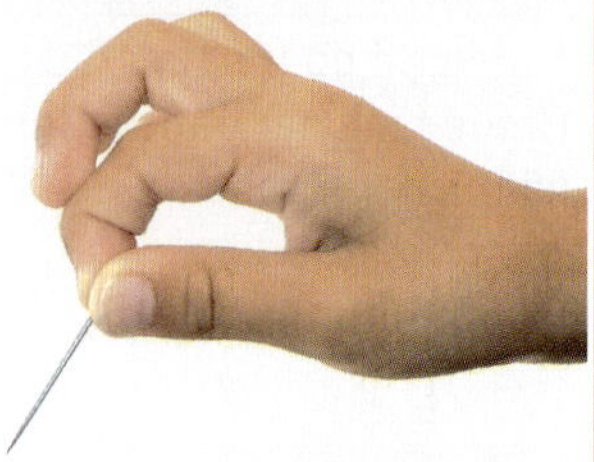
Dreifinger-Spitzgriff, auch grober Spitzgriff: Greifen mit Daumen, Zeige- und Mittelfinger 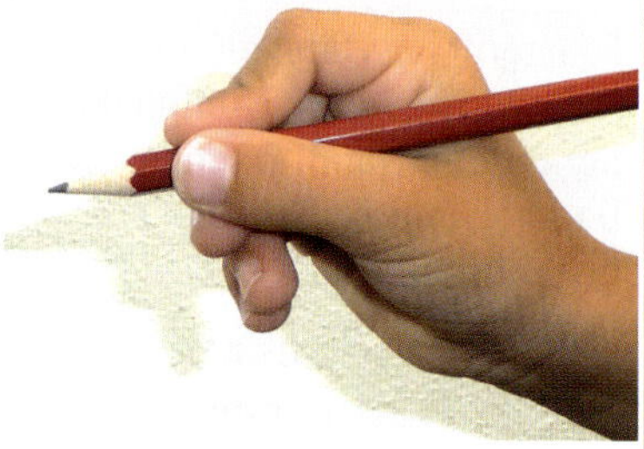

Grenzsteine der Entwicklung für die Hand- und Fingermotorik (nach Laewen, 2009)

Alter des Kindes	***Fähigkeit der Hand- und Fingermotorik*** **Das Kind …**
6 Monate	• legt einen Gegenstand von einer Hand in die andere Hand, • benutzt den Faustgriff.
9 Monate	• hält Gegenstände in einer oder in beiden Händen und exploriert intensiv durch Tasten.
12 Monate	• benutzt den Scherengriff.
15 Monate	• kann zwei Klötzchen aufeinandersetzen.
18 Monate	• gibt Gegenstände, die es in der Hand hält, auf Aufforderung her, • benutzt den Zeigefinger bewusst zum Betasten, Befühlen oder Drücken von Tasten oder Schaltern.
24 Monate	• benutzt den Pinzettengriff, • hält einen Malstift mit Faustgriff oder Pinselgriff.
36 Monate	• blättert Buch- oder Journalseiten einzeln um, • benutzt den präzisen Dreifingerspitzgriff.

Fallbeispiel Kinderheime – und was sie über die motorische Entwicklung verraten

Manchmal spielt das Leben schon den Kleinen übel mit. Das passiert, wenn sich die Eltern nicht mehr um sie kümmern können. Der Ausweg ist ein Kinderheim. In den Kriegswirren und zu Zeiten, als uneheliche Kinder nicht bei ihren Müttern bleiben durften, gab es eine Menge dieser Kinderheime in unterschiedlichster Qualität.

Ein Kinderheim stand im Libanon der 1950er-Jahre (Dennis, 1973). Es beherbergte schon die kleinsten Kinder. Im ersten und auch in großen Teilen des zweiten Lebensjahres lagen die Babys auf ihrem Rücken in Kinderbetten. Mit zwei Monaten zeigten sie einen normalen Entwicklungsstand. Ihre Motorik war vergleichbar mit der von libanesischen Kindern, die in einer Familie aufwuchsen. Sie war auch vergleichbar mit der Motorik von den vielen amerikanischen Kindern, deren Entwicklung extra untersucht und beschrieben wurde, um Vergleichswerte zu erhalten. Die Kinder im Kinderheim drehten den Kopf, um sich in ihrer Umgebung umzuschauen. Wenn ein Erwachsener ein Spielzeug über ihnen bewegte, folgten sie dem Spielzeug mit den Augen.
Mit drei Monaten verlangten die Entwicklungstests, dass das Baby in sitzender Position gehalten wurde. Aus dieser Stellung heraus sollten sie einen Würfel und einen Löffel, die auf dem Tisch lagen, beachten. Doch keines der Kinder war vorher jemals im Sitzen gehalten worden. Keines hatte je Objekte auf Tischen gesehen. Mit vier Monaten sollten die Babys nach Objekten greifen und sie untersuchen. Doch in ihrer Umwelt gab es nie etwas zu greifen und nichts zu untersuchen. Die Kinder fielen immer deutlicher in ihrer motorischen Entwicklung zurück. Keines der Einjährigen konnte alleine sitzen oder krabbeln. Mit zwei Jahren konnten viele noch immer nicht laufen.

Irgendwann beherrschten dann zwar alle Kinder das Sitzen und Laufen. Aber deutlich wird: Die Umwelt dieser Kinder hatte ihre normale motorische Entwicklung behindert. Heute würden die Kleinen mit Verweis auf mehrere Grenzsteine einen Termin in der Kinderarztpraxis bekommen. Denn da kann etwas nicht stimmen! Klar: Die Umwelt.

Ein anderes Kinderheim befand sich im Ungarn der 1950er-Jahre (Pikler, 2001). Es wurde von der Kinderärztin Emmi Pikler geleitet. Sie interessierte sich für die Bewegungsentwicklung des Säuglings. Und dafür, was passiert, wenn man den Kleinen Möglichkeiten eröffnet und sie einfach machen lässt. Die Erwachsenen übten mit den Heimkindern keine Bewegungen, die sie allein noch nicht konnten. Kein Kind wurde aufgestellt, an den Händen gehalten und auf diese Weise zum Laufen animiert. Spontane Bewegungsversuche der Kinder wurden aber auch nicht verhindert. Über eine interessante Umwelt wurden die Bewegungen sogar noch angeregt: Es gab viel zum Greifen und Betasten, viel zum Klettern und Tragen. Aber die Erwachsenen mischten sich nicht in die Bewegungsentwicklung der Kinder ein. Doch was passiert, wenn niemand etwas „fördert", aber Eigeninitiative angeregt wird?
Die motorische Entwicklung dieser Kinder verlief normal. „Durchschnittliche", gesunde Kinder hatten im Alter von sieben Monaten gelernt, sich vom Bauch auf den Rücken zu drehen. Mit zehn Monaten setzten sie sich. Mit elf Monaten standen sie auf. Mit 15 Monaten unternahmen sie die ersten freien Schritte. Mit 17 Monaten gingen sie sicher. Heute würde ein „Durchschnittskind" aus diesem Kinderheim keinen Termin in der Kinderarztpraxis benötigen. Die Grenzsteine wurden rechtzeitig passiert.

„Beobachte! Lerne dein Kind kennen! Wenn du wirklich bemerkst, was es nötig hat, wenn du fühlst, was es tatsächlich kränkt, was es braucht, dann wirst du es auch richtig behandeln, wirst du es richtig lenken, erziehen."
(Emmi Pikler)

Prüfen Sie Ihr Wissen:

1. Was versteht man unter *visuell-motorischer Koordination?* Finden Sie dafür in diesem Buch ein Foto von einem Kind, das diese gerade ausübt.
2. Kinder können auf verschiedene Arten zugreifen. Die Tabelle „Das Zugreifen mit Händen und Fingern“ (S. 119 f.) gibt einen Überblick. Betrachten Sie drei Arten des Greifens und geben Sie andere Beispiele für Gegenstände, die Kinder auf diese Weise halten.
3. Im libanesischen Kinderheim konnten die Kinder nicht optimal betreut werden. Welche Auswirkung hatte dies auf die motorische Entwicklung der Kinder?
4. Im ungarischen Kinderheim wurde den Kindern hinsichtlich ihrer motorischen Entwicklung Zeit gelassen. Was zeigte sich daraufhin?

4.5 Möglich? Nötig? Nützlich? – Motorische Förderung

„Alles Entscheidende entsteht trotzdem.“ *(Friedrich Nietzsche)*

Sollte die Motorik kleiner Kinder trainiert werden oder einfach heranreifen? Das obige Beispiel des ungarischen Kinderheims zeigt: Kinder lernen ohne spezielle Fördermaßnahmen das Sitzen, Stehen und Gehen. Der Fall des libanesischen Kinderheims veranschaulicht: Kinder erwerben diese Fähigkeiten sogar unter Bedingungen, die an Vernachlässigung grenzen. Es scheint, als spule sich die motorische Entwicklung automatisch ab wie ein Programm. Eine Art Reifungsprozess, der nach inneren Gesetzmäßigkeiten abläuft, der in den Genen liegt und wenig mit den Erfahrungen und dem Üben des Kindes zu tun hat. Als könne man nicht viel dagegen oder dafür tun. Wie eine Murmel, die, einmal auf ihre Bahn gesetzt, immer weiter nach unten rollt und dabei jede Ecke und Holperstelle wie geplant nimmt. Ganz so ist es nicht. Die motorische Entwicklung kann sich nur entfalten, wenn bestimmte Voraussetzungen erfüllt sind. Zum einen brauchen die im Naturprogramm angelegten Bewegungen einen einigermaßen intakten Bewegungsapparat, beispielsweise mit ausreichend starken Muskeln. Zum anderen muss die Wahrnehmung so weit ausgebildet sein, dass sie die anstehenden Bewegungen auch unterstützen kann. Und letztlich kann auch die Umwelt die Entwicklung, zumindest geringfügig, beschleunigen oder verzögern.

Dass Verzögerung möglich ist, zeigt das Beispiel der Kinder aus dem libanesischen Kinderheim (Dennis, 1973): Keines der Einjährigen konnte selbstständig sitzen. Mit zwei Jahren konnten viele immer noch nicht laufen. Dass Beschleunigung möglich ist, zeigen

nicht nur Einzelfälle wie Kahlei, der Skater. Es zeigen auch wissenschaftliche Experimente. Manche von ihnen bestehen aus motorischen Förderprogrammen. Da ist zum Beispiel Johnny. Seit seinem ersten Lebensmonat durchlief er ein rigoroses motorisches Trainingsprogramm (McGraw, 1935). Mit zehn Monaten konnte Johnny unter Wasser schwimmen. Gerade einmal ein Jahr alt, lief er auf Rollschuhen. Mit 14 Monaten beherrschte er den Kopfsprung in den Pool. Und noch vor seinem zweiten Geburtstag kletterte er verwegen auf hohe Podeste und steile Rampen. Johnny vollbrachte motorische Leistungen weit über der Altersnorm. Sein Zwillingsbruder Jimmy konnte das ohne Trainingsprogramm noch nicht.
Andere Experimente fördern den Gleichgewichtssinn und damit die Voraussetzungen für Motorik. Beispielsweise ging man in dem bereits in der Randspalte erwähnten Drehstuhlexperiment so vor (Clark et al., 1977): Drei bis dreizehn Monate alte Babys kamen über wenige Wochen hinweg 16 Mal in den Genuss von Drehstuhlfahrten. Sie drehten sich jedes Mal zehn Runden – mit einem abrupten Stopp nach jeder Runde. Den Babys machte das Karussellfahren Spaß: Sie lachten und brabbelten während der Drehung. Im Vergleich zu Babys ohne Drehstuhlfahrten entwickelten sich die „Karussellbabys“ motorisch schneller: Sie konnten eher sitzen, krabbeln, stehen und gehen. Besonders beeindruckend zeigte sich die Wirkung am Beispiel eines Karussellbabys, dessen Zwillingsbruder keine Drehstuhlfahrten bekam: Zum Ende der Studie waren die Zwillinge vier Monate alt. Der Bruder fing gerade erst an, sein Köpfchen zu heben. Das Karussellbaby bewegte gezielt seinen Kopf und konnte bereits frei sitzen.

Andere Länder, andere Sitten, andere motorische Entwicklung?

Wie Erwachsene mit kleinen Kindern umgehen, beeinflusst die motorischen Erfahrungen der Kinder. Bei Babys in Tragetüchern sich ständig bewegender Mütter hat der Gleichgewichtssinn der Kleinen viel zu tun – mehr jedenfalls, als bei Babys, die nur auf dem Rücken liegen. Was Erwachsene über die motorische Entwicklung von Kindern denken, bestimmt, wie viel von welcher Art Training sie den Kindern zukommen lassen.

Einige traditionelle afrikanische Kulturen haben intensive motorische Förderprogramme für ihren Nachwuchs (Keller et al., 2002; Adolph & Berger, 2010).
Die Kipsigis in Kenia beispielsweise unterstützen das frühe Sitzen ihrer Kleinen. Kurz nach der Geburt werden die Babys die meiste Zeit in sitzender Position auf dem Schoß gehalten. Oder es werden Mulden gegraben, in denen sie sitzend gehalten werden. Im Alter von zwei bis drei Monaten beginnt für die Kipsigis-Kinder das Lauftraining. Afrikanische Babys verbringen ab dem dritten Monat bis zu 90 Prozent des Tages stehend oder sitzend. Sie liegen also nur 10 Prozent ihrer wachen Zeit. Gleichaltrige französische Babys hingegen liegen am Tag etwa 60 Prozent.

Die !Kung im südlichen Afrika denken, dass Kinder das Sitzen, Stehen und Laufen nicht von selbst lernen können, ohne dass es ihnen beigebracht wird. Deshalb liegen die !Kung-Kinder, wenn sie wach sind auch nicht einfach nur herum. Sie sitzen, sie stehen, sie versuchen sich im Laufen. Denn wenn sie nur liegen, so meint man bei den !Kung, lernen die Kinder erst später das Laufen.

Motoriktraining bei den Nso

Für die Nso in Kamerun gehört zu einer guten Erziehung, dass der Säugling immer wieder hingestellt und an den Armen in die Höhe gehoben wird. Dadurch lernen die Kleinen früher das Stehen und Laufen als in Europa.
Deutsche Mütter, die Videos von diesem Motoriktraining sehen, sind bestürzt. Sie finden, dass die Nso ihre Kleinen motorisch überfordern. Die Erwachsenen täten Dinge, die die Babys einfach noch nicht können oder die „noch nicht dran sind". Allerdings bemerken die Deutschen, dass die Nso-Kinder schon weit sind. Sie fragen sogar nach, ob die Kinder im Video wirklich erst 3 Monate alt sind.
Die Nso-Frauen auf der anderen Seite können es nicht verstehen, dass die Deutschen ihre Babys so lange auf dem Rücken liegen lassen. Es sei doch offensichtlich, dass die Kinder nicht so lange immer nur herumliegen wollen. Die motorische Entwicklung würde so vernachlässigt werden. Unter den Nso-Müttern ist man sich einig: Das, was die Deutschen machen, gehört sich nicht.

Wie lernt ein Kind laufen? Manche meinen: Es lernt es gar nicht, es kann es plötzlich. Alles Üben nützt nichts. Die !Kung im südlichen Afrika (Beispiel in der oberen Box) dagegen meinen, dass Kindern das Sitzen, Stehen und Laufen beigebracht werden muss. Wer hat recht?
Vermutlich keine Seite. Die !Kung nicht, weil Kinder (wie im ungarischen und libanesischen Kinderheim) auch ohne „Beibringen" durch Erwachsene das Sitzen, Stehen und Laufen lernen. Die andere Seite aber auch nicht. Denn Experimente zeigen, üben hilft.
Doch ist dieses Üben auch notwendig? Und wenn nicht (wie die Heimkinder zeigen), ist es wenigstens nützlich? Erwachsene können die motorische Entwicklung beeinflussen. Aber sollten sie es deshalb auch tun? Die Antwort auf die Frage der Nützlichkeit, wird bei den traditionell lebenden Völkern in Afrika sicher anders beantwortet als in Deutschland. Dort gibt es kaum Kinderwagen und selbst wenn, würden sie auf dem Feld wenig nützen. Lange Distanzen werden nicht mit dem Auto, sondern zu Fuß bewältigt. Kinder sollen möglichst früh mithelfen. Europäische Kinder unter drei Jahren haben dagegen wenig häusliche Pflichten. Die umformulierte Frage lautet also: Ist das Üben der motorischen Fertigkeiten in unseren Breiten nützlich?
Das Üben wäre nützlich, wenn es für das Kind lang anhaltende Vorteile bringt. Doch eine motorische Förderung scheint keine lang anhaltenden Auswirkungen zu haben. Johnnys Förderprogramm (McGraw, 1935), das zu den erstaunlichen Leistungen des Anderthalbjährigen führte, hatte keine längerfristigen Folgen. Mit zwei

Jahren wurde Johnnys Zwillingsbruder Jimmy auch motorisch gefördert. Daraufhin schlossen seine Leistungen schnell zu denen seines Bruders auf. Das frühe Training von Johnny war für ihn bald nicht mehr mit einem Vorteil verbunden. Jimmy holte den Trainingsrückstand von zwei Jahren im Nu auf.

Nicht nur die motorische Förderung scheint keine lang anhaltenden Auswirkungen zu haben, sondern glücklicherweise auch nicht die motorische Deprivation.
Manche der libanesischen Kinder aus dem Kinderheim wurden als Erwachsene von Forschenden besucht. Motorische Defizite wurden nicht festgestellt.

Deprivation:
Mangel, Vernachlässigung, Entbehrung, Entzug

Baby am Cradle-Board (Wiegenbrett)

Einige Hopi-Indianer-Kinder verbringen ihr erstes Lebensjahr traditionell an ein Cradle-Board gewickelt, sie können sich also kaum bewegen. Doch sie lernen genauso schnell wie die anderen Hopi-Indianer-Kinder ohne Cradle-Board-Vergangenheit mit 15 Monaten das Laufen (Dennis & Dennis, 1991).

Man kann also fördern und trainieren, sodass sich ein paar Fähigkeiten früher entwickeln. Man muss aber nicht. Die motorische Entwicklung kann auch verlangsamt werden, zum Beispiel durch eine ungenügende Umwelt. Aber ganz aufhalten kann man gesunde Kinder zum Glück nicht. Umwelt kann verzögern und beschleunigen, aber einen großen Unterschied macht es zumindest beim Sitzen, Stehen und Laufen letztlich nicht. Selbst der Zeitpunkt, zu dem ein Kind das erste Mal ohne Unterstützung sitzt oder läuft, herbeigefördert oder einfach durch Reifung möglich geworden, lässt keinerlei Rückschlüsse zu – weder auf die weitere Entwicklung der Beweglichkeit noch auf weitere motorische Leistungen. Er sagt auch nichts über andere Entwicklungsbereiche aus (Jenni et al., 2013).

Wenn's nicht nützt, so schadet's doch zumindest nicht? Wenn man es richtig macht, schadet es sicher nicht. Aus Afrika sind keine flächendeckenden motorischen Schädigungen bekannt. Auch nicht aus Asien, wo den Kindern zur Förderung der motorischen Entwicklung der Rücken massiert wird. Jedoch kann auch falsch gefördert werden. Die käuflich erwerbbaren Lauflernhilfen sind ein Beispiel dafür. Sie fördern nicht, sondern verzögern die motorische Entwicklung. Sie führen zu Haltungsschäden. Kinder können sich dadurch sogar falsche Bewegungsmuster aneignen. Und schließlich: Diese Geräte sind gefährlich für Leib und Leben der dort hineingestellten Kinder. Oft stürzen die Kleinen mitsamt Lauflernhilfe über Türschwellen oder fallen Treppen hinunter (Sims et al., 2018).

Kanada hat im Jahr 2004 als erstes Land die Lauflernhilfe per Gesetz verboten. Das ging allerdings von den Versicherungen aus. Diese wollten die Zahlungen für die üblichen Unfälle mit Schädelbrüchen und Gehirnerschütterungen vermeiden. Von den dortigen Fachleuten für motorische Entwicklung wurde das Gesetz begeistert begrüßt. Auch die amerikanischen Kinderärzte und der deutsche Berufsverband der Kinder- und Jugendärzte setzen sich wiederholt für ein Verbot der Lauflernhilfen ein.

„Lauflernhilfen sind eine der schädlichsten Erfindungen für Kinder. Sie verursachen jedes Jahr zahlreiche schwere Unfälle, manche davon enden sogar tödlich." *(Wolfram Hartmann, Präsident des Berufsverbandes der Kinder- und Jugendärzte)*

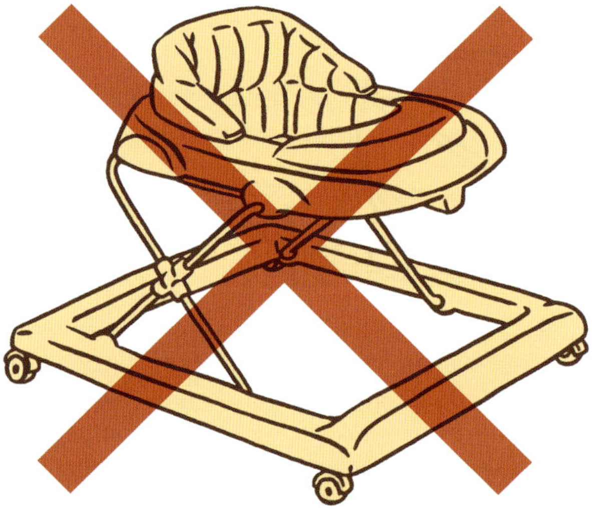

Der Verkauf von Lauflernhilfen ist in Kanada seit 2004 verboten. Für das Gesundheitsministerium dort können mögliche Vorteile die gravierenden Gefahren nicht aufwiegen.

Und nun? Das Kind läuft ohne Unterstützung, es steht und es sitzt. Das ist nicht das Ende der motorischen Entwicklung. Jetzt kann es erst richtig losgehen. Wenn das Kind steht oder sitzt, kann es seine Hände frei gebrauchen. Nun liegt es an den Erwachsenen, was Kinder mit ihren Händen alles tun können. An dieser Stelle ist motorische Förderung nützlich und bedeutet, Bewegungserfahrungen zu ermöglichen.
Gibt es, anders als im libanesischen Kinderheim, etwas zu greifen? Der Alltag eines Kindes unter drei Jahren bietet normalerweise ein reiches Betätigungsfeld für die Hände und Finger: Jacken und Schuhe, die auf- und zugemacht, hingehängt und hingestellt werden

müssen. Es gibt den Frühstückstisch, der zusammen gedeckt wird; den Löffel, mit dem gegessen, die Tasse, aus der getrunken wird. Die Schubladen werden aufgemacht, ein- und ausgeräumt. Und jetzt haben wir noch nicht einmal über Spielzeuge und Malstifte oder Wald und Wiese gesprochen.

Der Kindergartenalltag bietet ein reiches Betätigungsfeld für die Hände und Finger.

Wenn das Kind alleine laufen kann, liegt es an den Erwachsenen, was Kinder mit der neu gewonnenen Fähigkeit anfangen können. Bekommen die Kinder Freiräume und Anregungen für verschiedene Bewegungserfahrungen? Oder werden diese mit Blick auf die Gefahr des Hinfallens und anderer Sicherheitsbedenken eingeschränkt?

Die weitere Differenzierung motorischer Fähigkeiten ist von den Bewegungserfahrungen des Kindes abhängig. Kinder brauchen ausgedehnte und vielfältige Möglichkeiten, sich zu bewegen. Sie brauchen auch die Möglichkeit, sich motorisch als kompetent zu erleben (vgl. Kap. 3.3, S. 90 ff.). Ein Kind, das sich auf Wiesen und in Wäldern tummeln darf, wird motorisch geschickter. Kahlei ist auch deshalb so ein guter Skater geworden, weil er als jüngstes Kind einer skateboardverrückten Familie aufwuchs. Seit er denken kann, ist er von Skateboards und skatenden Kindern umgeben. Und umgekehrt: Ein Kind, das aus Angst vor Gefahren keine Treppen nehmen darf, kann auch seine Geschicklichkeit beim Treppensteigen nicht trainieren. Wer immer nach oben und unten getragen wird und nie allein probieren darf, wird Treppen noch mit drei Jahren ungeschickt steigen. Wie sollen sich Kinder Können aneignen, wenn sie keine Gelegenheiten zum Probieren bekommen?

Junge Lipizzaner-Pferde verbringen während des Heranwachsens die Sommermonate in den Bergen. Durch die steilen und steinigen Hänge dort bekommen sie Trittsicherheit und trainieren Sehnen und Gelenke.

Wie sollen sich Kinder Können aneignen, wenn sie nicht probieren dürfen? Sie brauchen Herausforderung. Nur so können sie sich (motorisch) kompetent erleben.

Unfälle müssen vermieden werden, aber Lernen sollte möglich bleiben

Es ist gut, wenn kleine Fehler nicht zu großen Unfällen führen. Besonders, wenn diese Unfälle schwere Verletzungen nach sich ziehen können. Es ist gut, wenn kleine Fehler nicht zu kleinen Unfällen führen. Außer wenn es darum geht, etwas zu lernen. Wo keine Fehler gemacht werden können, kann auch nicht gelernt werden. Die kleinen Unfälle werden für das Lernen gebraucht. Sie zeigen dem Lernenden, was noch nicht klappt, oder wenn sie ausbleiben, was schon richtig gut funktioniert. Wie bei Kahlei, dem Skater, der ständig von seinem Board fällt, weil er Stunts übt, die er noch nicht sicher beherrscht.

Was nicht scheitern kann, kann auch nicht als Erfolg verbucht werden.

Kleinkinder müssen vor Gefahren, die sie nicht erkennen, oder vor gefährlichen Situationen, die sie noch nicht erfassen können, geschützt werden. Eine solche Gefahr ist beispielsweise eine Lauflernhilfe: Das Kleine schubst sich darin ein wenig vom Boden ab, bekommt mehr Fahrt auf, als es will, schafft die Kurve nicht sauber und fällt samt Lauflernhilfe kopfüber die Treppe hinunter. Vor solchen Fehlern, Gefahren und Unfällen sind Kleinkinder zu schützen. Unfallprävention bedeutet hier: Lauflernhilfe weg! Selbst wenn die Treppe gesichert ist, gibt es noch viele schlimme Verletzungsmöglichkeiten, die das Kind nicht abschätzen kann und bei denen Erwachsene nicht schnell genug reagieren können. Also Lauflernhilfe wirklich weg! Auch eine große, steile Steintreppe ohne Geländer ist für Kinder eine Gefahr und nichts, um das Treppensteigen zu lernen. Denn an ihr kann ein Kind nicht aus Fehlern lernen, sondern zieht sich schlimme Verletzungen zu. Deshalb muss immer eine erwachsene Person danebenstehen und aufpassen, dass keine Unfälle passieren. Allerdings heißt Sicherheit nicht, Unfälle zu vermeiden.

Prävention: Maßnahmen zur Abwendung von unerwünschten Ereignissen oder Zuständen

In der Fachliteratur wird das Thema unter dem Begriff „risky play" diskutiert. Kinder brauchen die Grenzerfahrung für ihre Entwicklung (Bensel, 2023). Das Ziel ist nicht Risikovermeidung, sondern Risikodosierung (vgl. Kap. 8.2, S. 248). Kinder sicher aufwachsen zu lassen, bedeutet auch, sie Risiken eingehen und bewältigen zu lassen.

risky play: Kinder spielen gerne wild und risikoreich – an der Grenze ihrer Möglichkeiten. Sie riskieren, sich zu überfordern, und können sich dabei auch weh tun. Trotzdem suchen sie nach diesem Kitzel.

Sicherheit ist definiert als ein Zustand frei von unvertretbaren Gefahren. Wir können die Kinder nicht von allen Gefahren abschirmen und in Watte packen. Selbst wenn wir es könnten, wir sollten es nicht. Die große, steile Steintreppe könnte mit Gummimatten und das Kind mit Helm, Knie- und Ellenbogenschutz ausgestattet werden. Aber würde das Kind dann gut das Treppensteigen lernen? Nein, Fehler würden es nicht vorsichtiger werden lassen. Sie wären dann ja egal. Das Kind würde sich nicht wehtun. Lernen würde es in einer solchen Umgebung ungeschicktes Draufgängertum. Eine kurze Treppe mit Geländer und Teppich erlaubt das eigenständige Ausprobieren. Die Kinder dürfen Fehler machen und sollen sie bemerken, bis sie schließlich geschickt im Umgang mit Stufen sind, sodass selbst die große, steile Steintreppe keine Gefahr mehr darstellt.

Alle sind an größtmöglicher Sicherheit im Kindergarten interessiert. Aber das darf nicht auf Kosten der Kinder gehen, die ein Recht auf Freiräume und ein Bedürfnis nach einer anregungsreichen Umgebung haben. Erwachsene sollten beides im Auge behalten. Sie sollten bei allen Aktivitäten so viel Sicherheit wie nötig, aber auch so viel Freiraum wie möglich gewährleisten.

Eine Untersuchung kommt zu dem Schluss: Viele Unfälle in Kindergärten sind nicht auf ein Zuviel an selbstbestimmten Bewegungsexperimenten der Kleinen zurückzuführen, sondern – im Gegenteil: auf Bewegungsmängel und -defizite. Beispielsweise heißt es in einem Unfallbericht: „Hans-Peter stolperte über seine eigenen Füße und fiel mit dem Kopf auf eine Stuhlkante." Hans-Peter hätte vielleicht eine Bewegungsförderung zur rechten Zeit geholfen. Dann wäre er womöglich nicht über seine Füße gestolpert, er hätte sich abfangen können oder beim Fallen richtig reagiert. Bewegungsförderung ist auch Sicherheitsförderung. Das heißt damit auch, dass Kinder vielseitige Bewegungserfahrungen machen sollten, selbst auf die Gefahr hin, dass sie sich dabei einmal geringfügig wehtun können. Die Bewegungsfreude der Kinder sollte nicht ausgebremst werden. Kinder probieren das aus, was sie sich selbst zutrauen. Ihre Bewegungsfreude sollte von Erwachsenen in förderliche und sichere Bahnen, frei von unvertretbaren Gefahren, gelenkt werden. Die Leiterin einer Kinderkrippe fasst für sich zusammen: „Je freier man die Bewegungsentwicklung gestaltet, desto weniger Unfälle gibt es. Die Kinder trauen sich das nur zu, was sie selbst so für sich in Angriff nehmen, und sie werden da auch nicht fremdgesteuert. Deswegen passieren einfach weniger Unfälle."

Prüfen Sie Ihr Wissen:

1. Was spricht gegen eine motorische Förderung von Kleinkindern, was dafür? Geben Sie für jede Seite mindestens ein Argument an.
2. Wie kann eine weitere Differenzierung motorischer Fähigkeiten durch Erwachsene unterstützt werden? Finden Sie ein Beispiel für die Fingermotorik.
3. Definieren Sie Sicherheit im Rahmen einer Kindertagesstätte.

Vertiefung und Transfer

1. Kahleis Eltern wurden kritisiert, weil er im ersten Video ohne Helm und Knieschutz auf seinem Skateboard fuhr. Es hätte sehr viel Schlimmes passieren können, so die Argumentation. Begründen Sie, warum möglicherweise trotzdem nicht „sehr viel Schlimmes" passiert ist.
2. Was kann man von den jungen Lipizzaner-Pferden (vgl. Randspalte S. 127) für die Kita ableiten?
3. Betrachten Sie die Abbildung „Die Entwicklung der Körpermotorik mit Grenzsteinen" (S. 115). Angenommen, Sie sollten diese Grafik für die Kinder aus Piklers ungarischem Kinderheim erstellen. Worin würde sich die Abbildungen unterscheiden? Wie sähe die Grafik zu Piklers Kindern aus? Und wo wären die Unterschiede bei einer Grafik für die Nso-Kinder?
4. Manfred Spitzer schreibt: „Die Greifarme von Robotern sind taktil-mechanische Waisenknaben gegenüber den Händen von Dreijährigen." Was meint er damit?

Lesetipps

Schlack, H. G. (2012). Motorische Entwicklung im frühen Kindesalter. KiTa Fachtexte.

- Details zur Motorik und motorischen Entwicklung. Hans Schlack hat als Kinderarzt und Professor für Kinder- und Jugendmedizin das Wichtigste zusammengefasst. Auch das, was in diesem Kapitel keinen Platz fand.
- Geschrieben für pädagogische Fachkräfte, angenehm zu lesen und sehr gut strukturiert.

Adolph, K. E. & Berger, S. E. (2006). Motor development. In W. Damon, R. M. Lerner, D. Kuhn & R. S. Siegler (Eds.), Handbook of Child Psychology. Vol 2: Cognition, perception, and language, 161–212. New York: Wiley.

- Für alle, die es ganz genau wissen wollen und vor englische Fachbegriffe nicht zurückschrecken.
- Keine leichte Kost! Aber wer dieses Kapitel gelesen hat, darf sich als Experte für die motorische Entwicklung im Kindesalter betrachten.

Spitzer, M. (2013). Wischen – Segen oder Fluch? Zu Risiken und Nebenwirkungen der neuen Art des Umblätterns. Nervenheilkunde, 32(10), 709–714.

- Mehr zur Hand- und Fingermotorik, wie sie gefördert wird und wie man das Gegenteil erreicht.
- Amüsant zu lesen: Manfred Spitzer ist nicht umsonst ein Bestsellerautor.

Fuchs, G. (2010). Kinder sich bewegen lassen.

- Ein Film zur Bewegungserziehung in der Kinderkrippe.
- In dem Film geht es auch um das Thema Unfallprävention.

Bensel, Joachim (2023). Wildes und gewagtes Spiel. Risikokompetenz bei Kindern fördern. Kindergarten heute. Wissen kompakt. Freiburg: Herder.

- Grundlegende Informationen zur Bedeutung dieser risikofreudigen Lust an der Bewegung.
- Ausführungen zur rechtlichen Einordnung (Haftung, Aufsichtspflicht) helfen den pädagogischen Fachkräften, den pädagogischen Rahmen für die Kinder gut zu gestalten.

5

Kognitive Entwicklung – Ich denke, also bin ich

Sophie (9 Monate alt) greift nach dem schönen Ball der jungen Frau. Sie möchte ihn gerne haben. Aber die Frau spielt einfach selber damit. Auch Tobias (18 Monate alt) will den Ball haben. Erst hält ihm die Frau den Ball hin, als er sich aber ausstreckt, zieht sie ihn weg. Noch einmal bietet sie ihm den Ball zum Schein an, nur um Tobias wieder zu ärgern und den Ball doch zu behalten. Gemein! Die will wohl nicht. Derweil stellt sie sich bei Laura (12 Monate alt) einfach nur ungeschickt an: Gerade als sie Laura das Spielzeug geben will, fällt dieses herunter, und auch Laura bekommt es nicht.
Im Ergebnis bekommt keines der Kinder den Ball. Aber während Laura das nicht weiter stört, werden Tobias und Sophie ungeduldig: Sophie greift immer wieder nach dem Spielzeug, Tobias quengelt erst und schaut dann weg. Kein Wunder, denn die Kinder erkennen, dass hinter dem Verhalten unterschiedliche Absichten stecken, und reagieren darauf.
Auch mit sechs Monate alten Babys wurde dieser Ballversuch durchgeführt. Sie erlebten Situationen, in denen sie den Ball nicht bekamen, weil die junge Frau nicht wollte, nicht konnte oder abgelenkt wurde. Für diese Babys machte das aber keinen Unterschied. Denn sie verstanden noch nicht, dass hinter gleichem menschlichem Verhalten unterschiedliche Absichten stecken können.

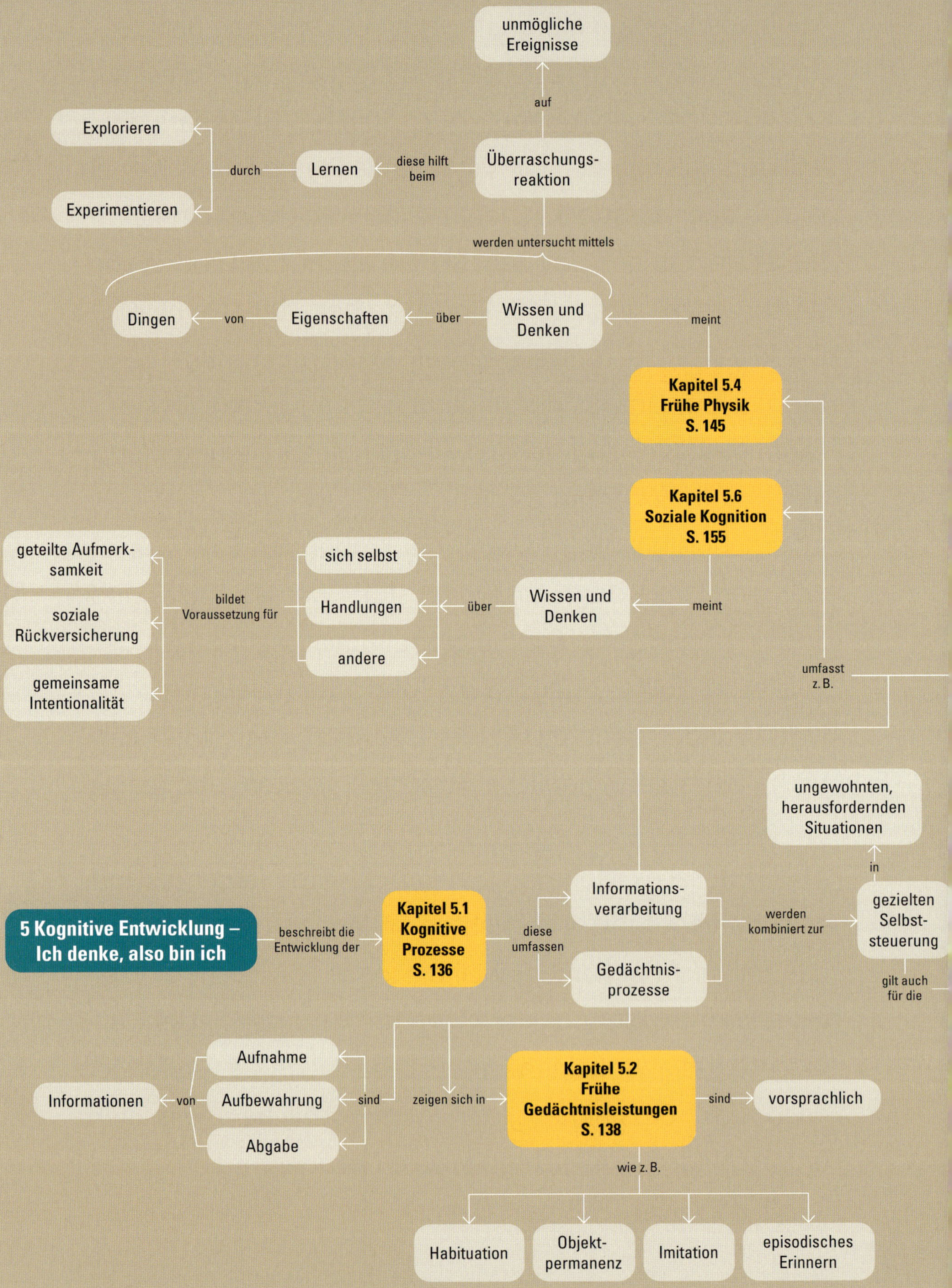

unmögliche Ereignisse
auf
Explorieren
Experimentieren
durch
Lernen
diese hilft beim
Überraschungs-reaktion
werden untersucht mittels
Dingen
von
Eigenschaften
über
Wissen und Denken
meint
Kapitel 5.4 Frühe Physik S. 145
Kapitel 5.6 Soziale Kognition S. 155
geteilte Aufmerk-samkeit
soziale Rückversicherung
gemeinsame Intentionalität
bildet Voraussetzung für
sich selbst
Handlungen
andere
über
Wissen und Denken
meint
umfasst z. B.
ungewohnten, herausfordernden Situationen
in
5 Kognitive Entwicklung – Ich denke, also bin ich
beschreibt die Entwicklung der
Kapitel 5.1 Kognitive Prozesse S. 136
diese umfassen
Informations-verarbeitung
Gedächtnis-prozesse
werden kombiniert zur
gezielten Selbst-steuerung
gilt auch für die
Informationen
von
Aufnahme
Aufbewahrung
Abgabe
sind
zeigen sich in
Kapitel 5.2 Frühe Gedächtnisleistungen S. 138
sind
vorsprachlich
wie z. B.
Habituation
Objekt-permanenz
Imitation
episodisches Erinnern

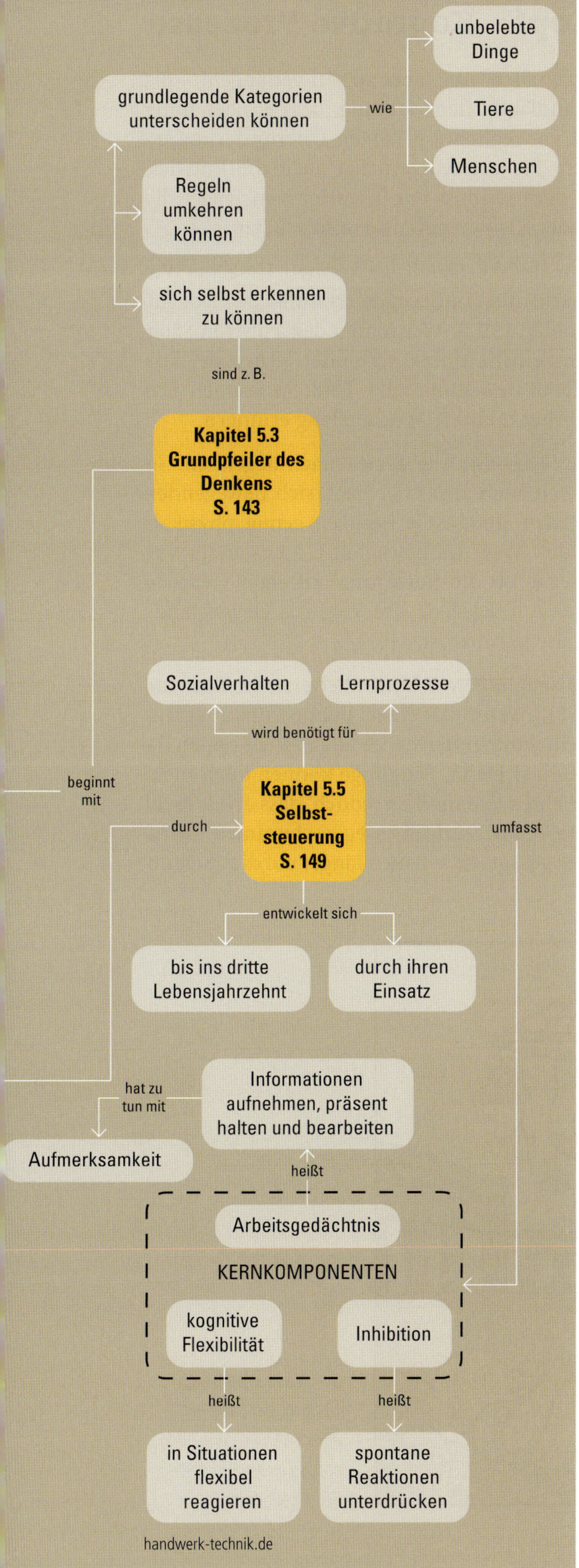

In diesem Kapitel erfahren Sie:

- was kognitive Prozesse sind,
- wie sich kognitive Prozesse in den ersten drei Lebensjahren entwickeln,
- was Kleinkinder über unbelebte Dinge wissen,
- was Kleinkinder über sich und andere wissen,
- wie kognitive Prozesse eingesetzt werden, um Verhalten zu steuern.

5.1 Alles im Kopf – Kognitive Prozesse

Von den kleinen „Dummerchen" nur nicht zu viel verlangen! – Bis vor Kurzem war man landläufig der Meinung, dass Kinder unter sechs Jahren unbedingt vor jeglicher geistigen Überforderung geschützt werden müssten. Bis vor Kurzem hat auch die Entwicklungspsychologie unter dem Einfluss der Theorien von Piaget die geistigen Kompetenzen der Kleinen gewaltig unterschätzt.

Jedoch: Bereits drei Monate alte Säuglinge können Ursache-Wirkung-Zusammenhänge erkennen und zeigen erstaunliche Gedächtnisleistungen (Rovee-Collier, 1997). Wenn man den Fuß von Säuglingen durch ein Band mit einem Mobile verbindet, lernen sie, dass ihr Strampeln das Mobile in Bewegung setzt. Und: Sie können sich an das Gelernte je nach Alter mehrere Wochen lang erinnern.

Bereits vier Monate alte Säuglinge, die gezielt nach liegenden Gegenständen greifen, greifen auch zielsicher nach sich bewegenden Gegenständen (von Hofsten, 2004). Sie besitzen genug physikalisches Verständnis, um den Weg des bewegten Gegenstandes voraussagen zu können – egal, ob die Bewegung auf einer Geraden oder auf einer Kurve verläuft; egal, ob der Weg des Gegenstands komplett oder nur teilweise sichtbar ist.

Bereits fünf Monate alte Säuglinge verfügen über erste Mengenvorstellungen (Wynn, 1992). Wenn zu einer Puppe hinter einem Schirm eine zweite gestellt wird, erwarten sie auch zwei Puppen dahinter. Woher weiß man das? Denn: Säuglinge können doch nicht über ihre Einsichten berichten. Sie merken jedoch, dass etwas nicht stimmt, wenn die zweite Puppe einfach „weggeschummelt" wird: Sie staunen, oder genauer gesagt, sie schauen länger auf die „Schummelszenen".

Der Fuß des Säuglings ist durch ein Band mit einem Mobile verbunden, sodass es sich durch das Strampeln bewegt.

Die Babyforschung hat die Habituations-Dishabituations-Experimente in den letzten Jahrzehnten für sich entdeckt. Sie sind mittlerweile die wichtigste Methode zur Untersuchung früher geistiger Fähigkeiten. Während der Habituationsphase bekommen Babys immer wieder dasselbe zu sehen – und zwar so lange, bis sie sich langweilen (vgl. Kapitel 2, S. 60). Während dieser Habituation bauen sich die Babys eine Vorstellung vom Gesehenen auf. Ein Gedächtnismodell entsteht. Sobald dieses mentale Bild jedoch mit dem gesehenen Bild übereinstimmt, verliert das Kind das Interesse. Seine Aufmerksamkeit lässt nach und es schaut weg. Wenn es dann aber etwas anderes zu sehen gibt, ist die Aufmerksamkeit wieder da (Dishabituation). Neues oder Überraschendes, wie eine Szene, in der die zweite Puppe plötzlich fehlt, starren die Kinder länger an.

Habituation: Gewöhnung

Habituations-Dishabituations-Experimente zeigen, dass kleine Kinder viel mehr können als bislang angenommen: Die Kinder bilden mentale Repräsentationen, also Gedächtnismodelle. Sie verfügen über Mengenvorstellungen. Sie können belebte von unbelebten Objekten unterscheiden. Sie verstehen räumliche Relationen, z. B. dass ein großer Hase hinter einem etwas kleineren Schirm nicht komplett verschwindet. Die Hasenohren müssten noch zu sehen sein. Außerdem können sie es viel zeitiger als bisher gedacht. Ihre kognitive Entwicklung beginnt früh mit der Entfaltung vieler Kompetenzen – anders als es noch Piaget in seiner einflussreichen Theorie zur kognitiven Entwicklung annahm.

Piaget wird heute dafür kritisiert, dass er seine Studien nur mit wenigen Kindern durchführte. Außerdem wählte er Methoden, die Kinder zu falschen Antworten verleiteten.

Die kognitive Entwicklung nimmt die Ausbildung jener Prozesse in den Blick, die im Zusammenhang mit der Aufnahme, Verarbeitung, Aufbewahrung und Abgabe von Informationen stehen.

kognitiv: das Denken und Wahrnehmen betreffend

Die Gesamtheit der kognitiven Prozesse lässt sich dabei in zwei Bereiche unterteilen. Einerseits sind da die **Gedächtnisprozesse**: die Aufnahme, Aufbewahrung und Abgabe von Informationen (siehe Abb. unten). Andererseits gibt es die **Prozesse der Informationsverarbeitung**: Denken, Planen und mentales Problemlösen. Diese Verarbeitungsprozesse bauen auf den Gedächtnisprozessen auf.

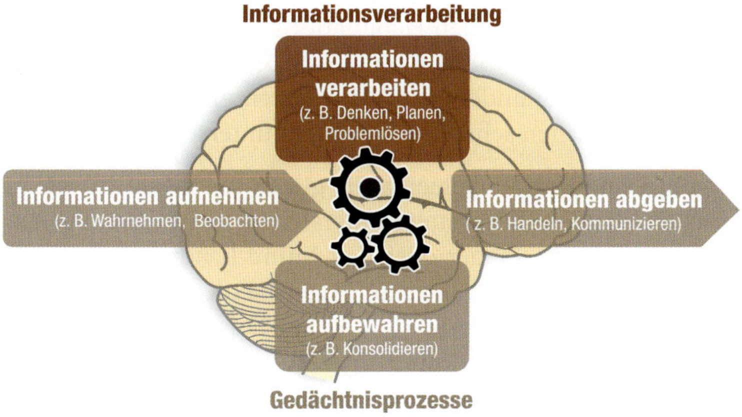

Überblick über die verschiedenen kognitiven Prozesse

konsolidieren: dauerhaft speichern

Wie kommen diese kognitiven Prozesse im Verhalten eines Kindes zum Ausdruck? Durch die **Aufnahme von Informationen** kann der Säugling das Wackeln des Mobiles und die Bewegung des Gegenstands wahrnehmen. **Informationsverarbeitungsprozesse** lassen ihn den Zusammenhang zwischen seinem Strampeln und dem Wackeln des Mobiles erkennen, die Bahn eines sich bewegenden Gegenstandes vorausbestimmen sowie sein mentales Modell „eine Puppe plus eine weitere Puppe ergibt zwei Puppen" mit der wahrgenommenen Situation abgleichen. Die Prozesse rund um die **Sicherung von Informationen** ermöglichen es dem Säugling, den Zusammenhang zwischen Strampeln und der Mobile-Bewegung oder auch das Gedächtnismodell des unbewegten Mobiles zu speichern. Die Prozesse im Zusammenhang mit der **Abgabe von Informationen** erlauben es dem Säugling, zielsicher nach dem bewegten Gegenstand zu greifen oder auch zu strampeln, um das Mobile zum Wackeln zu bringen.

Prüfen Sie Ihr Wissen:

1. Beschreiben Sie zwei kognitive Fähigkeiten, die schon bei sechs Monate alten Babys beobachtet wurden.
2. Wie funktionieren Habituations-Dishabituations-Experimente? Warum sind sie in der Forschung so beliebt?
3. Warum verliert die Theorie von Piaget immer mehr an Einfluss?
4. In welche Unterkategorien lassen sich kognitive Prozesse aufteilen?

5.2 War da was? – Frühe Gedächtnisleistungen

Früher wurde das Denken der Kinder über Sprache erfasst. Sie wurden befragt und antworteten. Sie wurden angewiesen und handelten. Kein Wunder, dass man damals dachte, Sprechen und Denken sind ganz eng miteinander verknüpft. Je mehr aber das Denken des Kleinkinds erforscht wird, desto mehr zeigt sich: Denken gibt es schon vor der Sprache.

Babys können sich langweilen. Dafür brauchen sie ihr Gedächtnis, sonst wüssten sie kaum, dass sie genau dieses Ding oder diesen Laut schon einmal gesehen oder gehört haben. Ohne diese ganz frühe Gedächtnisleistung, die sich Habituationsexperimente zunutze machen (vgl. Kap. 1.7, S. 37 ff.; Kap. 2.3, S. 59 ff.), wäre die moderne Säuglingsforschung undenkbar. Wir würden die geistigen Fähigkeiten der ganz Kleinen sehr wahrscheinlich unterschätzen.

Außerdem sind Babys neugierig. Sie gieren nach Neuem und können es auch von Altbekanntem unterscheiden. Sie schnappen sich alles, was sie in die Finger oder den Mund bekommen, um es zu erkunden. Bekanntermaßen auch Dinge, die nicht für Kinderhände (oder -münder) bestimmt sind, wie zum Beispiel eine heruntergefallene Nuss. Wer dem fünfmonatigen Baby die Nuss aus der Hand nimmt, muss dabei noch keine Tränen fürchten. In diesem Alter gilt noch: aus den Augen, aus dem Sinn (Harris & Liebert, 1991).

Dieser Säugling interessiert sich brennend für den Stoffteddy.

Mit etwa sieben Monaten ließ sich Alba noch leicht vom Spielzeug des älteren Bruders ablenken, indem man es ihr wegnahm oder einfach ihre Krabbelrichtung änderte. Nur zwei Monate später krabbelt sie zielsicher und bei Bedarf auch zeitverzögert wieder zu den Spielsachen zurück.

Doch sobald der nicht mehr zu sehen ist, ist er für das Kind auch nicht mehr da.

Das Kind im Alter von etwa sechs Monaten ist noch nicht in der Lage, sich ein inneres Bild von Dingen zu machen. Doch wenig später entwickelt sich die sogenannte Objektpermanenz und das Baby sucht nach den Dingen und Personen, die aus seinem Sichtfeld verschwinden. In der Objektpermanenz verbinden sich Wahrnehmung und Denken, die schon früh eng miteinander verflochten sind. Versteckspiele sind nun durch das Vorstellungsbild überhaupt erst möglich. Zugleich ist die kognitive Grundlage für Trennungsgefühle gelegt. Bei der Eingewöhnung in eine Kinderkrippe fällt es dem älteren Kleinkind aus kognitiver Sicht daher schwerer als dem sechs Monate alten Säugling, sich von vertrauten Fürsorgeperson zu lösen. Denn wer noch gar nicht in der Lage ist, sich z. B. seine Mutter vorzustellen, wenn sie gerade nicht zu sehen ist, der kann sie auch nicht vermissen, wenn sie nicht da ist.

Im Laufe der Monate wird das kindliche Gedächtnis immer leistungsfähiger, was unter anderem am zunehmenden Wissensbestand liegt. Warum wir uns später dennoch nicht an Erlebnisse der ersten drei Lebensjahre erinnern können, erklären Studien zur kindlichen Amnesie.

Objektpermanenz: die Fähigkeit, sich etwas vorzustellen, auch wenn es nicht mehr unmittelbar wahrnehmbar ist

Mit etwa sieben Monaten ließ sich Alba noch leicht vom Spielzeug des älteren Bruders ablenken. Man nahm es ihr weg oder änderte einfach ihre Krabbelrichtung. Nur zwei Monate später krabbelt sie zielsicher und bei Bedarf auch zeitverzögert wieder zu den Spielsachen zurück.

Kindliche Amnesie und präverbale Gedächtnisleistungen

infantil:
der kindlichen Entwicklungsstufe entsprechend, kindlich

Amnesie:
Gedächtnisstörung, Gedächtnisverlust

präverbal:
vor dem Spracherwerb

autobiografisches Gedächtnis:
speichert Ereignisse von großer persönlicher Bedeutung

Erinnern Sie sich noch an Ihren zweiten Geburtstag? Wohl kaum. Denn Ereignisse, die wir in unseren ersten drei Lebensjahren erlebt haben, unterliegen der sogenannten infantilen Amnesie. Wir können uns also nicht daran erinnern. Gleichzeitig funktioniert unser Gedächtnis bereits. Wie also kann das sein?

Eine wesentliche Rolle spielt hier die kindliche Sprachentwicklung. Erwachsene können über ihre Erlebnisse sprechen. Kinder können frühe Erfahrungen der präverbalen Zeit eben nicht sprachlich ausdrücken. Deswegen werden diese Erfahrungen nicht Teil unseres autobiografischen Gedächtnisses.

Eine Studie hat dazu Kinder untersucht. Sie durften ein bemerkenswertes Ereignis erleben: Ein Forscher kam zu ihnen nach Hause und brachte eine Zaubermaschine mit, die Spielzeug schrumpfen konnte. Die Kinder legten ein Spielzeug hinein, drehten mehrfach eine Kurbel und – Simsalabim! – bekamen sie das Spielzeug verkleinert wieder zurück. Insgesamt sieben Spielzeuge wurden so geschrumpft. Bei ihrem Besuch erhoben die Forscher auch, welche Worte (rund um die Themen Spielzeug, Schrumpfen, Zaubern etc.) die Kinder bereits zu diesem Zeitpunkt verstanden und benutzten. Für einen Gedächtnistest kamen die Forscher nach sechs oder zwölf Monaten wieder. Dass sich die Kinder an die Zaubermaschine erinnerten, war eindeutig: Sie wussten noch besonders gut, wie man sie bedienen muss, und erkannten auf Bildern etwa die Hälfte der Spielzeuge, die geschrumpft worden waren. In der Zwischenzeit hatten die Kinder natürlich auch zahlreiche neue Worte dazugelernt, mit denen sie das Erlebnis hätten beschreiben können. Aber sie konnten diese neuen Worte nicht nutzen, um ihre Erinnerung sprachlich zu beschreiben (Simcock & Hayne, 2002). Präverbale Erinnerung und Sprache finden also nicht zueinander. Möglicherweise können Sie sich also an Ihren zweiten Geburtstag erinnern – nur sicherlich nicht so, dass Sie in der Lage sind, ihn mit Worten zu beschreiben.

Beim Fingerspiel achtet Saad (2;9, rechts im Bild) ganz genau auf Belas Bewegungen.

Trotz kindlicher Amnesie bilden Kinder unter zwei Jahren Gedächtnisspuren und können sich erinnern. Das wird sichtbar, wenn man sich nicht nur auf die sprachlichen Äußerungen eines Kindes beschränkt. Für eine Studie waren 14 und 18 Monate alte Kleinkinder an einem Tag in einem Labor und sahen einem gleichaltrigen „Expertenkind" dabei zu, wie es nacheinander mit vier unterschiedlichen Spielzeugen auf ganz bestimmte Weise – also „fachkundig" – hantierte. Es zog zum Beispiel eine zusammengesteckte Hantel auseinander. Um ihr Gedächtnis zu testen, bekamen die Studienkinder genau diese vier Spielzeuge nacheinander selbst in die Hand. Die Preisfrage lautete: Wer zeigt am meisten fachkundiges Verhalten? Klar, die Kinder aus Gruppe 1, die gleich vor Ort und im Anschluss an die Expertenvorführung nachahmen konnten (vgl. Abb. unten, blaue Säule links). Hier zeigten die Kinder im Schnitt fast drei Expertenhandlungen. Die Kinder der Kontrollgruppe sahen entweder gar kein Kind oder ein Kind, das einfach so mit den Spielzeugen spielte. Hier landeten die Kinder im Schnitt etwa bei einem der vier Spielzeuge einen Glückstreffer. Besonders erstaunlich war jedoch, dass auch die Kinder, die ihr nachgeahmtes Expertenwissen erst zwei Tage später in ihrer Krippe unter Beweis stellen konnten (Gruppe 2), ebenso gut waren wie die Kinder, die gleich im Anschluss nachahmen konnten. Und das, obwohl zwei Tage vergangen waren und sie die Spielzeuge nun in ihrer Kita in die Hände bekamen. Die Ergebnisse zeigen, wie effektiv Kleinkinder von Gleichaltrigen lernen (Hanna & Meltzoff, 1993).

„Man kann einem Menschen nichts lehren, man kann ihm nur helfen, es in sich selbst zu entdecken." (Galileo Galilei)

„Die Menschheit, die fast einzigartig ist in ihrer Fähigkeit, von den Erfahrungen zu lernen, ist auch bemerkenswert für ihre offensichtliche Abneigung, es zu tun." (Douglas Adams)

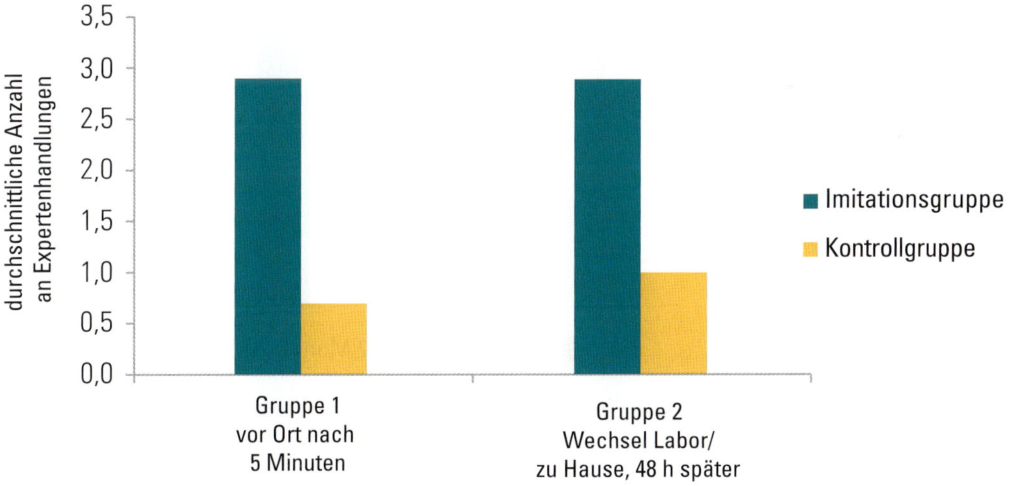

Imitationsleistung in Abhängigkeit von Kontextwechsel und zeitlichem Abstand (durchschnittlich gezeigte Anzahl an Expertenhandlungen) (nach Hanna & Meltzoff, 1993)

„Weißt du noch …?", fragen wir uns gerne gegenseitig und meinen meist persönliche Erlebnisse und bedeutsame Ereignisse. Diese bilden unser episodisches Wissen (vgl. Kap. 2.2., S. 56). Doch ab welchem Alter kann sich ein Kind überhaupt an konkrete Vorkommnisse erinnern? Und: Wie lange hält diese Erinnerung vor? Hierfür benötigen Kinder ihr episodisches Gedächtnis, das sich im zweiten Lebensjahr ganz deutlich entwickelt. Weil Kleinkinder im zweiten Lebensjahr jedoch noch nicht von besonderen Ereignissen berichten können, sollten sie in einer Studie Dinge nachbauen. Sie sahen bestimmte Handlungsabfolgen, zum Beispiel wie aus zwei Bechern und einem kleinen Ball eine Rassel zusammengebaut wurde oder aus anderen Alltagsgegenständen ein Gong. Einen Monat, ein halbes Jahr oder ein ganzes Jahr später bekamen die Kinder die entsprechenden Bauteile in die Hände. Die Kernfrage war: Erinnern sich die Kinder daran, was es mit den Teilen auf sich hat? Je nach Alter der Kinder waren große Unterschiede zu sehen: Nach einem Monat erinnerten sich alle 20 Monate alten Kinder und fast alle 16 Monate alten Kinder an die Bauteile und die Handlungsabfolge, während über ein Fünftel der 13 Monate alten Kinder kein Erinnern zeigte. Nach einem Jahr erinnerten sich nur noch die Kinder, die zu Studienbeginn 20 Monate alt waren (Bauer et al., 2000).

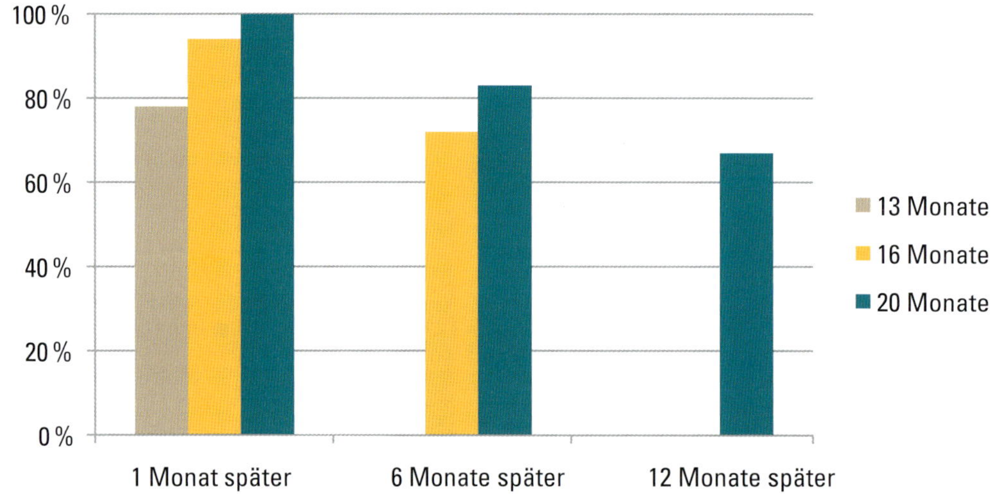

Anteil der Kinder, die sich an eine Handlungsabfolge erinnern, die sie im Alter von 13, 16 oder 20 Monaten gesehen haben (in Anlehnung an Bauer et al., 2000).

Prüfen Sie Ihr Wissen:

1. Welche frühen Gedächtnisleistungen werden beschrieben?
2. Beschreiben Sie ein Experiment, das zeigt, wie sich die Gedächtnisleistung in den ersten drei Lebensjahren entwickelt.

5.3 Ran ans Werk! – Grundpfeiler des Denkens

Das kindliche Denken fußt auf einigen Grundpfeilern, also grundlegenden kognitiven Fähigkeiten, die sich in der frühen Kindheit entwickeln:

- Regeln umkehren können,
- Dinge nach grundlegenden Kategorien unterscheiden und
- sich selbst erkennen können,

Zu den Dingen, die Neugeborene bereits aus der Zeit vor der Geburt kennen, gehört die Stimme ihrer Mutter. Diese hören sie lieber als eine andere Frauenstimme. In einer Studie (vgl. Kap. 1.7, S. 37 f.) konnten Neugeborene mit ihrer Saugfrequenz steuern, welche Stimme sie über Kopfhörer hören. Sie erkannten das Muster dahinter: Schneller saugen heißt Mamas Stimme hören. Am darauffolgenden Tag forderten die Forscher die Anpassungsfähigkeit der Neugeborenen heraus und kehrten die Regel um: Die Babys, die am ersten Tag für Mamas Stimme schneller saugen mussten, hörten diese nun, wenn sie langsamer saugten. Eine andere Gruppe Neugeborener musste sich von langsamer auf schneller saugen umstellen. Beide Gruppen meisterten die Änderung der Regel mit Bravour (DeCasper & Fifer, 1980). Wenn Forscher einschätzen wollen, ob eine Art über kognitive Fähigkeiten verfügt, ist ein wichtiger Anhaltspunkt, ob es der Art gelingt, mitzulernen, wenn sich eine gelernte Regel umkehrt.

„Das menschliche Denkvermögen sticht hervor wie der Rüssel des Elefanten, der Hals der Giraffe oder der Papageienschwanz."
(Michael Tomasello)

Kleinkinder denken, lange bevor sie ihrem Denken sprachlich überhaupt Ausdruck verleihen können. Dinge nach ganz grundlegenden Kategorien zu unterscheiden, ist eine solche frühe Denkleistung. Immer wieder konnte gezeigt werden, dass junge Säuglinge von drei bis vier Monaten die Kategorie der Tiere bilden – und das, obwohl sie in diesem Alter noch unscharf sehen und über vergleichsweise wenig Erfahrungen mit verschiedenen Objektarten verfügen (Goswami, 2001). Dies mag damit zusammenhängen, dass bereits Neugeborene ein starkes Interesse an Gesichtern und bewegten Gegenständen zeigen (vgl. Kap. 1.6, S. 30 ff.). Sie schauen sich also besonders gerne Menschen und Tiere an.

Die kindliche Begeisterung für Tiere bleibt auch über die Zeit basaler Kategorien hinaus erhalten.

Mit etwa einem halben Jahr ist der Grundstein für die grundlegende Unterscheidung zwischen Menschen, Tieren und unbelebten Gegenständen gelegt. Im Laufe des ersten Lebensjahres werden die Kategorien weiterentwickelt und beispielsweise Möbel von Fahrzeugen unterschieden (vgl. Kap. 2.1, S. 50 ff.). So bauen die Kinder erstes Weltwissen und damit auch ihr inhaltliches Denken über die Welt auf. Innerhalb dieser Kategorien entstehen Begriffe, zum Beispiel dass sich belebte Dinge auf bestimmte Art bewegen können (Mandler et al., 1991).

Sich selbst denken können

Forscher setzten die kleine Pica vor den Spiegel. Sie sah hinein und ging neugierig davor auf und ab. Dann blieb sie kurz stehen und schaute hinter den Spiegel. Irgendetwas schien sie zu irritieren. Die Forscher hatten vorher – ohne dass Pica es gemerkt hatte – einen Farbtupfer an ihrem Hals angebracht. Plötzlich trat Pica auf den Spiegel zu und versuchte, den Farbtupfer durch Reiben an ihrem Kehlkopf zu entfernen. Sie hatte ihr Spiegelbild als solches erkannt und verstanden, dass sie den Farbtupfer am eigenen Körper und nicht am Spiegelbild entfernen musste.
Da waren die Forscher erstaunt, denn Pica war erst wenige Wochen alt. Und vielmehr noch: Denn ihr vollständiger Name lautet Pica Pica, was unter Biologen für die heimische Elster steht. *(Lohaus et al., 2013)*

Muster erkennen Babys auch rund um ihren Körper. Sie lernen so, was alles zu ihrem Körper gehört und dass sie darauf einen Einfluss haben. Durch die Fähigkeit, solche Zusammenhänge zu erkennen, entwickeln die Kinder eine erste Vorstellung vom eigenen Körper. Beispielsweise sind Fünfmonatige recht zuverlässig in der Lage, ihre eigenen Körperbewegungen zu erkennen, wenn sie diese zeitgleich über Filmaufnahmen sehen (vgl. Kap. 1.8, S. 41 ff.). Hingegen waren die Dreimonatigen in einer Studie noch unentschieden: Eine Hälfte bevorzugte den Film, der ihre Bewegungen in Echtzeit wiedergab, während die andere Hälfte Filmaufnahmen bevorzugte, die die Bewegungen zeitversetzt wiedergaben (Schmuckler, 1996).

Wer erkennt, dass die Bewegungen im Film zu den Bewegungen des eigenen Körpers passen, der müsste sich auch selbst im Spiegel erkennen können, oder? Ganz so einfach ist es aber nicht, denn den sogenannten Rouge-Test, mit dem seit den 1970er-Jahren die Entwicklung des Selbsterkennens untersucht wird, bestehen Kinder erst gut ein Jahr später. Zunächst wird dem Kind unbemerkt ein Farbtupfer ins Gesicht gemalt. Anschließend sieht sich das Kind in einem Spiegel. Greift es sich dann ins Gesicht, um den Fleck zu entfernen? Kinder ab etwa 18 Monaten tun das in der Regel. Sie erkennen ihr Spiegelbild, während die jüngeren Kinder das häufig noch nicht können. Das Bestehen des Rouge-Tests gilt neben der Fähigkeit, auch umgekehrte Regeln zu lernen, als ein wichtiger Anhaltspunkt für kognitive Fähigkeiten.

Yana (2;11) kennt ihr Spiegelbild und experimentiert.

Prüfen Sie Ihr Wissen:

1. Erklären Sie mit eigenen Worten das Experiment zum Umkehren von Regeln.
2. Welche grundlegenden Kategorien können bereits Babys unterscheiden?
3. Ab welchem Alter erkennen sich Kinder normalerweise im Spiegel?

5.4 Was Kleinkinder über unbelebte Dinge wissen – Frühe Physik

Im ersten Lebensjahr wissen Säuglinge schon einiges darüber, wie Dinge normalerweise aussehen und sich verhalten:

- **Feste Dinge gehen nicht durch andere feste Dinge hindurch.** Zum Beispiel wird ein Ball oder ein Spielzeugauto von einer Wand aufgehalten; der Ball bzw. das Auto kann nicht einfach durch sie hindurchrollen.
- **Dinge verschwinden nicht oder wechseln (heimlich) ihre Position.** Wenn ein Spielzeug beispielsweise an einer Stelle versteckt wurde, kann es nicht plötzlich von selbst an einer anderen Stelle wieder auftauchen.
- **Dinge schweben nicht.** Ein Beispiel: Eine Schachtel kann nicht stehenbleiben, wenn sie nur am äußeren Rand auf einer anderen Schachtel steht; sie fällt dann herunter.
- **Dinge haben räumliche Beziehungen.** Beispielsweise kann etwas Großes (wie ein Hase mit langen Ohren) nicht komplett hinter etwas Kleinem (wie eine niedrige Kiste) versteckt werden; ein Teil bleibt sichtbar.

Ob sich durchsichtige Dinge auch wie andere feste Dinge verhalten?

Das Wissen, dass feste Dinge nicht durch andere feste Dinge hindurchgehen, wurde in folgendem Experiment untersucht (vgl. Abbildung links) (Stahl & Feigenson, 2015):

- Zuerst sehen die Kinder die Ausgangssituation: Ein Spielzeugauto rollt eine Rampe hinunter; am Ende der Rampe verschwindet es hinter einer Abdeckung, hinter der auch ein Hindernis zu erkennen ist.
- Die Ausgangssituation sehen die Kinder, bis sie davon gelangweilt sind. Dann wird die Abdeckung weggenommen und die Kinder sehen eines von zwei Ereignissen.
- Als normales Ereignis: Das Auto bleibt am Hindernis stehen.
- Als unmögliches Ereignis: Das Auto ist scheinbar durch das Hindernis hindurchgefahren.

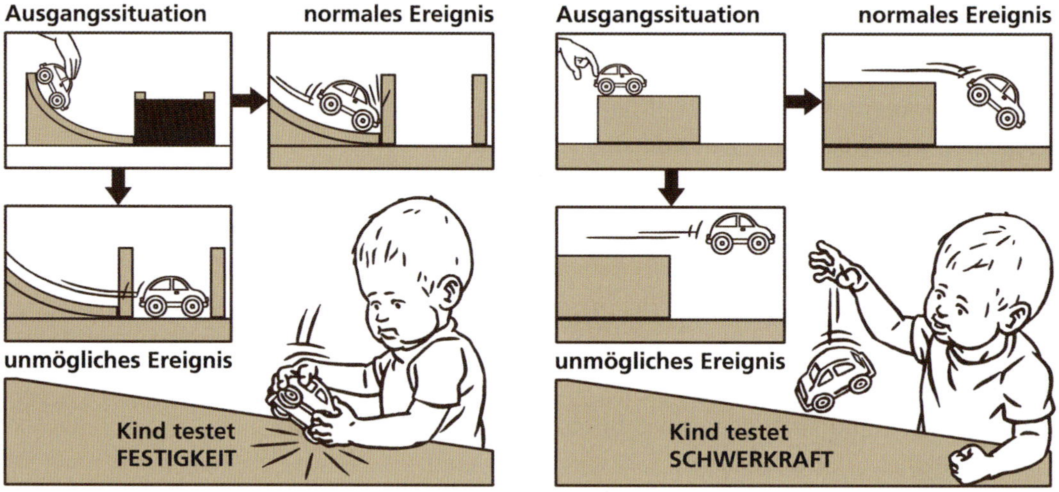

Versuchsaufbau für unmögliche Ereignisse: „Feste Dinge gehen nicht durch andere feste Dinge hindurch" (links) und „Dinge schweben nicht" (rechts).

„Hoppla – hier stimmt was nicht!", so oder so ähnlich denken wohl die Säuglinge, die das unmögliche Ereignis sehen. Sehr wahrscheinlich hatten sie aufgrund zahlreicher Erfahrungen mit festen Gegenständen die Erwartung, dass das Auto vom Hindernis aufgehalten wird. Jedenfalls beobachten sie das unmögliche Ereignis länger. Manche Studien beschreiben verschiedene Reaktionsweisen, in denen sich der Ausdruck von Überraschung zeigt, zum Beispiel Veränderungen im Gesichtsausdruck, der Pupillenweite oder der Gehirnaktivität.

Um die kognitive Entwicklung bei Kleinkindern zu untersuchen, wurden solche Überraschungsreaktionen durch unmögliche Ereignisse in vielen unterschiedlichen Wissensbereichen erzeugt und beobachtet. Es bleibt die Frage: Warum schauen die Kleinen eigentlich so genau hin, wenn sich ihre Erwartung nicht erfüllt? Vielleicht, weil es dann etwas Neues zu lernen gibt?

Dieser Frage ging eine Studie mit elf Monate alten Babys nach. Im Anschluss an ein unmögliches Ereignis lernten die Kinder, dass zu dem Auto oder Ball aus der unmöglichen Szene ein bestimmtes Geräusch gehört. Das lernten die überraschten Babys ziemlich gut.

Eine andere Gruppe wurde nicht überrascht: Sie sah jeweils die Variante des möglichen Ereignisses. Im Anschluss konnten auch sie lernen, dass zu dem Ding aus der (möglichen) Szene ein bestimmtes Geräusch gehört, aber: Sie lernten den Zusammenhang nicht so gut wie die Kinder der ersten Gruppe, die einen Überraschungsmoment erlebten. Das Überraschtsein hilft also beim Lernen.
Und mehr noch: Der Gegenstand aus der unmöglichen Szene hatte das Interesse der Kinder geweckt. Im Anschluss spielten sie besonders häufig mit dem Gegenstand aus dieser Szene, selbst wenn sie zeitgleich auch einen komplett neuen Gegenstand zum Spielen bekamen. Dass sich Babys in der Regel besonders für Neues interessieren, wurde bereits mehrfach deutlich. Überraschung weckt also Interesse.

Schiefe Ebenen auch im Kleinen testen.

Schließlich wurden die Kinder zu kleinen Physikern: Sie untersuchten den Gegenstand aus der Szene zielstrebig, um zu überprüfen, ob er nun den gewohnten Gesetzmäßigkeiten gehorcht oder nicht. Und wie untersucht man, ob etwas Festes durch andere feste Dinge durchgeht? Indem man es gegen etwas anderes festes schlägt. Wie untersucht man, ob etwas schweben kann oder doch herunterfällt? Indem man es auf den Weg bringt und dann fallen lässt. Und genau das taten die Babys auch – ganz gezielt. Folglich denken überraschte Babys ganz konzentriert nach: Was ist hier los? Gilt mein Wissen über die Dinge oder nicht (Stahl & Feigenson, 2015)?
Wer also allmählich die Geduld verliert, wenn ein Kleinkind seinen Löffel zum x-ten Mal loslässt und beobachtet, wie dieser geräuschvoll zu Boden fällt, kann sich zukünftig trösten: Das kluge, physikbegabte Kind will ja nur lernen und überprüfen, wie durchgängig die Regel „loslassen, herunterfallen, laut aufprallen" gilt. Schließlich fällt der Löffel nicht immer zu Boden, manchmal bleibt er in der Kleidung oder am Stuhl hängen. Und gleich klingt der Aufprall

auch nicht immer. Entsprechend können geeignete Spielmaterialien Raum für Erwartungen, Erfahrungen und Überraschungen eröffnen, wenn Kinder die Möglichkeit haben, damit in vielfältiger Weise zu arbeiten.

Pascal (1;3) ist ganz Ohr: Wie es wohl diesmal klingt?

Prüfen Sie Ihr Wissen:

1. Nennen Sie zwei Beispiele für Wissen über unbelebte Dinge, das bereits Babys haben.
2. Wie wirkte sich das Beobachten eines unmöglichen Ereignisses auf die Kinder in der Studie aus?

5.5 Alles andere als Autopilot – Selbststeuerung

Wenn Sie dieses Buch lesen, steuern Sie Ihre Aufmerksamkeit ganz selbstverständlich und über längere Zeit: Sie betrachten die Seiten des Buches, nehmen äußere Reize gezielt auf. Zwischendurch denken Sie über das soeben Gelesene nach. Sie halten inne und verwenden Ihre Aufmerksamkeit auf Ihre Gedanken. Sie konzentrieren sich und blenden dabei Ablenkungen in Ihrer Umwelt aus.

Saad (2;9) ist ganz vertieft und kann schon länger bei der Sache bleiben, wie die umfangreiche Elefantenreihe zeigt.

Unsere Aufmerksamkeit lässt sich mit einer Taschenlampe vergleichen: Wer sich auf etwas konzentriert, stellt den Lichtkegel ganz schmal auf eine bestimmte Sache ein. Denn nur wenn die Taschenlampe auf einen Punkt fokussiert, ist das Licht auch ausreichend, um diese Stelle genau erkennen zu können. Wer diese eine Stelle länger betrachten will, muss in der Lage sein, die Taschenlampe ruhig zu halten und sie nicht zwischendurch auf andere Dinge zu lenken. Doch bis das gelingt, ist es ein weiter Weg. Denn zunächst ist die kindliche Aufmerksamkeit nur von kurzer Dauer, leicht ablenkbar und stark durch das individuelle Interesse gesteuert.

Die nachfolgende Tabelle gibt einen Überblick über die Entwicklung der Aufmerksamkeit in den ersten Lebensjahren.

geteilte Aufmerksamkeit:
Menschen richten ihre Aufmerksamkeit gemeinsam auf ein Objekt

Entwicklung der Aufmerksamkeit in den ersten Lebensjahren

Alter	Entwicklung der Aufmerksamkeit
erster bis sechster Lebensmonat	Die Aufmerksamkeit ist durch äußere Reize gelenkt: Was interessant oder neu ist, wird beachtet.
Ende des ersten Lebensjahres	Die Aufmerksamkeit kann willentlich zwischen zwei äußeren Reizen gelenkt werden.
im zweiten Lebensjahr	Geteilte Aufmerksamkeit: Die Aufmerksamkeit kann gezielt auf das ausgerichtet werden, was auch andere interessiert.
Ende des zweiten Lebensjahres	Die Aufmerksamkeit kann gezielt auf äußere Reize *oder* innere Vorstellungen gelenkt werden.
Ende des zweiten bis ins vierte Lebensjahr hinein	Die Aufmerksamkeitsspanne wächst stetig, Ablenkungen können immer besser ausgeblendet werden.

Ausgelassen toben die Kinder durch den Bewegungsraum. Dazu wird gesungen: „Im Kuckucksland, im Kuckucksland, da ist die Welt verhext!" Bei „verhext" bleiben alle plötzlich stehen und verharren bewegungslos auf der Stelle. Wirklich alle? Irgendeiner tappt meist doch weiter. Einen Moment wird noch gemeinsam innegehalten, dann kommt das erlösende Signal „Biddiwex!" und das bunte Treiben geht sofort mit voller Geschwindigkeit weiter. Bis zum nächsten „Verhext".

Wer hier mitspielen will, der muss sein Verhalten steuern können: Er muss innehalten, obwohl die Situation (Bewegungsraum, gemeinsames Lied, andere Kinder) einen hohen Aufforderungscharakter hat und zum Tanzen und Herumtollen verleitet. Dafür brauchen wir kognitive Steuerungsprozesse. Diese sind nötig, wann immer wir unser Verhalten gezielt ausrichten wollen. Unsere Selbststeuerung umfasst ein ganzes Bündel an Fähigkeiten, die als exekutive Funktionen zusammengefasst werden (Miyake et al., 2000).

exekutiv: ausführend

Im engeren Sinne umfassen unsere exekutiven Funktionen drei Kernkomponenten:

- Wer sich überlegt, was er als nächstes tun möchte (z. B. weiterrennen), muss erst einmal präsent haben, worauf es im Moment ankommt (z. B. das Signalwort „Biddiwex!"). Dafür brauchen wir unser **Arbeitsgedächtnis**.
- Wenn es darum geht, ein wenig zu warten oder eine Handlung nicht auszuführen, brauchen wir die Fähigkeit zur Inhibition.
- Oft funktioniert etwas nicht so, wie wir dachten. Damit wir unser Verhalten anpassen können, brauchen wir unsere **Flexibilität**, sonst versuchen wir immer wieder das Gleiche.

Inhibition: Verhinderung, Unterdrückung

Exekutive Funktionen

Weil exekutive Funktionen Denkvorgänge steuern und Verhalten regulieren, kommen sie insbesondere in ungewohnten, herausfordernden Situationen zum Einsatz. Wenn automatisches oder routiniertes Handeln nicht zielführend ist, sind diese Funktionen gefordert.

Diese Fähigkeiten entwickeln sich sehr stark im Kindergarten- und Vorschulalter, sogar bis ins dritte Lebensjahrzehnt hinein. Dabei bauen die Kernkomponenten in ihrer Entwicklung wie in ihrer Funktionsweise aufeinander auf. Auf die frühe Entwicklung des Arbeitsgedächtnisses folgen Inhibition und schließlich Flexibilität, die komplexeste Fähigkeit. Alle drei Kernkomponenten durchlaufen je eigene Phasen intensiver Entwicklung, wie die Abbildung „Entwicklung der Kernkomponenten exekutiver Funktionen“ zeigt. Während der Kindergartenjahre entwickelt sich dann insbesondere das Wechselspiel zwischen den einzelnen Komponenten noch intensiver.

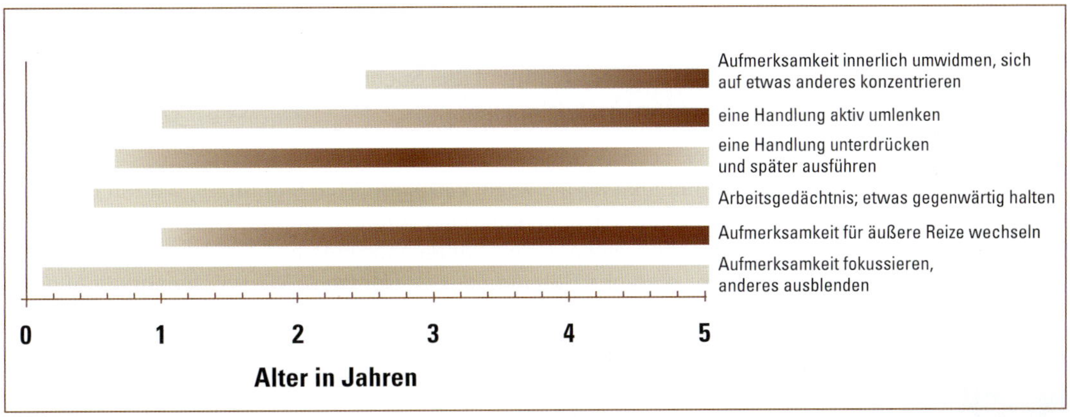

Entwicklung der Kernkomponenten exekutiver Funktionen in den ersten fünf Lebensjahren. Je dunkler der Balken, desto intensiver die Entwicklung in diesem Alter.

Selbststeuerung lässt sich mit einem Muskel vergleichen: Wer seine exekutiven Funktionen einsetzt und dabei trainiert, der kann sich auch immer besser selbst steuern. Insbesondere so lange Kinder sich noch nicht so gut selbst steuern können, kommt auch die Fremdsteuerung durch andere zum Tragen: Kinder werden von etwas abgehalten, wenn sie sich selbst noch nicht entsprechend im Griff haben, oder an Dinge erinnert, wenn sie sich diese noch nicht vorstellen und merken können.

Da das exekutive System also besonders dann gefördert wird, wenn eine Situation oder Aufgabe den Einsatz von Arbeitsgedächtnis, Inhibition und Flexibilität erfordert, ist es für die Entwicklung der Selbststeuerung zuträglicher, wenn andere nur so weit unterstützen, wie es nötig ist (vgl. Kap. 3.4, S. 97 ff.). Speziell Hilfestellungen, die die Bewältigung herausfordernder Situationen unterstützen, dienen der Entwicklung dieser Funktionen. Durch gezielte Hilfe werden Aufgaben erleichtert und Kinder können sie selbstständig meistern, ohne dass ihnen das Suchen nach passenden Lösungen abgenommen wird oder sie überfordert werden.

Viele Spielsituationen im Krippenalltag brauchen Selbststeuerung. Zumeist sind Arbeitsgedächtnis und Inhibition gefordert. Durch Regelwechsel kommt auch Flexibilität ins Spiel, was ab etwa drei Jahren möglich wird.

Aktivitäten mit Kindern zwischen sechs und 18 Monaten

Schoßspiele, zum Beispiel Schotterwagen oder Hoppe, hoppe, Reiter

Hier gibt es viele verschiedene Spiele, die unterschiedliche Fähigkeiten beanspruchen. Doch alle folgen einfachen Regeln, die das Verhalten der Erwachsenen und der Kinder leiten. Wiederholungen helfen den Kindern dabei, sich zu erinnern und ihr Verhalten den Regeln entsprechend anzupassen.

Beliebt sind Reime im Singsang, die mit einer aufregenden, jedoch erwarteten Überraschung enden. Kleinkinder trainieren ihr Arbeitsgedächtnis, wenn sie mit dem Lied vertraut werden. Bis zur Überraschung müssen sie mit großer Spannung und Vorfreude umgehen.

Versteckspiele mit Dingen oder Personen

Versteckspiele fordern das Arbeitsgedächtnis heraus. Für so junge Kinder reicht es schon, ein Spielzeug unter einem Tuch zu verstecken. Sind sie in der Lage, dieses wiederzufinden, wird das Versteck einmal oder mehrfach gewechselt. Ältere Kinder können Dinge suchen, ohne vorher gesehen zu haben, wo sie versteckt wurden. Während des Suchens müssen sie sich merken, wo sie bereits gesucht haben.

Imitationsspiele

Wer andere nachahmt, muss Handlungen aufmerksam verfolgen, sich einprägen, warten bis er an der Reihe ist und sich dann daran erinnern. Imitierspiele können zahlreiche Formen annehmen: einfache Gesten nachahmen (wie winken), Spielzeuge anordnen und die Anordnung nachbauen (wie Tiere im Stall oder einfache Gebäude aus Bauklötzen). Mit zunehmendem Alter der Kinder steigt die Schwierigkeit.

Alltagsgegenstände unterstützen Imitation und Fantasiespiel.

Aktivitäten mit Kindern zwischen 18 und 36 Monaten
Sortierspiele *In diesem Alter können Kinder einfache Sortierspiele spielen, bei denen sie die Sortierregel (wie nach Größe, nach Farbe, nach Form etc. sortieren) verstehen, erinnern und befolgen müssen.* • *Abwechseln:* Beide Spieler ordnen abwechselnd Dinge nach Größe, Form oder Farbe zu. • *Quatschsortieren:* Beispielsweise kommen kleine Formen in den großen Eimer und große Formen in den kleinen Eimer. Kinder sortieren meist Gleiches zu Gleichem. Beim Quatschsortieren müssen sie umdenken und ihre gewohnte Handlung unterdrücken, außerdem brauchen sie ihre selektive Aufmerksamkeit und das Arbeitsgedächtnis.
Fantasiespiel/Als-ob-Spiel *Kinder unter drei Jahren sind zu einfachem Fantasiespiel in der Lage. Während jüngere Kinder Alltagstätigkeiten von Erwachsenen (zum Beispiel mit dem Besen zu kehren oder mit dem Topf zu kochen) imitieren, kommen nun einfache Handlungsstränge hinzu. Beispielsweise stellt das Kind den Topf nach dem „Kochen" auf den Tisch und nimmt sich etwas zu essen. Hilfreich ist, wenn Alltagsgegenstände (zum Beispiel Haushaltsgegenstände, Spielzeug, Kleidungsstücke) bereitstehen.* • *Mit dem Kind mitspielen* und ihm die Führung überlassen: Dabei darf das Kind die Rolle zuweisen und bestimmen, wie sie gespielt wird. Das Verhalten anderer zu steuern, ist eine wichtige Art und Weise, die eigene Selbststeuerung zu entwickeln.
Bewegungsspiele *Kleinkinder entwickeln in diesem Alter viele wichtige körperliche Fähigkeiten und sie lieben Bewegung. Bei diesen Spielen müssen die Kinder ihre Aufmerksamkeit auf ein Ziel ausrichten und aufrechterhalten. Sie müssen unnötige und untaugliche Handlungen unterdrücken und verschiedene neue Wege erproben, falls die erste Variante nicht funktioniert. Bei vielen dieser Aktivitäten ist es erforderlich, dass Erwachsene häufig an die Regeln erinnern.* *Ein paar Anregungen:* • Viele Materialien bereitstellen und Gelegenheiten geben, unterstützt die Kinder darin, ihre neuen Fähigkeiten (wie Bälle werfen und fangen, balancieren, hüpfen, eine Schräge rauf- und runterlaufen) auszuprobieren. Einfache Regeln, zum Beispiel abwechselnd zu einer Ziellinie und zurück zu rennen, fordern zusätzlich Arbeitsgedächtnis und Inhibition heraus. • „Einfrieren", sobald das Lied endet (zum Beispiel *im Kuckucksland*), oder auch Liedspiele, bei denen die Kinder losrennen und anhalten oder schneller und langsamer gehen müssen, eignen sich gut; ebenso Bewegungslieder (wie *Das ist hoch und das ist tief, Bimmel bammel bommel – die Katze schlägt die Trommel*).

Exekutive Funktionen sind von weitreichender Bedeutung für das menschliche Sozialverhalten und Lernprozesse. Unter anderem bilden sie für folgende Kompetenzen die Grundlage (Kochanska et al., 2000):

- Impulskontrolle und Frustrationstoleranz,
- Emotionsregulation,
- planvolles und vorausschauendes Handeln,
- logisches Denken und Problemlösen,
- Aufmerksamkeitslenkung und Fokussierung,
- flexibles und angepasstes Verhalten.

Prüfen Sie Ihr Wissen:

1. Wie entwickeln sich die Aufmerksamkeit und ihre Steuerung?
2. Erklären Sie die drei Kernkomponenten der exekutiven Funktionen.
3. Welche späteren Kompetenzen bauen auf den exekutiven Funktionen auf?

5.6 Ich und du und das Denken – Soziale Kognition

Mit anderen und über andere denken können

Säuglinge ab etwa acht bis neun Monaten orientieren sich bei Unsicherheit am emotionalen Ausdruck einer Bezugsperson. Man spricht von sozialer Rückversicherung. Die Kinder nutzen den emotionalen Ausdruck der Bezugsperson als Orientierung dafür, wie sie auf neue Dinge oder Situationen reagieren sollten. Weckt ein unvertrauter Hund das Interesse des Kleinkindes, geht der rückversichernde Blick zur Bezugsperson. Sinngemäß fragt das Kind so: „Kann ich mich dem Hund unbedenklich nähern oder sollte ich besser Abstand halten. Was meinst du?“ Abhängig von der emotionalen Reaktion der Bezugsperson, passt das Kleinkind sein Verhalten entsprechend an.

soziale Rückversicherung:
Säuglinge ab etwa acht bis neun Monaten orientieren sich bei Unsicherheit am emotionalen Ausdruck einer Bezugsperson.

Versuche zur visuellen Klippe (vgl. Kap 1.6, S. 35) zeigen, dass Einjährige erkennen, wenn es unter der Glasplatte in die Tiefe geht. In einer Studie entschieden Kinder, ob sie an der Kante weiterkrabbeln, nach der emotionalen Reaktion ihrer Mutter: Schaute sie ängstlich, hielten alle Kinder an. Blickte sie fröhlich, überwanden 14 von 19 Kindern ihre Angst und krabbelten weiter über die Glasplatte (Sorce et al., 1985).

Um den neunten Lebensmonat beginnt eine rasante Entwicklung im Verständnis der sozialen Umwelt. Mitunter wird dies auch als „Neunmonatsrevolution“ bezeichnet. Die Kinder zeigen neue Verhaltensweisen. Sie beginnen zu verstehen, dass andere Menschen Absichten haben. Sie beginnen die Aufmerksamkeit anderer zu teilen, dann deren Aufmerksamkeit zu folgen und schließlich deren Aufmerksamkeit zu lenken. Sind sie in der Lage, ihre Aufmerksamkeit mit anderen zu teilen, beginnen die Kinder, von und durch andere zu lernen. Sie können das Wissen und die Erfahrungen anderer anzapfen und nutzen.

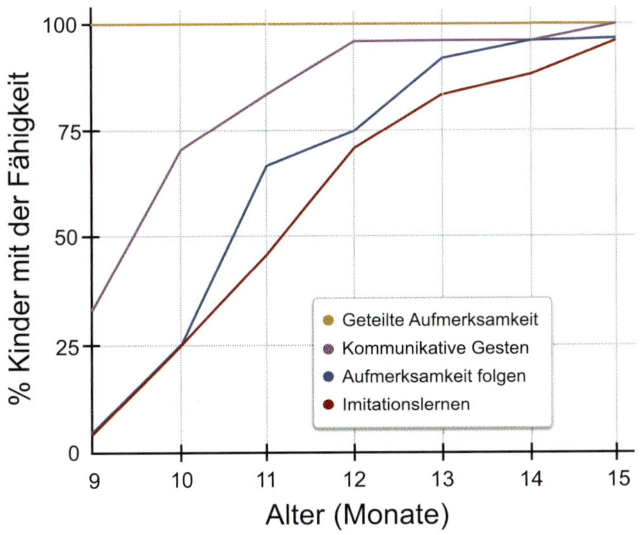

Entwicklung der sozialen Kognition mit der „Neunmonatsrevolution“ zwischen 9 und 15 Monaten (nach Carpenter et al., 1998)

Beobachtung einer Erzieherin: Zuerst zeigen die Kinder selbst auf etwas im Raum. „Da!“, lenken sie den Blick anderer auf eine Fliege. Dass sie gemeinsam mit anderen Bilderbücher betrachten können, kommt etwas später.

Geteilte Aufmerksamkeit

Die kleine Clara, der etwas ältere Bela und die Erzieherin betrachten gemeinsam ein Buch (siehe Foto S. 157). „Da ist der Fuchs!“, ruft Bela. Clara und die Erzieherin folgen Belas Finger mit ihrem Blick. Um Belas Hinweis zu nutzen, muss Clara verstehen, was das Zeigen bedeutet: „Hier ist etwas Interessantes!“ Sie muss verstehen, dass Bela das gezeigte Ding beachtet und damit beabsichtigt, dass sie (und die Erzieherin) ihre Aufmerksamkeit nun gemeinsam auf etwas Bestimmtes lenken. Dieser Vorgang des gemeinsamen Betrachtens wird auch *Joint Attention* genannt.

Geteilte Aufmerksamkeit lässt sich beobachten, wenn ein Kind von einem Objekt zum Gesicht einer anderen Person und wieder zurück zu demselben Objekt blickt. So wird die Aufmerksamkeit sowohl auf die Person als auch auf das Objekt koordiniert.

In der Grafik auf S. 155 zeigt sich, dass die Fähigkeit zur geteilten Aufmerksamkeit bei allen untersuchten neun Monate alten Kindern bereits ausgebildet war. Die Fähigkeit entwickelt sich ab diesem Alter aber noch weiter. Geteilte Aufmerksamkeit hält im Alter von neun Monaten durchschnittlich weniger als 15 Sekunden an. Mit 14 Monaten hat sich diese Zeit verdreifacht. Auch die Anzahl der Episoden, die ein Kind in geteilter Aufmerksamkeit verbringt, verdreifacht sich (Carpenter et al., 1998).

Geteilte Aufmerksamkeit schafft eine gemeinsame Basis für den sozialen Austausch der Kinder mit ihrem Gegenüber. Das konnte an einer Studie mit 14 Monate alten Kindern gezeigt werden (Moll et al., 2008): Eine erwachsene Person lenkt die Aufmerksamkeit eines Kindes auf ein besonderes Spielzeug, z. B. einen Teddy, den sie mit „Ohh!“ und „Ahh!“ erfreut betrachtet. Das Kind registriert das. Wenn dieser Teddy dann neben anderen Spielzeugen auf einem Tablett liegt und die erwachsene Person das Kind erfreut bittet „das Spielzeug“ zu reichen, nutzt das Kind diese gemeinsame Basis. Es reicht den Teddy. Das Kind greift auf die geteilter gemachten Erfahrungen zurück. Die Fähigkeit zu geteilter Aufmerksamkeit ermöglicht es dem Kind, den Überblick darüber zu behalten, was es mit wem und auf welche Weise erlebt hat.

Gemeinsam bei einer Sache – dank Joint Attention.

Aufmerksamkeit folgen

Wenn Sie sich mitten in die Stadt stellen und nach oben schauen, werden viele Menschen ebenfalls nach oben schauen und versuchen zu verstehen, was Sie da anschauen. Sie verfolgen Ihren Blick. Diese Fähigkeit, den Blick eines anderen Menschen zu verfolgen, entwickelt sich zwischen neun und 15 Monaten. Babys unter neun Monaten würden Sie vielleicht anstarren, aber nicht dorthin schauen, wohin Sie Ihren Blick lenken. Ähnlich verhält es sich, wenn Sie nach oben zeigen würden. Babys unter neun Monaten starren vielleicht auf Ihre Finger. Alle andern verfolgen Ihre Zeigegeste und versuchen zu verstehen, worauf sie uns aufmerksam machen möchten.

Kooperative Kommunikation mit Gesten

Kinder beginnen ab neun Monaten Gesten zu verstehen. Für eine Studie haben Forschende ein Spielzeug versteckt und dann mit dem Finger gezeigt, wo es sich befindet. Manch einjährige Kinder finden so das Spielzeug und sie helfen auch anderen Erwachsenen, durch Zeigen das richtige Versteck zu finden (Behne et al., 2012). Einjährige beginnen also, Hinweise richtig deuten und erkennen, dass ihnen andere auf diese Weise etwas mitteilen.

In der oben erwähnten Studie (Behne et al., 2012) konnten auch manch Einjährige durch kooperative Gesten aushelfen. Wenn sie sahen, wo ein Spielzeug versteckt wurde, haben sie es anderen Personen durch Zeigen auf das Spielzeug-Versteck „verraten".

Kinder beginnen in der Zeit zwischen neun und 15 Monaten Gesten selbst einzusetzen, um anderen etwas mitzuteilen. In der Studie, die der Grafik (s. o.) zugrunde liegt, sahen die Kinder ein Plüschtier plötzlich in der Mitte des Raumes baumeln. Die Forschenden konnten es nicht sehen, weil es hinter ihnen war. Und auch die eigene Mutter schien es nicht zu bemerken. Weniger als die Hälfte der neun Monate alten, aber fast alle der 15 Monate alten Kinder machten Erwachsenen auf dieses ungeheure Geschehen durch Gesten aufmerksam. Die Kinder nutzten Gesten zur Kooperation.

Imitationslernen

Kinder sind gut im Nachahmen (vgl. Kap. 2.3, S. 64 ff.). Diese Fähigkeit entwickelt sich ebenfalls mit der „Neunmonatsrevolution" zwischen neun und 15 Monaten. In der Studie, die der Grafik (s. o.) zugrunde liegt, durften Kinder ein paar Minuten mit einer interessanten Box spielen. Danach bekamen sie eine Aktion gezeigt, die dazu führte, dass etwas Tolles passierte. Z. B. sahen die Kinder, wie auf einen Klingelknopf gedrückt wurde und sich daraufhin kurze Zeit später ein buntes Rad drehte. Von Imitationslernen wird gesprochen, wenn ein Kinder nicht nur einfach etwas nachahmt (den Klingelknopf drückt), sondern auch das Endprodukt der gesehenen Interaktion (das drehende bunte Rad) erwartet. Kaum eines der neun Monate alten, aber fast alle der 15 Monate alten Kinder imitierte die vorgegebene Handlung und erwartete gespannt die Reaktion der interessanten Box.

Intention:
Absicht

gemeinsame Intentionalität:
das Vermögen, sich in den anderen hineinzuversetzen, seine Intentionen zu verstehen und zu teilen – und auf dieser Grundlage gemeinsame Ziele und Aktivitäten zu entwickeln

Eine Absicht gemeinsam verfolgen – die Königsdisziplin der sozialen Kognition

Bereits Einjährige verstehen, dass hinter unserem (sichtbaren) Handeln eine (unsichtbare) Absicht steht (vgl. Kap. 2.3, S. 60 f.). Warum zum Beispiel ein Erwachsener einem Kind einen bestimmten Gegenstand nicht gibt, kann unterschiedliche Gründe haben, wie in der Geschichte zu Beginn des Kapitels deutlich wurde.
Menschen können gemeinsam handeln und dabei gemeinsame Ziele und Absichten verfolgen. Diese Fähigkeit wird auch gemeinsame Intentionalität genannt. Damit unterscheidet sich das menschliche Denken maßgeblich vom Denken anderer Arten. Die Fähigkeit zur gemeinsamen Intentionalität entwickelt sich Stück für Stück in den ersten 14 Lebensmonaten. Sie setzt voraus, dass Menschen gewillt sind, ihre Gefühle, Erfahrungen und Handlungen überhaupt mit anderen zu teilen.

Was zur gemeinsamen Intention alles gedacht, berücksichtigt und abgestimmt werden muss, zeigt die untere Abbildung (Tomasello et al., 2005): Zwei Menschen (orangefarbener und blauer Kopf) möchten ein Paket öffnen. Beide Personen haben das gemeinsame Ziel, das Paket zu öffnen. Und beide wissen, dass sie dieses Ziel gemeinsam haben (oberer Kasten in beiden Köpfen). Daher richtet sich ihre geteilte Aufmerksamkeit (Dreieck in der Mitte) auf das Paket und ihr gemeinsames Handeln. Um das Paket zu öffnen, kann man unterschiedlich vorgehen. Wie, wird auch in Abhängigkeit davon entschieden, welche Werkzeuge und Fähigkeiten die Beteiligten jeweils mitbringen (Schere oder Teppichmesser, wer kann damit jeweils wie gut umgehen). Durch die unterschiedlichen Werkzeuge und Fähigkeiten werden auch unterschiedliche Rollen beim Paketöffnen eingenommen, die jeweils beide Beteiligten in ihren Überlegungen berücksichtigen (unterer Kasten). Bei Bedarf können die Rollen dann auch getauscht werden.

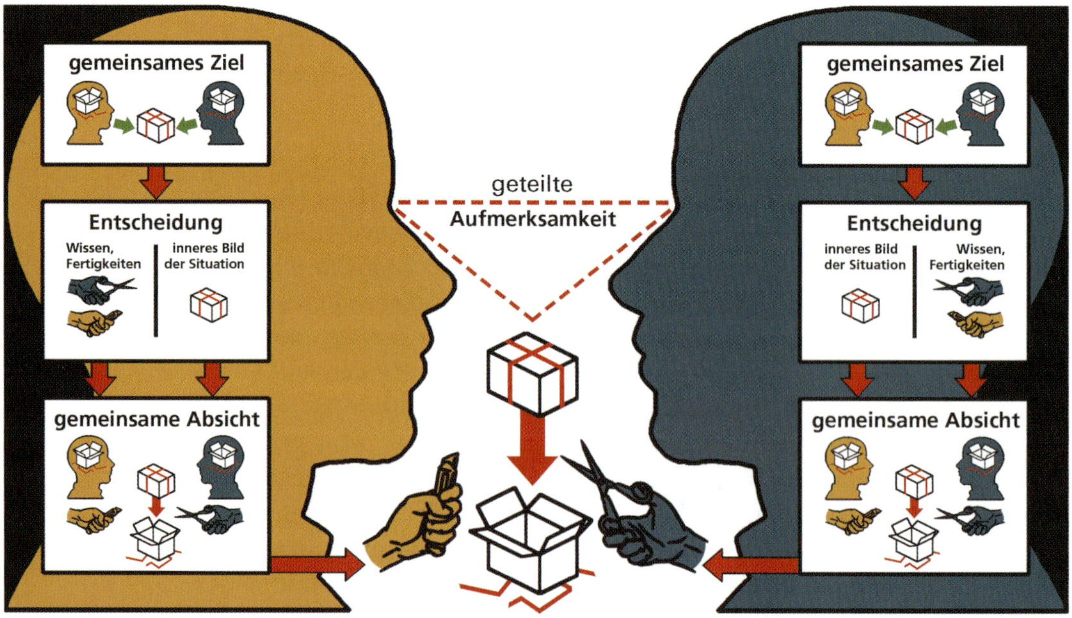

Innere Vorstellungen, wenn zwei Menschen mit einem gemeinsamen Ziel, gemeinsamer Intention und sich ergänzenden Rollen zusammen arbeiten (in Anlehnung an Tomasello et al., 2005).

Die nachfolgende Tabelle zeigt, welche Entwicklungsschritte der gemeinsamen Intentionalität vorausgehen. Damit verändern sich die Möglichkeiten eines Kindes, sein Handeln auf andere Personen abzustimmen. Schließlich ist mit der gemeinsamen Intentionalität die kognitive Grundlage für Kooperation gelegt.

Entwicklungsschritte bis zur gemeinsamen Intention (Tomasello et al., 2005, S. 689)

Alter	ab 3 Monate	ab 9 Monate	ab 14 Monate
Ebene des Verstehens beim Beobachter	Lebewesen bewegen sich und handeln.	Handelnde haben Ziele.	Handelnde wählen aus Plänen aus.
Form der Interaktion	**dyadische Interaktion** zwischen Baby und Bezugsperson →	**triadische Interaktion** zwischen Baby, Bezugsperson und einem Objekt, auf das beide ihre Aufmerksamkeit richten →	**kollaborative Interaktion** zwischen Baby und Bezugsperson (Es agiert aktiv mit der Bezugsperson, regt Dinge an, versteht unterschiedliche Rollen.)
Motivation	Der Wille, eigene Gefühle, Erfahrungen und Handlungen mit anderen zu teilen, besteht.		
Interaktion beinhaltet …	… gemeinsame Emotionen und Verhalten.	… gemeinsame Ziele und Wahrnehmungen.	… gemeinsame Intention.
Beispiele	Baby und Bezugsperson „unterhalten" sich, wechseln sich dabei im Ausdruck einer gemeinsamen Emotion ab.	Ein Geben und Nehmen zwischen Baby und Bezugsperson: einen Ball hin und her rollen, gemeinsam aufräumen, essen und trinken spielen, gemeinsam einen Turm bauen.	Das Kind ist auch aktiv. Es ermuntert den anderen zum Beispiel nach Unterbrechung am Turm, weiter zu bauen.
Darstellung in der Abbildung (S. 184)	Kopf ist leer	nur blaue Elemente	alle Komponenten (orangefarbene und blaue)

Ab etwa 18 Monaten erleben Kleinkinder, dass Handlungsziele, die mit Gegenständen verbunden sind, voneinander abweichen können. Die Aufmerksamkeit richtet sich zwar noch auf den gleichen Gegenstand, das Ziel dahinter weicht aber ab. Wenn sich das Kind beispielsweise für den heißen Topf interessiert und ihn anfassen möchte, kann es sein, dass die Mutter dies verhindert. Andere Menschen können Gegenstände offensichtlich mit einer anderen Bewertung erfassen als das Kind selbst. Ab dieser ersten Entdeckung beginnen Kinder, dies nun systematisch zu überprüfen und stellen fest, dass andere Menschen mitunter anders auf Gegenstände und Situationen reagieren.
Die soziale Rückversicherung wird also von einer in erster Linie emotionalen Rückversicherung auf das Überprüfen von Absichten erweitert.

Kooperation ist das, was unser Menschsein ausmacht. Wir können unsere „Köpfe zusammenstecken“ und damit erstaunliche Dinge erdenken und dann erschaffen. Zum Beispiel dieses Buch oder das Haus, in dem Sie wohnen, oder das Konzept der Kinderkrippe, dass Kinder unter drei Jahren von Fachpersonal in ihrer Entwicklung begleitet werden. Unsere nächsten Verwandten im Tierreich, die Menschenaffen sind zwar ebenfalls in der Lage, die Absichten anderer Menschenaffen zu lesen. Sie nutzen diese Fähigkeit bevorzugt dafür, sich gegenseitig auszutricksen. Menschen hingegen nutzen diese Fähigkeit für Kooperation. Diese Voreinstellung auf Kooperation, dieses einzigartige, kooperative Mindset in allen Menschen ist zugleich die Grundlage für Kultur, kulturelles Lernen und gemeinschaftlichen Fortschritt. Menschen lernen voneinander und geben Erfindungen innerhalb ihrer Gruppen und über Generationen weiter.

Mindset: grundlegende Ausrichtung einer Denkweise

Schließlich vollzieht sich um den dritten Geburtstag noch eine Veränderung im Blinkwinkel auf gemeinsame Handlungen: Ein gewisses Verständnis für gegenseitiges Einvernehmen und gerechten Ausgleich entsteht. Im Vergleich zur Kooperation von Zweijährigen sind sich Dreijährige bewusst, dass beide Partner durch das gemeinsame Hinarbeiten auf ein gemeinsames Ziel verpflichtet sind, auf das Erreichen des Ziels zu beharren. Sie wissen auch, dass sie berechtigt sind, ihren Teil – einen gleichen Teil – des gemeinsamen Ziels oder der Belohnung zu erhalten (Hamann et al., 2011). Letztlich verweist das wieder auf das kooperative Mindset des Menschen: Menschen kooperieren, teilen fair auf und kooperieren erneut.

Bereits Dreijährige teilen Spielzeug fair, wenn beide es sich zusammen verdient haben.

Prüfen Sie Ihr Wissen:

1. Was ist mit sozialer Rückversicherung gemeint?
2. Nennen Sie zwei mindestens Fähigkeiten, die Kinder zwischen neun und 15 Monaten entwickeln.
3. Was wird für die erfolgreiche Kooperation zweier Kinder gebraucht?

Vertiefung und Transfer

1. „Vom Begreifen zum Begriff“ – was könnte damit gemeint sein?
2. Zur präverbalen Gedächtnisentwicklung: Geben Sie einem Kind die Gelegenheit, ein neues, besonderes Spielzeug zu erkunden. Verstecken Sie das Spielzeug anschließend gemeinsam. Begeben Sie sich ein paar Tage oder Wochen später mit dem Kind auf die Suche nach dem Spielzeug: Erinnert es sich an das Versteck? Und können Sie beobachten, ob es sich erinnert, wie es mit dem Spielzeug gespielt hat?
3. Kleinkinder verfügen über Wissen und sind in der Lage, zu denken, lange bevor sie über etwas sprechen können. An welchen beobachtbaren Verhaltensweisen können Sie das festmachen?
4. Wählen Sie ein Spiel aus den Aktivitäten, die exekutive Funktionen erfordern oder ein selbst gewähltes Spiel (Lied), das Sie gerne mit Kindern umsetzen. Wofür benötigen die Kinder jeweils die Kernkomponenten ihrer exekutiven Funktionen?
5. Wie würde ein Tag in Ihrem Leben aussehen, an dem Ihre Selbststeuerung nur gering ausgeprägt ist und Sie sich nicht gut im Griff haben? Vergleichen Sie ihn mit einem Tag, an dem Sie sich noch besser als sonst steuern können.
6. Stellen Sie sich vor, die Neunmonatsrevolution würde bei Kindern vereinzelt komplett oder teilweise ausbleiben. Worin würde sich das bemerkbar machen? Was könnten Sie im sozialen Miteinander beobachten?
7. Beobachten Sie zwei Kinder, die gemeinsam spielen und kooperieren. Versuchen Sie, „in ihre Köpfe zu schauen“. Was würden diese Kinder zueinander sagen? Wie könnte ihr inneres Modell zur gemeinsamen Intentionalität aussehen?

Lesetipps

Psychologie der kognitiven Entwicklung

Pauen, S. (2006). Was Babys denken: eine Geschichte des ersten Lebensjahres. München: C. H. Beck.

- Der Schwerpunkt des Buchs ist die Denkentwicklung von Säuglingen im ersten Lebensjahr, die anhand zahlreicher Experimente beschrieben wird.
- Es wird deutlich, was schon die ganz Kleinen können, aber auch wie Säuglingsforscher vorgehen und wo noch kontrovers diskutiert wird.

Goswami, U. (2001). So denken Kinder: Einführung in die Psychologie der kognitiven Entwicklung. Bern: Huber.

- Das Buch beschreibt die kognitive Entwicklung von Kindern bis ins Alter von zehn Jahren.
- Es werden nicht nur die Erkenntnisse, sondern auch die Wege der Wissenschaftler dorthin geschildert.
- Ein fundierter Einblick für alle, die auch das Dahinter, beispielsweise die durchgeführten Experimente, verstehen wollen.
- Anders als bei Aufsatzsammlungen von mehreren Autoren besteht das Buch aus einem Guss und enthält gute Querverweise.
- Die deutsche Ausgabe ist nicht mehr die neueste. Wer aber vor Englisch nicht zurückschreckt, kann sich über die aktuellere Ausgabe aus dem Jahr 2008 freuen.

Frühe Physik und Lernen

Stahl, A. E. & Feigenson, L. (2015). Observing the unexpected enhances infants' learning and exploration. Science, 348(6230), 91–94.

- Für ganz Mutige: die Originalstudie zur Rolle des Überraschtseins für das kindliche Lernen; erschienen in der renommierten Wissenschaftszeitschrift Science.

Soziale Kognition

Tomasello, M. & Hamann, K. (2012). Kooperation bei Kleinkindern. Forschungsbericht des Max-Planck-Instituts für evolutionäre Anthropologie.

- Wer zum Thema gemeinsame Intentionalität und Kooperation noch mehr wissen möchte, wird hier fündig.
- Der Bericht stellt auch heraus, wie sich die soziale Kognition beim Menschen von derer verschiedener Affenarten unterscheidet.

Kognitive Entwicklung unterstützen

Pauen, S. (2006). Was Babys denken: eine Geschichte des ersten Lebensjahres. München: C. H. Beck.

- Der Schwerpunkt des Buchs ist die Denkentwicklung von Säuglingen im ersten Lebensjahr, die anhand zahlreicher Experimente beschrieben wird.
- Es wird deutlich, was schon die ganz Kleinen können, aber auch wie Säuglingsforscher vorgehen und wo noch kontrovers diskutiert wird.

Schneider, K. & Wüstenberg, W. (2010): Die Welt der Dinge: Anregende Materialien für Säuglinge, Krabbel- und Kleinkinder. In: Weegmann, W. & Kammerlander, C. (Hrsg.): Die Jüngsten in der Kita – ein Handbuch zur Krippenpädagogik, 251–265. Stuttgart: Kohlhammer.

- So kann der Weg vom Begreifen zum Begriff unterstützt werden: ein Plädoyer für sinnliches Erfahrungslernen der Kinder zum Aufbau ihres Weltbilds mithilfe eines geeigneten Materialangebots.
- Veranschaulicht an einem Praxisbeispiel, enthält das Kapitel viele nützliche und konkrete Tipps für die Fachkräfte zum Thema Materialauswahl.

Höke, J. (2011). Die Bedeutung des Spiels für die kognitive Entwicklung. KiTa Fachtexte.

- Das Erleben von Autonomie, Kompetenz und Eingebundensein bildet eine wichtige Vorbedingung für gelingendes Lernen.
- Es wird deutlich, warum gerade das Spiel ermöglicht, dass sich Kinder selbstbestimmt und an den eigenen Interessen orientiert, in einer wohlwollenden Umgebung mit Herausforderungen auseinandersetzen.

Walk, L. M. & Evers, W. F. (2013). Fex – Förderung exekutiver Funktionen. Bad Rodach: Wehrfritz.

- Die exekutiven Funktionen sind hier knapp, gut verständlich und mit vielen Beispielen aus der Praxis dargestellt.
- Mit Bezug zu den drei Kernkomponenten werden zahlreiche, im Alltag leicht einsetzbare Spiele zur Förderung der kindlichen Selbststeuerung beschrieben.
- Im Fokus stehen hier zwar Kinder über drei Jahre, jedoch lassen sich viele Praxistipps und -beispiele übertragen.

6

Sprachliche Entwicklung – Sprich mit mir!

Annelis erstes richtiges Wort – wenn man das Plappern von „mamama“ oder „bababa“, was vielleicht Mama oder Papa heißen könnte, nicht zählt – ist „Ahnis“. Es steht für den älteren Bruder Hannes. Er ist so ziemlich das Interessanteste in ihrem Leben. Aber er kann nicht so einfach mit Quengeln herbeigelockt werden. Das funktioniert nur bei den Erwachsenen. Doch wenn die Erwachsenen „Hannes“ rufen, dann merkt er auf. Manchmal erscheint er dann sogar. So versucht es Anneli auch und sagt immer wieder:
„Ahnis, Ahnis.“
Das Weinen und Schreien eines Babys geht im Laufe der Sprachentwicklung in das bewusste Produzieren von Lauten und Lautkombinationen, wie „mamama“, über. Um den ersten Geburtstag herum formt das Kleinkind immer wieder dieselben Laute, die eine Bedeutung haben: Es spricht sein erstes Wort.
Studien und Eltern weltweit registrieren die ersten Worte von Babys. Diese Worte, egal, wo und in welcher Sprache sie gesprochen werden, haben eines gemeinsam: Sie sind bedeutsam für das Kind. Wissen Sie, welches Ihr erstes Wort war?

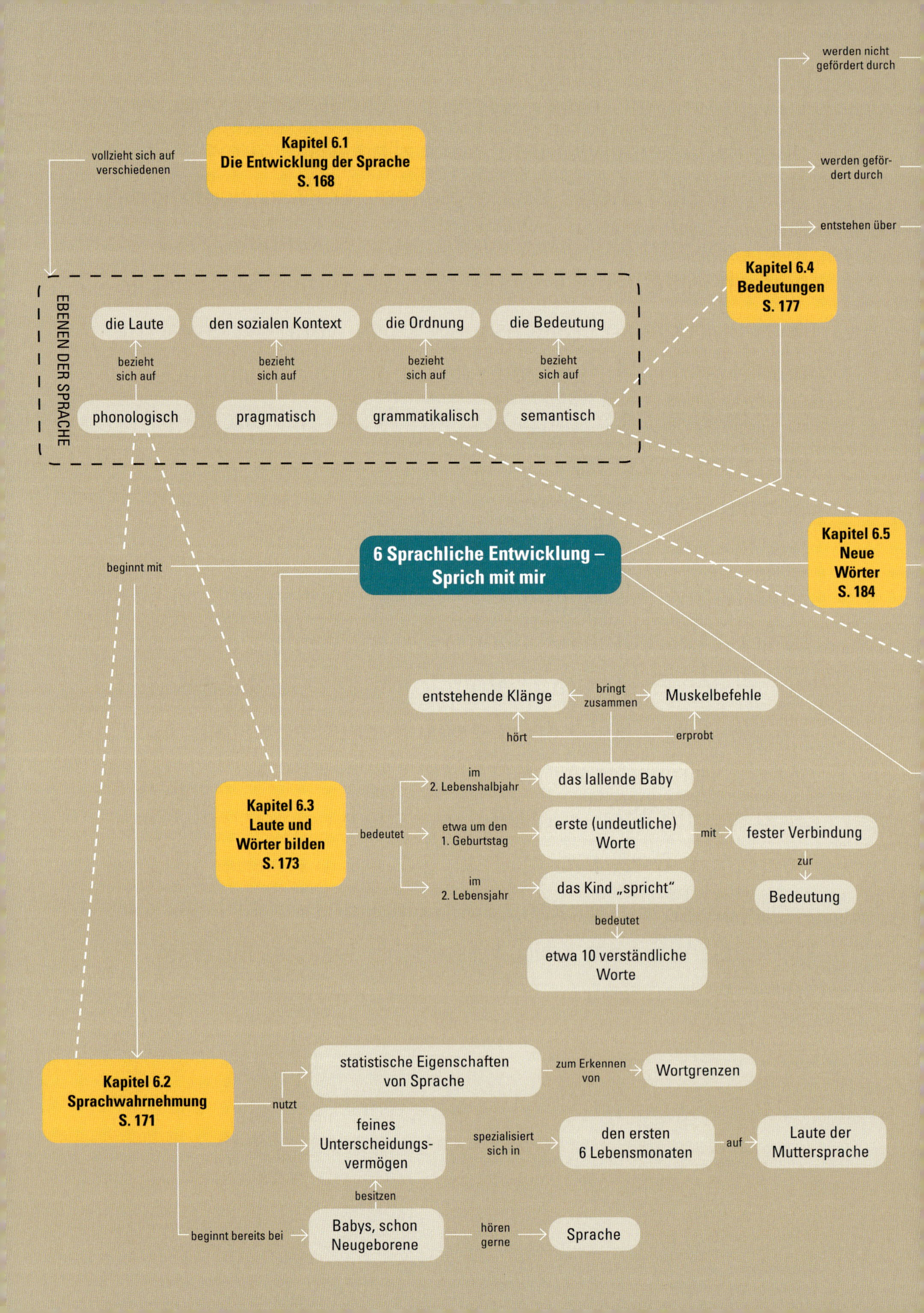

6 Sprachliche Entwicklung – Sprich mit mir
Kapitel 6.1 Die Entwicklung der Sprache S. 168
vollzieht sich auf verschiedenen
EBENEN DER SPRACHE
die Laute
bezieht sich auf
phonologisch
den sozialen Kontext
bezieht sich auf
pragmatisch
die Ordnung
bezieht sich auf
grammatikalisch
die Bedeutung
bezieht sich auf
semantisch
Kapitel 6.4 Bedeutungen S. 177
werden nicht gefördert durch
werden gefördert durch
entstehen über
Kapitel 6.5 Neue Wörter S. 184
beginnt mit
Kapitel 6.3 Laute und Wörter bilden S. 173
bedeutet
im 2. Lebenshalbjahr
das lallende Baby
hört
erprobt
entstehende Klänge
bringt zusammen
Muskelbefehle
etwa um den 1. Geburtstag
erste (undeutliche) Worte
mit
fester Verbindung
zur
Bedeutung
im 2. Lebensjahr
das Kind „spricht"
bedeutet
etwa 10 verständliche Worte
Kapitel 6.2 Sprachwahrnehmung S. 171
nutzt
statistische Eigenschaften von Sprache
zum Erkennen von
Wortgrenzen
feines Unterscheidungsvermögen
spezialisiert sich in
den ersten 6 Lebensmonaten
auf
Laute der Muttersprache
besitzen
beginnt bereits bei
Babys, schon Neugeborene
hören gerne
Sprache

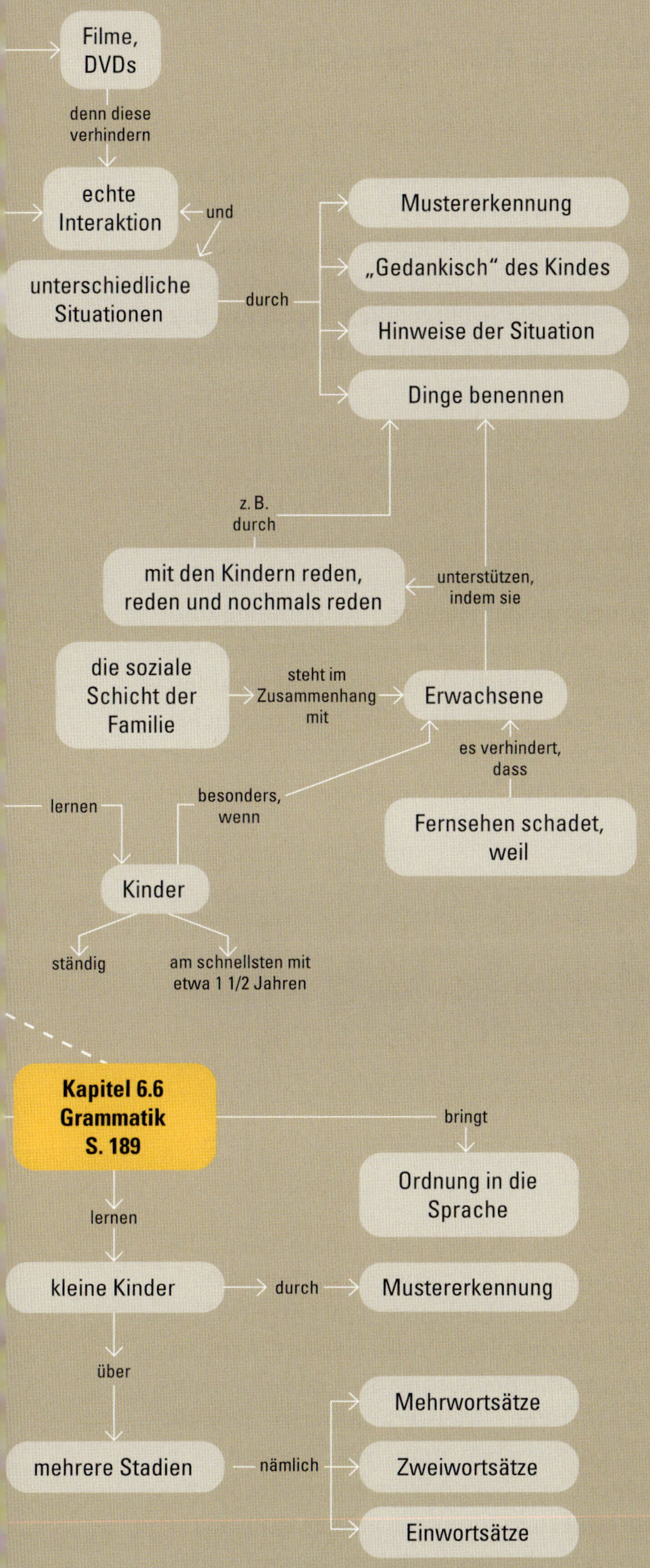

In diesem Kapitel erfahren Sie:

- etwas über die Bereiche und Grundlagen der sprachlichen Entwicklung,
- etwas über den Verlauf der Sprachentwicklung in den ersten drei Lebensjahren,
- etwas über die Möglichkeiten der Unterstützung dieser Sprachentwicklung.

6.1 Die Entwicklung der Sprache – Ein Überblick

In diesem Kapitel geht es um die Entwicklung der Sprache bei Kleinkindern. Doch was genau entwickelt sich eigentlich? Lesen Sie den ersten Satz noch einmal laut vor. Jetzt haben Sie gesprochen, also Sprache produziert. Und Sie haben etwas verstanden, folglich Sprache rezipiert. Das ist Ihnen sicher leichtgefallen. Doch um das zu können, mussten Sie allerhand lernen – und zwar schon lange bevor Sie lesen lernten.

Sprachverstehen oder -rezeption: die Gesamtheit der Prozesse, die zum Verstehen von Sprache führen

Sprachproduktion: die Gesamtheit der Prozesse, die zum Erzeugen sinnvoller Sprache führen

Um Sprache zu produzieren, also Wörter und Sätze auszusprechen und zu bilden, müssen Sie überlegen, was Sie sagen wollen. Das war beim obigen Satz einfach. Er steht ja vor Ihnen im Buch und Sie können lesen. Sie mussten ihn „nur noch" aussprechen. Sie mussten also nur den Muskeln des Kehlkopfs, Rachens und der Zunge befehlen, mit präzisen Bewegungen in der richtigen Reihenfolge und Geschwindigkeit Ihren gleichmäßig ausgeatmeten Luftstrom so zu unterbrechen, dass Schallwellen ähnlich denen in der folgenden Abbildung entstehen. Einfach? Na, jedenfalls sollte man möglichst früh anfangen, zu lernen, welche nicht näher definierbaren Befehle zu welchen Muskelbewegungen und damit zu welchen Sprachlauten führen.

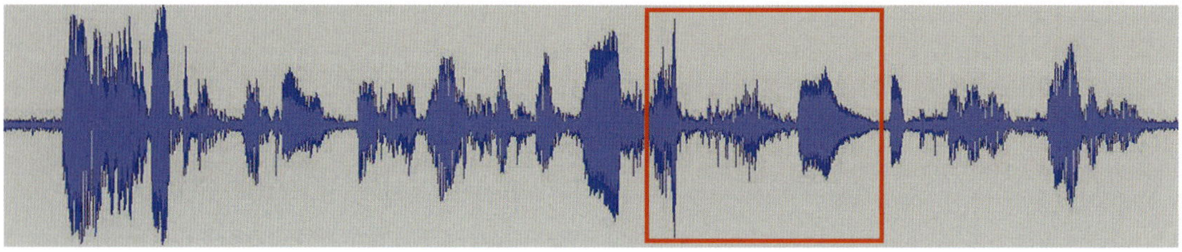

Die grafische Veranschaulichung der Schallwellen des Beispielsatzes: Die Schallwellen des Worts „Sprache" sind rot umrahmt.

Sprache zu verstehen, ist nicht viel leichter. Aus Schallwellen, die ans Ohr treffen, sollen Bedeutungen erschlossen werden. Dafür muss der kontinuierliche Lautstrom in Einheiten (wie einzelne Laute, Silben und Wörter) zerlegt werden. Diese müssen dann zueinander in Bezug gesetzt werden, um die Bedeutung des Ganzen zu entschlüsseln. Das setzt sensorische Meisterleistungen voraus. Schließlich ist der Unterschied zwischen manchen Wörtern, wie „Pass" und „Bass", nur Bruchteile von Sekunden hörbar. Wer in dieser kurzen Zeit die kleinen Unterschiede nicht gut erfassen kann, wird Schwierigkeiten haben, Sprache zu verstehen. Solche Unterschiede sind also wichtig. Andere Unterschiede sind dagegen kaum relevant: Ein Wort kann beispielsweise immer wieder anders klingen, je nachdem, ob der kräftige Onkel es sagt oder die zarte Tante, ob die sächsische Oma spricht oder der Vater mit Migrationshintergrund. Das Wort „Pass" hört sich demnach je nach Sprecher anders an. Aber es ist das gleiche Wort und steht für die gleiche Bedeutung. Manche noch so großen Unterschiede müssen also überhört, ande-

Auch der Unterschied zwischen anderen Minimalpaaren wie „Karten" und „Garten", „mein" und „nein" oder „Stiel" und „still" ist nur minimal, also nur für geübte Ohren zu hören.

re noch so kleine aber bemerkt werden. Nur dadurch kann man eine Sprache gut verstehen.

Sprache zu produzieren und zu verstehen, ist also knifflig. Doch ein Kleinkind legt in den ersten drei Jahren einen langen Weg auf dem Pfad der Sprachentwicklung scheinbar mühelos zurück. Bei der Geburt kann es weinen und schreien, um zu kommunizieren. Mit einem halben Jahr lallt es und probiert die ersten Laute aus. Das Kleinkind beginnt, auch Gesten zu nutzen, um sich auszudrücken. Nach dem ersten Geburtstag kommen meist die ersten Worte. Mit anderthalb Jahren werden es immer mehr. Um den zweiten Geburtstag werden sie kombiniert, um noch mehr ausdrücken zu können. Im dritten Lebensjahr kann man über die grammatikalischen Fortschritte staunen: Ein Kind, das bei der Geburt nur weinen kann, sagt zweieinhalb Jahre später: „Wenn ich groß bin, gehe ich Fahrschule und dann lerne Bagger fahren und dann mache ich Bagger an und fahre zur Baustelle und arbeite."

Tiere verständigen sich über das Riechen, Menschen über die Worte. *(türkisches Sprichwort)*

Kinder sind von der Natur mit Lernmechanismen ausgerüstet, die ihnen im Kontakt mit gesprochener Sprache den Spracherwerb ermöglichen (vgl. Kap 2.3). Hinzu kommt ein nahezu unstillbarer Drang, zu kommunizieren: Kinder möchten verstehen und sich mitteilen. Sie erwerben dafür ihre Muttersprache. Man kann ein Kind kaum daran hindern, eine Sprache zu erlernen. Das sollte aber nicht darüber hinwegtäuschen, wie viel das Kind bei der Sprachentwicklung zu lernen hat:

Jeder Sprachlaut hat ein Symbol: ['je:dɐ 'ʃpRa:χ'laʊ̯t hat aɪ̯n zym'bo:l]. Das Internationale Phonetische Alphabet (IPA) definiert mit seinen Symbolen die Aussprache von Wörtern.

1. Das Kind lernt, Sprache wahrzunehmen (vgl. Kap. 6.2, S. 171 f.). Es muss die Feinheiten der Sprache entdecken, um ähnliche Laute, wie bei „mein" und „nein" oder „Stiel" und „still", unterscheiden zu können. Es muss auch den Sprachstrom in Einheiten zerlegen, um einzelne Worte herauszuhören.
2. Das Kind lernt, Laute zu bilden und Worte richtig und verständlich auszusprechen (vgl. Kap. 6.3, S. 173 ff.). Das klappt nicht auf Anhieb. Annelis erstes Wort ['a:nɪs] erinnert nur mit viel Fantasie an die korrekte Aussprache von „Hannes" ['hanəs].
3. Das Kind lernt, was einzelne Wörter und Sätze bedeuten (vgl. Kap. 6.4, S. 177 ff.). Es lernt, ein Wort mit seiner Entsprechung zu verbinden. Anders als Erwachsene können sich Kinder die Bedeutungen nicht über Definitionen erschließen. Mit der Definition *Ein Kleinkind ist ein Kind unter drei Jahren* wissen Sie sofort, was gemeint ist. Aber ein Kleinkind selbst kann damit nichts anfangen. Es muss sich die jeweilige Bedeutung eines Wortes entschlüsseln. Und zwar viele dieser Bedeutungen, wenn es sich einen Wortschatz zulegt (vgl. Kap. 6.5, S. 184 ff.).
4. Das Kind lernt Grammatik. Es reicht nicht, einzelne Wörter sagen zu können. Die Bildung von Wörtern und Sätzen muss bestimmten Regeln folgen. Ohne Grammatik geht es nicht, vor allem dann nicht, wenn komplexe Dinge ausgedrückt werden sollen (vgl. Kap. 6.6, S. 186 ff.). Grammatik bringt Ordnung in die Sprache: Ordnung für die Bildung von Wörtern (nicht „ge-

passiert“, sondern „passiert“; nicht „aufgeesst“, sondern „aufgegessen“) und Ordnung für die Bildung von Sätzen. „Ich habe den Apfel aufgegessen“ ist ein grammatikalisch korrekter Satz. „Ich aufgegessen den habe Apfel“ ist es nicht. Die richtige Grammatik will gelernt sein.

5. Das Kind lernt, seine Sprache an die jeweilige Situation anzupassen. Ein Kind würde einem anderen vielleicht Bausteine mit den Worten wegreißen: „Die brauche ich!“ Aber es würde die Erzieherin freundlich fragen: „Darf ich bitte die Bausteine haben?“ Das Kind lernt den sozialen Kontext zu beachten, also z. B. seine Sprache dem Gegenüber anzupassen. Es gibt viele Wege, etwas auszudrücken. Wer diese pragmatische Ebene der Sprache beherrscht, weiß, wann er einen Baustein mit barschen Worten wegnehmen kann und wann er lieber höflich darum bittet.

Prüfen Sie Ihr Wissen:

1. Nennen Sie drei Teilbereiche der Sprachentwicklung mit Beispielen für kindliche Fähigkeiten im Verlauf dieser Entwicklung.
2. Man unterscheidet zwischen Sprachproduktion und Sprachverstehen. Beschreiben Sie mit eigenen Worten, was hinter diesen Begriffen steckt.
3. Im Laufe der Sprachentwicklung muss ein Kleinkind verschiedene Fähigkeiten erwerben. Welche erscheint Ihnen besonders kompliziert zu erlernen? Warum?

6.2 Was ist das für ein Krach? – Sprachwahrnehmung

Sprache ist etwas ganz Besonderes für das junge Menschenkind. Hören kann es schon ab dem siebten Schwangerschaftsmonat. Aber alles, was ans Ohr dringt, muss erst durch Bauchdecke und Gebärmutter. Alles? Nicht ganz! Die Stimme der Mutter hört das Ungeborene nicht nur gedämpft von außen, sondern ganz besonders gut von innen über die Knochenleitung. Möglicherweise kommt die Vorliebe der Neugeborenen für Sprache daher, dass sie mit Sprache schon früh sehr vertraut sind. Womöglich sitzen die Ursachen auch noch tiefer und die Vorliebe hat sich im Laufe der Evolution entwickelt.

„Kinder kommen schon mit einem besonderen Faible für die Laute ihrer Muttersprache auf die Welt." *(Manfred Spitzer)*

Schon Neugeborene hören ganz normale Sprache lieber als sogenanntes weißes Rauschen. Sie hören sie lieber als künstliche sprachähnliche Klänge. Sie hören sie auch lieber als rückwärts gespielte oder gefilterte Sprache (Vouloumanos et al., 2010). Schon Neugeborene nehmen diese Unterschiede wahr und bevorzugen die richtige menschliche Sprache. Das ist auch gut für ihre Sprachentwicklung, die in den ersten Monaten Sprachwahrnehmung ist. Denn je mehr sie sich für Sprache interessieren, desto eher entdecken sie deren Feinheiten.

Eine ganze Menge Feinheiten gilt es, auf der phonologischen Ebene der Sprache zu entdecken. Der Unterschied zwischen den Silben [ba] und [da] oder [ba] und [ga] ist winzig. Aber fünf Tage alte Säuglinge können ihn hören. Entdeckt wurde dieser und andere Befunde über die Orientierungsreaktion gelangweilter Babys (vgl. Kap. 2.3, S. 59 f.). Überhaupt: Babys können Dinge, die ihre Eltern nicht können. Babys hören Unterschiede zwischen Lauten, die sich für ihre Eltern gleich anhören (Kuhl, 2004) (vgl. Kap. 1.7, S. 37 f.). Und sie besitzen ein feineres Unterscheidungsvermögen für fremde Sprachlaute. Amerikanische Babys können zum Beispiel „u" von „ü" unterscheiden, einem Laut, den es im Englischen gar nicht gibt. Deutsche Babys können genau hören, dass ihre Eltern am englischen „th" scheitern. Japanische Babys können „la" und „ra" zunächst noch unterscheiden, etwas, was für erwachsene Menschen aus Japan nahezu unmöglich scheint. Für diese klingen „l" und „r" gleich.
Im Alter von sechs Monaten beginnen Babys jedoch, das Unterscheidungsvermögen für die überflüssigen (weil in ihrer Sprache nicht gebrauchten) Sprachlaute zu verlieren. Für japanische Babys wird es schwerer, zwischen „ra" und „la" zu unterscheiden, weil ihre Muttersprache kein *l* kennt, sondern dort ein und dasselbe Phonem *r* und *l* zusammenfasst. Mit zehn Monaten unterscheiden Babys dann nur noch die Sprachlaute, die ihre Muttersprache auch unterscheidet. Dann sind aus den Alleskönnern Spezialisten geworden – sie haben sich spezialisiert auf die Phoneme ihrer Muttersprache.

Schwierigkeiten, solche feinen Unterschiede wahrzunehmen, werden als Ursache für Lese-Rechtschreib-Störungen diskutiert.

Ein Restaurant wurde scherzhaft „Bistro Flühlingslolle" benannt, weil Asiaten den Unterschied zwischen *l* und *r* weder hören noch sprechen können.

Phonem:
kleinste bedeutungsunterscheidende sprachliche Einheit

Es reicht aber nicht, Laute zu erkennen. Man muss auch Wörter erkennen. Doch wie kann man herausfinden, wann ein Wort beginnt und wann es zu Ende ist, wenn man es noch gar nicht kennt? An das Ohr dringt doch lediglich ein langer Strom von aneinandergereihten Lauten. Pausen helfen dabei nicht. Die Pausen zwischen Wörtern sind nicht länger als die innerhalb der Wörter. In der Abbildung der Schallwellen (vgl. S. 168) sieht man keine Pause zwischen den Worten *In* und *diesem* zu Beginn des Satzes. Aber Kleinkinder finden die Wortgrenzen trotzdem. Denn sie sind Profis für Mustererkennung (vgl. Kap. 2.3, S. 67). In einer Untersuchung wurde acht Monate alten Babys ein ununterbrochener Lautstrom künstlicher Sprache vorgespielt (Saffran et al., 1996).

PABIKUTIBUDOGOLATUDAROPITIBUDODAROPIPABIKUGOLATUDAROPITIBUDO

Ununterbrochener Lautstrom künstlicher Sprache (nach Saffran et al., 1996)

Silbe:
kleinste Lautgruppe im natürlichen Sprechfluss

Der ununterbrochene Lautstrom künstlicher Sprache wurde den Babys zwei Minuten lang vorgespielt. Das reichte aus, um die Kunstworte dieser erfundenen Sprache zu entdecken. Die vier Kunstworte *Pabiku*, *Tibudo*, *Golatu* und *Daropi* verrieten sich über die statistischen Eigenschaften dieses Lautstroms. Wie das? Nach der Silbe „pa“ folgt immer die Silbe „bi“. „Pabi“ gehört also zusammen. Nach der Silbe „bi“ folgt immer die Silbe „ku“. „*Pa-bi-ku*“ gehört demnach zusammen. Nach der Silbe „ku“ folgt aber nicht immer dieselbe, sondern verschiedene Silben: „ti“ oder „go“ oder „ga“. „*Pa-bi-ku*“ gehört also zusammen, aber danach ist Schluss. Dann beginnt wieder ein neues Wort: Nach der Silbe „ti“ folgt immer die Silbe „bu“ usw. Das Baby lernt: Silben, die oft hintereinander auftreten, gehören häufiger zu demselben Wort. Silben, die selten hintereinander auftreten, markieren Wortgrenzen. Auf diese Weise lernen die Babys über die statistischen Eigenschaften des Lautstroms die Wortgrenzen kennen – ohne schon die Wörter zu beherrschen. Sie dröseln die Regelhaftigkeiten ihrer Muttersprache heraus. So entdecken sie die Struktur der Sprache und die Anfänge der Grammatik.

Auch aus der Betonung lassen sich Wortgrenzen abschätzen: Im Deutschen wird meist die erste Silbe betont: 'Silbe, 'Grenze, 'Vater, 'Eigenschaft. Wenn man die Betonung wechselt, wird es schnell unverständlich: Blumento,pferde.

PABIKUTIBUDOGOLATUDAROPITIBUDODAROPIPABIKUGOLATUDAROPITIBUDO

Ununterbrochener Lautstrom künstlicher Sprache mit farblicher Hervorhebung der Kunstworte

Prüfen Sie Ihr Wissen:

1. Wieso wird angenommen, dass Sprache ein besonderes Geräusch für Babys und Kleinkinder darstellt?
2. Babys können sehr gut zwischen allen möglichen Lauten unterscheiden. Sie verlieren dieses Unterscheidungsvermögen jedoch. Warum ist das aber nicht schlimm?
3. Welchen Mechanismus nutzen Babys, um Wortgrenzen zu erkennen?

6.3 Das muss mal gesagt werden – Laute und Wörter bilden

Was muss man tun, um ein verständliches Wort zu sprechen? Physikalisch gesehen, ist Sprechen das Erzeugen von Schallwellen. Dafür wird erst einmal Luft benötigt. Aus der Lunge muss ein gleichmäßiger Luftstrom ausgeatmet werden. Dieser geht an den Stimmbändern vorbei. Manchmal bringt der Luftstrom die Stimmbänder auch zum Vibrieren. Im Mund- und Nasenraum wird er dann moduliert und gestoppt. Voilà, so entstehen menschliche Worte. Für ein [m] vibrieren die Stimmbänder. Die Zunge darf sein, wo sie will, solange sie nicht den Luftstrom stoppt. Das tun die aufeinanderliegenden Lippen. Die Luft gelangt durch die Nase nach draußen.

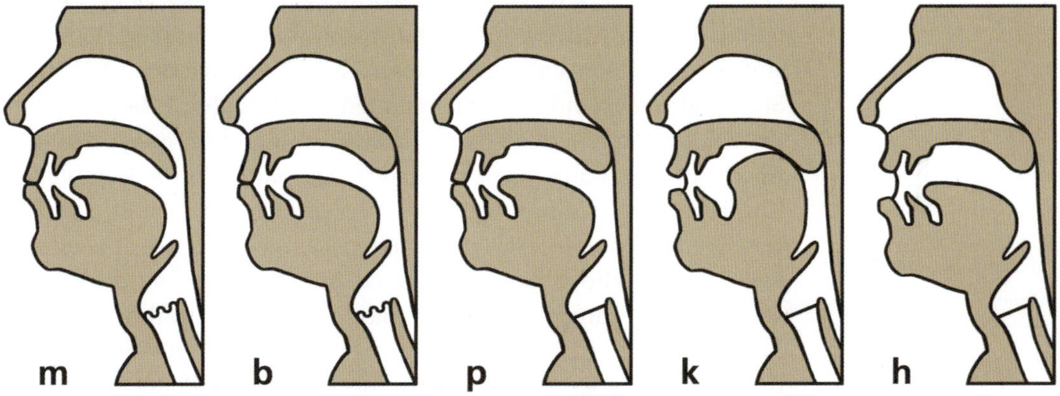

Mund-, Nasen- und Rachenraum beim Erzeugen verschiedener Konsonanten (schematisch)

Für ein [b] wird der Luftstrom im Nasenbereich versperrt. Wenn man das tut, hört man erst einmal nichts mehr. Aber wenn die Lippen wieder aufgehen, ertönt ein [b]. Ein [p] geht so ähnlich, nur dass die Stimmbänder nicht vibrieren. Deshalb gilt das [p] als stimmlos, das [b] aber als stimmhaft. Um ein [k] zu produzieren, stoppen nicht die Lippen, sondern die Zunge im hinteren Mundraum den Luftstrom. Wird der Luftstrom nicht gestoppt, ertönt ein [h]. Möglicherweise wussten Sie das alles nicht. Aber das hat Sie in der Vergangenheit nicht daran gehindert, diese und andere Konsonanten auszusprechen – und auch eine Menge Vokale. Sie haben das in den ersten Jahren Ihres Lebens gelernt. Aber wie? Wie lernen kleine Kinder die Koordination der über 100 Muskeln und Organe, die dafür benötigt werden? Durch Versuch-Irrtum-Lernen (vgl. Kap. 2.3, S. 66 ff.).

Ein Kind muss nicht wissen, was es mit den Stimmbändern, den Lippen und der Zunge genau zu tun hat. In den ersten Lebensmonaten entdeckt es seine Stimme. Es beginnt, damit zu spielen, und macht Geräusche wie „uh“ und „ah“ und „r“. Es freut sich an den Tönen. Es übt gewissermaßen die Töne allein. Das Kind experimentiert spielerisch mit den verschiedenen Einstellungen der Artikulationsorgane. Die Lallphase beginnt. Sie ist ein wichtiges Stadium

Mithilfe der Artikulationsorgane Lippen, Zunge, Zähne, Kiefer und Gaumen werden aus Stimmgeräuschen die Wörter einer Sprache geformt.

der Sprachentwicklung, auch wenn diese Phase erst einmal nicht viel mit Sprache zu tun zu haben scheint. Es werden ja noch keine verständlichen Wörter produziert. Aber es passiert dennoch etwas ganz Wesentliches: Mit den ersten sprachähnlichen Lauten entstehen Verbindungen zwischen den Artikulationseinstellungen (vgl. Abb. S. 173) und dem daraus resultierenden Gehörten. Damit werden phonologische Repräsentationen angelegt, die man auch als eine Art Übersetzungsliste von Muskelbefehl zu Laut verstehen kann. Auf diesen gelernten Verbindungen basiert die Produktion verständlicher Sprache. Später, wenn es darum geht, den richtigen Laut zu erzeugen, greift das Kind auf die durch Spielereien und Experimente gewonnenen Repräsentationen zurück. Es vergleicht den produzierten Ton, der am Ohr ankommt, mit dem Ton, der im Gedächtnis gespeichert ist oder auch von anderen vorgemacht wird (z. B. „Gabel!“, „Das ist eine Gabel!“).

Beginnt man nach einem langjährigen Aufenthalt im englischsprachigen Ausland wieder, Deutsch zu sprechen, hat man alle Mühe, Wörter mit *ö* und *ä* zu bilden. Denn diese Laute gibt es in der englischen Sprache nicht.

Die Lallphase erstreckt sich gewöhnlich über das zweite Lebenshalbjahr eines Kindes. Im ersten Abschnitt der Phase spricht man vom kanonischen Lallen. In dieser Zeit bilden Kinder gedoppelte Silben, abwechselnd aus Konsonanten und Vokalen. „Bababa“, „mamama“, „dadada“, „gugu“ oder „wawa“ sind zu hören. Im nächsten Abschnitt der Lallphase produziert das Kind schon komplexere Kombinationen. Silben werden nicht einfach wiederholt, sondern verschieden kombiniert. Es entstehen Lautgebilde, wie „babadube“. Mit der Zeit klingt das Lallen auch immer mehr wie die Muttersprache – allerdings nur, wenn man nicht genau hinhört. Tatsächlich wird kein einziges verständliches Wort erzeugt. Aber das Produzierte (der sogenannte Jargon, nach dem die Phase bezeichnet wird) erinnert an und imitiert die Betonung sowie Sprachmelodie der Muttersprache.

In der Jargonphase nutzt das Kleinkind die Betonungsmuster und Sprachmelodie der Erwachsenen. Sprachähnliche Muster lassen sich identifizieren, Wörter aber nur schwer.

Um den ersten Geburtstag sprechen viele Kinder dann ihr erstes richtiges Wort. Die ersten Wörter müssen, wie bei Anneli mit ['a:nɪs] statt ['hanəs], noch nicht perfekt ausgesprochen sein. Es besteht aber eine feste Verbindung zwischen dem gesprochenen Wort und der Bedeutung. Mit einem Jahr sprechen manche Kinder auch schon ein, zwei weitere Wörter. Vielleicht lassen sie sich aber noch Zeit damit. Wie bei der motorischen Entwicklung beschreiben auch hier Grenzsteine die Entwicklung und kennzeichnen, ab wann gehandelt werden sollte. Im zweiten Lebensjahr, wenn ein Kind ungefähr zehn verständliche Wörter äußert, kann man sagen, dass das Kind spricht. Die phonologischen Repräsentationen, also die Übersetzungsliste „Muskelbefehle → Laute“, verfestigen sich. Die Laute kommen immer öfter verständlich und korrekt hervor. Einzelne Laute werden aber auch erst weit nach dem dritten Geburtstag beherrscht.

Ein Vater über das Sprechvermögen seiner Tochter in der Jargonphase: „Sie kann eigentlich schon sprechen. Sie hat nur eine schlechte Aussprache.“

Grenzsteine der Sprachentwicklung bis 18 Monate (nach Laewen, 2009)
9 Monate
• Kind bildet spontan längere Silbenketten mit dem Vokal *a* („wawawa", „rarארara").
12 Monate (um den ersten Geburtstag herum)
• Kind bildet spontan längere Silbenketten mit Lippenverschlusslauten („bababa", „dadadada").
15 Monate
• Kind sagt „Mama" und „Papa" in sinngemäßer Bedeutung.
18 Monate
• Kind benutzt Symbolsprache, z. B. „Wau-Wau" oder „Heia". • Kind bildet lebhafte Laute.

Kindgerichtete Sprache

Kennen Sie das, wenn auf Kleinkinder mit einer künstlich hohen und affektierten Stimme eingeredet wird? So merkwürdig es sich für den Außenstehenden auch anhört, das ist richtig.

Das, was diese Personen tun, bezeichnet man als kindgerechte Sprache, auch als Ammensprache, Babytalk oder auf Englisch als *Motherese*. Wer kindgerechte Sprache benutzt, spricht höher als normal. Dazu wird die Satzmelodie übertrieben, sodass die überzeichnete Artikulation affektiert erscheint. Es wird sehr langsam mit deutlichen Pausen und Wiederholungen gesprochen. Wichtige Wörter werden besonders betont und alles wird mit viel Emotion unterlegt (Fernald, 1989).

Diese Art zu sprechen, ist gut für Kleinkinder (Fernald, 1985). Sie erzeugt Aufmerksamkeit und übertreibt die Merkmale der jeweiligen Sprache. Genau das braucht ein Kind, um die Feinheiten der Sprache kennenzulernen. Kleinkinder hören diese Art des Sprechens lieber als die normale Erwachsenensprache. Sie bevorzugen diese Art auch dann, wenn das Sprechen nicht an sie, sondern an ein anderes Kind gerichtet ist.

Warum benutzen manche Erwachsene diese kindgerechte Sprache? Haben sie entsprechende entwicklungspsychologische Bücher gelesen? Wohl kaum. Diese Art zu sprechen, gehört zur sogenannten intuitiven elterlichen Didaktik. Eltern verschiedenster Kulturen sprechen auf genau diese Art und Weise mit ihren Kleinkindern. Selbst Kinder ab drei Jahren benutzen sie gegenüber Babys. Es gibt ein paar wenige Kulturen, die diese kindgerechte Sprache nicht kennen. Deshalb kann man davon ausgehen, dass Spracherwerb auch ohne kindgerechte Sprache funktioniert. Aber sie fördert den Spracherwerb.

Wann spricht Alba welches Wort zum ersten Mal?

Alter (Jahr; Monat)	Lautäußerung	Bedeutung
0;9	Ma-ma	Mama
0;10	Ha-ho	Hallo/Tschüss
0;11	Habu/Hamm	Essen
1;1	Dudu	Justus, der ältere Bruder
1;2	schö	schön
	Dudus	Justus
	Haben! Telele!	Telefon haben
1;3	hei	heiß (der Backofen)
1;4	gugl	Kugel, Ball
	ein	Licht einschalten
	auf	aufmachen
	Baj/Bal	Ball
	Lala/Ladl, ladl	Musik, tanzen
	ngeing, gne	Nein
	brbrbrbr/bwbwbwbw	Flugzeug
	Uh aaaah!	großes Tier, Dino
	dange	Danke
1;5	gocko	Kuckuck
	Huwawawa	Hubschrauber
	Joga	Joghurt
	Salbe	Salbe
	Bhabenille/Bwille	Brille
	au amm	auch haben
	auf, zu, an	auf, zu, an
	Baba	Baby
	Boppa	Papa
	Schu	Schuh
	Glo	Klo/Töpfchen
	Guh	Kuh (auch großer Hund, Schaf oder Pferd)
	Düüf!	Tschüss!
	Aufden!	Aufstehen! (morgens zu Justus)

Wer Sprache korrekt sprechen will, muss mehr können, als Laute richtig hervorzubringen. Diese Laute müssen auch im richtigen Rhythmus mit der richtigen Betonung der Silben und Worte gesprochen werden. Die Sprachmelodie also, auch Prosodie genannt, muss stimmen. Wer die Sprachmelodie beherrscht, hat es leichter, Gehörtes zu entschlüsseln. „Ist das deine Tasche?“ wird als Frage erkennbar, weil die Stimme am Ende des Satzes hochgeht. „Das ist deine Tasche.“ ist grammatikalisch keine Frage. Aber wenn im Satz die Stimme am Ende hochgeht, entsteht doch eine Frage aufgrund der Intonation. Wer die Sprachmelodie beherrscht, hat es leichter, Zwischentöne auszudrücken. „DAS ist deine Tasche?“ vs. „Das ist DEINE Tasche?“ vs. „Das ist deine TASCHE?“ – Sprechen Sie den Satz auf verschiedene Arten aus und Sie erhalten verschiedene Bedeutungen durch die jeweilige Sprachmelodie.

Prüfen Sie Ihr Wissen:

1. Wie lernen Kinder die Koordination der über 100 Muskeln und Organe für die Sprachproduktion? Erläutern Sie!
2. Was passiert in der Lallphase? Was tut das Kind und wofür ist das gut?
3. Sprechen Sie einen beliebigen längeren Satz in kindgerechter Sprache.
4. Alba formt schon viele Worte (vgl. Tab. S. 142). Welche Grenzsteine (vgl. Tab. S. 141) hat sie damit schon erfolgreich hinter sich gelassen?

6.4 Ich weiß jetzt, was soll es bedeuten – Sinn

Sprache ist mehr als nur ein Lautstrom. Sie ist ein Lautstrom mit Wörtern, der für etwas ganz Bestimmtes steht. Das Wort *Pass* und sein Lautstrom [pas] stehen für das, womit wir uns ausweisen. *Tasse* und [ˈtasə] stehen für ein Trinkgefäß. *Hase* und [ˈhaːzə] für ein Tier mit Schlappohren. Und [ˈaːnɪs] steht zumindest bei der einjährigen Anneli für den großen Bruder Hannes.

Möglicherweise hört man das Wort *Pass* in dem Moment, in dem man seinen Ausweis bekommt, zum ersten Mal. Es wird einem gesagt, dass man sich damit ausweisen kann. Und das versteht man. Aber sieht ein Kleinkind in seinem ersten Lebensjahr erstmals eine Tasse, erklärt bestimmt niemand, dass es ein Trinkgefäß sei, aus dem das Kind trinken könne. Und wenn, so würde das Kleinkind es nicht verstehen. Wie schaffen es also kleine Kinder, Wörter mit Bedeutungen zu verknüpfen? Wie lernen sie, dass Wörter für etwas stehen – für eine Tasse, einen Hasen oder den großen Bruder?
Nicht immer, wenn das Kind das Wort *Hase* hört, ist ein Hase in seinem Blickfeld. Und selbst wenn: *Hase* ist sicher nicht das einzige Wort, das da fällt. Viel öfter heißt es: „Oh, schau mal! Da hoppelt der Hase von unseren Nachbarn!“ Aber selbst wenn ein Kind nur „Hase“ hört, so ist er sicher nicht das Einzige, was sich im Blickfeld des

Kindes befindet. Es sind vielleicht noch die Hecke und der Zaun zu sehen. Und selbst wenn nur der Hase im Blickfeld ist: Woher weiß ein Kind, dass *Hase* für das Tier steht und nicht für seine Schlappohren oder seine Farbe? Irgendwie finden Kinder heraus, dass *Hase* für das Tier steht. Aber wie schaffen sie das nur? Wenn sie bloß einmal das Wort *Hase* in einer Hasenszene hören würden, hätten sie nur geringe Chancen, die Verknüpfung aufzuschnappen. Aber über viele Hasen- und Nichthasenszenen hinweg steigen die Chancen.

Emma (2;4) versucht, den Reißverschluss ihrer Jacke zu schließen. Sie zerrt und pfriemelt daran herum. Dann gibt sie auf und schimpft: „Seis glomp"* Emma hatte das Wochenende bei der Oma verbracht, einer Oberschwäbisch sprechenden Frau, die kein Blatt vor den Mund nimmt.
* Scheißglomb = Schwäbisch für minderwertiges Produkt.

Dabei sind die Kinder wieder als Profis für Mustererkennung gefragt. Allerdings wird es noch etwas schwieriger. Jetzt reicht es nicht mehr aus, zu entscheiden, ob Silben oft oder nicht so oft nacheinander auftreten. Um Worte und Bedeutungen zu verknüpfen, muss erfasst und auch erinnert werden, welche verschiedenen Wörter zu welchen verschiedenen Szenen gehören. Das gesuchte Muster heißt nun: Was tritt besonders häufig gleichzeitig auf? Das, was über viele Situationen hinweg gleichzeitig auftritt, das gehört zusammen. Einjährige Kinder können solche Muster bereits erkennen. Das zeigt ein Experiment (Smith & Yu, 2008).

Die Kleinen sollten sechs Kunstwörter, die sie nie zuvor gehört hatten, mit sechs komischen Formen, die sie nie zuvor gesehen hatten, verknüpfen. Sie sollten sozusagen die Namen (die Kunstwörter) der komischen Formen lernen. Dafür sahen sie jeweils ein Bild mit zwei der Formen und hörten dazu zwei der Namen. Jede Form wurde mit ihrem richtigen Namen genannt. Aber es gab immer zwei Formen und zwei Namen. Form 1 und Form 2 wurden zusammen mit den Namen für Form 1 und Form 2 präsentiert. Bei dieser einmaligen Präsentation hätte niemand herausbekommen, ob Form 1 nun den Namen 1 oder den Namen 2 trägt. Aber in den nächsten Bildern wurde Form 1 mit einer weiteren Form präsentiert. Name 1 und Name 3 waren nun zu hören wie im richtigen Leben: Wenn der Hase bei der Hecke saß, hieß es „Hase" und „Hecke". War er beim Zaun, hieß es „Hase" und „Zaun". Das hoppelnde Geschehen wurde zweimal mit „Hase", aber nur je einmal mit etwas anderem bezeichnet (vgl. Grafik S. 179).

Zurück zum Experiment: Insgesamt betrachtete ein Kind 30 Bilder mit je zwei Formen und hörte die zwei jeweiligen Namen dazu. Nach fast vier Minuten war die Lernphase beendet. Die Testphase folgte. Wieder wurde das Bild mit zwei Formen gezeigt. Jetzt wurde aber nur ein Name genannt und genau beobachtet, ob das Kind auf die richtige Form blickt. Das taten die Kinder öfter, als schauten sie nur zufällig mal zum einen und zum anderen Objekt. Die Kleinen hatten sich merken können, was über viele Situationen hinweg gleichzeitig auftrat und deshalb der wahrscheinlichste Name für die komische Form ist.

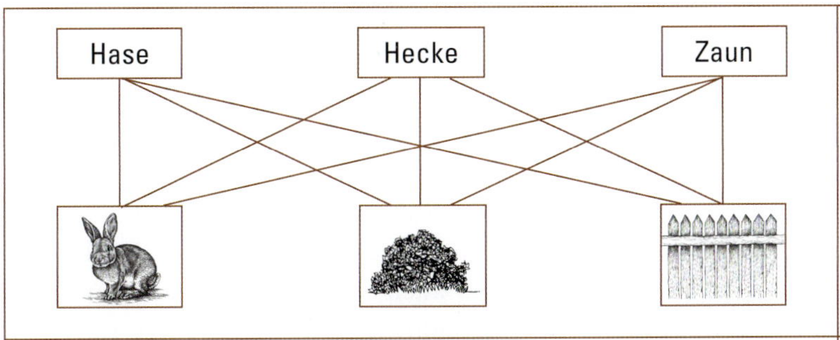

Zu Beginn sind alle Wörter und Bilder nur schwach miteinander verbunden. Die Wahrscheinlichkeit, dass ein bestimmtes Wort zu einem bestimmten Bild gehört, ist jeweils gleich gering.

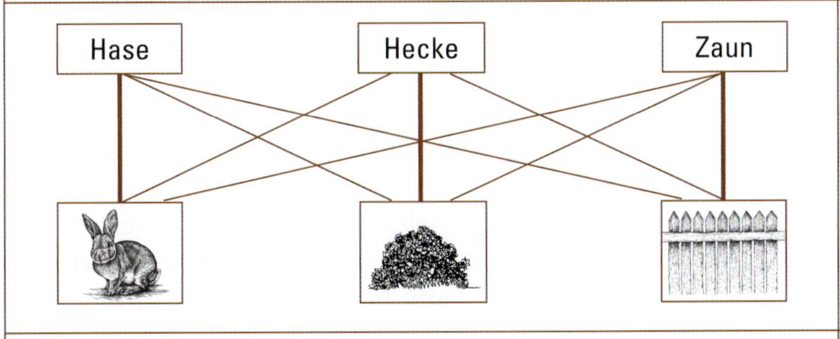

Allmählich wird eine Verknüpfung zwischen Wort und Bild wahrscheinlicher (dickere Linie) als die anderen Verbindungen.

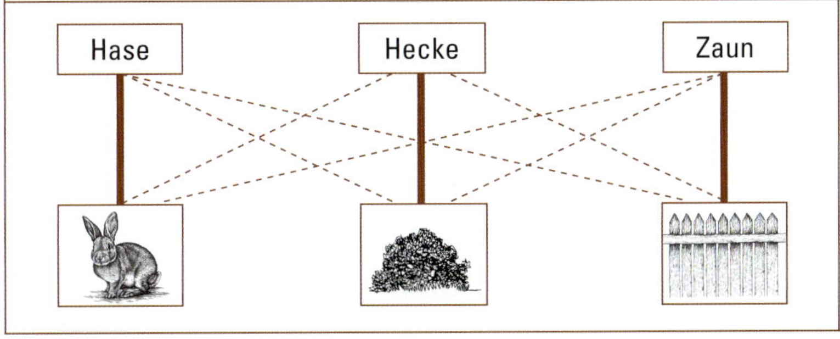

Schließlich steht ein Wort für ein Bild (dicke Linie). Es kann demzufolge nicht mehr für die anderen Bilder stehen (gestrichelte Linie).

Lernaufgabe: Welches Wort gehört zu welchem Objekt? Mustererkennung: Was tritt besonders oft gleichzeitig auf?

Kinder können die Muster in der Sprache erkennen. Das hilft ihnen, zu entscheiden, welches Wort welche Bedeutung hat. Kinder haben aber noch ein weiteres nützliches Hilfsmittel. Sie sind nicht gut im Muster erkennen, sondern auch gut im Absichten verstehen, also im Gedanken lesen (vgl. Kap. 2.3, S. 62 f.). Das hilft ihnen auch dabei herauszufinden, was der Sprechende mit dem Gesagten meinen könnte. Beim Gedanken lesen versucht das Kind, sich ständig in die Gesprächspartner hineinzudenken. Es versucht, zu erraten, was gemeint sein könnte, wenn jemand etwas äußert. Ein Beispiel: Der Vater hängt Bilder auf. Zweimal geht es gut. Beim dritten Nagel für das dritte Bild landet der Hammer auf dem Daumen. „Mist“, krümmt er sich vor Schmerz. Das kleine Kind lernt: Das Wort steht für „etwas ist schief gegangen“. In diesem Sinne erwerben kleine Kinder ihre Sprache, quasi indem sie von „Gedankisch“ in ihre jeweilige Muttersprache übersetzen. Und dafür nutzen sie die Hinweise der Situation.

Denken geht auch ohne Sprache. Aber Sprache ist ein prima Input für Denken, ein praktischer Output für Denken und manchmal auch die Form des Denkens selbst.

Wie wichtig der Kontext einer sprachlichen Äußerung für die Kleinkinder ist, zeigt sich, wenn eine Aussage im Gegensatz zu ihrer Form steht: Schimpft man mit Kleinkindern, jedoch in einem warmen Ton, bleiben sie freundlich. Werden ihnen Komplimente gemacht, jedoch mit barscher Stimme, reagieren sie verängstigt. Die Kinder erfassen die Situation.

Eine Situation gibt manchmal mehr und manchmal weniger Hinweise darauf, wie sie zu verstehen ist. Forschende haben das genauer untersucht (Cartmill et al., 2013). Sie haben Eltern beim Sprechen mit ihrem anderthalbjährigen Kind gefilmt. Daraus entstanden kurze Videoclips. Diese wurden von anderen Erwachsenen angeschaut, jedoch ohne Tonspur, als eine Art Ratespiel. Es galt, ein Geheimwort zu entschlüsseln, dessen Stelle ein Piepton markierte. Das konnte zum Beispiel ein Hund sein oder auch ein Ball. Die Zuschauer sahen nur den Stummfilm, um zu erraten, wovon das jeweilige Elternteil dem Kind erzählt. Das war keine leichte Aufgabe. Da wurde viel falsch oder gar nicht erkannt. Aber es gab Unterschiede, je nachdem, welche Eltern in den Filmen zu sehen waren. Bei manchen Eltern rieten nur 5 Prozent der Zuschauenden richtig, bei anderen fast 40 Prozent. Diese Eltern hatten es geschafft, den Kindern (und den Zuschauenden) eine Situation mit vielen Hinweisen zu bieten, sodass die Bedeutung des Wortes oft auch ohne Sprache entschlüsselt werden konnte. Und so sieht qualitativ hochwertiger Sprachinput aus. Damit halfen diese Eltern ihren Kindern bei der Übersetzungsarbeit. Sie unterstützten ihr Kind bei der Verknüpfung von Wort und Bedeutung. Das zeigte sich auch in einem späteren Wortschatztest: Kinder dieser Eltern kannten nach drei Jahren bereits mehr Wörter als Kinder von Eltern, deren „Geheimwörter" schwerer zu erraten waren.

Vom Geheimnis der Sprache: Helen Keller lernt, dass jedes Ding einen Namen hat

Für Mark Twain gehörte Napoleon zu den zwei interessantesten Personen des 19. Jahrhunderts. Die andere war Helen Keller.

Helen Keller? Helen Keller hat Bücher geschrieben. Das ist an sich noch nichts Besonderes. Aber sie tat es, obwohl die Amerikanerin seit ihrer Kindheit weder sehen noch hören konnte. Eine Gehirnentzündung im Alter von 20 Monaten hat Helen Keller gehörlos werden lassen. Der Prozess ihres Spracherwerbs kam zum Erliegen. Fünf Jahre später bekam sie eine Hauslehrerin. Helen Kellers Spracherwerb begann von neuem. Und weil sie damals schon sieben war, kann sie sich auch gut daran erinnern und uns Dinge mitteilen, die Kleinkinder vielleicht erleben, aber nicht berichten können.

Auch ihre Lehrerin dokumentierte die wichtigsten Ereignisse. Sie kommunizierte mit Helen Keller durch auf die Hand gestrichene Buchstaben: „Als ich sie heute früh wusch, wünschte sie das Wort für Wasser zu erfahren und ich buchstabierte ihr w-a-t-e-r in die Hand und dachte ... nicht mehr daran." „Wir gingen zur Pumpe, wo ich Helen ihren Becher unter die Öffnung halten ließ, während ich pumpte. Als das kalte Wasser hervorschoss und den Becher füllte, buchstabierte ich ihr w-a-t-e-r in die freie Hand. Das Wort ... schien sie stutzig zu machen."

Helen Keller selbst beschrieb diesen Moment wie folgt: «Es pumpte jemand Wasser, und meine Lehrerin hielt mir die Hand unter das Rohr. Während der kühle Strom über meine Hände sprudelte, buchstabierte sie mir in die andere Hand das Word water, zuerst langsam, dann schnell. Ich stand still, mit gespannter Aufmerksamkeit die Bewegung ihrer Finder verfolgend. Mit einem Male durchzuckte mich eine nebelhafte, verschwommene Erinnerung, ein Blitz des zurückkehrenden Denkens, und das Geheimnis der Sprache lag plötzlich offen vor mir."

Die Lehrerin fasst zusammen: „Helen ... hat gelernt, dass jedes Ding einen Namen hat und dass das Fingeralphabet der Schlüssel zu allem ist, was sie zu wissen verlangt."(Aus Keller, H., 1923)

„Hallo" ist für Alba mehr als eine Begrüßung. „Hallo" steht für *Telefon* bzw. für die gesamte Szene *Jemand geht ans Telefon und sagt: „Hallo?"*.

Wenn eine Situation viele Interpretationshinweise gibt, fördert das die Sprachentwicklung. Situationen mit wenig Hinweisen zum Geschehen sind für kleine Kinder nicht sprachförderlich. Das kindliche Gedankenlesen versagt, wenn eine Situation zu wenig Hinweise auf ihre Interpretation gibt. In einer Studie sollten amerikanische Babys im Alter von fast einem Jahr chinesische Laute lernen (Kuhl et al., 2003). Eine Chinesin sprach direkt zu ihnen. Damit fesselte sie die Aufmerksamkeit der Kleinen. Sie lernten die chinesischen Laute. Doch allein ein Video mit der Chinesin oder nur eine Tonspur reichten nicht aus. Diesen Babys fehlte der Bezug zur Situation. Sie waren nicht besser als Babys, die diese Laute nie gehört hatten.

Tonspuren und Videos liefern wenig Interpretationshinweise. Sie bringen zwar Sprache hervor. Aber ein Kleinkind kann damit nicht unbedingt etwas anfangen. Eine amerikanische Studie untersuchte den Effekt von Sprachlern-DVDs für Kleinkinder zwischen einem und anderthalb Jahren (DeLoache et al., 2010; siehe Abbildung S. 182). Dafür sahen die Kleinen über vier Wochen hinweg mindestens fünfmal wöchentlich die Baby-DVDs an. Wie die Werbung vorschlägt, schaute das Kind gemeinsam mit einer erwachsenen Person. Diese durfte und sollte sich mit dem Kind dabei über die Inhalte austauschen. Dazu gab es noch eine zweite Gruppe Kinder. In dieser schauten die Kinder die DVD genauso lange an wie die Kinder der ersten Gruppe, allerdings allein. Eine erwachsene Person war zwar im selben Raum, tat aber währenddessen etwas anderes. Es gab auch noch eine dritte Gruppe. Für diese Kinder gab es keine DVD. Aber die Eltern bekamen eine Liste der 25 Wörter aus der DVD. Diese sollten sie ihrem Kind im normalen Tagesablauf beibringen. Und schließlich gab es noch eine vierte Gruppe. Dort bekamen die Kinder keine DVD und die Eltern keine Wortliste. Bei ihnen wurde nur der Wortschatz vor und nach den vier Wochen ermittelt. Es war die Kontrollgruppe, in der sich zeigte, wie schnell sich der Wortschatz der Kinder ganz normal, auch ohne DVDs und Wortlisten, entwickelte.

Welche Gruppe lernt die meisten Wörter? Die Gruppe mit der Wörterliste (nach DeLoache et al., 2010).

Und die Ergebnisse? Welche Gruppe zeigte am Ende den größten Lernzuwachs? Die Gruppe der Kinder, deren Eltern ihnen die Wörter (mit Liste) ohne DVD nahebrachten. Und welche Gruppe war auf Platz zwei? Keine! Alle anderen drei Gruppen waren gleich schlecht. Es zeigten sich keine Unterschiede. Die Forschenden schlussfolgerten: Das Ausmaß, in dem Kleinkinder von solchen Sprachlern-DVDs lernen, ist offenbar vernachlässigbar.
Das passt auch zu den Ergebnissen einer Studie (Zimmerman et al., 2007), die Einflüsse auf die Sprachentwicklung betrachtete. Jede Stunde tägliches Vorlesen bei Kindern im Alter von acht bis 16 Monaten beispielsweise ist mit einem Zuwachs von sieben Punkten im Sprachentwicklungstest verbunden. Jede Stunde tägliches Baby-DVD-Ansehen dagegen ist mit einem Abfall von 17 Punkten verbunden. Der Konsum von Baby-DVDs steht demnach im Zusammenhang mit verzögerter Sprachentwicklung – zumindest für Kinder unter 16 Monaten.

Es ist wahrscheinlich nicht der Bildschirm selbst. Es ist die fehlende Interaktion zwischen der sprechenden Person und dem hörenden Kleinkind. Kleinkinder sind auf diese Interaktionen angewiesen: Für eine andere Studie sollten Kinder zwischen zwei und zweieinhalb Jahren vier neue Verben lernen (Roseberry et al, 2014). Dafür betrachteten die Kinder eine Person, die verschiedene Szenen beschrieb – Szenen mit Quatschverben: „Schau, was ich mit dem Spielzeug machen kann! Ich kann es miepen. Siehst du, wie ich es miepe? Toll, ich miepe es …“ Für manche Kinder war die Person mit im Raum. Für andere Kinder beschrieb die Person die Szenen live per Videocall. Wiederum andere Kinder sahen nur das aufgezeichnete Video. Dieses Video kam „aus der Konserve", sodass Kind und Person keine Möglichkeit zur Interaktion hatten. Welche Kinder lernten die Wörter am besten? Es war egal, ob die Interaktion über den Bildschirm oder real stattfand. Die Kinder lernten unter beiden Bedingungen gleich viel – und mehr als die Kinder mit dem Chat aus der Konserve, bei der es keine Interaktion gab. Um die Bedeutung von Wörtern zu entschlüsseln, ist entscheidend, dass Kinder Situationen interpretieren können. Dabei hilft ihnen die soziale Interaktion. Babys lernen Sprache und die Bedeutungen von Wörtern am besten in reichhaltigen Situationen und der Interaktion mit anderen Menschen.

Kinder lernen Sprache am besten in der Interaktion mit anderen.

Prüfen Sie Ihr Wissen:

1. Welcher Mechanismus hilft den Kindern, die Zuordnung von Wörtern und Bedeutungen zu lernen?
2. Was ist mit *kindlichem Gedankenlesen* gemeint und warum ist das wichtig für die Sprachentwicklung?
3. Warum wird angenommen, dass die Interaktion so wichtig für das Sprachverständnis ist?

6.5 Die (Wort-)Schatztruhe füllen – Neue Wörter kennenlernen

Die Grundlagen sind gelegt: Ein Sprachstrom kann in Laute und Wörter zerlegt werden. Die Wörter werden nicht nur wahrgenommen, sie werden auch verstanden. Dem jeweiligen Wort wird eine Bedeutung zugeordnet. Laute und Wörter können sogar schon einigermaßen produziert werden.

Der aktive (oder auch produktive) Wortschatz umfasst alle Wörter, die ein Kind aktiv verwendet. Dieser Wortschatz bezieht sich damit auf die Sprachproduktion.
Man unterscheidet davon den passiven (oder auch rezeptiven) Wortschatz – alle Wörter, die ein Kind versteht. Dieser Wortschatz bezieht sich auf die Sprachrezeption und wird auch als Verstehenswortschatz bezeichnet.

Die Grundlagen sind also gelegt, die Stützpfeiler stehen, jetzt kann es richtig losgehen – und das tut es auch. Im Alter von anderthalb Jahren findet etwas statt, das als Wortexplosion oder auch Wortschatzspurt bezeichnet wird: In kürzester Zeit werden erstaunlich viele neue Wörter gelernt. Die Wortschatzentwicklung schnellt auf ein Allzeithoch von einem neuen Wort alle zwei Stunden. Im Alter von anderthalb Jahren sprechen Kinder im Durchschnitt 50 Wörter. Zum zweiten Geburtstag können es 300, zum dritten 900 und zum vierten 1.600 Wörter sein. Der aktive Wortschatz von Sechsjährigen liegt bei durchschnittlich 5.000 Wörtern; der von Erwachsenen bei 5.000 bis 16.000. Dieser Wortexplosion geht möglicherweise die kindliche Erkenntnis voraus, dass jedes Ding einen Namen hat. Erwachsene können in dieser Zeit unterstützen, wenn sie die Dinge im Umfeld des Kindes benennen. Das geht natürlich auch beim gemeinsamen Betrachten eines Bilderbuches.

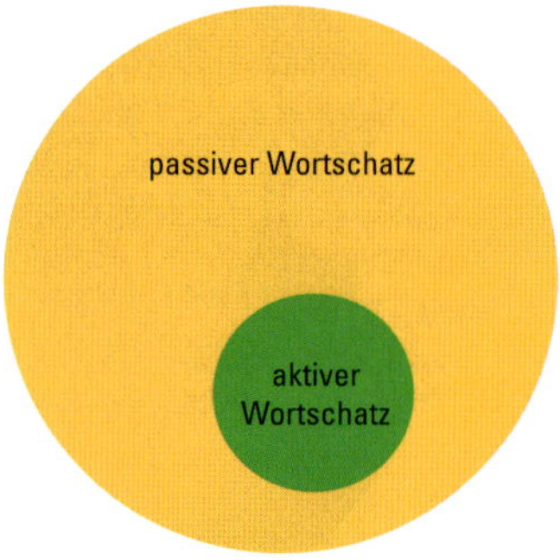

Das Verhältnis von aktivem und passivem Wortschatz bei Kleinkindern

Fallbeispiel: Lukas und die 50-Wort-Grenze

Irgendwann kann ein Kind 50 Wörter sprechen und es überschreitet damit eine wichtige Marke: Die 50-Wort-Grenze. Alba (vgl. Tab. S. 176) hat diese Grenze mit anderthalb Jahren passiert. Die meisten Kinder passieren diese Grenze vor ihrem zweiten Geburtstag. Manche schaffen das jedoch nicht. Diese Kinder werden als *Late-Talker* oder Spätsprecher bezeichnet.
Einer von ihnen ist Lukas. Er ist schon 27 Monate alt und benutzt erst dreizehn Wörter. Lukas' Eltern machen sich Sorgen. Die Kinderarztpraxis schickt die Familie zur Hals-Nasen-Ohren-Praxis. Vielleicht hört Lukas nicht gut? Doch ganz im Gegenteil, Lukas hört sehr gut. Seine Eltern fragen sich immer noch, warum er nicht schon mehr spricht. Vielleicht ist er einfach nur ein Spätzünder und holt alles noch auf?

Die Geschwindigkeit der Sprachentwicklung unterscheidet sich von Kind zu Kind. Kann man nicht einfach abwarten?

Ein Drittel der Kinder, die wie Lukas um ihren zweiten Geburtstag herum nicht mindestens 50 Wörter sprechen, zeigen mit drei Jahren schwache Sprachleistungen. Ein weiteres Drittel zeigt allerdings eine echte Sprachentwicklungsstörung. Lediglich beim verbleibenden Drittel der Kinder verläuft die Sprachentwicklung später trotzdem unauffällig. Nur für sie erwies sich der Leitspruch „Das wächst sich aus!" als zutreffend.
Als Lukas drei Jahre alt ist, kann mit ihm eine ausführliche Untersuchung mit normierten Sprachtests durchgeführt werden. Glücklicherweise zeigt sich bei ihm keine Sprachentwicklungsstörung. Er fällt mit drei Jahren nur noch durch eine unterdurchschnittliche Sprachleistung auf. In den meisten Sprachtests liegt er nicht mehr im stark auffälligen Bereich, sondern nur noch unterhalb des Durchschnitts seiner Altersgruppe.

Die 50-Wort-Grenze gilt nicht nur als wichtige Markierung: Ist die Grenze um den zweiten Geburtstag nicht erreicht, sollten Fachleute hinzugezogen werden. Die 50-Wort-Grenze gilt auch als wichtige Voraussetzung für die Wortschatz- und Grammatikentwicklung. Was heißt das für die pädagogischen Fachkräfte in der Kita? Sollen sie nun Wörter zählen?

Eine Patholinguistin empfiehlt Fachkräften, einen der vielen Wortschatzfragebögen zu nutzen. Als Screening für alle Kinder seien SBE-2-KT und SBE-3-KT geeignet. Für einen näheren Blick auf ausgewählte Kinder mit Schwierigkeiten seien die Bögen ELAN, ELFRA und FRAKIS gut brauchbar und aussagekräftig.

Patholinguistik: interdisziplinäre Wissenschaft der Sprach-, Stimm- und Sprechstörungen

Fleißige Forschende haben ausgezählt, wie viel mit kleinen Kindern innerhalb der Familie gesprochen wird (Hart & Risley, 1995). 42 Familien mit Kindern, die etwa acht Monate alt waren, nahmen an der Studie teil. Für die nächsten zweieinhalb Jahre besuchten die Forschenden die Familien. Sie protokollierten und zeichneten jeden Monat für eine Stunde jede Äußerung auf, die das Kind in dieser Zeit von seinen Eltern hörte, und jede, die es selber produzierte. Ergebnis war, dass Eltern auch mal mit 400 Äußerungen pro Stunde auf ihr waches Kind einredeten. Das ist eine Menge und daraus lassen sich viele neue Wörter lernen.
Die Forscher erkannten aber auch große Unterschiede zwischen den Familien. Eltern mit Hochschulabschluss (obere Mittelschicht) sprachen mehr mit ihren Kindern als Eltern, die der Arbeiterklasse angehören. Diese wiederum sprachen mehr mit ihrem Kind als Eltern, die von der Sozialhilfe leben. Auch die Kinder äußerten sich entsprechend mehr bzw. weniger (vgl. Tab. S. 186).
Die Unterschiede zwischen den drei Gruppen waren groß. Rechnet man die Ergebnisse auf Tage, Wochen, Monate und Jahre hoch – schließlich sind es Jahre, die die Kinder in diesen unterschiedlichen Sprachumwelten leben –, so gelangt man zu folgendem Resultat:

Ein Kind einer Familie aus der oberen Mittelschicht hört bis zu seinem vierten Geburtstag rund 45 Millionen Wörter. Ein Kind, dessen Familie von der Sozialhilfe lebt, hört im Vergleich bis dahin rund 13 Millionen Wörter.

Sprachäußerungen von Eltern und Kindern in Abhängigkeit ihrer Zugehörigkeit zu einer Gesellschaftsschicht (Daten nach Hart & Risley, 1995)

	obere Mittelschicht		Arbeiterklasse		Sozialhilfeempfänger	
	Eltern	**Kind**	**Eltern**	**Kind**	**Eltern**	**Kind**
Wortschatz	2.176	1.116	1.498	749	974	525
durchschnittliche Äußerungen pro Stunde*	487	310	301	223	176	168
durchschnittliche Anzahl verschiedener Wörter pro Stunde	382	297	251	216	167	149
hochgerechnete Anzahl gehörter Wörter bis zum vierten Geburtstag	—	45 Mio.	—	26 Mio.	—	13 Mio.

** Die Äußerungen der Eltern und die Anzahl der verschiedenen Wörter sind gemittelt über die Zeit, in der die Kinder 13 bis 36 Monate alt waren. Die Äußerungen der Kinder und ihre Anzahl verschiedener Wörter sind gemittelt über die Zeit, in der sie 33 bis 36 Monate alt waren.*

In der Tabelle zeigt sich der enge Zusammenhang zwischen der Anzahl der Wörter, die die Kinder hören, und der Anzahl, die sie sprechen. Eine Nachfolgestudie testete die Kinder in der dritten Klasse. Es zeigten sich Zusammenhänge zwischen dem Wortschatz der Kinder im Alter von drei Jahren und der Sprachentwicklung im Alter von neun Jahren (Hart & Risley, 1995). Die Kinder, die mit drei Jahren einen größeren Wortschatz besaßen, zeigten ihn auch mit neun. Ihre Sprache entwickelte sich besser und sie konnten auch besser lesen.

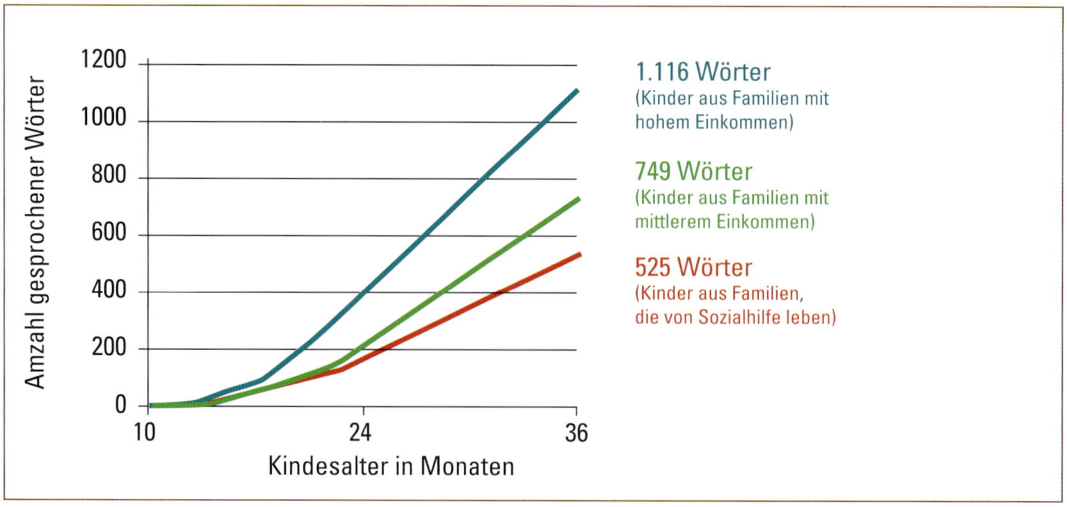

Die Entstehung der Wörterlücke zwischen Kindern aus verschiedenen Schichten

Kinder, deren Eltern von der Sozialhilfe leben, hören bis zum vierten Geburtstag rund 30 Millionen Wörter weniger als Kinder aus Familien, deren Eltern studiert haben. In den USA heißt dieses Phänomen auch *30 Million Word Gap*, also von der 30-Millionen-Wörterlücke. Sie hat manchem Kind in den USA – gerade erst auf die Welt gekommen – den Lebensweg erschwert. Diese Wörterlücke wird als nationale Schande empfunden. Der Grund für diese Lücke wird allerdings nicht so sehr in der Sozialhilfe gesehen, sondern vielmehr im niedrigen Bildungsniveau der Eltern (Rindermann & Baumeister, 2015).
Aus Deutschland liegen keine vergleichbaren Daten vor. Möglicherweise zeigt sich hier ein ähnliches Bild. Womöglich sind die Unterschiede aber auch nicht ganz so groß. Denn wieso sprechen eigentlich Eltern eher wenig mit ihren Kindern? Ein Schuldiger ist schon gefunden. Er ist in Deutschland nicht ganz so alltäglich wie in Amerika: der im Hintergrund laufende Fernseher.

Eine andere amerikanische Studie hat den laufenden Fernseher mit den Äußerungen von Eltern und Kindern in Zusammenhang gebracht (Christakis et al., 2009). Kindern im Alter von zwei Monaten bis vier Jahren wurden für einen Tag lang Mikrofone umgehängt, die die Sprache in deren Umfeld aufzeichneten. Automatisierte Analysen ermittelten anschließend, wie viel Eltern und Kind sprachen und wie viel Sprache aus dem Fernseher kam. Es zeigte sich: Mit jeder zusätzlichen Stunde, die der Fernseher lief, nahm die Anzahl der Äußerungen der Eltern und die des Kindes deutlich ab. Selbst wenn der Fernseher nur im Hintergrund lief, wirkte er sich auf die Sprachproduktion von Eltern und Kind aus.
Für eine andere Studie wurden Eltern mit ihrem Kind im Alter von ein bis drei Jahren ins Labor eingeladen (Pempek et al., 2014). Dort durften die Kinder eine Stunde lang mit vielen schönen Spielzeugen spielen. Die Eltern spielten mit ihnen, lasen Zeitschriften oder schauten fern. Für die Hälfte der Zeit lief ein Fernseher. Was die Eltern taten, war ihnen freigestellt. Den Eltern wurde mitgeteilt, dass das Forschungsteam für das Spielen der Kinder mit und ohne TV interessiere. Das stimmte auch. Doch die Daten wurden später im Hinblick auf die Sprachäußerungen von Eltern und Kindern noch einmal ausgewertet. Und es zeigte sich: Lief der Fernseher, sprachen die Eltern weniger mit ihrem Kind, im Durchschnitt pro Minute zwölf Wörter weniger. War der Fernseher aus, sprachen sie mehr mit ihrem Kind. Nicht nur die Quantität der Sprache (die Anzahl der Wörter) wurde durch den laufenden Fernseher beeinflusst, sondern auch die Qualität: Die Eltern sprachen auch weniger neue Wörter.

Weil Eltern- bzw. Erwachsenensprache so wichtig für die Kindersprache ist, haben sich Initiativen zur Schließung der 30-Millionen-Wörterlücke vieles ausgedacht. Letztlich gibt es aber vor allem eine Faustregel: Mit dem Kleinkind zu sprechen, ist besser, als nicht mit ihm zu sprechen.

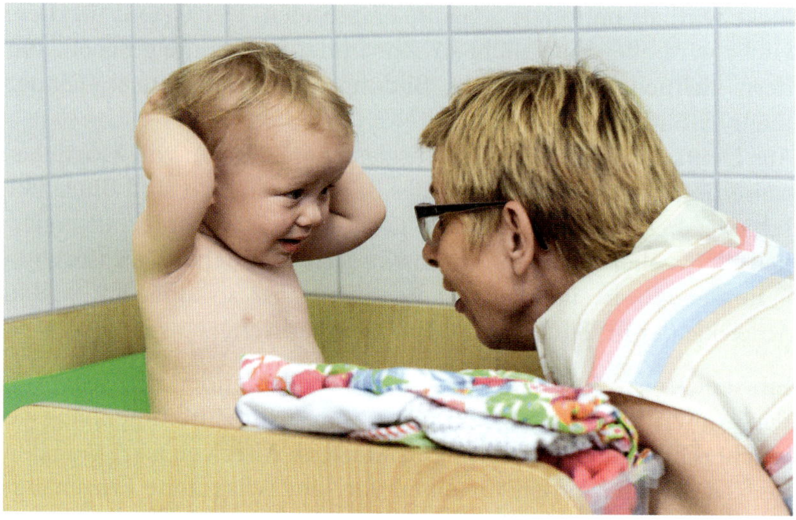

Sprechen, sprechen und nochmals sprechen.

Den Wortschatz erweitern: Wie können Erwachsene Kinder unterstützen?

- Nennen Sie die Namen der Dinge. Das Benennen hilft den Kindern, zu verstehen, welches Ding wie heißt. Nennen Sie vor allem die Namen der Dinge, die das Kind interessieren. Das ist einfacher, als sie auf etwas anderes aufmerksam zu machen.
- Begleiten Sie Ihre Aktionen mit Worten: „Ich suche den Teddy für dich. Sitzt er vielleicht in der Puppenecke? Nein. Schauen wir mal im Flur."
- Begleiten Sie die Aktionen der Kinder mit Worten: „Du stellst das rote Auto neben das blaue Auto. Ist dort der Parkplatz?"
- Ergänzen und erweitern Sie die Aussagen der Kinder. Alba: „Huwawawa!" Sie: „Genau, da ist ein Hubschrauber. Der Hubschrauber macht Krach. Jetzt fliegt der Hubschrauber weg. Ich kann ihn gar nicht mehr hören."
- Schauen Sie sich gemeinsam Bilderbücher an. Nutzen Sie dabei auch Gesten, um die Geschichte zu beschreiben. Der Satz „Max war so müde" kann mit großem Gähnen und Augenreiben begleitet werden.
- Lesen Sie dem Kind etwas vor. Das hilft nicht nur der Sprachentwicklung des Kindes. Es schafft auch Nähe und das Kind fühlt sich wohl.
- Und schließlich, denken Sie an die Faustregel: Mit dem Kleinkind zu sprechen, ist besser, als nicht mit ihm zu sprechen!

Prüfen Sie Ihr Wissen:

1. Was wird unter *Wortschatzspurt* verstanden?
2. Was ist die 50-Wort-Grenze und warum ist sie wichtig?
3. In Amerika wird die 30-Millionen-Wörterlücke zwischen Kindern verschiedener Schichten auch für den späteren Leistungsunterschied der Kinder verantwortlich gemacht. Erklären Sie, warum die Verbindung denkbar ist.
4. Es gibt verschiedene Möglichkeiten, die Wortschatzentwicklung von Kindern zu unterstützen (vgl. Box S. 188 f.). Was ist das Gemeinsame aller dieser Möglichkeiten?

6.6 Der Ball, des Balls, dem Ball, den Ball – Grammatik

Wer mag schon Ordnung halten? Selbst wenn Ordnung das Leben leichter macht. Wer mag schon Grammatik? Selbst wenn sie Ordnung in die Sprache bringt und hilft, sprachliche Missverständnisse zu vermeiden? Kaum jemand mag Grammatik, der sie in der Schule lernt und paukt: der Ball, des Balls, dem Ball, den Ball. Doch das Pauken haben kleine Kinder gar nicht nötig! Sie erlernen die Ordnung der Grammatik nebenbei. Das müssen sie auch. Denn ganz ohne Grammatik geht es nicht. Die Grammatik sorgt für Ordnung, in dem sie klarstellt,

- wer etwas womit tut:
  Der Ball traf das Kind. Oder: Das Kind traf den Ball.
- wann etwas geschieht:
  Das Kind traf den Ball. Oder: Das Kind trifft den Ball.
- wo etwas ist:
  Der Ball ist auf der Wiese. Oder: Der Ball ist unter dem Baum.

Man könnte meinen, dass Kinder Grammatik lernen, indem sie das, was sie hören, nachplappern. Doch beim genaueren Hinhören merkt man, das kann nicht stimmen. Kein Erwachsener sagt das Wort „aufgeesst" oder den Satz „Fahrer aussteigt". Nachplappern kann solche Sprachäußerungen nicht erklären. Vielmehr sind diese Äußerungen typische Fälle von: richtige Regel falsch angewendet. Hier wird deutlich: Kinder als Experten für Mustererkennung extrahieren Regeln aus der Sprache, die sie hören. Und sie lernen, diese Regeln zunehmend richtig anzuwenden. Kinder können im dritten Lebensjahr innerhalb weniger Monate fast blitzartig grammatikalisch korrekte Sätze sprechen. Dabei beachten sie sogar die Feinheiten der jeweiligen Muttersprache. Die Kinder haben das Re-

Ein Dreijähriger ist mit seinen Eltern ausgewandert. Sie unterhalten sich, was wohl Schrank auf Englisch heißt. „Bestimmt schränk!" meint der Kleine. Die Regel ist klar: Hand – händ, Bank – bänk, Schrank – schränk.

gelwerk der wiederkehrenden Muster ihrer Muttersprache bestens gelernt – ganz ohne langes Pauken und Büffeln.

Jannis bändigt die Grammatik

Alter	Sprachbeispiele
2;1	„Mama abholen Bus fahren."
2;2	„Oma Opa kommen – ich Auto vorne sitzen." „Ich Kindergarten gehen – allein, Mama arbeiten."
2;3	„Ich habe aufgeesst."
2;4	„Fahrer aussteigt." „Ich groß bin, Müllauto fahren mit Helm."
2;5	„Im Juli hab ich Turtstag, dann feiern wir ganz dolle."
2;6	„Wenn ich groß bin, gehe ich Fahrschule und dann lerne Bagger fahren und dann mache ich Bagger an und fahre zur Baustelle und arbeite."
2;7	„Morgen holst du mich gestern früh ab."

Dabei durchlaufen die Kinder verschiedene Stadien. Am Anfang stehen die Einwortsätze. Sie bestehen aus einem Wort, meinen aber viel mehr als nur dieses eine Wort. Albas „Hei" (vgl. Tab. S. 176) für „heiß" bedeutet: „Der Backofen ist heiß. Da muss man vorsichtig sein." Ihr „Aufden!" morgens zu ihrem Bruder Justus, heißt so etwas wie „Justus, du sollst endlich aufstehen und mit mir spielen".
Später werden Wörter kombiniert. Mit 14 Monaten sagt Alba „Haben! Telele!" und will das Handy haben. Die beiden Wörter stehen nebeneinander als Einwortsätze. Mit 17 Monaten ruft sie „au amm" für „auch haben". Mit 18 Monaten „nane rula" für „die Banane ist heruntergefallen". Alba benutzt nun schon Wortkombinationen. Es entstehen Zweiwortsätze.

Grammatische Morpheme wie un-, -bar, -keit, -s, -en stehen nicht für einen Inhalt, sondern haben eine grammatische Funktion. Das Plural-s macht aus einem Auto mehrere Autos.

Bald folgen Mehrwortsätze, wie bei Jannis im Alter von 26 Monaten: „Oma Opa kommen", „Ich Auto vorne sitzen" oder „Ich Kindergarten gehen – allein". Diese Sätze bestehen aus aneinandergereihten Wörtern. Mit 26 Monaten hieß es noch: „Ich Kindergarten gehen"; mit 28 Monaten: „Ich groß bin, Müllauto fahren." Und dann geht alles ganz schnell: Grammatische Morpheme kommen hinzu und Verben werden richtig gebeugt. Mit 30 Monaten sagt Jannis nun: „Wenn ich groß bin, gehe ich …", „und fahre zur Baustelle und arbeite." Er bildet lange Sätze mit Nebensätzen.

Grenzsteine der Sprachentwicklung bis 3 Jahre (nach Laewen, 2009)
Um den zweiten Geburtstag herum (24 Monate)
• Kind verfügt über Einwortsprache und spricht mindestens zehn Wörter neben „Papa" und „Mama".
Um den dritten Geburtstag herum (36 Monate)
• Kind spricht in Drei- bis Fünf-Wort-Sätzen (Kombinationen verschiedener Wortarten; z. B. „Ich Auto vorne sitzen."). • Kind verwendet eigenen Vor- und Rufnamen.

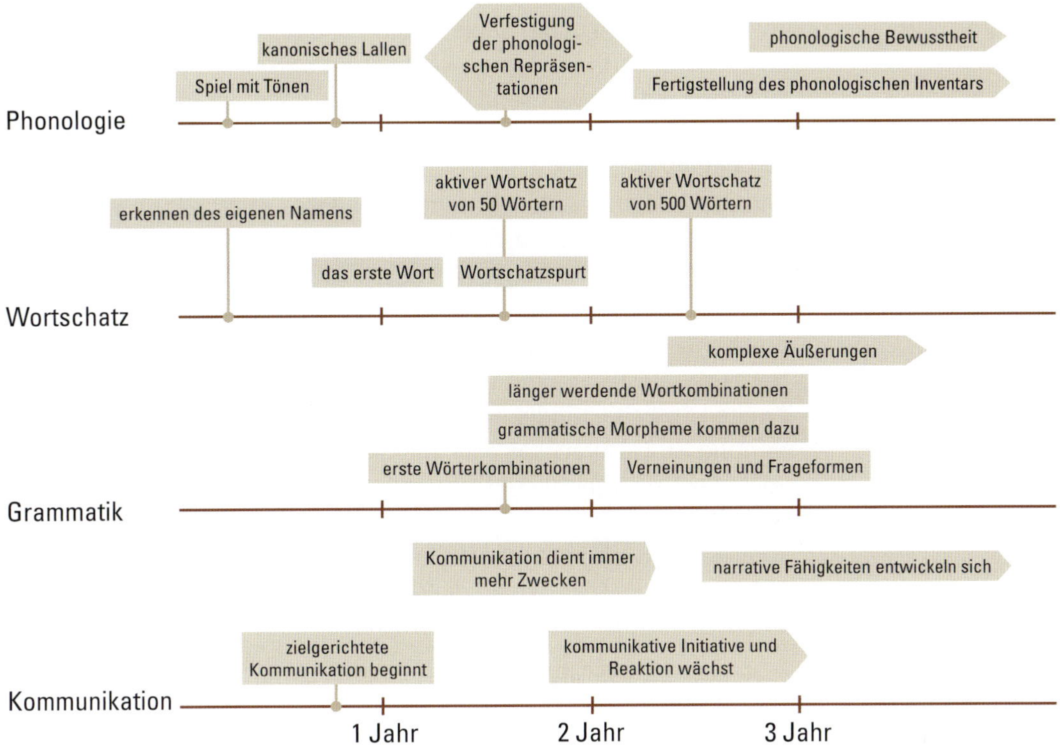

Überblick zur Sprachentwicklung in den ersten drei Jahren (nach Hoff, 2009)

Mehrsprachigkeit

70 Prozent der in Deutschland lebenden Menschen können eine zweite Sprache neben Deutsch mindestens einigermaßen gut sprechen und verstehen. Sie gelten damit als mehrsprachig. Mehrsprachigkeit, so definieren manche Wissenschaftler, liegt vor, sobald eine Person mehr als eine Sprache im täglichen Leben regelmäßig benutzt, egal, auf welchem Niveau. Mehrsprachigkeit entsteht oftmals auch durch Einwanderungen oder berufliche Mobilität.

Was geschieht, wenn ein Kind neben seiner Muttersprache noch eine zweite Sprache erlernt? Ein Kind wird durch eine zweite (oder dritte) Sprache nicht überfordert. Kinder können zwei Sprachen ebenso leicht lernen wie eine. Ein gelingender Spracherwerb wird durch eine zweite Sprache nicht gefährdet. Zweit- und Drittsprachen lösen weder Sprachentwicklungsstörungen aus noch beeinflussen sie bereits existierende Auffälligkeiten negativ (Hoff & Core, 2015).

Die Sprachentwicklung ein- und zweisprachig aufwachsender Kinder verläuft erstaunlich ähnlich. Die wichtigen Meilensteine der Sprachentwicklung werden zu gleichen Zeiten erreicht: Das erste Wort tritt ungefähr im Alter von einem Jahr auf, egal, wie viele Sprachen das Kind in seiner Umwelt erlebt. 50 Wörter spricht ein Kind mit etwa anderthalb Jahren, egal, ob es ein- oder zweisprachig aufwächst.

Auch die ersten kurzen Sätze treten bei allen Kindern fast zur selben Zeit, mit anderthalb Jahren, auf. Die Sprachentwicklung ein- und zweisprachig aufwachsender Kinder hat damit einen ähnlichen Zeitverlauf, weil sie durch die sich entwickelnden kognitiven Fähigkeiten des Kindes bestimmt wird. Zu Unterschieden in der Sprachkompetenz kann es jedoch trotzdem kommen (Bialystok et al., 2009; Bialystok et al., 2010). Das hängt davon ab, wie viel von welcher Sprache ein Kind in seiner Umwelt vorfindet und gebraucht.

Für einen erfolgreichen Zweitspracherwerb braucht das Kind einen ausreichenden sprachlichen Input und Kommunikationsmöglichkeiten (oder besser: Kommunikationsnotwendigkeiten) in eben dieser zweiten Sprache. Kinder entwickeln dann eine weitere Sprache, wenn es nötig ist. Gesprächspartner, die die Muttersprache des Kindes nicht verstehen, schaffen diese Notwendigkeit.

Bei Kindern, die ihre Zweitsprache vor dem Hintergrund ihrer Erstsprache entwickeln, sind oft Einflüsse der Erstsprache zu bemerken. Sie machen typische Fehler, die der Erstsprache geschuldet sind:

- Bestimmte Laute bereiten je nach Erstsprache Schwierigkeiten: Franzosen kämpfen mit dem *h*; Griechen ringen mit dem *sch*. Die Laute gibt es in der jeweiligen Herkunftssprache nicht.
- Im Deutschen gibt es drei bestimmte Artikel (der, die, das). Das Italienische kennt nur zwei. Im Englischen reicht ein Artikel *(the)*, das Türkische hat gar keine.
- Im Deutschen steht das Verb im Nebensatz an letzter Stelle. Im Englischen steht es immer an zweiter Stelle nach dem Subjekt. Im Russischen kann man Sätze sogar ohne Verben bilden.
- Was im Deutschen als grammatikalisch falsch gilt („Heute Brot mit Nougatcreme essen."), kann am Einfluss der richtigen Grammatik der Erstsprache des Kindes liegen.

Solche und andere typische Fehler zeigen, dass die Sprachentwicklung noch in vollem Gang ist. Sie sind kein Zeichen von Sprachverwirrung. Eine zweite Sprache verwirrt ein Kind nicht. Das Lernen von zwei Sprachen braucht jedoch mehr Zeit als das Lernen einer Sprache.

Prüfen Sie Ihr Wissen:

1. Wozu wird Grammatik benötigt? Was ist ihre Aufgabe?
2. Welche Stadien in der Grammatikentwicklung lassen sich beschreiben?
3. Wie können Sie Eltern beruhigen, die Sorge haben, weil ihr Kind zweisprachig aufwächst?

Vertiefung und Transfer

1. Analysieren Sie die Äußerungen eines zweijährigen Kindes, das Sie kennen, mithilfe der Stichworte in der Abbildung „Überblick zur Sprachentwicklung“ in den ersten drei Jahren (S. 158).
2. Wenn der Fernseher viel läuft, läuft bei der Sprachentwicklung wenig. Das zeigen unterschiedliche Studien. Wie kommt es zu diesem Zusammenhang?
3. Beobachten Sie Interaktionen zwischen einem Erwachsenen und einem Kind, die Sie zufällig in Ihrem Alltag, z. B. beim Einkaufen, miterleben. Was an dem Verhalten des Erwachsenen ist sprachförderlich? Wie könnte sich der Erwachsene in der Situation noch sprachförderlicher verhalten? Entwickeln Sie konkrete Vorschläge.
4. Wenn Sie aus diesem Kapitel nur einen Gedanken behalten könnten, welcher wäre es dann? Und warum?

Lesetipps

Szagun, G. (2007). Das Wunder des Spracherwerbs: So lernt Ihr Kind sprechen. Weinheim: Beltz.

- Das Buch gibt einen Überblick über die Ergebnisse der Spracherwerbsforschung.
- Eine renommierte deutsche Spracherwerbsforscherin hat ihre Wissenschaft für Eltern übersetzt.
- Das Buch enthält charmante Beispiele für Kindersprache und nette Illustrationen.
- Der Schlussteil des Buches enthält häufig gestellte Fragen der Eltern, die beantwortet werden. Mit diesen Fragen werden sicher auch pädagogische Fachkräfte konfrontiert.

Spitzer, M. (2015). Am Anfang war das Wort. Nervenheilkunde, 34(6), 466–468.

- Der Autor erklärt Hintergründe der Sprachentwicklung und auch, warum Bildschirme dabei stören.
- Der Artikel kann auf der ZNL-Webseite www.znl-ulm.de heruntergeladen werden.

Jampert, K., Thanner, V., Schattel, D., Sens, A., Zehnbauer, A., Best, P., & Laier, M. (2011). Die Sprache der Jüngsten entdecken und begleiten. Weimar: verlag das netz.

- Materialien mit allgemeinen Informationen zum kindlichen Spracherwerb unter drei Jahren.
- Sie wurden im Rahmen des Projekts „Sprachliche Förderung in der Kita“ am Deutschen Jugendinstitut (dji) entwickelt.
- Praxisbeispiele und Tipps helfen bei der Umsetzung in der eigenen Kita.
- Eine CD enthält Videosequenzen aus dem Kita-Alltag.
- Auch nach über zehn Jahren derzeit immer noch das probate Mittel der Wahl, wenn es um Sprachbegleitung im Alltag geht
- Siehe dazu auch die Bewertung auf der Plattform BISS-Transfer: www.biss-sprachbildung.de/btools/die-sprache-der-juengsten-entdecken-und-begleiten/

Görisch, O. (2017). KurzCHECK Sprachliche Entwicklung von Kindern. Hamburg: Handwerk und Technik.

- Eine Übersicht zu Meilensteinen der Sprachentwicklung vom 1. bis zum 6. Lebensjahr untergliedert in die einzelnen Bereiche der Sprache
- Auch Möglichkeiten der Sprachförderung für die jeweilige Altersstufe werden kompakt aufgezeigt

Winner, A. (2012). Kleinkinder ergreifen das Wort: Sprachförderung mit Kindern von 0–4 Jahren. Berlin: Cornelson Scriptor.

- Zusammenfassende Darstellung der kindlichen Sprachentwicklung im Alter von 0 bis 4 Jahren.
- Erläuterungen zu sprachlichen Kompetenzen von Krippenkindern im pädagogischen Alltag und wie sie erkannt bzw. gefördert werden können.
- Einführung in den Begriff der Sprache allgemein sowie in Literacy, Mehrsprachigkeit, Sprechfertigkeiten und Sprechstörungen – bezogen auf die Altersgruppe in der Krippe.
- Theoretische Zusammenhänge werden durch zahlreiche Praxisbeispiele veranschaulicht.

Albers, T. (2011). Sag mal! Krippe, Kindergarten und Familie: Sprachförderung im Alltag. Weinheim: Beltz.

- Das Fachbuch vermittelt theoretisch fundiert die grundlegenden Kenntnisse über die Sprachentwicklung.
- In verständlicher Sprache wird ein breiter Überblick über die Fachdiskussion rund um das Thema Spracherwerb gegeben.
- Der Autor zeigt umfassend auf, wie Sprachförderung in der alltäglichen, pädagogischen Praxis umgesetzt werden kann.
- Tolle Praxistipps zum Thema Bilderbücher und Sprache, Einbezug des Elternhauses im Spracherwerb und sprachfördernden Verhalten der Fachkräfte.

Hoff, E., & Core, C. (2015). What Clinicians Need to Know about Bilingual Development. Seminars in Speech and Language, 36(2), 89–99.

- Zur Zweisprachigkeit und ihrer Entwicklung gab es in der Vergangenheit einige Fehlannahmen.
- Die Autorinnen fassen die aktuelle Datenlage zusammen und präsentieren neun Fakten, die man über bilinguale Entwicklung kennen sollte.
- Ein guter Crashkurs für alle, die der englischen Sprache mächtig sind oder ein gutes KI-Übersetzungstool nutzen können.

Bundesministeriums für Familie, Senioren, Frauen und Jugend (2024). Sprach-Kitas: Weil Sprache der Schlüssel zur Welt ist. Online: Frühe Chancen.

- Verfügbar unter: www.fruehe-chancen.de [03.01.2024].
- Das Thema Sprachbildung und -förderung war in den letzten zehn Jahren ein großer Schwerpunkt, weshalb hierzu zahlreiche Projekte durchgeführt und Materialien erstellt wurden.

Zimmer, R. (2018). Sprache bewegt – Bewegte Sprache. Ansätze einer alltagsintegrierten Sprachbildung und Sprachförderung.

- Verfügbar unter: www.kita-fachtexte.de [03.01.2024].
- Wie Bewegung und Sprache zusammenhängen und Sprachentwicklung über Bewegung unterstützt werden kann

Wortschatzfragebögen

- Wortschatzfragebögen sind bei Kindern bis maximal Zweieinhalb (bei verzögerten oder Zweitsprachlernern auch etwas länger) das Diagnosemittel der Wahl.
- Bögen zum Screening für alle Kinder:
  - SBE-2-KT/SBE-3-KT
  - Erarbeitet für Eltern, aber auch einsetzbar für pädagogische Fachkräfte. Es gibt sie auch für Kinder, die zweisprachig aufwachsen oder Dialekte sprechen.
  - Wörterlisten und Handbücher lassen sich kostenlos herunterladen. Verfügbar unter: www.ph-heidelberg.de. Suche: elternfragebögen entwicklungspsychologie [03.01.2024].
- Bögen für Kinder mit Schwierigkeiten:
  - ELAN, ELFRA und FRAKIS sind gut brauchbar und aussagekräftig.
  - Die Bögen können über den Hogrefe Verlag bestellt werden.

7

Sozio-emotionale Entwicklung – vom Ich zum Wir

Aufregung in der Krippe: Gerade eben noch spielten die Kinder an unterschiedlichen Plätzen. Jedes Kind war beschäftigt mit einer Sache oder anderen Personen. Plötzlich geht die Tür auf, ein Mann schiebt einen großen Rollwagen mit einer Kiste in den Raum und geht wieder. Im Nu verändert sich die Stimmung, jedes Kind reagiert auf seine Weise auf dieses Ereignis: Oskar, am Boden kauernd, schreit los und krabbelt Richtung Erzieherin. Celia, Maja und Leon rennen zu dem Wagen, inspizieren ihn von allen Seiten. Irina dreht den Kopf kurz in Richtung Wagen, schaut dann zu ihrer Erzieherin und spielt mit den Bällen weiter. Etwas zeitverzögert fängt nun auch Murat an, zu weinen, bleibt aber sitzen und umklammert sein Kuscheltier. Sein Freund Lars schaut ihn mit großen Augen an und hält ihm seine Bauklötze hin. Fenja stapft in eine Ecke, drückt sich rücklings mit ihrem ganzen Körper an die Wand, schaut dabei sehr interessiert und gespannt, was um sie herum geschieht. Ihre Freundin Tamara stellt sich zu ihr dazu, schaut abwechselnd Fenja an, den Wagen mit der Kiste, die Erzieherin und die anderen Kinder. Die Erzieherinnen sind unterdessen sehr aufmerksam. Sie beobachten die Kinder, ein jedes mit seinem eigenen Verhalten, und stehen zur Verfügung, falls sie gebraucht werden.

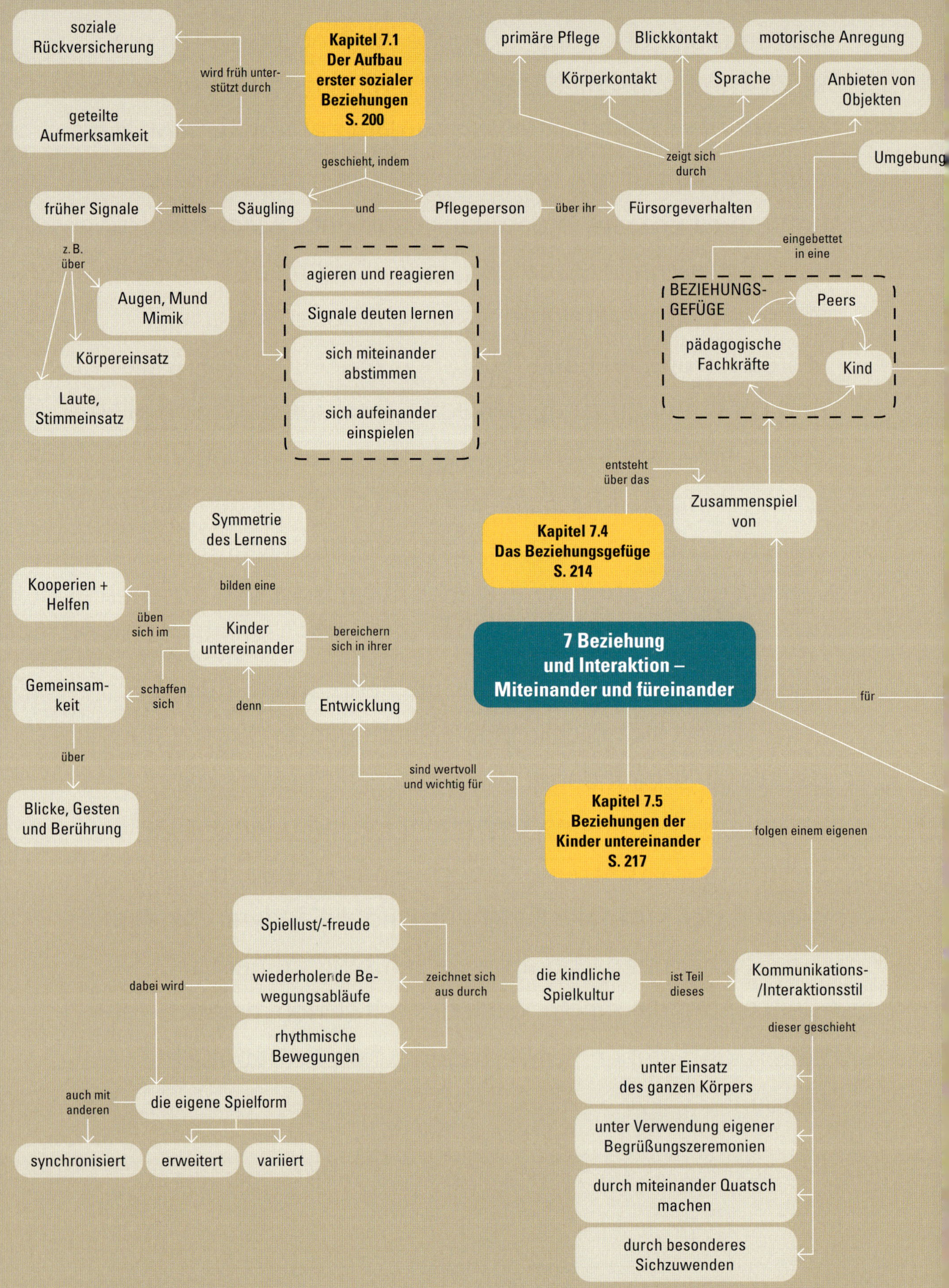
7 Beziehung und Interaktion – Miteinander und füreinander
Kapitel 7.1 Der Aufbau erster sozialer Beziehungen S. 200
wird früh unterstützt durch
soziale Rückversicherung
geteilte Aufmerksamkeit
geschieht, indem
Säugling
und
Pflegeperson
mittels
früher Signale
z. B. über
Augen, Mund Mimik
Körpereinsatz
Laute, Stimmeinsatz
agieren und reagieren
Signale deuten lernen
sich miteinander abstimmen
sich aufeinander einspielen
über ihr
Fürsorgeverhalten
zeigt sich durch
primäre Pflege
Blickkontakt
motorische Anregung
Körperkontakt
Sprache
Anbieten von Objekten
eingebettet in eine
Umgebung
BEZIEHUNGS-GEFÜGE
Peers
pädagogische Fachkräfte
Kind
Kapitel 7.4 Das Beziehungsgefüge S. 214
entsteht über das
Zusammenspiel von
für
Kapitel 7.5 Beziehungen der Kinder untereinander S. 217
sind wertvoll und wichtig für
Entwicklung
bereichern sich in ihrer
denn
Kinder untereinander
bilden eine
Symmetrie des Lernens
üben sich im
Kooperien + Helfen
schaffen sich
Gemeinsamkeit
über
Blicke, Gesten und Berührung
folgen einem eigenen
Kommunikations-/Interaktionsstil
ist Teil dieses
die kindliche Spielkultur
zeichnet sich aus durch
Spiellust/-freude
wiederholende Bewegungsabläufe
rhythmische Bewegungen
dabei wird
die eigene Spielform
auch mit anderen
synchronisiert
erweitert
variiert
dieser geschieht
unter Einsatz des ganzen Körpers
unter Verwendung eigener Begrüßungszeremonien
durch miteinander Quatsch machen
durch besonderes Sichzuwenden

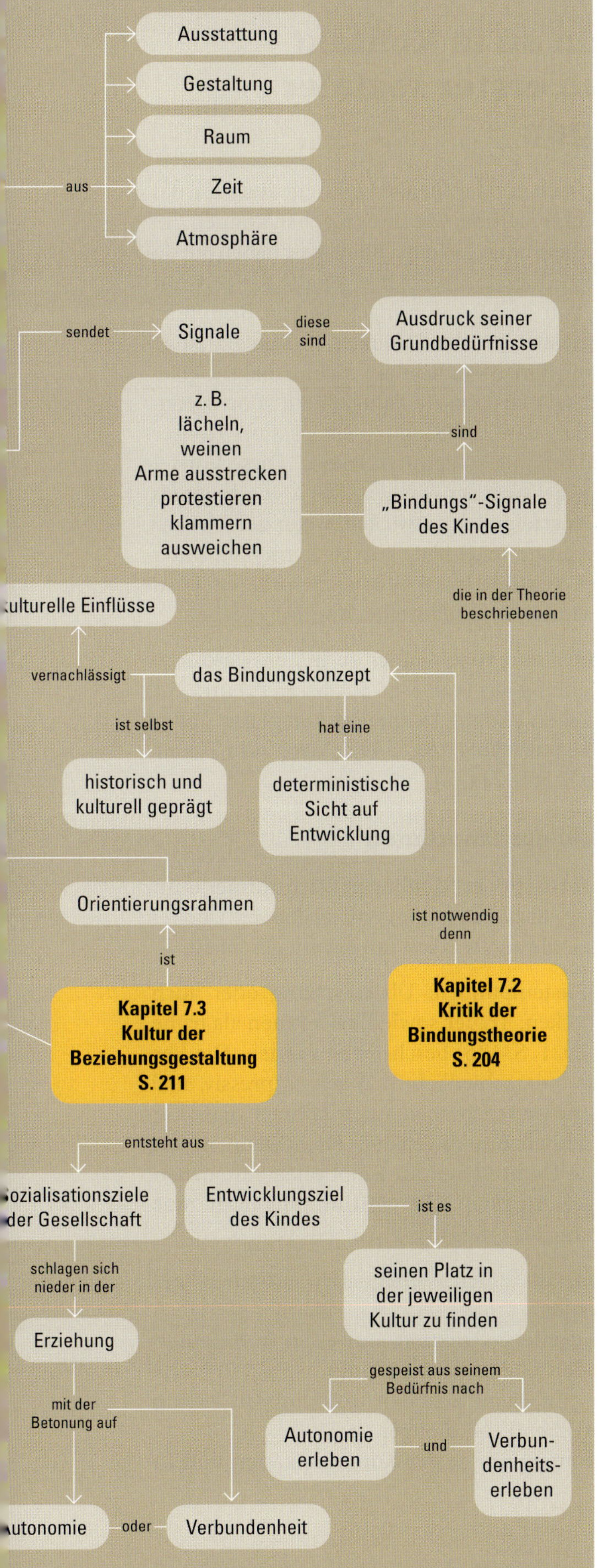

In diesem Kapitel erfahren Sie:

- wie soziale Beziehungen entstehen,
- welche Rolle dabei die Emotionen spielen,
- warum das Bindungskonzept in Krippe und Kita kritisch zu bewerten ist,
- welche Rolle die Kultur bei der Beziehungsgestaltung spielt,
- wie Kleinkinder untereinander ihre Beziehungen gestalten.

7.1 Von Beginn an in Kontakt – Der Aufbau erster sozialer Beziehungen

Was für das Bewegen, Sprechen oder Denken gilt, gilt auch für das Thema Beziehung: Die Kinder lernen, wie sie es machen können. Ihr Lernrepertoire, die grundlegenden Lernmechanismen haben sie dafür bereits im Gepäck (vgl. Kap. 2.3, S. 59 ff.). Gerade für den Aufbau und die Gestaltung von Beziehung bringen sie von Beginn an etwas mit. Sie sind ausgestattet mit der Fähigkeit, in Kontakt zu gehen und anzuzeigen, wenn ihnen ein Kontakt nicht behagt. Genau das macht unser Menschsein aus, unsere Fähigkeit zu kooperieren. Lange ging man davon aus, dass der Säugling ein passives Körperwesen sei, halb blind und unfähig zu kommunizieren. Diese Vorstellung gehört endgültig in die Welt der Mythen. Die Menschheit als Spezies hätte sich nicht so erfolgreich entwickelt, wenn der Mensch seine Art zu lernen nicht ausgeweitet hätte auf das Lernen im Miteinander und Voneinander. Wir sind quasi biologisch vorbereitet (Tomasello, 2020, S. 18), in einem soziokulturellen Kontext zu leben.

Die Fähigkeit, miteinander und voneinander zu lernen wirkt sich auch auf die Denkentwicklung aus (vgl. Kap. 5.6, S.155 ff.) und entfaltet sich im weiteren Leben entlang kultureller komplexer Fähigkeiten und Fertigkeiten (Tomasello, 2020, S. 49). (Mehr zum Thema Kultur findet sich in Kap. 7.3, S. 211 ff.).

Und immer mit dabei: die Emotionen

Mit vollem Körpereinsatz macht der Säugling auf sich aufmerksam, veranlasst die Umgebung dazu, sich ihm zuzuwenden. Und er nimmt über alle Sinneskanäle auf, was um ihn herum geschieht.

Wohlbehagen, Freude, Lustempfinden, Überraschung oder auch Ärger, Angst und Erschrecken, Trauer sowie Ekel können als frühe Basisemotionen (Jenni, 2021, S. 146) beschrieben werden. Die Verhaltensweisen dazu sind unterschiedlich: mal sehr expressiv, mal eher im Stillen und kaum wahrnehmbar. Auch können diese Gefühlsäußerungen sehr schnell umschwenken. Auch wenn in der Literatur unterschiedliche Definitionen für Emotionen auftauchen, so gibt es doch bei einigen Aspekten Übereinstimmung darin, was Emotionen sind (vgl. Jenni, 2021, S. 145):

- Gefühle, die aufgrund von äußeren Ereignissen entstehen und subjektiv bewertet werden,
- Gefühle, die eine körperliche Reaktion aufweisen (z. B. ändert sich der Herzschlag oder die Muskelspannung),
- innere Vorgänge, die mit grundlegenden Bedürfnissen zu tun haben und dementsprechend Handlungen auslösen,
- eine grundlegende Komponente in der Kommunikation und Interaktion darstellen.

Wie nun mit den Emotionen umgehen? Wie intensiv „dürfen" sie erlebt und ausgedrückt werden? Wie können sie reguliert werden? Wozu müssen sie überhaupt reguliert werden? Die Antworten werden unterschiedlich ausfallen: je nach kulturellem Kontext.

Fürsorgepersonen agieren und reagieren auf die emotionalen Äußerungen des Säuglings. Dieses Fürsorgeverhalten lässt sich entlang verschiedener Komponenten beschreiben. In der alltäglichen Interaktion tauchen sie nicht getrennt voneinander auf. Zu Forschungszwecken hilft es aber, sie getrennt voneinander zu betrachten.

Interaktion, interagieren: aufeinander bezogenes Handeln zweier oder mehrerer Personen; Wechselbeziehung zwischen Handlungspartnern

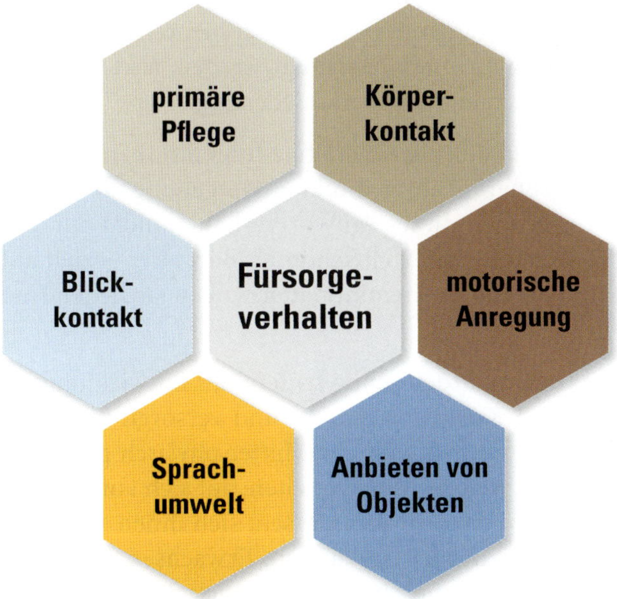

Komponenten des Fürsorgeverhaltens

- **Primäre Pflege**: Die Fürsorgepersonen kümmern sich darum, dass der Säugling zu essen und zu trinken hat und sich in seinem Körper wohlfühlt; sie pflegen ihn körperlich.
- **Körperkontakt**: Die Fürsorgepersonen stellen körperliche Nähe her, indem sie den Säugling berühren, auf den Arm nehmen oder streicheln.
- **Motorische Anregung**: Wenn man mit Babys umgeht, geschieht das im Körperkontakt. Es hat Folgen für die Bewegung von Armen, Beinen, Füßen und Fingern, überhaupt aller Gliedmaßen samt Rumpf, wenn Kinder getragen, hingelegt gedreht, werden und vieles mehr.
- **Blickkontakt**: Hier „sprechen" Fürsorgeperson und Säugling intensiv über die Mimik. Die Blicke treffen sich, die Zuwendung ist in diesen Momenten sehr exklusiv.
- **Anbieten von Objekten**: Fürsorgepersonen geben dem Säugling Spielzeug, Alltagsgegenstände und andere Objekte, damit dieser sich damit beschäftigen und diese Dinge untersuchen kann.
- **Sprachumwelt**: Fürsorgepersonen passen sich in ihrem Sprachverhalten dem Entwicklungsstand des kindlichen Gehörsinns an (vgl. Kap. 6.3., S. 173 ff.): Die Stimme wird höher, die Konturen der eigenen Sprache werden übertrieben, z. B. durch Überbeto-

exklusiv: die Umgebung wird ausgeblendet und der Kontakt spielt sich nur zwischen Kind und der Fürsorgeperson ab nen, langsameres und lauteres Sprechen oder Wiederholungen. Hierfür findet man in der Literatur auch den Begriff der Ammensprache oder im Englischen die Bezeichnung *Motherese*.

So wie der Säugling also biologisch ausgestattet ist, Kontakt aufzunehmen und auf sich aufmerksam zu machen, kann man dieses Fürsorgeverhalten auch als eine Art biologischen Spiegel betrachten (Keller, 2011).

Die Mehrheit der Interaktionen zwischen Fürsorgepersonen und Kindern hat mit Fürsorglichkeit und Geselligkeit zu tun. (Wüstenberg & Schneider, 2021, S. 42 mit Bezug auf Edwards, 2006). Diese Verhaltensweisen im Umgang mit Babys zeigen Menschen in allen Kulturen. Welche der Komponenten bevorzugt werden, also häufiger vorkommen, ist wiederum kulturell verschieden (vgl. Kap. 7.3, S. 211 ff.).

Von Beginn an laufen also vielfältige Interaktionen zwischen Babys und den Personen in ihrer direkten Umgebung ab. Und genau genommen finden wir dieses Antwortverhalten nicht nur bei Erwachsenen: Kinder beziehen sich schon ab Babyalter gezielt auf andere Kinder, und bereits ab Kleinkindalter wollen sie helfen (mehr dazu in Kap. 7.5).

Menschenkinder wurden schon früh in der Entwicklungsgeschichte in kooperativen Kontexten betreut und versorgt. (Tomasello, 2020, S. 83 ff.). Sie waren früh von der Mutter physisch getrennt und entwickelten daher weitere Möglichkeiten, auf sich aufmerksam zu machen und andere dazu zu veranlassen, sich ihnen zuzuwenden. Geschwister, andere Kinder und andere Erwachsene übernahmen die Fürsorge und tun es auch heute. Herzstück dieser Kommunikation sind Augen- und Mundbewegungen, das Lächeln, der Einsatz der Stimme, Lautmalereien und die über die Mimik ausgedrückten Gefühle. Fürsorgepersonen und Säugling treten über diese frühe Form der Kommunikation miteinander in eine enge Verbindung. Man kann sie als Protokonversation bezeichnen, weil schon in diesen frühen Entwicklungsphasen so etwas wie ein Dialog entsteht: ein sich wechselseitiges Aufeinander beziehen. (Trevarthen in Tomasello, 2020, S. 84). Im Grunde eine zirkuläre Dynamik gegenseitiger Beeinflussung. (Wüstenberg & Schneider, 2021, S. 30).

Protokonversationen:
frühe Interaktionsmuster, in dem sich Säugling und Fürsorgeperson wechselseitig aufeinander beziehen

zirkulär:
im Kreis bewegend; gemeint ist damit, dass man keinen Anfang oder kein Ende bestimmen kann, weil eines ins andere greift und sich die jeweilige Reaktion auf allen Ebenen dynamisch auswirkt.

Mit der Zeit werden die Babys mobiler, sie können sich auf das zubewegen, was ihre Aufmerksamkeit weckt. Bei ihren Erkundungen schauen sie immer mal wieder zu einer vertrauten Person. Man spricht von sozialer Rückversicherung (*Social Referencing*). Als würde das Baby fragen: „Kann ich das machen/anschauen oder was meinst dazu?" Je nachdem, wie die Fürsorgeperson reagiert, ist das Baby ermutigt oder hält sich zurück. (vgl. auch Kap. 5.6, S. 155). Vermittelt die Fürsorgeperson eine positive Einstellung gegenüber der Situation, wird das Baby die Gegenstände ausführlicher untersuchen. In diesem feinen Zusammenspiel zwischen sich und der Umgebung lernen die jungen Kinder sehr viel über den anderen und sich selbst: Was kann ich tun, um auf mich aufmerksam zu machen? Welche Signale kommen deutlich an? Was fühlt sich gut an?

Was und wer tut mir gut? Auch umgekehrt finden Anpassungsleistungen statt: Eltern oder andere Fürsorgepersonen senden feine Signale, auf die der Säugling reagiert. Diese Reaktionen wiederum versuchen die Fürsorgepersonen zu deuten und sinnvoll darauf einzugehen. Nicht nur das Baby lernt hier und passt sich an; auch Erwachsene lernen in diesem feinen Zusammenspiel etwas über das Baby und über sich selbst, beispielsweise über ihre emotionalen Empfindungen, die während der Interaktionen erzeugt werden, und über ihre Fähigkeit, das Kind zu verstehen und sich auf das Kind einzulassen.

Im Laufe der Zeit in diesem intensiven Wechselspiel zwischen dem Säugling und seiner Umgebung entstehen letztlich sozio-emotionale Fähigkeiten (Jenni, 2021, S. 145): Kinder werden immer besser darin,

- ihre eigenen Gefühle wahrzunehmen und zu verstehen (auch die Gefühle anderer),
- ihre Gefühle auf vielfältige und der Situation entsprechend ausgerichtete Art und Weise auszudrücken und
- sie mit bestimmten Verhaltensweisen zu regulieren.

In der Literatur findet man zum Thema Emotionsregulation oft die Gegenüberstellung von Fremd- und Selbstregulation. Dabei könnte der Eindruck entstehen, dass Säuglinge und junge Kinder sich noch nicht selbst regulieren könnten. Was uns dabei wichtig ist: So wie der Beziehungsaufbau von Beginn an ein gemeinsamer, wechselseitiger ist, so wird das Ausbalancieren von Bedürfnissen und den damit einhergehenden Emotionen von beiden Seiten mitgestaltet. Die Kinder machen bereits selbst sehr viel dafür, sich wieder in eine Balance zu bringen. In den Gefühlsausdrücken und den Verhaltensweisen steckt schon eine Art der Regulation: ein Schrei kann die innere Spannung verringern, sich in das Kuschelkissen zu drücken, lindert vielleicht den Schmerz. Hin- und Herlaufen kanalisiert die Energie, die vielleicht über Freude oder auch Ärger im Körper entsteht (vgl. Kap 3.4, S. 96).

Am Ende der Entwicklungsaufgabe stehen sozio-emotionale Kompetenzen. Kulturübergreifend gesehen stecken dahinter die Fähigkeiten, die die Kinder benötigen, um sich in ihrer Welt zurecht zu finden, Teil einer Gemeinschaft oder Gruppe zu sein, sich für den Erhalt dieser Gruppe mit einzusetzen und auf diese Weise sich als selbst wirksam zu erleben. Und damit sind wir wieder bei den psychischen Grundbedürfnissen (vgl. Kap. 3), die den Motivationsschub dafür liefern: Autonomie-, Kompetenz- und Verbundenheitserleben. Welche Fähigkeiten konkret es sein sollten – Sie ahnen es – gibt die jeweilige Kultur vor.

Prüfen Sie Ihr Wissen:

1. Nennen Sie Beispiele für Signale des Babys und Signale der Fürsorgepersonen in den frühen Interaktionen.
2. Wenn wir sagen: „Das Baby lernt in der frühen Interaktion viel über sich in der Welt.“ – was denken Sie, lernt das Baby?
3. Die frühen Interaktionen zwischen dem Baby und seinen Fürsorgepersonen kann man auch als einen Dialog bezeichnen. Warum ist das so?
4. Was versteht man unter Emotionsregulation und wozu ist sie wichtig?
5. Welche sozio-emotionalen Kompetenzen gelten Ihrer Erfahrung nach in unserer Gesellschaft?

7.2 Bindung in der Kita? – Kritik an der Bindungstheorie

Nahezu alle Fachbücher der Entwicklungspsychologie ziehen für die Darstellung des Aufbaus erster sozialer Beziehungen vor allem das Bindungskonzept nach John Bowlby und Mary Ainsworth heran. Bindung wird dabei als das emotionale Band bezeichnet, das sich zwischen dem Säugling und seinen wesentlichen Fürsorgepersonen entfaltet und auf Dauer angelegt ist.

Noch bis in die Mitte des 20. Jahrhunderts hinein ging man davon aus, dass es vor allem auf die körperliche Versorgung der Säuglinge ankomme. Dass das Sozio-emotionale eine Rolle spielen könnte, war noch nicht im Blick. In dieser Zeit beschäftigten sich aber auch Psychoanalytiker wie z. B. René Spitz oder James Robertson mit Fragen der psychischen Gesundheit von Säuglingen und Kleinkindern. Sie bezogen sich auf Beobachtungen in Waisenhäusern und Psychiatrien und nahmen gestörte Mutter-Kind-Beziehungen in den Blick (Vicedo, 2013, S. 142). Wobei sie hiermit nicht nur Aspekte von Vernachlässigung oder Trennung darunter fassten. Auch eine zu starke Verwöhnung von Säuglingen interpretierten sie als gestörte Interaktion. John Bowlby wurde von der WHO beauftragt, sich mit dem sozialen Kontakt zwischen Säugling und Pflegeperson zu beschäftigen (Vicedo, 2013, S. 3). Es war die Zeit nach dem zweiten Weltkrieg und die Nationen machten sich Gedanken um die psychische und körperliche Gesundheit ihrer Kinder. Bowlby, stark beeindruckt von der damals viel beachteten Tierverhaltensforschung, vor allem von Konrad Lorenz, versuchte nun eine Verbindung zwischen dem, was die Verhaltensbiologie für Tiere gerade am Herausfinden war, und dem, was die Psychoanalyse als Erklärungskonzepte für das psychische Wohlergehen hatte. Er ging davon aus, dass sich über die Menschheitsentwicklung hinweg ein Wechselspiel aufgebaut und in unseren Genen verankert hat, das das Überleben des Säuglings sichert: Die Pflegeperson wird über bestimmte Verhaltenssignale des Säuglings (Weinen, Lächeln, Klammern, Nachfolgen) motiviert, sich um den Säugling zu kümmern: Sie bietet so Schutz vor Kälte, bewahrt vor Feinden und sichert die Nahrung (Bowlby, 1958, beschrieben bei Vicedo, 2013, S.3 ff.). Bowlby sprach davon, dass zwischen der Pflegeperson und dem Säugling ein emotionales Band entsteht. Das Kind bindet sich an die Person, die es versorgt. Mary Ainsworth, die zunächst als Assistentin bei Bowlby forschte, suchte nach einer Möglichkeit, diesen Vorgang zwischen Säugling und Pflegeperson, den Bowlby Bindung nannte, systematisch zu untersuchen. Aus Alltagsbeobachtungen generierte sie Kategorien von Bindungsverhalten des Kindes und entwickelte einen Test, der in der Bindungsforschung zum Standard wurde. Dabei wird beobachtet, wie sich ein Kleinkind verhält, wenn die Mutter den Raum verlässt und eine fremde Person hereinkommt, und wie die Kontaktaufnahme zur Mutter verläuft, wenn die Mutter wiederkommt. Es wird eine Aussage über die Art der Bindung des Kindes zur Mutter getroffen. Drei unterschiedliche Typen wurden herausgearbeitet: die sichere Bindung und zwei Arten unsicherer Bindung. Sie beinhalten jeweils unterschiedliche Qualitäten. Der Qualität der Bindung werden spezifische Auswirkungen auf die Entwicklung des Kindes, insbesondere seiner späteren Beziehungsfähigkeit, zugeschrieben.

John Bowlby selbst betonte in den Anfängen seiner Untersuchungen, dass die Art der Beziehungsgestaltung zwischen Kind und Pflegeperson kulturspezifisch geprägt sei. Und auch wenn es nach seiner Vermutung ein genetisch verankertes System für einen Bindungsaufbau geben sollte, seien die Verhaltensweisen, die ein Kind zeigt, davon abhängig, in welchem Kontext es aufwächst. Allerdings schlug sich dieser Aspekt in Bowlbys weiteren Forschungen nicht nieder. Auch nachfolgende Forschungsgruppen haben den kulturellen Einfluss im Grunde nicht berücksichtigt.

Die **Bindungstheorie,** die darauf basierende Forschung und praktischen Ableitungen **sehen wir für das Verständnis von kindlicher Entwicklung und seiner sozio-emotionalen Dimensionen aus folgenden Gründen kritisch**:
Sie betont die Mutterrolle:
Die Bindungstheorie ist ein Kind ihrer Zeit. In den Anfängen der Bindungsforschung wurde die **mütterliche Betreuungsrolle einseitig betont**: Ihr Verhalten galt als maßgeblich für die Qualität der Bindung. Dass Kinder eine aktive Rolle im Beziehungsaufbau spielen und von sich aus schon aufgrund ihrer Veranlagung bestimmte Verhaltensangebote machen, wurde bei der Theoriebildung außen vor gelassen. Und nicht nur das: Bowlby ignorierte die Erkenntnisse des Tierforschers Harlow, der Rhesusaffen von ihrer Mutter trennte, dass, wenn die Affen unter Altersgenossen aufwuchsen, dies die fehlende Mutter durchaus ersetzen konnte (Vicedo, 2013, S. 170 ff.).

exklusiv:
ausschließend, ausschließlich

Sie geht von einer exklusiven Zweibeziehung bzw. einer primären Bindung aus:
Die Bindungstheorie betrachtet eine **Zweierbeziehung** aus Mutter/Fürsorgeperson und Kind zunächst **als ideales Modell**. Das lässt sich dadurch erklären, dass die meisten Studien in gesellschaftlichen Kontexten vorgenommen werden, in denen die Kinder in Kernfamilien (*„Mama-Papa-Kind"*) aufwachsen, und in denen die Mutterrolle besonders betont wird. Der überwiegende Teil der Menschenkinder wächst aber tatsächlich in so genannten multiplen Familienkontexten auf (Keller, 2011; Keller, 2019). In der Weiterentwicklung der Bindungstheorie wurde daraufhin ein Hierarchiemodell der Bindungen entwickelt, das aber kontrovers diskutiert wird. Selbst in unserem Kulturkreis wandelt sich das Familiensystem mehr und mehr. Wir tun also gut daran, nicht mehr an exklusiv ausgerichteten Bindungskonzepten festzuhalten. Wir haben keine Belege für Hierarchien, die biologisch vorgegeben wären. Wenn die Hauptbezugspersonen nicht da sind, jedoch andere, die ein Kind gut kennt, wendet sich das Kind nicht den Personen zu, die am längsten mit ihm zu tun haben, sondern denen, die eine besondere Qualität der Beziehung mit ihm entwickelt haben. Was sich also beobachten und beschreiben lässt, sind Vorlieben für Beziehungen, die sich mit der Zeit entwickeln.

multipel:
vielfältig, vielfach, zahlreich; hier ist gemeint, dass Familien aus vielen Mitgliedern, und unterschiedlichen Generationen und Verwandtschaftsgraden zusammengesetzt sind.

Das Verhalten des Kindes in der Kontaktaufnahme wird über Bindungstypen kategorisiert, die festlegen, was als sicher zu gelten hat.
Die Bindungstypen nach Ainsworth enthalten **Bewertungen**. Ihre Kategorisierung unterscheidet zwei grundsätzlich unterschiedliche Qualitäten: das sicher gebundene Kind und das unsicher gebundene Kind. Die Kinder, die als unsicher gebunden eingestuft werden, erfahren, wie das Wort unsicher nahelegt, weniger Sicherheit in ihrer Bindung an die Mutter. Mit dieser Kategorisierung wird unterstellt, dass es einen optimalen Bindungstypus gäbe, nämlich die sichere Bindung. Wie sich diese Sicherheit im Verhalten zeigt, ist wiederum kulturell sehr verschieden. Daher können die Verhaltensbeschreibungen und emotionalen Äußerungen, die auch in der heutigen Bindungsforschung diesem Bindungstypus zugeschrieben werden, nicht allgemeingültig sein.

deterministisch:
von lateinisch *determinare*, „festlegen", „Grenzen setzen", „begrenzen". Dahinter steckt die Auffassung, dass alle – insbesondere auch zukünftige – Ereignisse durch Vorbedingungen eindeutig festgelegt sind.

Es ist eine deterministische Sicht auf Beziehungsgestaltung
Nach Bowlby & Ainsworth entsteht aus der ersten Bindung (zur Mutter) ein Grundmuster für Beziehungen, das beim Aufbau von späteren sozialen Beziehungen als inneres Arbeitsmodell leitend ist. Um dieses innere Bindungssystem auf der Verhaltensebene beschreibbar zu machen, wird davon ausgegangen, dass das Explorationsverhalten eines Kindes darauf schließen lässt, wie sicher gebunden es ist. Unbestritten ist, dass sich auch bei Beziehungsgestaltungen Muster herausbilden. Das Kind leitet sie aus den ersten Erfahrungen mit den vertrauten Personen ab (Spuren der Erfahrung, Musterbildung, siehe Kap. 2.3, S. 59). Doch Lernerfahrungen können sich verändern genauso wie Beziehungsmuster.

Die Vorstellung der Bindungstheorie, dass Kinder **frühe Bindungserfahrungen** zu den Fürsorgepersonen auf andere Beziehungen übertragen, passt auch nicht zu Erkenntnissen der Peer-Forschung. Kinder gehen in Beziehung zu anderen Kindern und entwickeln etwas Eigenes dabei, sie imitieren nicht nur das, was sie über die Beziehung zur Fürsorgeperson erfahren haben. (Wüstenberg & Schneider 2021, S. 36).

Die Frage, wie es einem Menschen einmal in einer späteren Beziehung gehen wird, ist nicht im Voraus beantwortbar, da es grundsätzlich immer die Möglichkeit gibt, neue Erfahrungen zu machen. Deshalb lässt sich diese Vorherbestimmtheit nach heutiger Forschungslage nicht mehr halten und wird kontrovers diskutiert.

Die Theorie ist blind für die kulturelle Dimension der Beziehungsgestaltung.
Die Bindungstheorie lässt die sozio-kulturellen Dimensionen völlig außer acht (Wüstenberg/Schneider 2021, S.38/39); Soziale Interaktion und Kommunikation sind abhängig von der Kultur, in der ein Kind lebt. Die Entwicklung des Kindes, seine Art, in Beziehung zu seiner Umwelt zu treten und zu kommunizieren, wird in höchstem Maße davon bestimmt, in welchem kulturellen Kontext es aufwächst. (Röttger-Rössler, 2022). Letztlich ist die Bindungstheorie selbst im westlichen Kulturkreis entstanden. Die Bindungstypen, wie sie Mary Ainsworth definiert hat, und wie sie nach wie vor auch in heutigen Tests und Einschätzungsbögen zur Bindungsqualität Grundlage sind, sind nicht ohne Weiteres auf Kinder aus anderen Kulturkreisen übertragbar. Welches Verhalten des Kindes darauf hinweist, dass es sich sicher fühlt, entwickelt sich im feinen Zusammenspiel zwischen Kind und Fürsorgepersonen. Dieses Zusammenspiel ist zutiefst kulturell verwoben. Die Bindungstheorie ist daher als universelles Denk- und Forschungsmodell nicht geeignet. Was bei uns als sicher definiert wird, gilt nicht für andere.

Kultur:
Darunter versteht man die Gesamtheit der Werte, Normen und Verhaltensweisen einer Gemeinschaft; Kultur beschränkt sich nicht auf Nationen, Ethnien oder Religionszugehörigkeiten.

universell:
von lateinisch *universalis*, „zur Gesamtheit gehörig": überall zutreffend, allgemeingültig

Pädagogische Beziehungsgestaltung: keine Frage von Bindung.
Häufig liest man in der Literatur für die pädagogische Praxis, dass pädagogische Fachkräfte auch Bindungspersonen sein können. Hier gilt es, genau hinzuschauen. Was wird überhaupt unter Bindung verstanden? Die Pädagogik hat einen Begriff übernommen, der selbst in der Bindungsforschung nicht eindeutig definiert ist (Keller, 2019). Es gibt lediglich die von Bowlby immer wieder zitierte Formulierung des inneren Gefühlsbandes, das auf Dauer angelegt ist. Doch ist in der Kita tatsächlich ein auf Dauer angelegtes inneres Gefühlsband zwischen Fachkraft und Kind gefragt? Es geht doch um verlässliche, von Vertrauen und gutem Miteinander geprägte Beziehungen im Alltag.

Pädagogische Fachkräfte beschreiben, dass Kinder bei ihnen Schutz suchen, wenn es ihnen nicht gut geht, sie müde sind oder sich in einer Situation überfordert fühlen. So wie Oskar aus der Anfangsgeschichte, der beim Eintreten des Mannes mit dem Wagen zu weinen anfing. Die Interpretation lautet: Kinder suchen in heiklen oder schwierigen Situationen den sicheren Hafen und zeigen so interpretiertes Bindungsverhalten, wenn sie sich einer vertrauten Person zuwenden. Doch was ist hier genau erkennbar? Kinder signalisieren ihre Bedürfnisse und streben nach deren Erfüllung. Oskars Weinen und auch Dennis' Aufschrei in der Taschentuchgeschichte sind Ausdruck dafür, dass etwas in ihnen ins Ungleichgewicht geraten ist. Oskar und Dennis streben nach Sicherheit, da die Situation offenbar in diesem Moment eine Überforderung ist. Dennis erlebt, dass Bela, ein anderer Junge, ihm zu Hilfe kommt – mit einem Taschentuch und seiner ganzen Aufmerksamkeit – auch das gibt Sicherheit.

Nicht die Bindung ist das psychische Grundbedürfnis, sondern Kompetenzerleben, Autonomieerleben und die Verbundenheit (vgl. Kap. 3.3, S. 86 ff.) sind es. Handeln, Verhalten und Signale der Kinder haben ihren Ursprung darin, dass eines oder mehrere ihrer Bedürfnisse nicht genügend beachtet sind. Es sind keine Bindungssignale. In dem kindlichen Streben, die Balance wieder herzustellen, können Erwachsene helfen, aber eben nicht nur. Emotionale Sicherheit entsteht über viele andere Komponenten mehr (vgl. Kap. 7.4).

Die Fremdenreaktion:

Eine besonders markante Form der Interaktionen zeigen Babys in unserem Kulturkreis um den achten und neunten Lebensmonat herum oder auch später. Sie reagieren verstärkt auf Fremdes. Man interpretierte die Signale früher vor allem als Angstäußerung und sprach von der Achtmonatsangst. Inzwischen ist bekannt, dass die Emotionen hier vielfältiger sind und Angst nur eine Spielart von vielen ist. Deshalb wird diese Reaktion inzwischen neutraler bezeichnet: **Fremdenreaktion**. Das Baby kann dabei die folgenden Verhaltensweisen zeigen:

- scheu, befangen lächeln,
- Blick abwenden, Blick zur vertrauten Person suchen, sich rückversichern,
- die Mimik einfrieren,
- sich ruhig verhalten/innehalten,
- zur Bezugsperson krabbeln,
- anklammern,
- bis hin zu Weinen und Schreien.

Warum sind diese Verhaltensweisen in dem Alter zu beobachten? Welche Funktion könnte die Fremdenreaktion haben?

Dazu gibt es viele Interpretationen in der Forschung. Ein wichtiger Aspekt ist sicher, dass Kinder in dieser Lebensphase zunehmend selbst mobiler werden. Sie können sich fortbewegen und damit auch selbst in Gefahr geraten. Damit sich das Kind nicht ernsthaft in Gefahr begibt, schützt es sich sozusagen selbst, indem es vorsichtig wird und auch innehält. In Kulturen mit multiplen Netzwerken allerdings ist dieses Verhalten nicht zu beobachten (Keller, 2019, S. 84).

Ebenso könnte man vom **Neunmonatswunder** sprechen: Das Kind macht in dieser Zeit einen riesigen Entwicklungsschritt: Es erkennt, dass hinter unterschiedlichen Verhaltensweisen ähnliche Absichten stecken können oder auch umgekehrt. Das Gleiche zu tun, heißt nicht, das Gleiche zu meinen. Sein zunehmendes Unterscheidungsvermögen mit der einhergehenden Vielschichtigkeit der Verhaltensweisen anderer Personen verunsichert das kleine Kind vielleicht zunächst. Diese Verunsicherung äußert es. (vgl. Kap. 5.6, S. 155 ff.).

Was also hat der Bindungsbegriff überhaupt in der pädagogischen Praxis verloren? Der Grund mag ein politisch motivierter sein, der einen gesellschaftlichen Wandel begleitet hat: Es ging in den 1980-erJahren darum, aufzuzeigen, dass die außerfamiliäre Betreuung von Kleinkindern nicht per se schädlich ist, sondern dass es ein Konzept braucht, Kindern den Übergang in die Krippe zu erleichtern. Durch die Behauptung, dass pädagogische Fachkräfte bindungsähnliche Beziehungen zu den Kindern aufbauen, sollte verdeutlicht werden, dass die Kinder gut versorgt sind und sich auch außerhalb des Elternhauses sicher und wohlfühlen können.

Dass die Beziehungsgestaltung zwischen dem jungen Kind und einer pädagogischen Fachkraft in den Fokus der Kitakonzepte rückte, war notwendig. Doch dazu hätte man sich nicht der Bindungstheorie bedienen müssen. Loris Malaguzzi, der Begründer der Reggio-Pädagogik, ging vom aktiven Kind aus, das seine Identität in kulturellen Gemeinschaften entwickelt (Stenger, 2001). Und auch die Erkenntnisse von Emmi Pikler eignen sich, Konzepte zu Beziehungsaufbau und gestaltung zu entwickeln (Pikler, 2001). Fachkräfte und Kinder lernen, miteinander vertraut zu werden. Gerade Piklers Forschungen (siehe auch Textbox in Kap. 4.4, S. 121) und später die Fortführung durch ihre Tochter Anna Tardos in ihrem Kinderheim in Ungarn zeigen, wie gute und verlässliche Beziehungsgestaltung außerhalb des Elternhauses geht. Das Kind lernt seine neue Umgebung mit ihren Strukturen und Tagesabläufen kennen. Es hat genügend Zeit, eine Beziehung zu neuen Personen in der Kita einzugehen, bevor es sich dort ohne seine Eltern (oder andere vertraute Bezugspersonen) zurechtfindet und wohlfühlt.

Ein Fachbuch zur Entwicklung des Kindes – und dann keine Bindungstheorie als Rahmenmodell für Beziehungen?

Stellen Sie sich vor, Sie haben einen wunderbaren Kirschkuchen gebacken. Alles dran, alles drin: ein saftiger Boden, darauf die Kirschen, garniert mit Mandeln und Streuseln – vielleicht noch ein kleines Sahnehäubchen. Den Kuchen servieren Sie nun. Doch: man schaut Sie entrüstet an: *„Was? Wo sind denn die Äpfel? Das kann doch gar kein Kuchen sein, wenn da keine Äpfel drin sind!"* Seltsam, oder? Sie haben ja auch keinen Apfelkuchen gebacken sondern einen Kirschkuchen. Doch Ihr Gegenüber beharrt darauf, dass da Äpfel reinmüssen, sonst sei es kein Kuchen.

Was für das Backen sehr logisch klingt, bleibt ein Rätsel beim Thema menschliche Beziehung und der Behauptung „ohne Bindung keine Bildung". Nein, es ist eigentlich kein Rätsel. Professionelle Beziehungsgestaltung braucht keine bindungstheoriebasierten Erklärungsansätze, um mit Kindern in Krippe und Kita in eine tragfähige verlässliche Beziehung zu kommen. Genauso wie ein Kirschkuchen keine Äpfel braucht. Ein Rätsel bleibt die Beharrlichkeit, mit der manche an der Bindungstheorie festhalten.

Die Zutaten einer tragfähigen Beziehung im professionellen Kontext in unserer Kultur kommen zum einen vom Kind selbst:

- Kinder sind von Geburt an auf Beziehung und Kontakt ausgerichtet: sie tun von Beginn an alles dafür.
- Ihre Beziehungsfähigkeit ist vielfältig gestaltbar: sie nutzen die Gelegenheiten, die sich ihnen kulturell bieten: Kinder und Erwachsene gleichermaßen. Im Laufe der Zeit entstehen Vorlieben, die aber nicht als Rangfolge zu verstehen sind, sondern davon abhängen, in welcher Qualität und Intensität die Beziehungen gepflegt werden.
- Denken – Fühlen – Kommunizieren – Sich bewegen sind vor allem bei den jungen Kindern eng miteinander verwoben.
- Kinder haben bereits Beziehungserfahrungen im Gepäck, wenn sie in eine Einrichtung kommen; von diesen ersten Lernspuren gehen sie zunächst aus.

Und der Beitrag der pädagogischen Fachkräfte ist es,

- genau diese Fähigkeiten der Kinder zu erkennen,
- ihre Emotionen in Zusammenhang mit ihren Grundbedürfnissen zu bringen (vgl. Kap. 3.3, S. 86 ff.), und hier vor allem die Balance von Nähe und Distanz zusammen mit dem Kind auszutarieren (mehr dazu in Kap. 8).
- den eigenen kulturellen Rahmen und die eigenen Vorstellungen von Erziehung im Blick zu halten und den kulturellen Rahmen, in dem das Kind aufwächst gleichermaßen wertzuschätzen und
- ganz schlicht: sich auf die Kinder einzulassen.

Der Aufbau und die Gestaltung der Beziehung zwischen Fachkräften und den jungen Kindern sind eben geprägt von einem intensiven Wechselspiel unterschiedlicher Signale auf beiden Seiten. Und so kann auch eine eigene Kultur der Beziehungsgestaltung im Kita-Kontext entstehen.

Prüfen Sie Ihr Wissen:

1. Was war in der Mitte des 20. Jahrhundert der Anlass, sich mit der Beziehung zwischen Kind und Fürsorgeperson zu beschäftigen?
2. Was ist das Grundproblem bei der Verwendung des Bindungsbegriffs in der Frühpädagogik?
3. Wenn bestimmte Verhaltensweisen des Kindes keine Bindungssignale sind, was drückt das Kind dann damit aus?

7.3 Andere Länder, andere Sitten – Kultur der Beziehungsgestaltung

Menschen wollen ihren Platz in ihrer jeweiligen Umgebung finden. Die Quelle für dieses Entwicklungsziel findet sich wieder in den psychischen Grundbedürfnissen. Das Bedürfnis nach Verbundenheit, Autonomie- und Kompetenzerleben treibt das Kind in seiner Entwicklung voran. Gleichzeitig hat auch die Umgebung, also im weitesten Sinne die Kultur, in die das Kind hineingeboren wird, Werte und Normvorstellungen davon, wie jemand leben und sich verhalten soll (vgl. Kap. 5.5). Diese Werte schlagen sich ebenfalls in der Erziehung nieder. Man spricht hier von Sozialisationszielen. Alle Personen, mit denen ein Kind zu tun hat, vermitteln bestimmte Werte und Verhaltensweisen, die zu ihrer Kultur gehören. Dabei lassen sich folgende zwei Schwerpunkte beschreiben, deren Übergänge fließend sind und von denen es zahlreiche Mischformen gibt:

Sozialisation: das Hineinwachsen in eine Gruppe durch Übernahme ihrer Verhaltensweisen und Werte

- Erziehung hin zur **Autonomie**: Das Kind wächst in einer Gemeinschaft auf (in unseren Regionen üblicherweise im Rahmen von Familie) und ist darauf angewiesen, versorgt zu werden. Dennoch wird es von Beginn an als eine Person angesehen, die auch nach Selbstbestimmung strebt und mit Fähigkeiten dazu ausgestattet ist. Die Erziehung ist auf die Verstärkung dieser Autonomie ausgerichtet. Das heißt, die Bezugspersonen richten ihre Aufmerksamkeit auf die Entwicklung des Selbstbewusstseins und der Unabhängigkeit von der Herkunftsfamilie und anderen.
- Erziehung hin zur **Verbundenheit** oder Relationalität: Das Kind wächst in der Gemeinschaft auf, es sind von vornherein mehrere Mitglieder der Gemeinschaft an der Betreuung beteiligt. Die Erziehung ist darauf ausgerichtet, dass sich das Kind in diese Gemeinschaft einfügt und einbringt.

Relationalität: aufeinander bezogen sein, Verbundenheit

Das Sozialisationsziel der Autonomie findet man vorwiegend in der westlichen Welt, vor allem beim Bildungsbürgertum. Das Modell der Relationalität ist leitend in Dorfgemeinschaften. Und dazwischen gibt es fließende Übergange. Denn wenn Familien, in denen der Bildungsstatus hoch ist, in die Stadt ziehen, richten sie sich eher nach dem Modell der Autonomie. In den meisten Ländern gibt es Unterschiede zwischen Familienkulturen in Stadt und Land. Auch in ländlichen Gebieten in Europa gibt es eine größere Nähe zum Modell der Relationalität.

Ein Vater aus der ländlichen Region der schwäbischen Alb erzählte, dass seine Kinder in der Großfamilie im Dorf aufwachsen: Papa, Mama, Tanten, Onkels und die Großeltern beider Familien. Und die Kinder halten sich überall gerne auf. Seine Frage war: „Wissen denn die Kinder, wo sie hingehören bei so vielen Erwachsenen?" Ja klar! Sie gehören zu ihrer Gemeinschaft. Und diese besteht eben aus mehr als nur der Kernfamilie.

In beiden Modellen werden die Bezugspersonen jeweils so auf Signale des Kindes reagieren, wie es in der jeweiligen Kultur üblich ist und dem Sozialisationsziel entspricht. Und das Kind selbst ist damit beschäftigt, seine Bedürfnisse nach Autonomie einerseits und Verbundenheit andererseits auszutarieren. Alle frühen Interaktionsprozesse sind vom kulturellen Kontext geprägt. Kinder lernen sehr früh (mindestens ab drei Jahren) bereits nicht nur, die Absichten des Gegenübers zu erkennen (gemeinsame Intentionalität), sondern schauen quasi über die direkte Situation hinaus und versuchen, die Absichten und Regeln, die für die Gemeinschaft insgesamt gelten, zu lesen (kollektive Intentionalität) (Tomasello, 2020, S. 36; vgl. Kap. 5.5). Das nimmt dann im Kindergartenalter richtig an Fahrt auf, ist aber bereits hier in der Altersgruppe der unter Dreijährigen angelegt.
In Studien, in denen kamerunische Kinder untersucht wurden, zeigte sich als häufigste kindliche Strategie ein extrem passives und aus unserer Sicht emotionsloses Verhalten, wenn sie einer fremden Person begegneten (Otto, 2009; Otto, 2011). Die Interviews mit den Müttern zeigten, dass diese das Verhalten der Kinder als positiv und sozial erwünscht bewerten: Die Kinder sollen früh mit mehreren Bezugspersonen in Kontakt kommen und lernen, sich ruhig zu verhalten. Deshalb zeigen sie auch keine Fremdenreaktion (vgl. Box Kap 7.2, S. 208).

Die dargestellten Komponenten des Fürsorgeverhaltens (vgl. Kap. 7.1, S. 201) sind in den Kulturen unterschiedlich stark ausgeprägt. Das macht folgende Grafik deutlich:

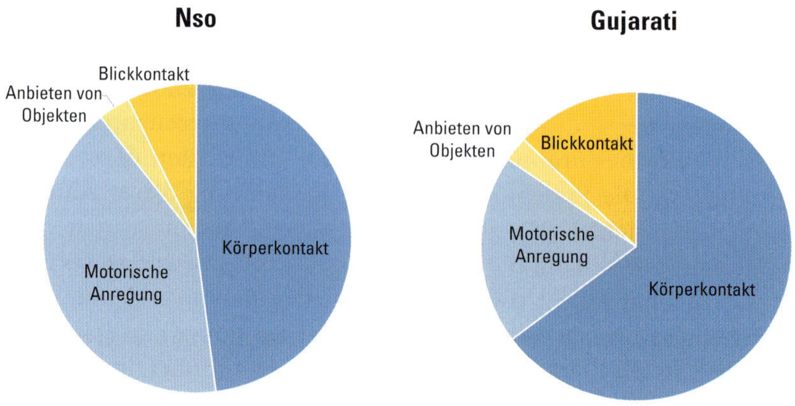

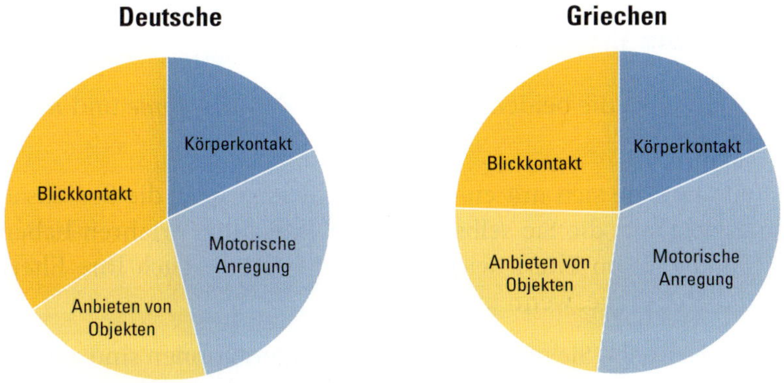

Fürsorgeverhalten im Kulturvergleich

Bei den Nso-Bauern dominieren Körperkontakt und motorische Anregung. Die indischen Gujarati nehmen ihr Kind weniger häufig auf den Arm (Keller, 2011). Als Erklärung wird hier u. a. in Betracht gezogen, dass die Bäuerinnen aus Gujarati häufig unterernährt sind, also eine insgesamt schlechtere körperliche Konstitution aufweisen als die Nso-Frauen. Sie haben daher vermutlich oft nicht die Kraft, ihre Kinder in dem Maße zu stimulieren, wie es die gut ernährten Nso-Frauen können. Deutsche und griechische Mütter haben demgegenüber viel Blickkontakt und setzen Objekte ein, um das Kind anzuregen.

Die Verschiedenheit der Sozialisationsziele konnte man auch in einem zeitlichen Vergleich aufzeigen. Innerhalb unseres Kulturkreises hat sich im Verlaufe von nicht einmal 30 Jahren die Sicht auf die Kinder verändert. Für Interaktionssituationen mit Müttern und ihren drei Monate alten Säuglingen lagen Daten von 1977 und 2001 vor. Während 1977 Körperkontakt und motorische Anregung eine große Rolle spielten, überwogen in den Daten von 2001 Blickkontakt und Objektspiel.

Im Feld der frühpädagogischen Praxis bedarf es einer höheren Aufmerksamkeit für die kulturelle Verschiedenheit. Denn inzwischen sind in den Kitas Kinder aus ganz unterschiedlichen Ländern mit vielfältigen kulturellen Gepflogenheiten der Familien anzutreffen. (Borke, 2021). Wie die Unterschiede in den Sozialisationszielen zeigen, sind damit nicht allein Ess- oder Schlafgewohnheiten gemeint. Es ist zu prüfen: Was gilt im jeweiligen Kulturkreis beim Umgang mit den Kleinkindern als angemessen? Und da gibt es sogar innerhalb des deutschen Kulturkreises (was auch immer dazu gehört) erhebliche Unterschiede. Wir müssen dazu nicht einmal die Schublade „andere Länder – andere Sitten“ bedienen. Und wenn sich Eltern ihren Kleinkindern gegenüber anders verhalten als nach den Vorstellungen der Fachkraft: Welche kulturell geprägten Erwartungen an angemessenes Elternverhalten und welche Erziehungsziele stecken dahinter? Aufgabe der pädagogischen Fachkräfte ist es demnach, auch zu verstehen (und wertzuschätzen), dass unterschiedliche Arten der Beziehungsgestaltung quasi ihren kulturellen Stempel haben und gleichermaßen gültig sind.

Prüfen Sie Ihr Wissen:

1. Erklären Sie die beiden Sozialisationsziele *Autonomie* und *Relationalität.*
2. Tauschen Sie sich mit einer anderen Person über die Sozialisationsziele aus, die Sie selbst bei Ihrer Erziehung erfahren haben: Was war Ihren Eltern wichtig? Interviewen Sie auch Ihre Eltern zu dieser Frage, wenn möglich.
3. Was verstehen Sie unter der Aussage: „Interaktionen sind geprägt vom kulturellen Kontext"?
4. Warum muss sich der Vater in der Randbemerkung auf S. 212 keine Sorgen machen?

7.4 Mittendrin im Kosmos der Beziehungen: zu sich und der Umwelt

Ein Schrei hallt durch den Raum. Dennis (1;3) liegt am Boden und weint herzzerreißend. Sofort wendet sich die Erzieherin ihm zu, streicht ihm vorsichtig über Arm und Wange und prüft, ob er das will. Die anderen Kinder unterbrechen ihr Spiel, beobachten die Szene. Bela, ein zweieinhalb Jahre alter Junge, läuft zu einer anderen Erzieherin, lässt sich von ihr ein Taschentuch geben. Damit rennt er zu Dennis, um es ihm zu geben. Die Erzieherin redet mit Bela, bezieht ihn in die Szene ein. Dennis hört auf zu weinen, schmiegt sich an die Erzieherin und beobachtet gleichzeitig, wie Bela sich mit der Erzieherin unterhält. Mit dem Taschentuch trocknet diese Dennis' Tränen. Ein paar Minuten später ist alles vorbei. Dennis spielt wieder mit seinem Auto, Bela ist wieder bei den anderen Kindern und die Erzieherin hat sich aus der Szene zurückgezogen, bleibt noch in einer beobachtenden Haltung. Dennis schaut sie noch ein paar Mal an, atmet tief durch – und wendet sich wieder seinem Auto zu.

Bela kommt Dennis zur Hilfe.

Die Szene macht deutlich, wie komplex Interaktionen sind und wie Akteure sich aufeinander abstimmen. Da ist Dennis mit einem deutlichen Signal und seine Umgebung reagiert – nicht nur die Erzieherin, auch Bela. Das Taschentuch, das Bela für Dennis holt, wird zum Hilfsmittel des Tröstens. Dennis wendet sich wieder seinem unterbrochenen Spiel mit den Autos zu und entspannt sich allmählich. Alles zusammen gibt ihm Sicherheit. Nicht nur Bela, sondern auch die anderen Kinder, die die Szene beobachten, beeinflussen die Atmosphäre.

Was ein Kind zu einem Verhalten veranlasst, warum es etwas macht, können wir nicht immer genau wissen. Wir können aber davon ausgehen, dass es einen guten Grund dafür gibt. Etwas scheint aus der Balance oder etwas ist wichtig, weil ein Grundbedürfnis berührt ist (vgl. Kap. 3.2, S. 76 ff.; Kap. 3.3, S. 86 ff.). Das Kleinkind sendet Signale und handelt. Und die Umgebung reagiert darauf. Die Bezugsperson antwortet, indem sie das Kind bei seiner Bedürfniserfüllung unterstützt. Auch andere werden aktiv. In unserem Beispiel ist es ein Kind, das sich hinzugesellt und eine sehr wichtige Rolle einnimmt. Bela reagiert auf die deutlichen Signale von Dennis, indem er zunächst eine andere Erzieherin mit einbezieht und dann mit dem Taschentuch direkt ins Geschehen eingreift. Ab da sind es mindestens drei Akteure plus ein Gegenstand. Das Ganze spielt sich in einer bestimmten Ecke des Raums ab, vielleicht sind da noch weitere Kinder, die beobachten? Vielleicht ist es dort ruhig? Vielleicht ist es wichtig, wo Dennis hinschauen kann, was er alles im Blick hat, während man sich ihm zuwendet? Wie gesagt: hochkomplex. Alles wirkt sich auf den Verlauf der Interaktionen aus. Die Umgebung mit ihrer Ausstattung und ihren Objekten wird mit einbezogen. Interaktionen laufen nicht nach einem Schema F ab: Sie finden in einem komplexen Gefüge aus Menschen, Dingen, Räumen, Strukturen, einer bestimmten Atmosphäre und in Zeiträumen statt. Die Handelnden spielen sich aufeinander ein. Dennis kommt in dieser Situation wieder zur Beruhigung, findet wieder ins Spiel. Die Tränen versiegen. Was genau hat dazu geführt? Nur die Erzieherin und ihre tröstenden Worte und Gesten? Oder doch Bela mit seinem Taschentuch? Oder etwas anderes, was in Dennis Blickfeld rutscht? Oder: einfach alles zusammen?

Dennis erlebt sich als Teil dieser Welt, macht Erfahrungen, spürt sich selbst, erlebt seine eigenen Emotionen und die der anderen. In diesen Dynamiken stecken Spannungen: zum Beispiel Geben und Nehmen, Nähe und Distanz. Mit diesen Dynamiken lernt Dennis im Laufe seines Lebens umzugehen, mal stärker in seiner Anpassungsleistung, mal stärker in seiner aktiven Beeinflussung. Darum wird es im Laufe seiner zukünftigen Beziehungsgestaltung gehen: Sich als Teil eines Beziehungsgefüges zu erleben, das er für die eigene Entwicklung nutzten kann und im Laufe seines Lebens für sich weiterentwickeln wird.

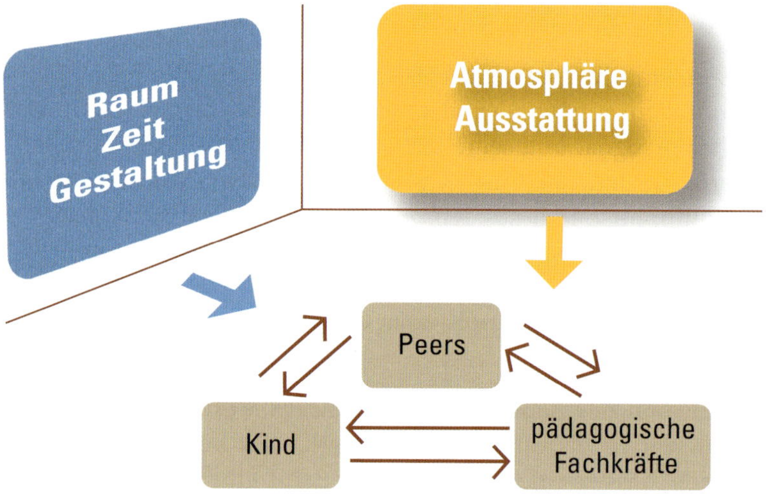

Beziehungsdynamiken in einem komplexen Wechselspiel

Prüfen Sie Ihr Wissen:

1. Überlegen Sie sich eine Szene, in der deutlich wird, dass außer dem Kind und einem Erwachsenen auch andere Personen und Dinge an einer Interaktion beteiligt sind.
2. Wodurch kann das Kind Schutz oder Trost erfahren, außer durch seine Bezugspersonen?
3. Woran merken Sie selbst, dass sich ein Raum und seine Ausstattung positiv oder negativ auf Ihr Befinden auswirken?

7.5 Gemeinsam sind wir besonders stark – Beziehungen der Kinder untereinander

Kinder unternehmen nicht nur bei ihren ersten Bezugspersonen, also den Erwachsenen, frühe Anstrengungen, mit der Umgebung in Kontakt zu treten. Das tun sie auch bei anderen Kindern. Allerdings unterscheidet sich die Kommunikation, die Kinder untereinander gestalten, in ihrer Struktur, Dynamik und auch in ihren Inhalten von der Kommunikation mit Erwachsenen. Wenn Kinder mit anderen Kindern in Kontakt treten, eröffnen sich ihnen vielfältige Erfahrungs- und damit Lernmöglichkeiten. Die Peers stehen ihnen, anders als die Erwachsenen, als gleichrangige Interaktionspartner zur Verfügung.

Dynamik:
Geschwindigkeit, in der Veränderungen auftauchen

Peers:
Menschen in etwa gleichem Alter und mit ähnlichen Interessen und Fähigkeiten, Mitglieder eigener Bezugsgruppe, Gefährtinnen und Gefährten

Kooperieren, sich helfen und unterstützen

Kleinkinder passen sich im Miteinander nicht einfach nur an andere an, sie verhalten sich bereits sehr früh interessiert und zugewandt. Sie assistieren, trösten, zeigen Zuneigung, bieten Objekte an, versuchen, etwas wieder gut zu machen oder kommunizieren miteinander über Objekte. Bereits acht Monate alte Säuglinge zeigten erste Formen dieses Verhaltens (Anbieten von Objekten). Bei 16 Monate alten Kleinkindern sind alle eben genannten Formen beobachtbar (Degotardi & Pearson, 2014). Die eigenen Gefühle und jene anderer wahrzunehmen und dafür angemessenes Verhalten zu lernen, erprobt das Kleinkind also auch im Umgang mit anderen Kindern.

Wie Kinder Erwachsenen helfen, wie sie assistieren wollen, das nehmen wir im Alltag wahr, und das ist auch gut erforscht. (z. B. Tomasello & Zeidler, 2010; Tomasello & Hamann, 2012). Einem Erwachsenen fällt etwas aus der Hand und das Kind, das die Szene beobachtet, geht sofort zu dem Gegenstand, um ihn aufzuheben und dem Erwachsenen zu geben. Papa räumt die Waschmaschine ein, das Kind hilft eifrig mit, die Wäsche in die Trommel zu stecken. Auch der Kita-Alltag ist voller Beispiele dafür. Und damit nicht genug: Kinder helfen gerne auch anderen Kindern. Auch hier gibt es eine experimentelle Studie (Hepach et al., 2017), an der Kinder im Alter von 18 Monaten und 30 Monaten teilnahmen. Würde ein Kind einem anderen dabei helfen, Bälle in ein Rohr zu stecken, die „aus Versehen" außerhalb seiner Reichweite gerollt waren? Klares „Ja". Und zwar nicht nur, wenn es selbst etwas davon hatte, weil es dann mitspielen konnte, sondern auch, wenn es „nur" darum ging, dass das andere Kind weiter spielen konnte. In der Studie gab es übrigens keine Unterschiede, die auf das Alter zurückzuführen wären. Die Eineinhalbjährigen halfen ihren Peers ebenso, wie die Zweieinhalbjährigen es bei ihren Gleichaltrigen taten.

Nicht nur die experimentelle Forschung, auch die Studien in Alltagssituationen zeigen: Kinder beziehen sich auf andere Kinder, wollen helfen und kooperieren miteinander (z. B. Musatti & Panni 1994, beschrieben bei Wüstenberg & Schneider, 2021, S. 213).

Blicke – Gesten-Lächeln-Berührungen-: Kinder kommunizieren mit ihrem Körper

Dass junge Kinder sich über Blicke rückversichern, haben wir oben bereits erfahren (vgl. S. 202 und auch Kap. 5.6, S. 157). Der Austausch von Blicken dient offenbar nicht nur der Rückversicherung bei Erwachsenen. Junge Kinder nehmen mit gezieltem Blick Kontakt zueinander auf, um in ein gemeinsames Spiel zu kommen, miteinander zu kommunizieren oder sich aufeinander abzustimmen. Lange bevor sie sich verbalsprachlich verständigen können, machen sie das bereits mit ihrem ganzen Körper. Diese Kommunikation zu verstehen, erfordert eine eigene Wahrnehmungsbereitschaft und geeignete Forschungsmethoden, die den Austausch von Blicken, Gesten und auch Berührungen unter die Lupe nehmen.

Vermutlich werden Sie in anderen Fachbüchern zum Spielen der Kinder den Begriff „Parallelspiel" lesen, mit dem Hinweis, dass junge Kinder noch nicht miteinander spielen, sondern eher nebeneinander. Auch hier lohnt der genauere Blick der Forschenden: Wenn Kinder nebeneinander scheinbar unabhängig voneinander für sich spielen, sind sie zugleich über Blickwechsel in Kontakt (Wüstenberg, 1992, S. 243). Diese Beobachtungen führen zu einer neuen Bewertung: nicht mangelnde Gruppenreife steckt hinter dieser Art des verbundenen Spiels, sondern eine aktive soziale Strategie zur Integration in die Gruppe. Für Kinder, die noch nicht so vertraut mit der Gruppe sind, bietet dieses nebeneinander Spielen die Möglichkeit, Kontakt aufzunehmen: Die anderen Kinder werden interessiert nebenbei beobachtet, ab und an genauer betrachtet. (Wüstenberg & Schneider, 2021). Offenbar dient der Blickwechsel, das Umherschweifen dazu, sich im Umfeld zu orientieren, Anteil zu nehmen und das ohne sich schon stark aktiv einzubringen und zu beteiligen.

In einer Kindertageseinrichtung in Island wurden neun Monate lang die Interaktionen von Ein- bis Zweijährigen untersucht (Gunnarsdottir & Bateman, 2022). Wie nehmen sie Kontakt auf? Welche Strategien wenden sie an, damit das Gegenüber nicht nur reagiert, sondern sich auf einen Austausch einlässt? Wie entsteht Gemeinsamkeit? Ein Blick, gepaart mit einem Lächeln eröffnet das Gespräch und bringt Emotionalität mit hinein (Kaukomaa & Ruusuvuori, 2013). Berührung schafft ebenfalls emotionale Begegnung und ist dazu geeignet, ein „wir", also Gemeinsamkeit herzustellen (Ekström & Cekaite, 2020). Diese drei Komponenten – Blick, Lächeln und Berührung – wirken als Ganzes. Sie sind dazu geeignet, einen Austausch in Gang zu bringen, sich bei Unklarheit, Verzögerung oder Abweisung zu korrigieren, um neue Versuche der Kommunikation in Gang zu setzen. Die Kommunikationsmuster, die sich hier zeigen, weisen darauf hin, dass Kinder in ihrer Körpersprache bereits das tun, was sie später verbalsprachlich auch ausüben werden.

symmetrisches Lernen: miteinander lernen bei ausgewogenen ähnlichen oder gleichen Entwicklungsvoraussetzungen

Symmetrie: Gleichgewicht, wechselseitige Entsprechung

Das lässt die Schlussfolgerung zu, dass diese Kommunikationsformen dabei eine ganz eigene, kindertypische Qualität haben: Sie laufen in einer Symmetrie des Lernens ab, denn die Kinder untereinander haben ähnliche Voraussetzungen, ähnliche Entwicklungsbedingungen und damit ähnliche Kompetenzen, die sie einsetzen. Sie sprechen die gleiche Sprache. Die Chance, dass sie sich als selbst initiierend und steuernd dabei erleben, ist größer als in der Kommunikation und Interaktion mit Erwachsenen. Und sie können sich das kaum von Erwachsenen abgeschaut haben, weil die meisten Erwachsenen keineswegs so sorgfältig in die Feinabstimmung gehen, wenn sie mit Kleinkindern kommunizieren.

selbst initiierend: den Anfang für etwas machend

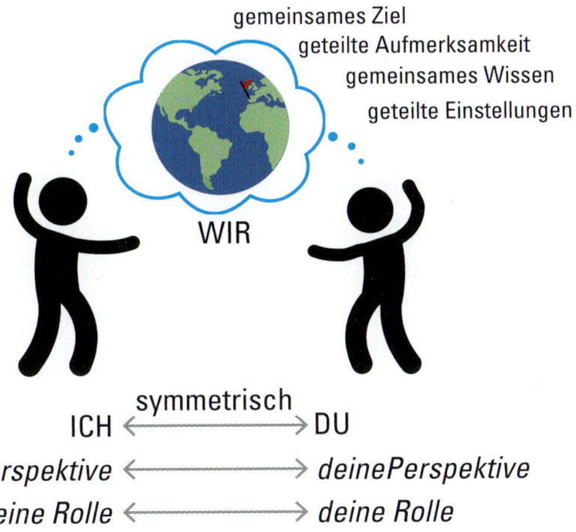

in Anlehnung an Tomasello, 2020, S. 450

Gemeinsamkeit herzustellen ist für die Kinder von Beginn an von ureigenem Interesse. Mit spätestens drei Jahren gelingt es ihnen souverän, die Spielpartnerin, den Freund, das Gegenüber als gleichwertig kooperierend anzuerkennen (Tomasello 2020, S. 450).

Forschungsansätze – oder: ich sehe das, was mir meine Brille ermöglicht.

Die Forschung zur Entwicklung des Kindes in Deutschland ist nach wie vor sehr fokussiert auf die individuelle Entwicklung. Einzelbeobachtungen, Verhaltensexperimente, kognitive Tests zählen zu den bewährten Methoden. Ein Blick in die internationale Forschung zur Entwicklung von jungen Kindern zeigt: Gerade in den Interaktionen in Alltagssituationen in Kindertageseinrichtungen stecken bisher kaum beachtete Hinweise darauf, wie intensiv junge Kinder in der direkten Auseinandersetzung mit ihrer Umgebung lernen und wie bedeutsam dabei das Miteinander mit anderen Kindern ist. Die sogenannte ethnomethodologische oder auch ethnographische Forschung und Konversationsanalyse (Gebiete der Sozialwissenschaften) schaffen die Zugänge hierzu. Diese qualitative Forschung finden wir in Deutschland vorwiegend in Bezug auf ältere Kinder und auch klar bei der Peerforschung im Jugendalter, jedoch kaum für das frühe Kindesalter. Wie ernst meint es unsere Gesellschaft wirklich, wenn sie sagt, dass es auf die ersten Jahre ankommt? Haben wir wirklich verstanden, welche Strategien die jungen Kinder anwenden und modifizieren, um zu lernen?

Ethnografie/ Ethnomethodologie: In diesen Forschungsansätzen versucht man (Alltags-)Kulturen möglichst nahezukommen. Es geht um typische Interaktions- und Lebensformen. Eine viel genutzte Methode ist dabei die teilnehmende Beobachtung.

kollaborativ: zusammen arbeitend

diskursiv: ausführlich diskutierend; in Gesprächen sich entwickelnde Positionen und Erkenntnisse

In anderen Ländern bereits üblich ist dabei die so genannte kollaborative Forschung (collaborative research). Hier erarbeiten sich Personen aus der Praxis zusammen mit den Forschenden aus Hochschulen und Universitäten die relevanten Themen, zu denen sie forschen wollen, entwickeln Forschungsfragen und stimmen miteinander auch die Forschungsmethoden ab. Die Erhebung, Auswertung und Deutung der Daten erfolgt jeweils in einem diskursiven Prozess. Also auch hier: symmetrisches Lernen im gemeinsamen Forschen.

Togetherness: über gemeinsames Tun stellen Kinder Gemeinsamkeit her. Da es dazu bislang vor allem englischsprachige Veröffentlichungen gibt, wird dieser Begriff in deutschen Übersetzungen übernommen und dann umschrieben.

Kleinkinder gehen nicht nur paarweise Beziehungen mit ihren Gefährten ein. Zu den frühen Entwicklungsthemen gehört auch schon, zu einer Gruppe dazuzugehören. Eine mögliche Strategie dabei ist es, sich in seinem Verhalten anzupassen. So stellen Kleinkinder Gemeinsamkeit her (Togetherness). Bereits im Alter von zwei Jahren richten sich Kinder in ihrem Verhalten z. B. auch danach aus, was eine Gruppe macht. So orientieren sich Kinder bei einer Problemlöseaufgabe daran, wie andere Kinder bei der Lösung vorgehen, oder sie setzen sich dafür ein, dass ein gemeinsames Spiel aufrechterhalten bleibt (Johansson, 2017).

Ähnliche Interessen, miteinander geteilte Bedeutungen und Fähigkeiten sorgen für Gemeinschaftserleben in der Gruppe (Degotardi & Pearson, 2014). Das Beziehungsnetzwerk bildet sich über das aktive Beteiligen: Die jungen Kinder suchen und finden einander, schaffen somit den gemeinsamen Raum – sofern sie die freie Wahl für eigene Handlungs- und Entscheidungsspielräume haben.

Kinder profitieren in ihrer kognitiven Entwicklung, wenn sie mit anderen Kindern den Tag verbringen. Das war ein Teilergebnis einer Studie, in der u. a. die unterschiedlichen Betreuungsformen (Tagesmütter, Betreuung durch Großeltern, Kindertageseinrichtungen) miteinander verglichen wurden (Sylva et al., 2011). Obwohl die Qualität (z. B. hinsichtlich Einfühlungsvermögen der Fachkräfte oder hinsichtlich der pädagogischen Impulse zur Entwicklung) in den untersuchten Tageseinrichtungen niedriger war als bei den Großeltern oder einer Tagesmutter, schnitten die Kinder bei einem kognitiven Test besser ab. Offensichtlich geben sich die Kinder gegenseitig wichtige Anregungen in ihren Lernprozessen.

Spielkultur von Kleinkindern

Emma, eineinhalb Jahre alt, greift nach einem etwas größeren Schuhkarton. Sie schiebt ihn sich zwischen die Beine und setzt sich hinein. Triumphierend schaut sie sich um, die Beine baumeln entspannt über dem Schachtelrand, sie klatscht in die Hände. Die zwei Monate jüngere Sara kommt hinzu. Emma steigt aus der Schachtel, schiebt sie zu Sara. Sara versucht nun ebenfalls, in die Schachtel zu kommen. Emma holt unterdessen eine neue Schachtel. Nun sind beide Mädchen in den nächsten 20 Minuten damit beschäftigt, immer wieder in die Schachteln einzusteigen und sich wieder herauszuschälen. Sie tauschen ihre Schachteln, versuchen, auch zu zweit in eine Schachtel zu steigen, stellen sich mit den Füßen hinein, schieben die Schachteln durch den Raum. Sie kommentieren ihre Handlungen immer wieder mit freudigen Lauten und ersten Worten: „Sitzen, sitzen, nei-sitze, ups, Sara au, Emma nei-sitze".

Gerade die Studien mit oben erwähnten ethnographischen Methoden konnten zeigen: Junge Kinder haben einen eigenen Stil, sich zu äußern und miteinander zu verständigen. Der ganze Körper wird eingesetzt, nicht nur um etwas auszuprobieren oder sich fortzubewegen, sondern auch, um der Umgebung etwas mitzuteilen und sich in spielerischen Handlungen mit anderen auszutauschen. (Wüstenberg & Schneider, 2021, S. 225). Kooperieren, assistieren oder sich gegenseitig helfen geht oft in ein miteinander Spielen über. Es ist kaum zu erkennen, ob es sich noch um ein bloßes Unterstützen oder schon um ein Spielen handelt.

Andere Kinder kommen an Emma und Sara vorbei. Miro, fast zwei Jahre alt, will Bauklötze in Emmas Schachtel legen. Emma lässt das zunächst zu, dreht dann aber ihre Schachtel um, sodass die Klötze wieder herausfallen. Sie setzt sich wieder hinein, greift dann aber nach den Klötzen und legt sie zu sich in die Schachtel. Dann gibt sie Miro die Bauklötze nach und nach wieder zurück. Sie untermalt ihre Bewegungen mit Lachen und Lautäußerungen. Miro strahlt und legt seine Klötze wieder in Emmas Schachtel. Sie lässt ihn gewähren und zeigt damit ihr Einverständnis.

Die Fortführung des Beispiels zeigt, die Interaktion beschränkt sich nicht auf ein einfaches Hin und Her zwischen den beiden Mädchen, sondern entfaltet sich zu einem komplexen Zusammenspiel dreier Beteiligter. Die beiden Mädchen entwickeln eigene Geschichten und Handlungsabfolgen, sie regen den Jungen dazu an, sich in ihr Spiel einzuklinken. Seine Impulse greifen sie auf und verbinden sie wiederum mit eigenen Ideen.

Zuhören, beobachten, mitdiskutieren: ein gleichwertiges Miteinander dieser drei Personen

Toddler Style:
von englisch *toddler*, „Kleinkinder im Alter von ein bis drei Jahren". Ihre Art der Bewegung, das toddling („Krabbeln, Trippeln") wird als Synonym für diese Altersgruppe verwendet. Der Begriff *Toddler Style* wurde von der norwegischen Kleinkindforscherin Gunvor Lokken geprägt.

Die Kommunikation der Kleinkinder ist stark von ihrem ganzen Körpereinsatz geprägt. Dieser Toddler Style, auch Kleinkindstil, weist bestimmte Ausdrucksformen der Verständigung auf, zum Beispiel

- sich auf besondere Art einem Spielpartner nähern, zum Beispiel vor ihn hinkauern,
- gemeinsam durch die Räume rennen und dabei rufen, lachen,
- Zärtlichkeiten austauschen,
- Begrüßungszeremonien entwickeln und nachahmen,
- miteinander Quatsch machen,
- sich balgen,
- miteinander tanzen und rhythmische Bewegungen machen,
- risky play (riskante und wilde Spiele).

Die Kinder nehmen Kontakt zueinander auf, in dem sie zunächst etwas nachmachen oder imitieren. Damit signalisieren sie: Ich bin dabei, ich spiele mit. Die Kleinkinder bewegen sich hin und her, wiederholen ihre Bewegungsabläufe, wechseln sich auch ab und bringen neue Varianten ins Spiel. Sie machen Musik, indem sie rhythmische Geräusche und Melodien in ihr Spiel integrieren. Und sie verbinden es häufig mit Tanz. So können Fröhlichkeitskonzerte entstehen. Diese kindliche Spielkultur zeichnet sich durch große Spiellust oder Spielfreude aus, erkennbar an Kichern, Lachen und Kreischen sowie ausgeprägter Bewegungsfreude. Miteinander geteilte Körpersprache, die geteilte Erfahrung im Spiel, geprägt von Freude: Hier entsteht eine miteinander geteilte Welt als eigener Wert (Wüstenberg & Schneider 2021, S. 348).

Saad (2;9) geht mit seinem Oberkörper weit hinunter, um Luis' (2;11) Blick einzufangen.

Beobachtbar sind diese Formen eigener Spielkultur vor allem dann, wenn Kinder regelmäßig die Gelegenheit haben, in vertrauter Umgebung ihre Aktivitäten mit anderen Kindern frei zu wählen. Sie kreieren eigene Spielideen, verständigen sich nonverbal und stimmen sich ab, zum Beispiel über ein Innehalten, Blicke zuwerfen, Loslaufen und dann Umdrehen, um nachzusehen, ob das andere Kind folgt. Dabei entstehen Spielroutinen mit typischen Dynamiken: sich abwechseln, wiederholen, beobachten und abwarten.

nonverbal:
nicht mithilfe der Wortsprache, sondern durch Gestik, Mimik oder optische Zeichen

Typische Spielarten bei Einjährigen sind:

- Aufnehmen und Hinlegen,
- Anbieten und Annehmen,
- Rennen und Verfolgen,
- Verschwinden und Wiedererscheinen.

Leander (2;0) hat heute seinen Bruder Henri (5;0) zu Besuch. Sofort wird dieser von Leander und Saad (2;9) ins Spiel hineingezogen.

Yana zeigt Sina, wie man auf dem Xylofon spielt.

Synchronizität:
Gleichzeitigkeit

Die Synchronizität von Handlungs- oder Bewegungsabläufen ist bei Kleinkindern immer wieder zu beobachten: Sira und Lara, beide knapp drei Jahre alt, sitzen am Tisch einander gegenüber. Sie haben ein Bilderbuch vor sich liegen, schauen abwechselnd in ihr Buch und sich auch immer wieder an. Sira fängt an, zu singen, und klatscht rhythmisch mal die Hände zusammen, mal auf den Tisch. Lara stimmt in die Melodie ein. Auch sie beginnt, zu klatschen. Zunächst ist ihr Klatschen noch zeitlich versetzt zu Sira. Sira hält kurz inne und wartet, bis Lara wieder klatscht. Sie versucht nun, im Rhythmus von Lara mit zu klatschen. Die Mädchen lachen dabei und erfinden Varianten des Klatschens. Lara haut sich mit einer Hand an den Kopf, Sira wiederholt es. Dann versuchen sie, diese Bewegung wieder synchron aufeinander abzustimmen. Immer wenn es ihnen gleichzeitig gelingt, lachen sie und freuen sich riesig. Dieser emotionale Gleichklang und auch die Synchronizität der Bewegungen intensivieren die Beziehung zwischen den Kindern. In diesen Momenten sind sie sehr aufeinander bezogen. Was um sie herum geschieht, ist nicht in ihrem Fokus.

Das Charakteristische an Kleinkindern (Auszug aus dem Rahmencurriculum aus Neuseeland):

Das neuseeländische Curriculum für die frühe Kindheit „Te Whariki" (Ministry of Education 1996 und 2017) hat die dem Kleinkind eigene Art, sich auszudrücken und zu handeln, zusammengestellt und beschrieben:

- Kleinkinder sind energiegeladen und in Bewegung.
- Kleinkinder streben danach, ihre Welt zu erkunden, indem sie Grenzen, Ursachen und Wirkungen austesten.
- Die Wünsche der Kleinkinder sind oft ihren sprachlichen und körperlichen Fähigkeiten voraus.
- Kleinkinder sind aktiv und neugierig, sie wollen sich als kompetent erleben und Ereignissen, Gegenständen und Vorstellungen einen Sinn geben.
- Die Gefühle der Kleinkinder sind intensiv und nicht vorhersehbar.
- Kleinkinder streben nach Gelegenheiten und Ermutigungen, um zu erkunden und kreativ zu sein.
- Kleinkinder sind impulsiv und eher unbeherrscht.
- Kleinkinder richten sich auf das Hier und Jetzt.
- Kleinkinder suchen die Interaktion und lernen, indem sie andere imitieren.
- Kleinkinder lernen mit ihrem ganzen Körper und lernen eher durch das Tun, als dadurch, dass ihnen etwas nur mit Worten vorgegeben wird.
- Sie erkennen „Unsinn" und Humor und antworten darauf.

Bereits die Jüngsten spielen also auch miteinander und dieses Spiel ist Ausdruck ihrer Beziehungsgestaltung und Kommunikation. Wozu die sehr jungen Kinder (ca. 12–20 Monate) bereits in der Lage sind und was eher von den Älteren unter den Jüngsten (28–36 Monate) ausgeht, ist im gemeinsamen Spiel oft sehr verwoben. Wie sehr die jungen Kinder zu ihrer eigenen Entwicklung beitragen und sich gegenseitig „pushen", tritt aber immer mehr zutage – wenn ihnen der Raum dafür gegeben wird.

Prüfen Sie Ihr Wissen:

1. Nennen Sie drei mögliche Arten sozialen Verhaltens der Kinder untereinander.
2. Welche typischen Spielarten lassen sich in dem Beispiel von Emma, Sara und Miro erkennen?
3. Wie stellen junge Kinder Gemeinsamkeit in der Gruppe her?

Vertiefung und Transfer

1. Was meinen Sie: Kann man Kleinkinder verwöhnen, wenn sie uns ihre Bedürfnisse signalisieren? Nehmen Sie in Ihrer Antwort die Ausführungen in Kapitel 7.1 und Kapitel 3 zur Hilfe.
2. Die Grafik „Beziehungsdynamiken in einem komplexen Wechselspiel" (S. 216) stellt schematisch Interaktionssituationen von beteiligten Personen und Objekten dar. Wenden Sie das Schema an, um die Szene mit Emma und den Schachteln zu analysieren.
3. Diskutieren Sie anhand der Grafik „Fürsorgeverhalten im Kulturvergleich" (S. 212 f.) die kulturellen Unterschiede im Fürsorgeverhalten: Wie lassen sich die Unterschiede erklären? Welche Beobachtungen machen Sie selbst in Ihrer Umgebung?
4. Warum ist die Bindungstheorie als Grundlage für frühpädagogische Konzepte nicht geeignet? Begründen Sie mithilfe der Kulturperspektive.
5. Nehmen Sie sich einmal die Zeit und beobachten Sie Kinder auf dem Spielplatz oder im Freispiel in der Kita: Wodurch entsteht Gemeinsamkeit? Was tun die Kinder, um das Miteinander aufrecht zu erhalten? Wie schaffen sie es, ihre Absichten mitzuteilen und dadurch in ein gemeinsames Spiel zu kommen?

Lesetipps

Die Kulturperspektive

Borke, J., Keller H. (2014): Kultursensitive Frühpädagogik. Stuttgart: Kohlhammer.

- Kulturelle Vielfalt ist in Kindertagesstätten nicht mehr die Ausnahme, sondern gelebte und erfahrene Realität. Das Buch entwickelt einen pädagogischen Ansatz, der dazu beitragen soll, der Vielfalt in den Kitas gerecht zu werden.

Röttger-Rössler, B. (Hrsg.). Soziale und kulturelle Vielfalt von Kindheit, Familie und Erziehung. Berlin: Freie Universität Berlin, Sonderforschungsbereich 1171 Affective Societies.

- Neben der oben zitierten Publikation „Bindung aus sozialanthropologischer Perspektive" lohnt sich bei dieser Wissenschaftlerin ein Stöbern in der kulturvergleichenden Forschung: www.polsoz.fu-berlin.de/ethnologie/personen/professorinnen/roettger-roessler.html.

Zur Einordnung der Bindungsforschung

Keller, H. (2019). Mythos Bindungstheorie. Konzept, Methode, Bilanz. Verlag das Netz. Weimar.

- Die Autorin fasst in diesem Buch die Erkenntnisse ihrer jahrelangen eigenen Forschung zusammen und ordnet sie ein in die internationale Forschung zur Bindung. Auch die Arbeit von Marga Vicedo ist hier eingeflossen.
- Nicht unumstritten, auch wegen des provokativen Titels. Und gerade deshalb lesenswert.

Vicedo, M. (2013). The nature and nurture of love: From imprinting to attachment in Cold War America. Chicago: The University of Chicago Press.

- Die Autorin bettet die ersten Studien der Bindungsforscher in den damaligen gesellschaftlichen Kontext ein und deckt Widersprüche auf.
- Für die neugierige Leserschaft, die hinter die Kulissen der Bindungsforschung schauen will und sich vom Englischen nicht abschrecken lässt.
- Nach dieser Lektüre stellt sich wirklich die Frage, ob es noch legitim ist, der Bindungsforschung diese Bedeutung in der Frühpädagogik beizumessen, wie es aktuell der Fall ist.
- Eine gut zusammengefasste Rezension auf deutsch gibt es hier: www.faz.net/aktuell/feuilleton/buecher/rezensionen/sachbuch/marga-vicedo-the-nature-nurture-of-love-nicht-ohne-die-muetter-12530550.html.[07.01.2024].

Zur Bedeutung der Beziehungen der Kinder untereinander

Wüstenberg, W. & Schneider, K. (2021). ICH – DU – WIR. Wie Kinder in den ersten drei Lebensjahren ihre Beziehungen miteinander gestalten. Erkenntnisse aus Forschung und Praxis. Berlin: Wamiki.

- Ein Buch, fürs eigene Forschen und Eintauchen in die Welt der jungen Kinder geeignet.
- Einblick in internationale Studien, sehr praxisnah aufbereitet und mit Beispielszenen angereichert.
- Eine lustvolle Pflichtlektüre für jede Person, die in der Krippe arbeiten möchte.

Brückenschlag zur Pädagogik

8

Entwicklung begleiten – You never walk alone

Erziehung ist anstrengend? Ja, aber aus anderen Gründen, als es auf den ersten Blick zu vermuten wäre. In einem Kinderbuch richtet Korczak ein Vorwort an die Leser:

> „Ihr sagt: ‚Der Umgang mit Kindern ermüdet uns.'
> Ihr habt recht.
> Ihr sagt: ‚Denn wir müssen zu ihrer Begriffswelt hinuntersteigen. Hinuntersteigen, uns herabneigen, beugen, kleiner machen.'
> Ihr irrt euch. Nicht das ermüdet uns.
> Sondern dass wir zu ihren Gefühlen emporklimmen müssen. Emporklimmen, uns ausstrecken, auf die Zehenspitzen stellen, hinlangen. Um nicht zu verletzen."
> (Korzcak, Janusz, 1973)

Janusz Korczak, eigentlich Henryk Goldszmit (1878–1943), polnischer Arzt und Schriftsteller, widmete sich armen und verwahrlosten Kindern. Er übernahm die Leitung eines jüdischen Waisenhauses *(Dom Sierot)* in Warschau. Hier setzte er sich mit pädagogischen Themen auseinander und verfasste Schriften und Bücher. Seine Mitarbeiterin Stefania Wilczyńska und er entwickelten innovative pädagogische Konzepte. Stefania Wilczyńska bezeichnete sich selbst als Schülerin Maria Montessoris. Im Zuge der Deportation der Juden im Zweiten Weltkrieg begleiteten beide die ihnen anvertrauten Kinder ins KZ und in den Tod.

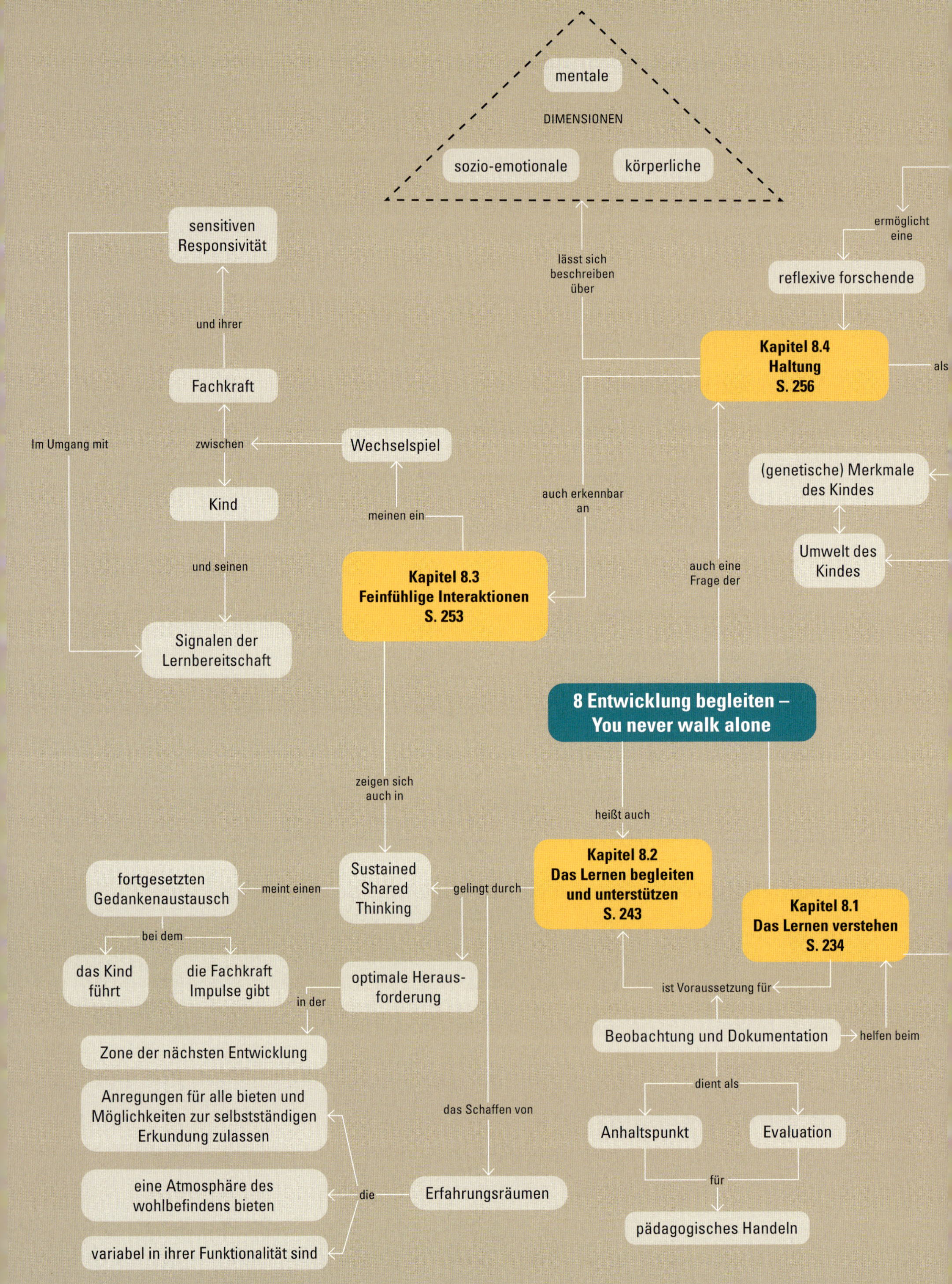
mentale
DIMENSIONEN
sozio-emotionale
körperliche
lässt sich beschreiben über
ermöglicht eine
reflexive forschende
Kapitel 8.4
Haltung
S. 256
als
sensitiven Responsivität
und ihrer
Fachkraft
zwischen
Wechselspiel
Kind
Im Umgang mit
meinen ein
auch erkennbar an
(genetische) Merkmale des Kindes
Umwelt des Kindes
und seinen
Kapitel 8.3
Feinfühlige Interaktionen
S. 253
auch eine Frage der
Signalen der Lernbereitschaft
8 Entwicklung begleiten –
You never walk alone
zeigen sich auch in
heißt auch
Sustained Shared Thinking
fortgesetzten Gedankenaustausch
meint einen
gelingt durch
Kapitel 8.2
Das Lernen begleiten und unterstützen
S. 243
Kapitel 8.1
Das Lernen verstehen
S. 234
bei dem
das Kind führt
die Fachkraft Impulse gibt
optimale Heraus-forderung
in der
ist Voraussetzung für
Beobachtung und Dokumentation
helfen beim
Zone der nächsten Entwicklung
dient als
Anregungen für alle bieten und Möglichkeiten zur selbstständigen Erkundung zulassen
das Schaffen von
Anhaltspunkt
Evaluation
eine Atmosphäre des wohlbefindens bieten
die
Erfahrungsräumen
für
pädagogisches Handeln
variabel in ihrer Funktionalität sind

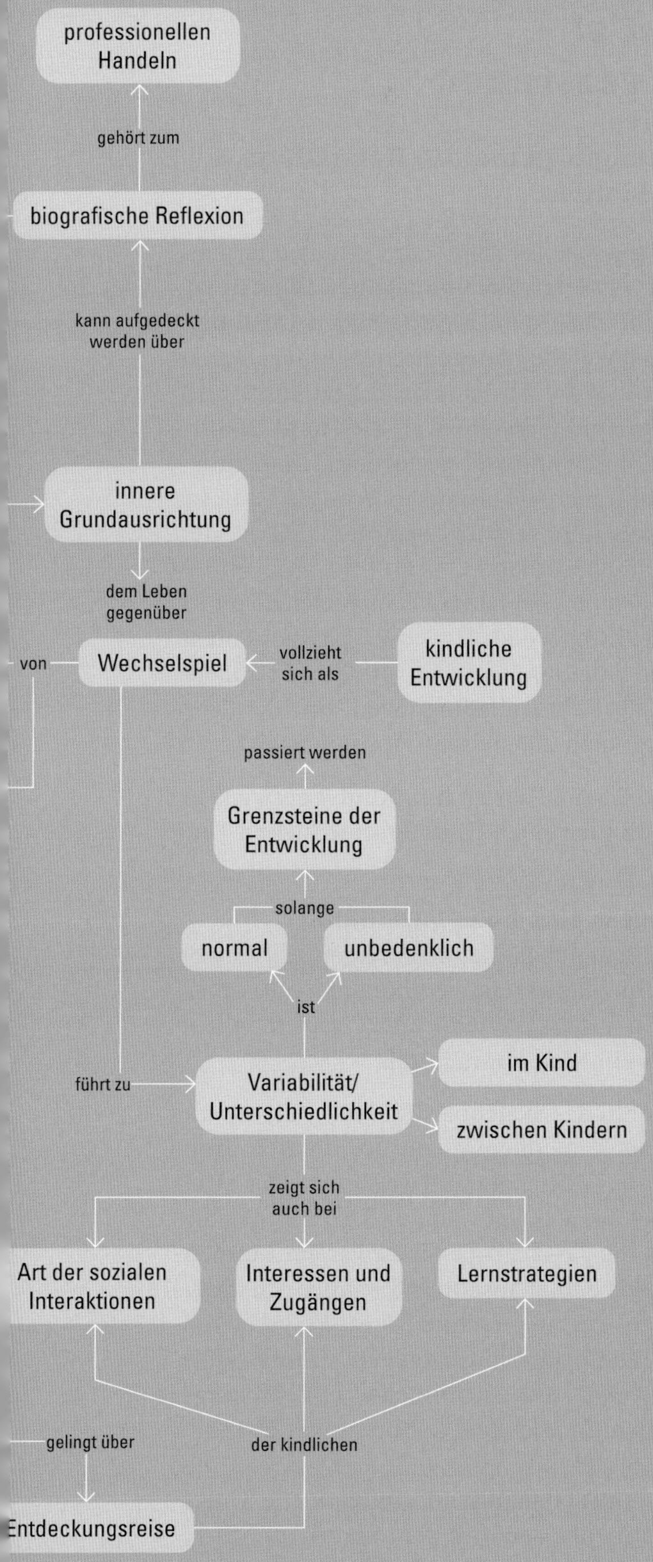

In diesem Kapitel erfahren Sie:

- warum pädagogische Rezepte zu kurz greifen,
- wie pädagogische Fachkräfte trotzdem unterstützen können,
- was gut gestaltete Interaktionen ausmacht,
- was es mit der Haltung auf sich hat.

8.1 Aha! So geht's! – Das Lernen verstehen

Man nehme … – Warum gut gemeinte Ratschläge in die Sackgasse führen können

Beim Hereinflattern eines Werbeflyers für eine Praxismappe positionierte sich Kornelia Schneider, selbst Forscherin und Fachbuchautorin, sehr deutlich. Sie gab in einem Fachgespräch zu verstehen, dass sie von Praxistipps dieser Art wenig hält. Denn anstelle der Spielideen, wie Kinder noch zu beschäftigen seien, sollten pädagogische Fachkräfte grundlegend dazu angeregt werden, sich selbst als Forschende und Beobachtende zu verstehen, indem sie sich dafür interessieren, wie Kinder sich die Welt erschließen, und was deren Handlungen und Äußerungen bedeuten könnten.

„So lernen Kinder richtig essen", „Jedes Kind kann schlafen lernen", „Sprachförderung: So geht's" – werfen Sie einmal einen Blick in pädagogische Fachzeitschriften: Nach dem Motto „Hier wird Ihnen geholfen", finden sich auf nahezu alle pädagogischen Alltagsfragen Lösungsvorschläge – immer in guter Absicht. Sie, die (zukünftigen) Fachkräfte, sollen Werkzeuge und Hilfsmittel an die Hand bekommen, um die Kinder pädagogisch sinnvoll zu fördern. Manchmal hat man aber auch das Gefühl, hier soll ein neues Produkt (z. B. sogenannte Lernspiele) pädagogisch verpackt auf dem Markt der 1.000 Möglichkeiten angepriesen werden.
Beim genauen Hinschauen, erst recht bei dem Versuch, dem Tipp zu folgen, stellen sich dann erste Zweifel ein: „Irgendwie passt das nicht so recht auf meine konkrete Situation; Jasmina verhält sich anders. Unsere Kita hat gar nicht die Rahmenbedingungen, um den Vorschlag umzusetzen." Wieso greifen die meisten Tipps nicht richtig?

Ihr Bauchgefühl weist Sie im Grunde darauf hin: Kinder entwickeln sich unterschiedlich. Und: Kinder leben in unterschiedlichen Umwelten.

Entwicklungsverläufe zeigen eine hohe Variabilität

Die Szenen aus den vorangegangenen Kapiteln zeigen es: Kinder entwickeln sich in unterschiedlicher Geschwindigkeit mit unterschiedlicher Intensität in den jeweiligen Bereichen. Das Alter allein sagt nichts darüber aus, was ein Kind können soll.

interindividuell: zwischen Menschen

Variabilität: Veränderlichkeit, Schwankung oder Abweichung von einem Durchschnitt

Kahlei meistert mit zwei Jahren das Skateboardfahren, während andere Zweijährige beim Versuch, beidbeinig von der unteren Treppenstufe zu springen, noch das Gleichgewicht verlieren. Der zweijährige Marco ist bereits früh am Morgen wach und braucht täglich 14 Stunden Schlaf, während die gleichaltrige Sina zwar ein Morgenmuffel ist, aber mit elf Stunden Schlaf auskommt. Kinder mit ähnlichem Körpergewicht haben ein unterschiedliches Essverhalten, was die Menge anbelangt. Diese interindividuellen Unterschiede, auch interindividuelle Variabilität, zeigt sich in allen Entwicklungsbereichen. In der motorischen Entwicklung kann man sie aber am besten erkennen.
Bei der Sprachentwicklung sind ebenfalls interindividuelle Unterschiede erkennbar. So begann Nilla spät mit dem Sprechen. Mit 15 Monaten konnte sie zunächst nicht viel mehr als „Mama", „Papa", „ja" und „nein" sagen. Doch dann ging alles ganz schnell. Plötzlich formulierte sie Sätze. Und an ihrem zweiten Geburtstag sprach sie bereits mit ausgefeilter Grammatik. Bei Schwester Fanny war alles anders. Sie reihte bereits vor ihrem ersten Geburtstag mit großer Begeisterung und Ausdauer Silben aneinander. Ab dem 13. Monat sprach sie die ersten Wörter. Aber die korrekte Satzstellung und

richtige Beugung der Verben kamen bei Fanny wiederum erst nach dem dritten Geburtstag mit dazu – ein Jahr später im Vergleich zu ihrer großen Schwester. Alle diese Unterschiede sind normal und kein Grund zur Sorge – sofern die Kinder die Grenzsteine passieren.

Entwicklung vollzieht sich im Wechselspiel zwischen Anlagen und Umwelt

Die Fachdiskussionen in der Forschung haben es längst hinter sich gelassen: Es geht im Grunde nicht mehr um die Frage, was am Verhalten eines Menschen angeboren und was umweltbedingt ist. Es geht auch nicht um die Frage, ob wir die Marionetten der Umgebung oder die der Gene sind. Wir sind weder das eine noch das andere. Besonders dann nicht, wenn wir die Wirkungen von beiden verstehen. Denn beide Faktoren haben Einfluss auf die Entwicklung. Das Kind bringt biologische Komponenten mit: seine Gene und sein jeweiliges Alter. Angeborene Lernmechanismen, z. B. die Fähigkeit, Regeln aus Erfahrungen herauszufiltern und diese zu lernen (vgl. Kap. 2.3, S. 59 ff.), bekommen dabei ihren Input aus der Umwelt. Aus der Wechselwirkung beider Faktoren entsteht das individuelle Weltwissen des Kindes.

Ein Kind, das sich nicht für Skateboards interessiert, wird sich nicht daraufstellen. Es wird sich eher wehren, wenn man versucht, es zum Fahren zu bringen. Ein Kind wie Kahlei lernte Skateboardfahren (vgl. Kap. 4.2, S. 11), weil es sich dafür interessierte, weil es sich geschickt anstellte und sich von der Begeisterung seiner Geschwister fürs Skateboardfahren anstecken ließ. Die Kinder suchen gezielt nach bestimmten Erfahrungen, die ihren Interessen und ihrem Entwicklungsstand entsprechen. Die Umwelt stellt das Angebot an Erfahrungen bereit, die ein Kind machen kann (oder auch nicht). Das Kind bestimmt seinerseits, was es annimmt.

„Je besser wir unsere Gene und unsere Neigungen verstehen, desto eher verlieren sie den Charakter des Unvermeidlichen." *(Matt Ridley)*

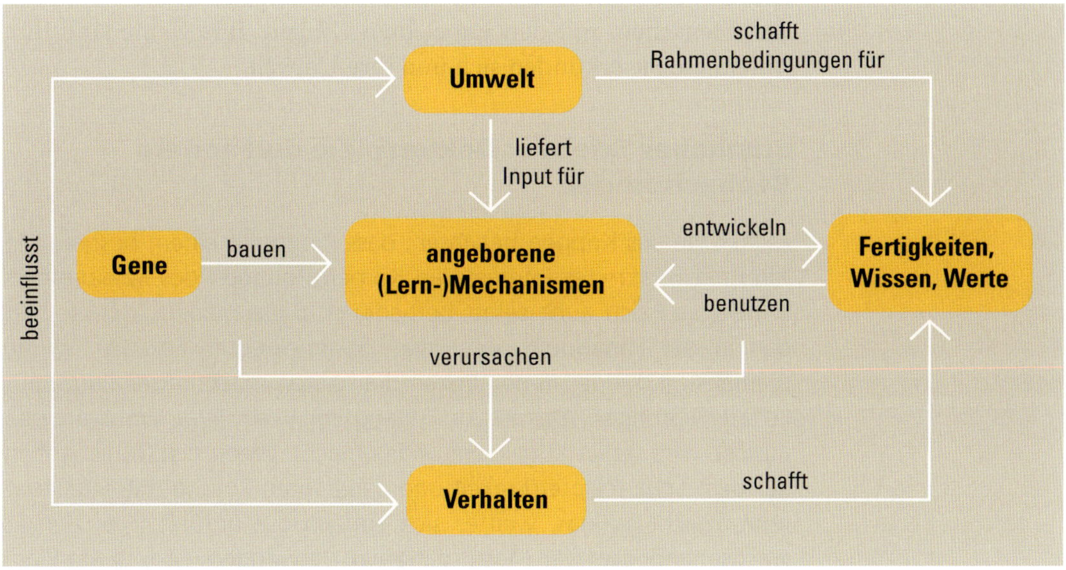

Zusammenspiel von Anlage- und Umweltfaktoren

Altersgerechtes Spielzeug oder auch altersgerechte Angebote erscheinen in diesem Kontext wenig sinnvoll. Zu groß sind die Unterschiede zwischen den Kindern. Man sieht aber beim Spielen jedem einzelnen Kind an, ob ein Spielzeug oder ein Angebot zu ihm passt.

In welcher Umgebung ein Kind aufwächst, welche Menschen es erlebt und wie diese Menschen mit ihm umgehen, hat Einfluss auf die Entwicklung. Und hier werden Unterschiede sichtbar: Jede Krippe ist anders, jede Familie ist anders; jedes Kind wächst in seiner individuellen Umgebung auf. Hinzu kommt, dass Kinder nicht gleichviel Interesse an den Dingen haben, die ihnen angeboten werden. Konkrete Tipps und Handlungsvorschläge können diese spezifischen Situationen vor Ort gar nicht aufgreifen.

Wenn Sie schon lange im Beruf sind, stehen Ihnen die Tipps aus Ratgebern nicht im Wege. Sie können die Vorschläge so verändern, dass sie für Ihre Situation passen. Sie lassen sich nicht beirren. Aber was machen diejenigen unter Ihnen, die gerade in der pädagogischen Praxis Fuß fassen? Woran können Sie festmachen, was Kinder wirklich von Ihnen brauchen? Ein erster wichtiger Schritt ist getan: Sie haben sich in den vorangegangenen Kapiteln mit Entwicklungsbereichen beschäftigt; Sie haben sich auf die Lernspuren der Kinder begeben. Sie als pädagogische Fachkräfte nehmen mit Ihrem Verhalten Einfluss, entscheiden über die Bereitstellung von Materialien, Raum und Zeit. Für dieses pädagogische Handeln gibt es – jenseits von Rezepten – Anhaltspunkte und Kriterien.

Kinder lernen. Immer. Vor allem nebenbei. Am liebsten Bedeutsames. Neues fesselt ihre Aufmerksamkeit. Und das lässt sich nicht verhindern. Sie sind von Beginn an mit dem Rüstzeug ausgestattet, das sie brauchen, um sich ihr Bild von der Welt zu machen, sich Wissen, Fähigkeiten und Fertigkeiten anzueignen: Sie setzen ihre Sinne ein, sie kommunizieren mit ihrer Umgebung, sie holen sich Unterstützung (vgl. Kap. 2.3, S. 59 ff.).
Hier zeigt sich, was ganzheitliches Lernen bedeutet: Kinder in den ersten Jahren sind immer mit ihrem ganzen Körper dabei. Die Welt ist für sie nicht in Mathematik, Naturwissenschaft oder Kreativität/Ästhetik untergliedert. Sie machen Erfahrungen mit der Natur, mit den Menschen, mit den unbelebten Dingen. Ihre Sinne sind ihre Antennen. Sie erkunden sich und ihre Umwelt.

Sinnliches Erleben: Doktorspiele und andere Beobachtungen

Fachkräfte aus Krippen berichten, dass Kinder ab einem bestimmten Alter ein verstärktes Interesse an Körperöffnungen des Spielpartners zeigen oder sich auch selbst befriedigen. Diese beiden Aspekte werden in der Pädagogik unter dem Sammelbegriff *Sexualerziehung* thematisiert. Kinder in den ersten drei Jahren machen vielfältige sinnliche Erfahrungen. Das ist ihr Zugang zur Welt. Was Wohlbefinden auslöst, wird verstärkt gesucht und gemacht. Wenn sich Dunja wohlig auf dem Schaukelpferd rekelt und dabei ihren Po über die Sitzfläche reibt, macht sie das, weil es sich einfach gut anfühlt. Hier den Erwachsenenbegriff der Masturbation zu verwenden, ist fehl am Platz. Erwachsenensexualität und deren Körperempfinden ist anders. Matschen im warmen Sand und das Spielen mit Schaum sind für viele

Kinder ebenso lustvoll. Erkundungen des eigenen Körpers oder dem des Spielpartners, allgemein zusammengefasst unter dem Begriff der *Doktorspiele*, gehören ebenso zum kindlichen Lernen. Kindern sollten diese Erfahrungen nicht verwehrt werden, sie sollten auch keinesfalls negativ bewertet werden – den eigenen Körper erkunden und lustvoll erfahren ist ein wichtiger Entwicklungsbereich. Kinder brauchen allerdings auch Orientierung, denn es gibt Grenzen. Wenn eine Fachkraft den Eindruck hat, ein Kind reagiert sich in Stresssituationen verstärkt und immer wieder ab, indem es sich reibt, wird sie sich genauer mit dem Kontext befassen und prüfen müssen, was das Kind zu diesen kompensatorischen Handlungen verleitet. Doktorspiele haben ihre Grenze dort, wo Verletzungsgefahr besteht oder sich die Kinder nicht auf einer partnerschaftlichen, ebenbürtigen Ebene bewegen.
Hier besteht die einzige Parallele zur erwachsenen Sexualität: die Zustimmung aller Beteiligten ist absolute Grundvoraussetzung des gemeinsamen Tuns.

Umgang mit Körperlichkeit ist stark beeinflusst von kulturellen Werten. Manche Eltern mögen es zum Beispiel nicht, wenn ihr Kind nur mit Windeln bekleidet durch die Räume läuft. Daher gibt es auch hier keine starren, auf alle anwendbaren Regeln. Eltern und Fachkräfte sollten sich darüber verständigen, welchen Spielraum sie den Kindern geben. Im Kontext von Gewaltpräventions- und Kinderschutzkonzepten muss dieses Thema inzwischen auch standardmäßig in den Einrichtungen bearbeitet und fachlich reflektiert werden. Fachkräfte können Kinder insbesondere auch dadurch stärken, dass sie eine sachliche Sprache für alle Körperteile verwenden (z. B. die Vulvalippen, wenn diese beim Windeln wechseln gereinigt werden) und den Kindern dadurch die Möglichkeit geben, sich sprachlich über ihren Körper mitzuteilen.

Lernwege wahrnehmen, erkennen und deuten

Bevor Sie sich also fragen, wie Sie ein Kind am besten unterstützen, sollten Sie verstanden haben, wie Kinder lernen und welche Strategien sie dabei anwenden. Ahmen sie gerade etwas nach? Versuchen sie, Muster und Regelhaftes zu erkennen und Kategorien herauszufinden? Wollen sie gerade etwas Bestimmtes über einen Gegenstand herausfinden? Interessieren sie sich gerade für andere und deren Tun?

Tatsächlich gelingt Ihr Einstieg ins Verstehen über Fragen. Mit bestimmten Fragen geben Sie Ihrem Beobachten eine Richtung. Sie lenken Ihre Aufmerksamkeit. Nachfolgende Fragen stammen aus der Forschung zu den Lerngeschichten und der Fortbildung von pädagogischen Fachkräften (Schneider, 2020).

Wahrnehmen, was geschieht

- Was genau tut das Kind?
- Wem oder was wendet es sich zu?
- Worauf richtet es seine Aufmerksamkeit?
- Welche Emotionen sind zu spüren?
- Welche Interaktionen zeigen sich?
- Was geschieht um das Kind herum?

Das Lernen erkennen

- Wie geht das Kind vor?
- Wie intensiv ist es dabei?
- Welche Lernmittel/eigenen Lernwerkzeuge setzt es ein?
- Wie drückt es sich aus und teilt seine Absichten mit?
- Welche Strategien sind zu erkennen?
- Auf welches Vorwissen greift es zurück?
- Wie bezieht es andere mit ein?
- Wie reagieren andere auf das Kind?
- Welche Impulse aus der Umgebung nimmt es auf?
- Wie beharrlich bleibt es dran?
- Was tut es, wenn etwas nicht gleich klappt?
- Welche Erfolge stellen sich ein?

Das Lernen deuten

- Womit könnte sich das Kind auseinandersetzen?
- Was veranlasst das Kind dazu, sich einer Sache/einem Thema intensiver zuzuwenden?
- Was könnte seine Absicht sein?
- Was will es erfahren oder verstehen?
- Welche Grenzerfahrung macht es?
- Welche Anregungen sind unterstützend? Worauf lässt es sich ein?
- Welche Art Weltwissen könnte daraus entstehen?
- Was erfährt es Grundlegendes?
- Was lernt es über sich/über seine Umgebung/die Art, in der es in Beziehung ist?

Die Zone der nächsten Entwicklung: Das Konzept von Lew Wygotski

Hätte Lew Wygotski mehr Lebenszeit bekommen, wäre er mit diesen Fragen sicher sehr einverstanden gewesen und hätte vielleicht auch weitere gefunden. Denn sie lenken den Blick auf das, was das Kind tut und welche eigenen inneren oder äußeren Grenzen es dabei gerade überschreitet. Das meinte er mit der Zone der nächsten Entwicklung.

Zone der nächsten Entwicklung: *zone of proximal development*; beschreibt die Phase, in der ein Kind sich mit Dingen/Themen beschäftigt, die es gerade noch mit Unterstützung bewältigt und erlernt und dabei im Begriff ist, es selbstständig zu können: „Das Gebiet der noch nicht ausgereiften, jedoch reifenden Prozesse ist die Zone der nächsten Entwicklung des Kindes". (Lew Wygotski)

Emma (2;3) rollt mit ihrem Dreirad über den Hof. An einer Bordsteinkante bleibt sie hängen. Hier scheint die Fahrt zu Ende zu sein. Sie stößt mit dem Vorderrad immer wieder gegen die Kante und jammert dabei: „Geht nich, des geht nich!" Sie steigt vom Dreirad ab, schaut es sich von der Seite an, zieht und drückt – vergeblich. Ihre Kraft, das Vorderrad anzuheben, scheint noch nicht auszureichen. Hilfesuchend schaut sie Florian, ihren Erzieher, an: „Geht nich! Menno!"

Florian kommt ihr zu Hilfe. Er weiß, dass Emma diese Hürde noch nicht alleine schafft. Viel fehlt aber nicht mehr. Er kniet sich neben sie, hebt das Vorderrad ein Stück an und spricht dabei mit Emma.

„Schau mal, das Rad muss ein Stück hoch. Pack mal mit an, versuchen wir es zu zweit." Emma zieht mit am Lenker. Gemeinsam heben sie das Vorderrad über die Kante. Emma strahlt.

Emma bleibt beharrlich – sie will die Bordsteinkante allein überwinden

Das Verstehen und das Sich Einfühlen in die Aktivitäten der Kinder kommen also vor dem Planen und Gestalten des pädagogischen Handelns.

„Beobachte! Lerne Dein Kind kennen! Wenn du wirklich bemerkst, was es nötig hat, wenn du fühlst, was es tatsächlich kränkt, was es braucht, dann wirst du es auch richtig behandeln, wirst du es richtig lenken, erziehen."
(Emmi Pikler)

Beobachtungen festhalten und Lernen und Entwicklung dokumentieren

Unter dem Konzeptbegriff „Beobachtung und Dokumentation" sammeln sich nun diverse Verfahren und Anleitungen, die zum einen dazu dienen sollen, die Lernwege der Kinder zu erkennen und zu verstehen und zum anderen die Schlussfolgerung für pädagogisches Handeln zu erleichtern. Es wird immer wieder darum gerungen, welche Formen dafür sinnvoll sind: Soll man eher stark strukturiert beobachten – anhand von Checklisten und Kategorien entlang der Entwicklungsbereiche? Soll man die Kinder mit einem möglichst ungefilterten Blick wahrnehmen? Geht ungefiltertes Beobachten überhaupt?

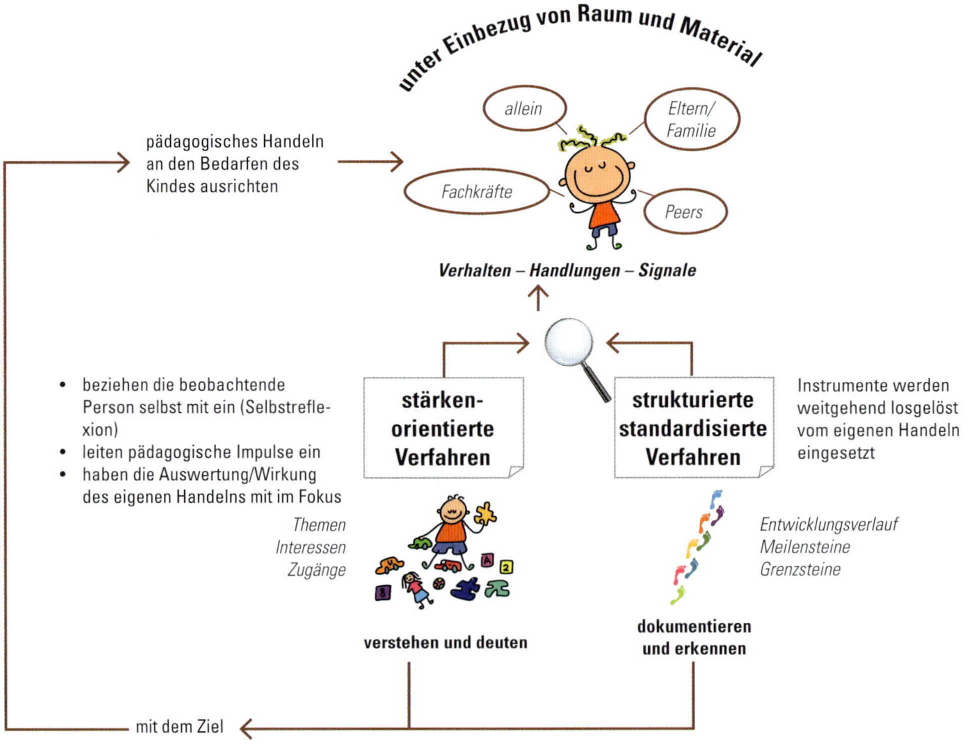

Schwerpunkte beim Beobachten und Dokumentieren

Ein Ziel haben alle Beobachtungskonzepte gemeinsam: Das Lernen und die Entwicklungsverläufe des Kindes sollen darüber sichtbar werden. Und Sie als pädagogische Fachkraft können darauf aufbauend begründen, warum Sie bei welchem Kind wie handeln und welche Impulse Sie setzen sollen. Und im besten Fall dienen Ihre Dokumentationen auch der Auswertung und Bewertung Ihres Handelns: Wie hat das Kind den Impuls aufgenommen? Was hat sich verändert? War das, was Sie in der Begleitung und Unterstützung des Kindes verändert haben, dem Kind dienlich? Damit wird ein Beobachtungs und Dokumentationskonzept auch zu einem Evaluationsinstrument.

Evaluation:
die Bewertung und Überprüfung von Handlungen hinsichtlich ihrer Zieldienlichkeit, um gegebenenfalls Veränderungen vorzunehmen

Strukturierte standardisierte Beobachtungssysteme zeichnen sich dadurch aus, dass sie entlang von meist geschlossenen Fragen (mit ja oder nein zu beantworten) bestimmte Entwicklungsmerkmale festhalten. Oft haben sie einen Bezug zu einer Normgruppe. Die Grenzsteine der Entwicklung gehören zu diesen Verfahren: Grenzsteine markieren den Zeitpunkt, zu dem die meisten Kinder, nämlich 90 bis 95 Prozent, eine bestimmte Fähigkeit in einem Bereich erlangt haben (vgl. Kap. 4.2, S. 112). Auch die Entwicklungstabelle nach Beller & Beller (vgl. Lesetipps, S. 267) gehört zu den strukturierten Verfahren. Sie definiert keine Grenzsteine, sondern beschreibt typische Handlungen, die Kinder in unserem Kulturkreis in bestimmten Phasen ihres Lebens in den verschiedenen Bereichen durchlaufen.

Konzepte mit einem stärken- bzw. ressourcenorientierten Ansatz haben in den letzten Jahren an Bedeutung gewonnen. Diesen Konzepten ist gemein, dass sie vom Kind als kompetenten Lerner ausgehen. Diese Beobachtungsverfahren sind in das jeweilige pädagogische Konzept der Einrichtung integriert, denn die Rückschlüsse für pädagogische Impulse richten sich ganz stark danach, welches pädagogische Grundverständnis in der Einrichtung besteht.

Die Lerngeschichten

Über ein Forschungsprojekt des Deutschen Jugendinstituts (DJI) kamen die von den Neuseeländerinnen Margret Carr und Wendy Lee entwickelten Lerngeschichten (Learning Stories) nach Deutschland. Hier wurde das Konzept unter dem damaligen Projektnamen „Bildungs- und Lerngeschichten" wissenschaftlich erprobt und adaptiert (Leu et al., 2007).

Zugrunde gelegt sind die so genannten Lerndispositionen der Kinder (Carr, 2001):

Lerndispositionen: Potenziale, die Menschen quasi als eigene Anlage in sich tragen und die sie dazu veranlassen, sich unter bestimmten Bedingungen mit etwas auseinander zu setzen

- interessiert sein,
- engagiert sein,
- sich mitteilen
- standhalten bei Herausforderungen,
- zu einer Lerngemeinschaft beitragen und Verantwortung übernehmen.

Dieses Potenzial bringen die Kinder mit und zeigen es, wenn Situationen für sie wirklich ihren eigenen inneren Themen entsprechen.

narratives Assessment:
Einschätzung oder Beurteilung in Erzählform. Sie liefert ein umfassendes Bild der Fähigkeiten, Stärken und des Unterstützungsbedarfs. Die so entstehenden Lerngeschichten handeln von Fortschritten, Verbindungen zwischen den Kindern, ihrem Lernumfeld und ihren Lernaktivitäten.

Über das Schreiben einer Geschichte erlangen Fachkräfte einen erzählenden Zugang zu den Lernprozessen der Kinder. Sie nehmen die Lerngeschichten als so genanntes narratives Assessment – also eine Einschätzung in Erzählform – sie sind explizit nicht als objektive Messung konzipiert (Knauf, 2017). Die subjektiven Interpretationen sollen den Einstieg in einen Austausch ermöglichen, der die Zusammenarbeit zwischen Kind und Erwachsenen intensiviert.

Über Lerngeschichten wird mehreres sichtbar:

- Momente des Lernens des Kindes; die Art und Weise, wie es die pädagogische Fachkraft berührt und was es bei ihr als Betrachterin ausgelöst hat;
- Einschätzungen der pädagogischen Fachkraft hinsichtlich des Lernthemas und ihre Reaktion dem Kind gegenüber, gegebenenfalls auch ihre Idee für mögliche nächste Schritte.
- Bereits ihre Aufmerksamkeit für das Tun des Kindes und erst recht das Vorlesen der Lerngeschichten ist ein Impuls für das Kind.
- Nach der Rückkopplungsschleife, in der die Fachkraft dem Kind diese Wahrnehmung mitteilt, geht es weiter. Denn es wird festgehalten, wie das Kind auf diese Deutungen reagiert, welche Fäden es aufnimmt und ggf. weiterspinnt, oder aber wobei es die Fachkraft auch korrigiert, weil sie mit ihren Deutungen falsch lag (Evanschitzky, 2020, S. 140). Es entsteht ein neues Kapitel einer Lerngeschichte.

Die Erfahrungen aus der Umsetzung dieses Konzepts zeigen, dass Fachkräfte sensibler werden für die Lernstrategien der Kinder. Sie können dabei ein vertiefteres Verständnis für deren Handeln entwickeln. Darauf weisen wissenschaftliche Begleituntersuchungen in Deutschland (Schneider, 2020) und in der Schweiz (Wustmann Seiler & Simoni, 2013) hin.

Die Kinder in ihrem Handeln verstanden zu haben, reicht allein nicht aus, ist aber eine notwendige Voraussetzung dafür, sie in ihrem Lernen optimal zu unterstützen.

Beobachten und Dokumentieren gehen also Hand in Hand. Ein vertiefteres Verstehen und sich Einfühlen in die Lernwege der Kinder wird möglich: die Voraussetzung überhaupt dafür, die Kinder in ihrer Entwicklung sinnvoll zu unterstützen.

Prüfen Sie Ihr Wissen:

1. Was sind die zwei Hauptgründe dafür, dass Tipps und Ratschläge aus Fachzeitschriften kaum zur konkreten, individuellen Situation passen können?
2. Was können Sie tun, um das Lernen zu verstehen?
3. Was kennzeichnet stärkenorientierte Beobachtungssysteme? Wie unterscheiden sie sich von anderen?

8.2 Das Lernen begleiten und unterstützen

Kinder bringen sich selbst in den Bereich der Herausforderung. Sie meiden Langeweile und Überforderung (vgl. Kap. 2.3, S. 59 ff.). Denn sie wollen ja Kompetenzerfahrungen machen, erleben, dass sie etwas Neues für sich erobert haben und einen Schritt weitergekommen sind (vgl. Kap. 3.3, S. 86 ff.). Dann scheint ja alles gut. Kinder kümmern sich also selbst um ihre Entwicklung und brauchen nichts weiter als Herausforderungen. So simpel es klingt, so komplex ist es mit der optimalen Herausforderung.

Diese Momente gilt es, zu erkennen. Denn manchmal brauchen Kinder auch Unterstützung beim nächsten Schritt. Das meinte Wygotski mit der Zone der nächsten Entwicklung.

In der kurzen Sequenz von Emma und ihrem Versuch, mit dem Dreirad über die Bordsteinkante zu kommen (S. 239) zeigt sich die mögliche Unterstützung.

Emma signalisiert ihrem Erzieher Florian: „Hilf mir, das schaffe ich nicht allein!" Florian weiß, dass es nicht nur darum geht, Emma wieder freie Fahrt zu verschaffen. Er hilft ihr, nachzuvollziehen, welcher kleine Schritt nötig ist, um weiter voranzukommen. Er unterstützt sie, ohne dass er ihr die komplette Lösung abnimmt. Sie packt mit an und merkt, was getan werden muss. Dass Florian hier im Sinne Wygotskis gehandelt hat, wird einige Minuten später sichtbar: Emma fährt wieder – diesmal gezielt – an die Bordsteinkante. Sie probiert es nun allein. Sie steigt ab, stellt sich vor den Lenker und siehe da: Diesmal reicht ihre Kraft, das Rad über die Schwelle zu heben. Sie hat den Dreh raus.

Die Zone der nächsten Entwicklung lässt sich entlang der motorischen Entwicklung anschaulich darstellen. Aber auch die anderen Entwicklungsbereiche haben diese individuellen Zonen. Nur sind sie schwerer erkennbar. Für die sprachliche Entwicklung hilft hier das Praxismaterial des Deutschen Jugendinstitutes „Die Sprache der Jüngsten entdecken und begleiten" (Jampert et al., 2011). Entlang von Orientierungsleitfäden können Fachkräfte die Strategien der Kinder erkennen, die sie beim Erlernen der Sprache anwenden. Die Entwicklung der Sprache ist hier nicht entlang des Alters der Kinder angelegt, sondern entlang bestimmter Etappen. In jeder gibt es entsprechend der verschiedenen Sprachebenen (z. B. Grammatik oder Wortschatz, vgl. Kap. 6.6, S. 191) Ankerbeispiele für Tätigkeiten und Lautäußerungen. Anhand dieser Beschreibungen erkennt die Fachkraft, in welcher Etappe sich ein Kind gerade bewegt und was es im Begriff ist, zu lernen.
Die gut eineinhalbjährige Alba sagt schon länger „guh" (Kuh) zu allen möglichen größeren Vierbeinern (große Hunde, Schafe, Pferde). Das weist zum einen auf die erkannte Kategorie der Vierbeiner hin, zum anderen zeigt es, dass sie noch keine weiteren Wörter zur Verfügung hat. Man spricht hier von Überdehnung: Ein Begriff

„Jedes Kind braucht seinen Fähigkeiten entsprechend angemessenen Raum; allerdings immer groß genug, den nächsten Entwicklungsschritt zuzulassen."
(Emmi Pikler)

wird auch für andere Objekte mitbenutzt. Es ist also in dem Sinne kein Fehler. Der noch kleine Wortschatz will erweitert werden. Wenn Alba viele weitere Tiernamen mitbekommt, lernt sie diese Wörter und legt sie in die Kategorie der Vierbeiner ab. Oft vergewissert sich das Kind auch selbst durch die Fragen „Ist das?“ oder „Da?“, während es auf etwas zeigt. Und dann helfen dem Kind entsprechende sprachliche Angebote.
Darin besteht genau die erwähnte Entdeckungsreise (vgl. Kap. 8.1, S. 226 ff.): Die Fachkraft versucht, die Lernspuren der Kinder nachzuvollziehen. Sie entdeckt die vielfältigen Wege, die ein Kind einschlägt. Und sie bekommt Anhaltspunkte dafür, welche Impulse dem Kind weiterhelfen.

Die vielfältigen Wege enthalten auch die nonverbalen Ausdrucksformen – gerade bei den jungen Kindern! Leider entsteht der Eindruck in der deutschen Bildungslandschaft, dass die kognitive Aktivierung der Kinder vor allem über die verbalsprachliche Unterstützung erfolgt. (Remsperger-Kehm, 2020).

Sustained Shared Thinking
wörtlich übersetzt „anhaltend geteiltes Denken". Hier meint das englische to share aber „teilhaben" im Sinne von Anteil nehmen, nicht „(auf)teilen" im Sinne von *to devide*.

Sustained Shared Thinking: Teilhabe an den Gedankengängen der Kinder

Auch bei seiner kognitiven Entwicklung bewegt sich das Kind immer wieder in der Zone der nächsten Entwicklung. Die Fachkraft lässt sich auf die Gedankengänge des Kindes ein, versucht nachzuvollziehen, womit es sich gedanklich auseinandersetzt, und bringt zur Unterstützung eigene Impulse ein. Als besonders wirksame Komponente erweist sich dabei eine bestimmte Form des Dialogs, wie das nachfolgende Beispiel zeigt.

Emma sitzt vor Dosen und Schachteln, umgeben von Perlen, Murmeln, Steinen und anderen Kleinteilen. Eine ganze Weile war sie zunächst mit Ausschütten und Wegwerfen beschäftigt. Nun widmet sie sich einzelnen Teilen. Der Blick geht suchend zu Florian.

Beim Sortieren lässt sich prima denken und reden.

Emma: „Is des?“
Dabei streckt sie ihm etwas hin. Florian erkennt es zunächst nicht.
Florian: „Du willst von mir wissen, was das ist?“
Emma: „Ja. Is des?“
Florian: „Hmmm. Ich weiß auch nicht genau, vielleicht ein Stein?“
Emma: „Nein.“
Sie steht auf, geht zu einer Dose.
Florian: „Ah, du weißt, wo das hingehört, nicht wahr?“
Emma *lächelt triumphierend:* „Ja! Da nei.“
Florian: „Dann ist das wohl eine Linse?“
Florian weiß, dass in der Dose noch andere Linsen und auch Bohnen sind.
Emma *schaut ihn lange an, dann bestätigt sie*: „Ja. Inse.“
Florian *drückt seine Begeisterung aus und kommentiert nun, was er beobachtet:* „Wow, und du hast genau gewusst, wo sie hingehört! Kommst du klar mit der Dose?“
Emma schaut ihn an, während sie dabei ist, die Dose zu öffnen. Ihre Mimik signalisiert Anstrengung.
Florian: „Das geht wohl schwer? Du hast ja richtige Falten auf deiner Stirn.“
Dabei greift er sich selbst an die eigene Stirn und macht ihre Mimik nach. Emma imitiert seine Geste, greift sich an den Kopf:
Emma: „Swer.“
Florian: „Ja, das sehe ich! Ich glaube aber, du schaffst das.“
Emma *strahlt wieder:* „Ja!“
Sie beugt sich wieder über die Dose, zieht mit beiden Händen am Deckel. Ihre kleinen Finger umgreifen den Dosenrand dabei sehr exakt.
Florian: „Deine Finger passen da ja gut hin. Das dauert bestimmt nicht mehr lang, bis du den Deckel von der Dose gezogen hast.“
Emma löst ihre Finger kurz von der Dose, schaut ihre Fingerspitzen genau an und wendet sich dann wieder dem Öffnen der Dose zu. Ihr Blick wirkt konzentriert, mal auf die Dose gerichtet, mal Florian anschauend. Florian lächelt ihr ermunternd zu. Dann ist es tatsächlich geschafft. Emma strahlt über das ganze Gesicht.
Emma: „So etzet. Wieda zumache.“

„etzet“ oder „etzetle“: Oberschwäbischer Ausdruck für „jetzt“

Florian bietet Emma in dieser Szene nicht nur sprachliche Impulse an. Er versucht, ihre Gedanken zu lesen und nachzuempfinden, was sie fühlt. Mit dem Hinweis auf ihre Mimik verknüpft er ihr Handeln mit ihren möglichen Emotionen. Im weiteren Verlauf, als Emma sich wieder den anderen Dingen ihrer Box zuwendet, geht er auf das Zuordnen und Sortieren ein. Er bringt dabei immer mal wieder die Anstrengung beim Öffnen der Linsendose ein. Emma nimmt seine Verknüpfungen auf, denn als sie eine andere Dose aufmachen will, meint sie: „Au swer. Inse swer, des swer“, und zeigt dabei auf die Dose mit den Linsen.
Die besondere Kunst bei dieser Form des Austauschs besteht darin, dem Kind die Führung zu überlassen. Florian folgt Emmas Handlungen, kommentiert sie, vergewissert sich, ob er sie richtig verstanden hat und zeigt seine Bewunderung.

„Die Aufgabe der Umgebung ist es nicht, das Kind zu formen, sondern ihm zu erlauben, sich zu offenbaren.“
(Maria Montessori)

Die Gestaltung der Interaktionen zwischen pädagogischen Fachkräften und Kindern rückte in den letzten Jahren auch in Deutschland forschungsmäßig in den Fokus (Remsberger-Kehm, 2020). Die emotionale Unterstützung und Alltagsorganisation scheinen dabei gut zu gelingen. Doch die Kinder in ihrem eigenen Lernen anzuregen, fällt offenbar noch schwer, wie unten stehende Abbildung zeigt (Wertfein et al., 2015). Es nur auf die mangelnden Fähigkeiten oder eine Bewusstheit der pädagogischen Fachkräfte zu schieben, wäre zu einfach. Vielmehr stellt sich die Frage, in wie weit Fachkräfte zeitlich überhaupt dazu kommen, sich so intensiv auf Kinder einzulassen. Das berührt die Frage nach den strukturellen Rahmenbedingungen. Das ist nach wie vor ein Thema, mit dem sich die Pädagogik und die Bildungspolitik beschäftigen muss.

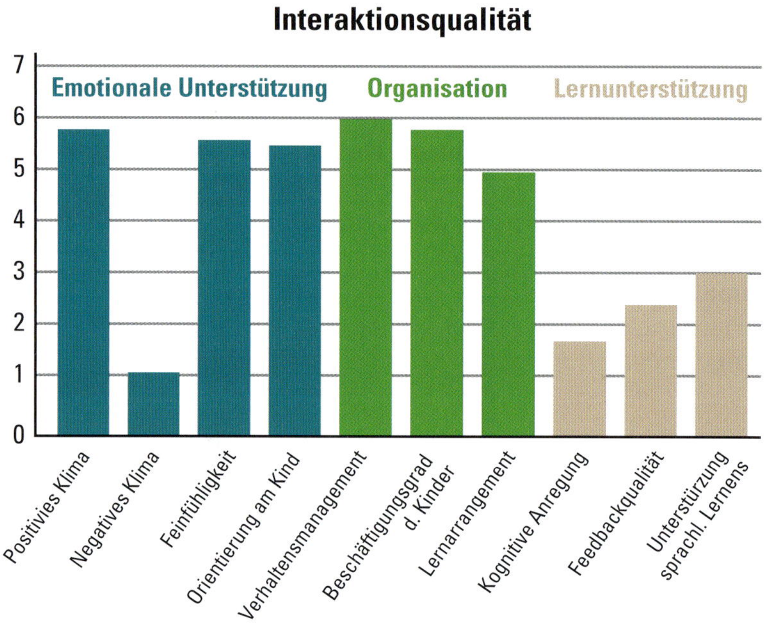

Interaktionsqualität (Class Pre-K, N=85) (aus Wertfein et al.,2015, S. 22)

Aus Sicht der Entwicklungspsychologie ist die Situation klar, das zeigen Längsschnittuntersuchungen in Großbritannien, aus denen heraus das Sustained Shared Thinking als Ansatzpunkt entwickelt wurde: Kinder profitieren in ihrer sprachlichen und kognitiven Entwicklung, wenn diese intensiven Interaktionen gelingen (Siraj-Blatchford et al., 2002).

An den Gedankengängen teilzuhaben, in den Dialog mit den Kindern zu gehen, ist bei der Altersgruppe der Kleinkinder anspruchsvoll. Sie sagen ja noch nicht, was sie denken. Man muss es aus ihren Gesten und ihren Handlungen herauslesen. Je mehr Sie als Fachkraft die Kinder beobachten, sie kennenlernen und auch von ihren Erlebnissen außerhalb der Kita wissen, desto leichter fällt es Ihnen.

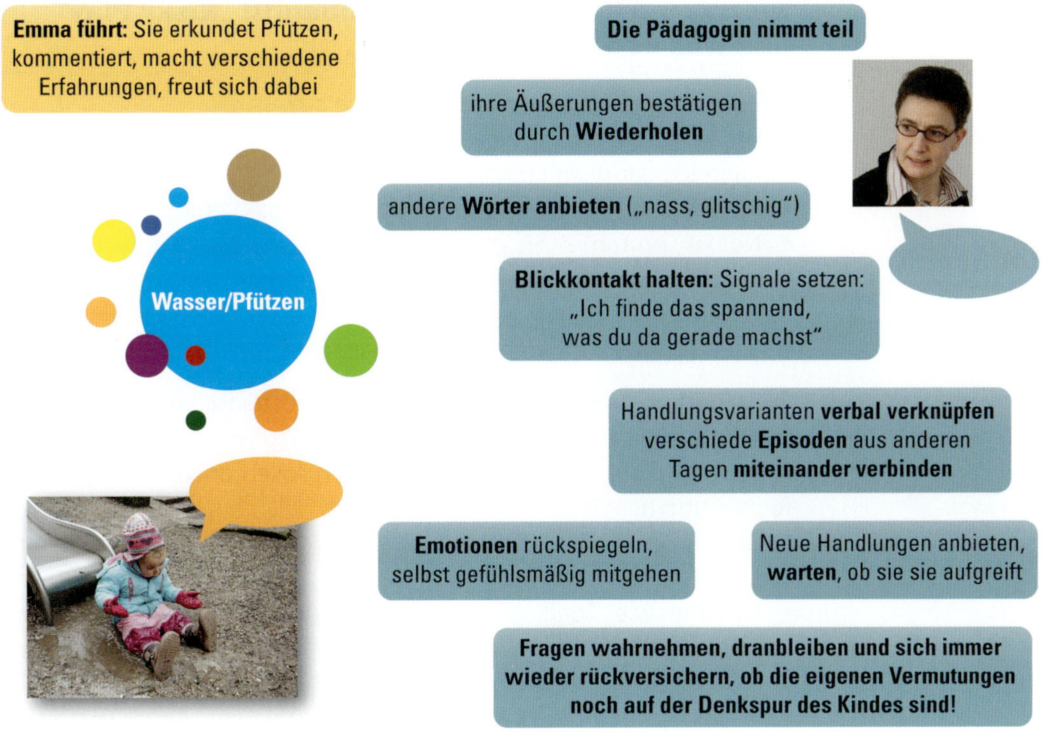

Kennzeichen des sustained shared thinking (blaue Textfelder)

Ein Königreich für seine Gedanken

No risk, no fun? Der neue Fachbegriff „Risky Play" und was es damit auf sich hat.

Welche Aussage trifft am besten auf Sie zu?

- Wenn Kinder auf einen Baum (oder ein Klettergerüst) klettern, kann ich gar nicht hinschauen.
- Ich vermeide Risiko – schließlich trage ich die Verantwortung!
- No risk, no fun!
- Ich stehe immer mit einem Fuß im Gefängnis, wenn sich ein Kind verletzt.
- Beim Spielen kann immer etwas passieren.

Diese und weitere Fragen sind Teil eines Selbsteinschätzungs- und Bewertungsbogens zum Risky Play (Hafner, 2020).
Riskantes Spiel? Krippe und Kindergarten sollen doch keine Orte des Risikos und der Gefahr sein – oder?
Fakten, an denen Sie nicht vorbeikommen, und auf die Sie pädagogische Antworten haben sollten:

- Gefühle wie Spaß, Vergnügen, Aufregung, Nervenkitzel, Stolz, Erfolg und ein gutes Selbstwertgefühl veranlassen Kinder dazu, riskante Spiele zu spielen (u. a. Coster & Gleave, 2008).
- Es sind gerade die gegensätzlichen Gefühle von Angst und Spaß, die Kinder besonders reizen (Sandseter, 2010, S. 9).
- Der Körper „belohnt" Kinder für ihr risikoreiches Spiel mit Hormonausschüttungen (Hafner, 2020).
- Durch körperliche Aktivität und Risikobereitschaft im Spiel zeigen Kinder verbesserte motorische Fähigkeiten und räumliche Fähigkeiten. Sie lernen, Risiken einzuschätzen und Risikosituationen zu meistern; ihre subjektive Wahrnehmung des Risikos wird realistischer (Sandseter, 2010; Sandseter et al., 2021).
- Sobald Kinder ein Bewegungsprinzip verstanden, also verinnerlicht haben, versuchen sie, über neue Bewegungsvarianten den Nervenkitzel wieder herzustellen (Bensel, 2023, S. 24).
- Tobespiele lösen Körpersensationen aus: Durchrütteln des ganzen Körpers, ein übereinander Fallen, sich auf etwas Werfen unterstützt das Ausloten sensomotorischer Fähigkeiten und die Integration von Wahrnehmungsfähigkeiten (Wüstenberg & Schneider 2021, S. 149).
- Eine risikoarme Umgebung macht unvorsichtig: Das Unfallrisiko steigt eher (Ball, 2007).
- Die meisten Unfälle in Kitas geschehen, weil Kinder offenbar weniger Körpererfahrungen machen, ihre Wahrnehmungen sich verschlechtern und ihre Koordinations- und Reaktionsfähigkeit abgenommen hat (Bensel, 2023). Alles Fertigkeiten, die sich gerade über intensive körperbetonte Grenzerfahrungen ausbilden.

Kein Widerspruch: Krippe und Kita sind sichere Orte, gerade wenn sie Kindern die Chance geben, ins Risiko zu gehen! Die Sicherheit im Sinne von erlebter Kompetenz entsteht gerade dadurch (vgl. Kap. 3).

Das Leitmotiv einer pädagogischen und damit konzeptuellen Antwort ist: Risikodosierung statt Risikominimierung (Bensel, 2023).

Von der Raumausstattung zum Erfahrungsraum

Sie werden sicher früher oder später dem Ausdruck „der Raum als dritter Erzieher" (dem Konzept der ReggioPädagogik nach Malaguzzi entnommen) begegnen. Und dabei werden Sie feststellen: es geht um mehr als den „Behälter" mit Wänden, seiner Größe, Aufteilung und Materialausstattung oder seinen Lichtverhältnissen. Sind die Räume der Kita dazu geeignet, zu Räumen der vielfältigen sinnlichen, körperlichen, kognitiven und sozialen Erfahrung für Kinder zu werden? Können diese sich die Räume zu eigen machen, zu ihren eigenen Lernorten werden? Darf ein Flur oder eine Nische zwischen zwei Zimmern auch zum Lernort werden? Was sollten diese Räume leisten? Was sollte von ihnen ausgehen?

Der Raum als dritter Erzieher:
lo spazio come terzo educatore (Loris Malaguzzi, 2010): Der erste Erzieher für sich ist das jeweilige Kind, seine Spielkameraden und sein soziales Umfeld übernehmen die Rolle des zweiten Erziehers.

Es geht um einen Perspektivenwechsel: Welche Möglichkeitsräume eröffnen sich den Kindern in der Einrichtung? Denken Sie dabei nicht nur an Räume, die explizit als Bildungs- oder Gruppenräume definiert wurden. Öffnen Sie Ihren Blick.

Nutzen Sie als erste Anhaltspunkte die psychischen Grundbedürfnisse (s. Kap 3). Selbst etwas entdecken und erkunden können, selbst gestalten können (Autonomieerleben) regt Kinder an. Bisher Unbekanntes entdecken, sich ausprobieren und dabei erfolgreich sein (Kompetenzerleben) gibt einen weiteren Motivationsschub. Und wenn dann auch andere mit dabei sind, wenn Miteinanderspielen möglich ist (Verbundenheit), ist das Glück eigentlich perfekt. Wie gut, dass es auch dazu Forschung gibt, u. a. das Forschungsprojekt „RaumQualitäten" von 2019–2022 (Stieve et al., 2023). So können Krippen und Kitas sich an sehr nützlichen Fragen orientieren, um ihre Räume im Lichte der Erfahrung von Kindern zu bewerten. Ihre volle pädagogische Kraft („als dritter Erzieher") entfalten Räume auf diese Weise:

Bewegungsfreiheit und Möglichkeiten zur selbstständigen Erkundung:

Räume,

- die zum Entdecken einladen,
- die Schutz und Rückzugsmöglichkeiten bieten,
- die Begegnungen ermöglichen.

Herausforderungen und Anregungen für alle Kinder:

Räume,

- die individuelle Erfahrungen ermöglichen,
- in denen Kinder ihren Themen nachgehen können und dazu ihren eigenen Zugang wählen (für Kinder unterschiedlichen Alters und unterschiedlichen Entwicklungsstandes),
- die alle Dimensionen ausschöpfen: Höhenunterschiede, Nischen, schiefe Ebenen, Stufen,
- die ihren Charakter verändern können, je nachdem, wie Kinder sie beleben,
- die zulassen, dass Kinder sie umgestalten (indem sie Räume im Raum herstellen, z. B. Podeste verschieben, Trennwände aufstellen, Höhlen bauen),
- in denen Materialien, die die Sinne vielfältig anregen, frei zugänglich sind.

Funktionalität und Variabilität:

Räume,

- die die unterschiedlichen Bedürfnisse berücksichtigen, zum Beispiel Essen, Trinken, körperliche Pflege nach individuellem Rhythmus,
- die den Kindern ermöglichen, an Erwachsenentätigkeiten teilzuhaben, zum Beispiel beim Zubereiten des Essens,
- die Kindern erlauben, ihren Zweck und ihren Sinn selbst zu entwickeln.

Atmosphäre des Wohlbefindens und Zwischenräume:

Räume,

- in die Kinder eintauchen,
- die erlauben, sich nach eigenem Gutdünken sich in Bezug dazu zu setzen und in Resonanz gehen,
- die von Erwachsenen und Kindern gleichermaßen mit Leidenschaft belebt werden,
- die unabhängig von konkreten räumlichen Bedingungen situativ entstehen und sich im Spiel bilden.

Wenn Kinder ihre Räume immer wieder so umgestalten können, wie es für sie passt, schaffen sie sich nicht nur den Raum für ihr Lernen, sie erleben auch noch, dass sie es selbst in der Hand haben, ihre Umgebung zu gestalten. Gleiches gilt für Materialien: Je vielfältiger einsetzbar, variabler in der Umgestaltung und Veränderung, desto besser. Für junge Kinder ist es besonders spannend, wenn Material nicht schon auf einen bestimmten Zweck hin festgelegt ist. Sie machen aus den Dingen und den Räumen das, was sie für ihr Spiel brauchen. Sie geben dem Raum dadurch ihren Sinn. Übrigens fällt aus Erzählungen der Kita-Praxis auf: Einrichtungen mit naturnahem Außengelände, mit viel Bewegungsfreiheit, mit einer hohen Durchlässigkeit zwischen Innen und Außen (warum nicht das Malatelier oder die Experimentierstation nach draußen verlagern oder die Natur nach drinnen holen?) erzählen kaum von verschärften Konfliktsituationen der Kinder untereinander *(„die Kinder sind draußen irgendwie entspannter – da haben wir gar nicht die Probleme, die wir sonst drinnen haben“).* Hier schaffen es die Kinder offenbar, Spannungen selbst gut zu regulieren; und die pädagogischen Fachkräfte selbst sind entspannter, können gut mit den Dynamiken im Alltag umgehen – ob es wohl daran liegt, dass Fachkräfte draußen weniger unter Druck stehen, etwas regulieren zu müssen?

Pädagogische Angebote

Was ist bei der Arbeit mit den Jüngsten ein Angebot? Es gibt Tendenzen in der Krippenpädagogik, Strukturen und Systematiken zu nutzen, die ihren Ursprung in der Schulpädagogik haben. Danach teilt man die Entwicklung der Kinder in bestimmte Bereiche ein und erarbeitet Konzepte für deren spezielle Förderung, zum Beispiel im Bereich der Bewegungserziehung, musikalischen Früherziehung, naturwissenschaftlichen Förderung usw. Für diese Entwicklungsbereiche wird dann ein spezifisches Angebot erstellt, das den Kindern einen bestimmten Inhalt nahebringen soll und meistens noch eine Abfolge von einzelnen Arbeitsschritten vorgibt. Es wird geplant, was das Kind lernen soll und mit welchen Materialien und pädagogischen Aktivitäten die Fachkraft diese Lerneinheit gestaltet. Dieses Angebot ist dann häufig in eine Einführungsphase, eine Hauptphase und eine Abschlussphase untergliedert.

Eine Erzieherin plante während ihrer Weiterqualifizierung ein Angebot mit Trommeln zum Thema Musik und Rhythmus. So hatte sie es in ihrer Grundausbildung gelernt und in Lehrproben durchgeführt. Doch schon bei ihrem ersten Umsetzungsversuch stellte sie fest, dass sich die Kinder nur kurz für die Trommeln interessierten. Sie blieben nicht bei den Trommeln sitzen, sondern produzierten Geräusche und Klänge im ganzen Raum und mit vielen Materialien. Die Erzieherin veränderte daraufhin ihr Vorgehen: Sie beobachtete in den darauffolgenden Tagen, wo und bei welchen Gelegenheiten die Kinder Klänge und Rhythmen erzeugten oder sich von Geräuschen angezogen fühlten. Eine Szene war für sie besonders markant: Auf einem Ausflug mit dem Bollerwagen fing ein Kind plötzlich an zu summen. Es hatte bemerkt, wie die Stimme rhythmisch mitschwingt, während der Bollerwagen holpernd über das Kopfsteinpflaster rollte. Die anderen drei Kinder im Wagen stimmten sofort mit ein. Sie produzierten lang anhaltende Töne, schauten sich dabei gegenseitig an, wurden mal lauter, wieder leiser, lauschten einander, holten tief Luft, um mit dem nächsten Luftstrom einen Ton zu singen, rhythmisch – vibrierend und synchron zum „Takt“ des Kopfsteinpflasters.

Kinder in den ersten Jahren erschließen sich ihre Welt, aber nicht eingeteilt in Lern- oder Entwicklungsbereiche. Für sie gibt es keine speziellen Funktionsbereiche oder Bildungsinseln. Wenn sie in ein Rollenspiel einsteigen, in dem sie Erfahrungen nachspielen, kann das im Bewegungsraum passieren, in der Bauecke oder am Experimentiertisch; sie brauchen dazu keinen speziellen Rollenspielbereich. Wenn sie Klängen nachgehen oder selber Klänge erzeugen, brauchen sie keine Musikecke und auch keine spezielle Fördereinheit zum Thema Musizieren. Das hat die Erzieherin im Beispiel sehr schnell erkannt. Sie veränderte ihr Vorgehen: Sie beobachtete die Kinder und entdeckte dabei, dass diese nebenbei, in ihrem Spiel Klänge produzierten, Geräusche und Rhythmen entdeckten. Und plötzlich gab es ein Kind, das seine ganze Aufmerksamkeit darauf richtete und nun verstärkt und gezielt seine Stimme erprobte. Andere Kinder stiegen daraufhin mit ein. Und auch die Erzieherin ließ sich anstecken und inspirieren: Sie produzierte selbst einen langen Ton und legte dabei immer wieder ihre Hand auf den offenen Mund. Diesen Impuls griffen die Kinder auf. Ihr pädagogisches Angebot bestand nun darin, dass sie die Gelegenheiten nutzte, sich mit weiteren Impulsen an den Interaktionen der Kinder zu beteiligen. Sie reicherte dadurch den Erfahrungsraum der Kinder an: Vibrationen der Stimme durch Körperbewegungen, unterschiedliche Tonfärbungen beim Summen und Singen durch Röhren und vieles mehr.

Ein Angebot zu machen, heißt, den Kindern etwas anzubieten: ein Objekt, eine körperliche Aktivität, einen sprachlichen Impuls, auch sich selbst als Person. Ein Angebot kann auch abgelehnt werden: Die Kinder der Trommelgruppe fanden diese nicht reizvoll genug. Sie verfolgten andere Ideen. Die Erzieherin blieb jedoch präsent, wartete ab, beobachtete genau, was die Kinder machten, wofür sie sich interessierten, und klinkte sich dann mit ein.
Angebote können vielfältiger Art sein. Entscheidend ist, ob und wie die Kinder sich davon angesprochen fühlen. Die pädagogischen Fachkräfte bereiten die Räume vor, stellen Situationen her und Material zur Verfügung, bieten Beziehungsmöglichkeiten an und achten darauf, wie diese Impulse bei den Kindern ankommen und was die Kinder daraus machen. Die Reaktion der Kinder ist wiederum ein Angebot an die Fachkräfte, sie wissen zu lassen, was für Kinder anregend und bedeutsam ist. Somit muss man eher von einer Pädagogik der Beantwortung sprechen: Die pädagogischen Angebote sind Antwortmöglichkeiten auf das, was die Kinder an Interessen und Themen zeigen. Aus genauem Beobachten können Fachkräfte ableiten, wie sie die Kinder am besten unterstützend begleiten. All das kann im Alltag geschehen und muss nicht speziell inszeniert werden.

Prüfen Sie Ihr Wissen:

1. Was bedeutet Wygotskis Zone der nächsten Entwicklung?
2. Was meint der englische Begriff *Sustained Shared Thinking* und woran erkennt man, dass das Kind führt?
3. Was macht eine gute Gestaltung von Räumen aus?

8.3 Feinfühlige Interaktionen – Vom angemessenen Umgang

Luis (3;0) schluchzt, Tränen rollen über sein Gesicht. Er sitzt in der Hocke, schaut zu Saad (2;9), der mit verschränkten Armen und einem ernsten Gesichtsausdruck, die Lippen zusammengekniffen, vor ihm steht. Die zwei haben gerade einen Streit. Luis hat etwas gemacht, womit Saad nicht einverstanden ist. Daraufhin hat er ihn weggestoßen.
Carmen, die Erzieherin, gerade im Spiel mit anderen Kindern, hat die Szene mitbekommen, hält inne, bleibt bei den anderen Kindern sitzen und fragt zunächst: „Luis, brauchst Du Hilfe?“ Luis schaut sie an, schüttelt den Kopf. Carmen bleibt aufmerksam, beobachtet, wie Saad und Luis ihren Konflikt alleine lösen.

Konflikte gehören dazu – und Kinder können sie oft alleine regeln.

Carmens feine Antennen in dieser Situation zeigen sich an verschiedenen Punkten: Sie bemerkt, dass die zwei Jungs miteinander in Streit geraten sind. Vielleicht hat sie mitbekommen, wie es zum Tränenausbruch kam, vielleicht aber auch nicht. Sie greift nicht ein, sondern bietet ihre Hilfe an. Damit signalisiert sie den Jungs: „Ich habe euch wahrgenommen, mindestens einem von euch scheint es gerade nicht gut zu gehen; wenn ihr mich braucht, ich bin da.“ Sie traut den Jungs zu, dass sie ihren Konflikt alleine lösen, auch das steckt in ihren Worten und in ihrer Körperhaltung. Denn sie springt nicht auf und geht dazwischen. Im Gegenteil, sie bleibt bei den Kindern sitzen, mit denen sie sich gerade unterhalten hat. Auch diese erleben, dass Carmen mit ihrer Aufmerksamkeit trotz dieser Unterbrechung noch bei ihnen ist.

Für diese feinen Antennen hat sich inzwischen der Ausdruck Sensitive Responsivität (Remsperger, 2011; Remsperger 2013) etabliert: Eine pädagogische Fachkraft nimmt die Signale des Kindes wahr (sie zeigt sich sensitiv), bemerkt das Kind überhaupt und erkennt

sensitiv:
feinfühlig, empfindsam; aus dem lateinischen *sentire*, „fühlen“, „empfinden“, „wahrnehmen“ *bzw.* *sensus*, „das Gefühl“, „die Sinneswahrnehmung“

Responsivität:
die Bereitschaft, auf Kommunikationssignale einzugehen; auch hier aus dem lateinischen Ursprungswort *respondere*, „antworten“, „reagieren“ entnommen

dessen Kommunikationsbemühungen. Und sie reagiert in angemessener Weise auf das Kind (sie ist responsiv). Konkret heißt das:

- Sie ist für das Kind offen und aufmerksam (Zugänglichkeit und Aufmerksamkeit).
- Sie reagiert prompt und interpretiert die Signale des Kindes richtig.
- Sie zeigt eine respektvolle, wertschätzende Haltung, indem sie die Autonomie des Kindes anerkennt.
- Sie geht konstant auf das Kind ein.
- Sie bleibt engagiert dabei.
- Sie spricht verständlich und handelt so, dass das Kind es auch versteht.
- Sie hält Blickkontakt.
- Sie sorgt für ein angenehmes Klima, geht auf Gefühle ein.
- Sie regt das Kind an (Stimulation).

Die Forscherin hat für die Seite der kindlichen Interaktionsmerkmale in ihren Videoanalysen das Konzept der Lerndispositionen (Carr, 2001) (siehe auch Textbox in Kap. 8.1, S. 241) hinzugenommen, um das Wechselseitige in den Interaktionen herauszuarbeiten: Auf der einen Seite die Fachkraft mit ihrer Responsivität, auf der anderen Seite das Kind, das sich selbst einbringt. Wenn Kinder Fachkräfte so erleben, zeigen die Kinder selbst ein aktives Interaktionsverhalten:

- Sie haben das Steuerruder für die Interaktion in der Hand.
- Sie zeigen selbst ein hohes Interesse und eine Engagiertheit.
- Sie setzen Gespräche und Handlungen selbst fort.
- Sie sind emotionale beteiligt und äußern ihre Gefühle.
- Sie schaffen es, Zusammenhänge herzustellen.
- Und sie kommen zu neuen Überlegungen.

Reflexionsfragen zur Sensitiven Responsivität haben sich für unsere pädagogischen Einrichtungen als praxistauglich erwiesen (Remsperger 2011, S. 300 ff). Sie basieren auf fünf hypothetischen Fragen aus Kindersicht (in Neuseeland als „*Teaching Stories*“ bezeichnet; May et al., 1998 in Remsperger, 2011).

1. ***Kennst du mich und meine Interessen?***	Weiß ich, wofür du dich gerade interessierst und beobachte ich dich ausreichend? Greife ich deine aktuellen Interessen und Themen auf und spreche ich mit dir darüber?
2. ***Hörst du mir zu und reagierst du auf mich?***	Bin ich zugänglich und wirklich interessiert an dem, was du erzählst, zeigst oder tust? Habe ich Zeit und Ruhe, dir aufmerksam zuzuhören? Nehme ich deine verbalen und nonverbalen Signale wahr und verstehe ich sie? Reagiere ich auf deine Signale und lasse ich mich wirklich auf dich ein?

3.	***Kann ich dir vertrauen?***	Begegne ich dir mit Offenheit, Wertschätzung, Respekt, Akzeptanz und auf gleicher Augenhöhe? Wie frage ich dich, wie antworte ich dir? Ist meine Wortwahl wertschätzend? Äußerst du dich mir gegenüber ohne Ängste und lässt du mich an deinen Gefühlen teilhaben? Greife ich deine Gefühle prompt auf?
4.	***Ermunterst du mich, über Neues nachzudenken und Unbekanntes auszuprobieren?***	Lasse ich mich von deiner Begeisterung anstecken und nehme ich gleichzeitig deine Lernchancen wahr? Bestärke ich dich in dem, was du tust und sagst? Lasse ich dir nötige Freiräume, damit du dich selbsttätig und eigenständig erproben kannst?
5.	***Unterstützt du mich dabei, ein Teil der Gruppe zu sein?***	Unterstütze ich dich bei der Integration in die Gruppe? Bestärke ich dich in diesem Integrationsprozess und stärke ich damit dein Selbstbewusstsein?

Sensitive Responsivität

Vielleicht haben Sie beim Lesen oder Diskutieren über andere Fachartikel mitbekommen, dass der Begriff der Feinfühligkeit bereits von Mary Ainsworth stammt – der Wissenschaftlerin, die bei Bowlby an der Bindungstheorie mitgearbeitet hat. Für sie stellte Feinfühligkeit (bzw. mütterliche Sensitivität) eine besondere Qualität der Reaktion auf das Kind dar, die gewährleisten soll, dass eine sichere Bindung entsteht – Moment, werden Sie sagen – jetzt doch die Bindungstheorie?

Unsere Kritik an der Bindungstheorie bleibt (vgl. Kap. 7). Und doch geht es auch darum, Fäden aufzunehmen und daran weiter zu forschen, die möglicherweise sinnvoll sind. Remsperger-Kehm richtete ihren Forschungsfokus auf die Interaktionen zwischen Kind und Fachkraft, und nahm die Lerndispositionen als Theoriemodell hinzu. Dadurch erhielt sie Anhaltspunkte dafür, welche Verhaltensweisen der pädagogisch Handelnden und ihre Formen der emotionalen Zuwendung die Kinder in ihrem Lernen unterstützen. Ziel ist also nicht die sichere Bindung, sondern eine Beziehungs- und Interaktionsgestaltung, die Kinder in ihrer eigenen Überzeugung stärkt, dass sie selbst starke Lerner sind (vgl. Evanschitzky, 2020, S.130).

Und ja: wir haben es hier nicht mit universell gültigen Merkmalen angemessenen Verhaltens zu tun. Wir haben selbst unsere kulturelle Brille auf. Unsere Art, Kindern emotionalen Zuwendung zu geben, löst in anderen Kulturen Kopfschütteln aus. (ein Statement dazu findet sich bei Röttger-Rössler, 2022).

Pädagogische Fachkräfte sind den Kindern immer in ihrem Handeln und Verhalten Modell – das können sie nicht verhindern, denn Kinder sind aufmerksame Beobachter: Sie wollen ja auch von anderen lernen. Diesen Aspekt sollten Sie als Fachkraft immer mit im Blick behalten. Sie agieren nicht nur mit den Kindern, um beispielsweise bei der Lösung eines Konflikts zu helfen oder mit ihnen zu spielen und Spaß zu haben. In Ihrem Handeln zeigen Sie den Kindern, wie *Sie selbst* dabei vorgehen, welche Strategien Sie haben, wie Sie Ihre eigenen Gefühle ausdrücken und regulieren und wie Sie für einen Überblick sorgen.

Zuhören, sich einfühlen, Zeit lassen.

Prüfen Sie Ihr Wissen:

1. Nennen Sie drei Merkmale für responsives Verhalten der Fachkraft.
2. Ordnen Sie die Lerndispositionen aus Kap 8.1 den fünf Fragen des Kindes zu.

8.4 Ich bin da, wenn du mich brauchst – die Haltung macht's!

Alle sind sich einig: Auf die richtige Haltung kommt es an. Doch was heißt das? Wie zeigt sie sich? Und was bedeutet *richtig?* Auf den zwei folgenden Bildern sieht man Carmen, eine Erzieherin, in Interaktion mit den Kindern. Beide Male ist sie in der Hocke, sodass sie auf Augenhöhe mit den Kindern sprechen kann. Ihr Blick ist auf das gerichtet, was ihr das Kind in dem Moment zeigt. Sie strahlt dabei das Kind an. Würden Sie sagen, dass sie die richtige Haltung hat? Woran machen Sie das fest?

Yana freut sich, dass Carmen sich mit ihr freut.

Synnie will etwas zeigen.

Offensichtlich sagen Körperhaltung und Mimik etwas aus. Aber nicht nur. Würden wir die Szene live beobachten, würde sich auch aus der Stimme und der Sprache etwas ablesen lassen. Und schließlich lassen sich auch Anhaltspunkte im Verhalten der Kinder ableiten, denn diese agieren ja mit der Erzieherin und reagieren auf sie.

Doch woraus speist sich die Haltung? Was führt dazu, dass die Erzieherin sich in die Hocke begibt, dass sie die Mädchen anlächelt? Auf den ersten Blick scheint es klar: Sie reagiert auf die Kinder. Yana und Synnie kommen auf sie zugelaufen und Carmen geht in die Hocke. Sie lässt sich vom Strahlen der Kinder anstecken und lächelt ebenfalls. Die eigene Haltung als Reaktion auf die Umgebung? Das wäre zu einfach. Denn es erklärt auch nicht, warum sich Menschen in gleichen Situationen dann unterschiedlich ver*halten* und eine andere Haltung einnehmen. Carmen hätte auch stehenbleiben können. Sie hätte wortlos den Gegenstand in die Hand nehmen und sich dann von Synnie oder Yana wieder abwenden können.

Wenn wir Carmen fragen würden, warum sie sich so und nicht anders verhalten und ihre Körperhaltung entsprechend angepasst hat, würde sie vielleicht antworten: „Weil ich weiß, was den Kindern guttut. Weil ich weiß, wie sie lernen, sich entwickeln und was sie dabei unterstützt. Weil ich weiß, was meine Aufgabe dabei ist." Haltung aufgrund von Wissen? Offenbar auch.

Carmen würde vermutlich noch ergänzen, dass sie gerade selbst in einer entspannten Stimmung war, dass sie Zeit hatte und dass sie auch Lust hatte, mit Synnie in Kontakt zu kommen. Das eigene Empfinden, die eigene Motivation als weitere Komponente der Haltung?

schematisch, bzw. Schema:
Ein Schema stellt Aspekte und deren Zusammenhänge in einer logischen Struktur dar. Es ist inhaltsfrei und nicht bewertend.

Offenbar spielen viele verschiedene Dinge für die Haltung eine Rolle. Unabhängig von konkreten Inhalten und Bewertungen lässt sich Haltung anhand folgender drei Dimensionen beschreiben und schematisch darstellen:

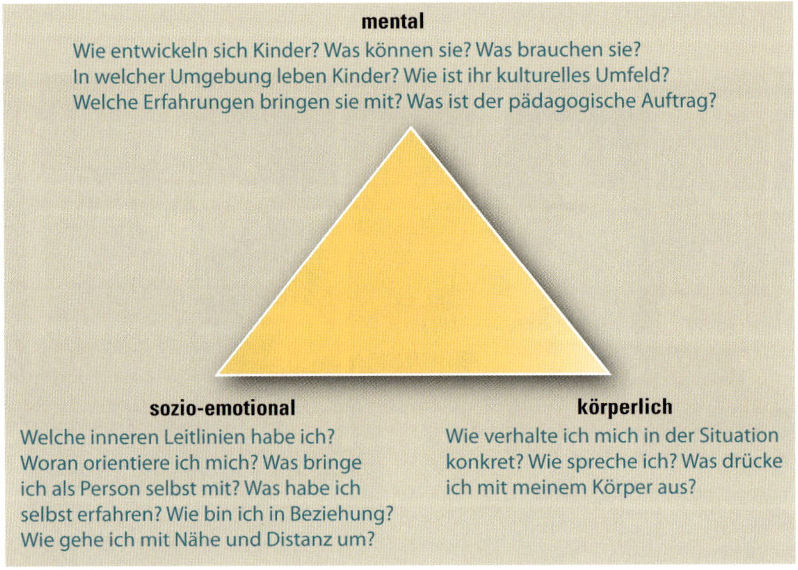

Haltung und ihre drei Zugänge

mental:
geistig, gedanklich

Dabei sind die drei Dimensionen zugleich auch Zugänge, um sich mit der eigenen Haltung auseinander zu setzen. Zugang meint hier, dass für unterschiedliche Personen jeweils eine andere Dimension im Vordergrund stehen kann, wenn es um die Beschreibung und Reflexion der eigenen Haltung geht. Oder dass Menschen in ihrem Lernprozess zur professionellen Haltung zu unterschiedlichen Zeitpunkten den Schwerpunkt auf unterschiedliche Zugänge zur Haltung bewusst setzen können.

Die Haltung speist sich aus einer **mentalen Dimension**: Hierzu gehören die Aspekte, die wir quasi in unserem Kopf haben: Unsere Werte und Überzeugungen, ja, unser Wissen und grundlegendes Verständnis vom Lernen. Es ist das, wovon wir ausgehen, wie etwas zu sein hat oder ist. Und diese mentale Ebene beeinflusst dann, wie wir eine konkrete Situation, das Verhalten eines Kindes bewerten.

Auch die **körperliche Dimension** spielt eine wesentliche Rolle: Mit Mimik, Gestik, der Stimme, ja, mit unserem ganzen Körper „sprechen“ wir und bringen Wichtiges zum Ausdruck. Gerade die jungen Kinder lesen aus unserer Körpersprache. Unsere verbalen Worte sind für sie (noch) nicht relevant.

Embodiment und die Forschung dazu

body:
englisch body, „Körper“

Wie Körperhaltung, Emotionen, der damit verbundene Stoffwechsel (z. B. Hormone) und konkretes Verhalten in Wechselbeziehung zueinander stehen, sich also gegenseitig beeinflussen, damit beschäftigt sich die Embodimentforschung.

In einer Studie untersuchten Fritz Strack und sein Team (Strack et al., 1988), ob sich die Anspannung bestimmter Gesichtsmuskeln auf die emotionale Wahrnehmung von Menschen auswirkt.

Die Forscher untersuchten 92 Frauen und Männer, die sie in drei Gruppen einteilten:

Die erste Gruppe wurde angewiesen, einen Stift nur mit den Zähnen zu halten, so dass die Lippen ihn nicht berührten („Zähne-Bedingung“). Dies führt zur Anspannung mehrerer Muskeln, die auch an einem lächelnden Gesichtsausdruck beteiligt sind.

Die zweite Gruppe sollte einen Stift nur mit den Lippen, nicht mit den Zähnen halten („Lippen-Bedingung“). Dies führt dazu, dass die Muskeln so anspannen, dass es überhaupt nicht zu einem lächelnden Gesichtsausdruck passt.

Die Teilnehmenden aus der dritten Gruppe sollten einen Stift in ihrer nicht-dominanten Hand (d. h. in der Hand, mit der sie normalerweise nicht schreiben) halten („Kontrollbedingung“).

Den Teilnehmenden wurde erklärt, mit der Studie solle psychomotorische Koordination getestet werden. Hierfür führten die Probandinnen und Probanden verschiedene Aufgaben mit der jeweiligen Stifthaltung durch, z. B. sollten sie zwei Punkte mit einem geraden Strich verbinden. Für die Forschenden war jedoch lediglich folgende Aufgabe relevant: die Teilnehmenden betrachteten Comics und sollten anschließend angeben, wie lustig sie diese fanden.

Die Ergebnisse zeigten, dass die Personen der „Zähne-Bedingung“ (Lachmuskeln sind aktiviert) die Comics als signifikant lustiger empfanden als die Personen der Kontrollgruppe. Die Personen der „Lippen-Bedingung“ beurteilten die Comics als weniger lustig als die Personen der Kontrollgruppe. Denn ihre Gesichtsmuskeln fürs Lachen waren durch das Zusammenpressen der Lippen quasi blockiert.

Einen dritten Zugang zur Haltung ermöglicht die **sozio-emotionale Dimension**. Hierzu gehören die eigenen Gefühle, die in einer Situation gerade auftauchen, die Art und Weise, wie jemand in Beziehung zum Gegenüber steht, wie nah oder distanziert man sich fühlt, welche Qualität die Beziehung hat. Aber auch, wie es um die Lust und das Interesse steht, sich auf das Gegenüber einzulassen, welche Motivation da ist.

Carmen weiß, dass es für die Kinder wichtig ist, einen direkten Blickkontakt auf ihrer Augen-/Körperhöhe zu haben. Sie weiß, dass Yana und Synnie jetzt ihre Aufmerksamkeit wollen, um ihr etwas mitzuteilen. Neben solch fachlichem Wissen spielt auch ihre momentane Gefühlslage mit hinein: Carmen ist selbst gerade entspannt, sie hatte ein schönes Telefonat mit einem Vater und wendet sich gut gelaunt wieder den Kindern zu. Und außerdem findet sie es richtig und gut, dass Kinder frei und selbstbestimmt ihren Tag in der Kita verbringen. Sie hält es für richtig, dass deren Interessen im Zentrum stehen. Auch hier steckt die Haltung drin: Sie *hält* ein bestimmtes Prinzip für richtig. Danach richtet sie ihr *Verhalten* aus.
Das alles steckt in Carmen und noch mehr. Denn sie reagiert ja auch gleichzeitig auf die beiden Mädchen. Yana und Synnie kommen auf sie zugelaufen, sie interpretiert das als Information: „Die Mädchen wollen mir etwas sagen und zeigen." Und Carmen wendet sich ihnen zu.
Ihre innere Haltung zeigt sich im Moment der Begegnung. Mit ihrem ganzen Körper und dem damit verbundenen Handeln drückt Carmen aus, was sie fühlt und denkt, was sie über sich und die Kinder weiß und wie sie die Situation bewertet.

Mentale Dimension

Wissen, Ziele, Glaubenssätze, innere Überzeugungen, Menschenbild, Lernverständis, Grundverständnis des Zusammenlebens, Machtverständnis, eigenes Rollenverständnis und Selbstbild

Sozio-emotionale Dimension	Körperliche Dimension
Beziehung, Verbindung, Nähe-Distanz-Regulation, Empfinden, Emotionalität,	Körperausdruck, Mimik, Gestik, Stimme, Sprache, konkretes Handeln

Florian wendet sich Luis zu und drückt darin aus, wie er zu Luis steht, was er von ihm hält.

Die professionelle Haltung entwickelt sich über einen längeren Zeitraum. Dabei beeinflussen Wissen, erlebte Erfahrung und die Auseinandersetzung damit insbesondere die mentale Dimension:

- Wertorientierungen: Nach welchen Werten und Grundprinzipien richtet eine Fachkraft ihr Handeln aus? Was ist ihr in ihrem pädagogischen Selbstverständnis wertvoll und wichtig?
- Deutungsmuster: Welche Erfahrungen hat die Fachkraft bisher mit Kindern gemacht? Was leitet sie aus diesen Erfahrungen ab?
- Allgemeine Einstellungen: Auch diese entwickeln sich aufgrund eigener Erfahrungen und auch auf Basis von Wissen. Was hält eine Fachkraft insgesamt davon, dass Kinder in der Krippe sind? Was hält sie davon, dass Mädchen auch mal kämpfen und toben wollen? Welche Einstellung hat sie zu den Eltern der Kinder? Wie denkt sie über Familien mit einer anderen Religionszugehörigkeit als sie selbst? (Nentwig-Gesemann et al., 2011).

Die biografische Reflexion – lernen, sich selbst zu verstehen

Selbstreflexion: bezeichnet die Tätigkeit, über sich selbst nachzudenken. Denken, Fühlen und Handeln werden analysiert und hinterfragt, mit dem Ziel, mehr über sich selbst herauszufinden.

Was sich im Inneren in uns abspielt, die Gedanken und Gefühle, die sich in einer Situation zeigen und wie wir sie bewerten, all das hat einen direkten, aber oft unbewussten Einfluss auf unser Handeln. Professionelles pädagogisches Handeln bedeutet auch, diesen Einfluss besser verstehen und auch steuern zu können. Dafür müssen wir uns darüber bewusst werden, was hinter den Kulissen abläuft: wir lernen, uns selbst besser zu verstehen. Das ist mit Selbstreflexion gemeint.

Gerade weil sich Wissen auch aus vielen Erfahrungen im Leben entwickelt, gehört zur Selbstreflexion der Blick auf die eigene Biografie: Wie hat sich jemand selbst als Kind erlebt? Was hat gutgetan? Wie hat sich im Laufe der Berufsjahre das pädagogische Handeln verändert und warum? Gibt es Muster im eigenen Verhalten? Etwas, von dem jemand sagt: „Das ist typisch für dich“? Indem eine Fachkraft diesen Fragen auf den Grund geht, hat sie eine Chance, ihr eigenes Handeln bewusster zu steuern und auch weiterzuentwickeln, zu verändern. Sie nimmt eine reflektierte Haltung ein: Sie setzt sich mit den Geschehnissen auseinander, analysiert sie und leitet daraus ab, wie sie sich beim nächsten Mal verhalten möchte. Als Konsequenz kann beispielsweise gezogen werden, sich fachlich weiterzubilden und sein Wissen zu erweitern. Man kann sich selbst eine Beobachtungsaufgabe stellen: Was motiviert mich? Wann bin ich mit viel Freude bei den Kindern? Oder man kann sich auch entschließen, noch mehr über die Kinder zu erfahren, indem man sich mit den Eltern über deren Erlebnisse zu Hause unterhält.

Professionelles Handeln vor dem Hintergrund einer professionellen Haltung

Das ist schon eine Mammutaufgabe, die pädagogische Fachkräfte in Krippe und Kita immer wieder bewältigen: Sie sollen in der Lage sein, selbstorganisiert, kreativ und reflexiv zu handeln, passende Lösungsmöglichkeiten für jedes Kind und jede Situation zu finden und immer wieder neue Aufgaben und Anforderungen zu bewältigen (Nentwig-Gesemann et al. 2011). Und das in Interaktionssituationen, die

- hochkomplex und mehrdeutig,
- vielfach schwer vorhersehbar,
- im Detail nur begrenzt planbar und
- nicht oder nur begrenzt verallgemeinerbar sind.

Bei solchen Anforderungen ist der Wunsch nach einfachen Praxistipps und pädagogischen Rezepten nur verständlich. Aber auch hier stellt sich die Frage: Bieten diese „One size fits all"-Verlockungen wirklich eine Abhilfe? Wohl kaum. Denn sie können nicht berücksichtigen, was die Fachkraft in einer Situation wirklich braucht. Florian beispielsweise ist anders als Carmen. Er hat andere Erfahrungen, anderes Wissen, andere Emotionen. Was Fachkräfte brauchen, sind Unterstützung und Orientierung darin, zu professionellem Handeln zu gelangen, basierend auf einer professionellen Haltung.

Professionalität: im Allgemeinen die Begründung und Entwicklung einer eigenständigen beruflichen Identität und Gründung einer autonomen Berufspraxis

Professionell wird die eigene Haltung dadurch, dass die pädagogische Fachkraft eine reflexive, forschende Haltung gegenüber sich selbst einnimmt. Sie weiß,

- was sie macht,
- welche Gründe sie hat,
- was sie innerlich leitet und
- wozu es dienen soll.

Dies mündet in professionelles Handeln. Die eigenen biografischen Erfahrungen und die Biografien anderer Menschen werden reflektiert einbezogen, wenn Fachkräfte ihre pädagogischen Impulse planen. Dazu gehört auch, sich den eigenen Orientierungsmustern zu stellen: Wie steht jemand grundsätzlich zur institutionellen Betreuung von Kindern in den ersten drei Lebensjahren? Gehört ein Kleinkind nicht eigentlich zur Mutter? Müssen alle Kinder einen Mittagsschlaf machen? Muss beim Essen immer probiert werden? Diese und weitere Grundeinstellungen wirken sich auf das Handeln aus. Professionell wird das eigene Handeln auch dadurch, dass eine Fachkraft fachlich begründen kann, warum sie so und nicht anders handelt und wie sie ihr Handeln regelmäßig reflektiert und überprüft. („Das haben wir schon immer so gemacht" ist keine passende Antwort.) Und ihre Argumente sollten mit dem pädagogischen Auftrag der Einrichtung zusammenpassen. Im Laufe eines Tages in der Krippe und der Kita verändern sich Situationen innerhalb kürzester Zeit; Stimmungen wechseln, Kinder variieren in ihren Interaktionen, mal beziehen sie die Fachkraft selbst direkt mit ein, im nächsten Moment wollen sie in Ruhe gelassen werden. Den Überblick zu behalten, die Komplexität zu erfassen, auch Spannungen auszuhalten, ist eine echte tägliche Herausforderung.

Kinder geben uns genügend Anhaltspunkte dafür, was sie brauchen: Ausgehend von den Grundbedürfnissen, sowohl den körperlichen als auch den psychischen, entstehen ihre Motive. Sie wollen essen, schlafen, in Ruhe gelassen werden oder Action. Sie wollen auf jeden Fall klarkommen, sich wohlfühlen und sich als erfolgreich erleben. Und dabei sind sie auch froh, wenn ihnen mal jemand eine Entscheidung abnimmt, weil sie gerade mehr Orientierung brauchen (vgl. Kap. 3.3, S. 86 ff.).

In dem Wissen um diese Handlungsmotive des Kindes deutet die Fachkraft die Signale des Kindes. Verlässliches Begleiten heißt dann: Die Fachkraft ist präsent, aufmerksam, bietet sich als Unterstützung an, greift nicht ein (mit Ausnahme: wenn Gefahr im Verzug ist). Das Kind lädt die Fachkraft ein, ihm zu helfen oder sich zu beteiligen.

Jetzt sind gerade wieder Klärung und Orientierung gefragt.

Emma (2;0) läuft durch den Raum, greift nach dem Bobbycar, will damit fahren, stolpert aber und weint und protestiert. Sie schaut zu Florian, ihrem Erzieher, lacht plötzlich, nimmt sich ein Buch aus dem Regal und rennt zu ihm, setzt sich auf seinen Schoß. Florian vermutet, dass er Emma vorlesen soll. Doch damit ist sie nicht einverstanden. Sie weint wieder, wendet sich von ihm ab, läuft schluchzend an das Spieleregal, zieht verschiedene Dinge heraus, geht damit zu anderen Kindern und wieder weg, spricht mit sich selbst. Lachen, Jammern, Schimpfen wechseln sich ab. Emma wirkt, als sei sie auf

der Suche. Zwischendurch reibt sie sich die Augen, lässt sich in die Kuschelecke fallen – ob sie wohl müde ist? Florian fragt sie, was sie braucht, bietet ihr verschiedene Optionen an: „Möchtest du dich hinlegen? Magst du in Ruhe gelassen werden? Möchtest du mit jemandem spielen?“ Sie bleibt nicht lange liegen. Auf jede der Fragen antwortet sie mit nein; weiter geht das Durch-den-Raum-Irren zwischen Spielsachen, Erzieher und anderen Kindern.
Emma scheint innerlich zu kämpfen. Verschiedene Bedürfnisse sind gleichzeitig präsent, und sie ringt darum, herauszufinden, was für sie wichtiger ist: Alleine oder mit den anderen Kindern spielen? Sich an jemanden kuscheln? Schlafen? Florian erkennt sehr wohl, dass Emma sehr müde ist. Normalerweise ist jetzt auch die Zeit für ihren Mittagsschlaf.
Florians größte Herausforderung ist es, nicht selbst in Ungeduld oder gar Wut zu verfallen und dabei Emma seine Vorstellung von der Lösung dieser Situation aufzuzwingen. Seine Professionalität zeigt sich darin, dass er Emma aufmerksam in ihrem Herumirren begleitet. Er bleibt gelassen und macht Emma verschiedene Angebote. Er unterstützt sie dabei, selbst wieder in Balance zu kommen. Und er vertraut darauf, dass andere Kinder Emma ebenfalls zur Hilfe kommen können.

Kinder in ihrer Entwicklung zu begleiten, heißt, ihnen Erfahrungsräume zu eröffnen und dabei in Beziehung mit ihnen zu treten. Sie als (zukünftige) Fachkräfte können darauf vertrauen: Kinder lernen, sie sind motiviert, sie bringen ihr Interesse mit, sie wollen wissen und verstehen, sie wollen von Tag zu Tag handlungsfähiger werden und setzen dabei ihren ganzen Körper mit all ihren Sinnen ein. Sie gehen in Beziehung, lassen sich auf die Gemeinschaft ein. All ihr Tun hat einen Sinn. Für die Arbeit mit den Jüngsten brauchen Sie sich keinen Bildungsplan oder spezielle Fördereinheiten auszudenken. Und wirklich keine rezeptartigen Angebote. Sie müssen Kinder nicht beschäftigen. Denn die Kinder bilden sich selbst, indem sie Erfahrungen machen. Ihre Aufgabe als pädagogische Fachkraft ist es, den Kindern Gelegenheiten zu eröffnen, in denen sie ihren Hunger nach Erfahrungen stillen können und Herausforderungen meistern. Das ist nicht weniger anspruchsvoll!

Werden Sie neugierig auf die Lernwege der Kinder, lassen Sie sich von ihrem Eifer anstecken. Lassen Sie sich faszinieren von dem, was Kinder tun und wie sie mit Ihnen in Kontakt treten. Das ist Ihre Eintrittskarte in die Welt der Kleinkindpädagogik.

Prüfen Sie Ihr Wissen:

1. Nennen Sie die drei Dimensionen der Haltung und erläutern sie diese.
2. Wozu ist es nützlich, sich mit der eigenen Lebensgeschichte auseinanderzusetzen?
3. Was sind für Sie Merkmale professionellen Handelns?

Vertiefung und Transfer

1. Beobachten Sie ein Kind in Ihrer Umgebung oder in Ihrer Kita, während es mit anderen Kindern oder mit einer Erzieherin etwas ausprobiert: Was könnte seine Zone der nächsten Entwicklung sein und wie könnten Sie es darin unterstützen?

2. Den Dialog üben: Suchen Sie sich eine Person, die in die Rolle eines Kindes schlüpft und einem Naturphänomen auf der Spur ist. Entwickeln Sie zusammen ein Gespräch, bei dem Sie sich auf die Gedankengänge des Kindes einlassen. Reflektieren Sie anschließend gemeinsam: Welche Fragen und Äußerungen waren hilfreich? Was hat den Gesprächspartner in seiner Rolle als Kind weitergebracht?

3. Gehen Sie Ihrer Haltung auf die Spur und tauschen Sie sich mit einer Person aus Ihrem Team aus: Erinnern Sie sich an eine Situation mit Freunden, in der Sie von einer Person ziemlich genervt waren: Wie haben Sie sich verhalten? Was haben Sie gesagt? Und was meinen Sie: Konnten Sie wertschätzend bleiben?

4. Erinnern Sie sich an eine konkrete Situation im pädagogischen Kontext. Worin hat sich Ihre Haltung dabei in den Dimensionen mental, körperlich und sozio-emotional gezeigt? Über welche Dimension fällt es Ihnen leicht den Zugang zu ihrer Haltung zu finden?

Lesetipps

Bensel, J. (2023). Wildes und gewagtes Spiel – Risikokompetenz bei Kindern fördern. Kindergarten heute. Freiburg: Herder.

- Dieses Themenheft der Reihe „wissen kompakt" liefert Anhaltspunkte und ausführliche Erläuterungen zu den oben aufgeführten Fakten zum Risky Play.
- Rechtliche Hinweise und Reflexionsfragen für Teams in Krippe und Kita ermöglichen den Einrichtungen, eigene Konzepte für den Umgang mit dem wilden Spiel der Kinder zu entwickeln.

Stieve, C., Stenger, U., Zirves, M., Poliakova, A., Vitek, K., Rapp, L. et al. (2023). Wie Raumqualitäten entstehen. Erfahrungsräume in Kindertageseinrichtungen. Weinheim, Basel: Beltz Juventa.

Evanschitzky, P., Zöller, S. (2021). Besser eingewöhnen! Fortschritt und Entwicklung im Münchener Modell. Weimar: Verlag das Netz.

Zöller, S., Evanschitzky, P. & Miguez, E. (2021). Besser eingewöhnen! Der Film. Fortschritt und Entwicklung im Münchener Modell. Weimar: Verlag das Netz.

- Der Übergang aus der Familie in die Bildungseinrichtung in einem neuen Denkrahmen: Beziehungsaufbau jenseits der bindungstheoriebasierten Konzepte
- Fachwissenschaftliche Grundlagen und Handlungskonzept in einem Buch
- Die DVD gibt Einblick in die Eingewöhnung zweier Kinder; Zusatzfilmmaterial mit Interviews aus Wissenschaft und Praxis

Mienert, M. & Vorholz, H. (2009): Kleine Kinder – große Schritte. Grundlagen der pädagogischen Arbeit mit Krippenkindern. Troisdorf: Bildungsverlag Eins.

- Basiswissen für die ersten pädagogischen Schritte in der Krippenpädagogik

Pikler, E. & Tardos, A. (2014): Miteinander vertraut werden. Erfahrungen und Gedanken zur Pflege von Säuglingen und Kleinkindern. Freiburg: Arbor.

- Die pflegerischen Aufgaben in der Krippe verlangen den Fachkräften viel ab an Aufmerksamkeit und Achtsamkeit; deshalb widmet sich das Buch diesem täglichen Kontakt zwischen Kleinstkindern und den Fürsorgepersonen.
- Das Buch, für Eltern geschrieben, ist auch für pädagogische Fachkräfte gut geeignet, da es Einblicke gibt in die nach der Autorin später benannten „Pikler-Pädagogik".

Remsperger-Kehm, R. (2020). Sensitive Responsivität. [online]. socialnet Lexikon. Bonn: socialnet, 26.03.2020. Verfügbar unter: https://www.socialnet.de/lexikon/5982. [19.12.2023].

- Die Autorin widmet sich seit langem den Interaktionen zwischen Fachkräften und Kindern und hat dabei die festgefahrenen Pfade der Bindungstheorie verlassen und das für die Forschung Nützliche in ihre eigene Forschung integriert.
- Ein Überblicksartikel, bei dem man schnell weitere Themenfelder und die Forschung dazu findet: https://www.socialnet.de/lexikon/Sensitive-Responsivitaet [19.12.2023].
- Es lohnt ein Stöbern in weiteren Veröffentlichungen dieser Wissenschaftlerin, auch in der Zusammenarbeit mit Astrid Boll: www.hs-fulda.de; Suche: Veröffentlichungen Prof. Dr. Regina Remsperger-Kehm [10.04.2024].

Boll, A. & Remsberger-Kehm, R. (2022). Verantwortlich handeln! Verletzendes Verhalten in der Kita gemeinsam verhindern. Weimar: Verlag das Netz.

- Die Autorinnen holen das bisherige Tabuthema aus dem Verborgenen: Fachkräfte, die sich Kindern gegenüber grenzverletzend verhalten.
- Damit es gar nicht erst dazu kommt, bietet dieses Buch wissenschaftliche Erkenntnisse, praktische Impulse, Reflexionsmöglichkeiten und Arbeitshilfen, die beim Verlag online abrufbar sind.

Bundeszentrale für gesundheitliche Aufklärung BZgA (2021): Liebevoll begleiten. Körperwahrnehmung und körperliche Neugier kleiner Kinder. Ein Ratgeber für Eltern zur kindlichen Entwicklung vom 1. Bis zum 6. Lebensjahr. Köln: BZgA. Verfügbar unter: www.shop.bzga.de/liebevoll-begleiten-13660500 [16.02.2024].

- Ein guter Ratgeber für ein sensibles Thema, auch und gerade im Krippenkontext. Da Einrichtungen inzwischen (Gewalt-)Schutzkonzepte vorlegen müssen, sollte dieses Thema mit in die Auseinandersetzung einfließen.

Erste wissenschaftliche Erkenntnisse zur Wirkung der Lerngeschichten:

Weltzien, D. & Viernickel, S. (2012). Die Einführung stärkenorientierter Beobachtungsverfahren. *Frühe Bildung, 1*(2), 78–86.

Wustmann Seiler, C. & Simoni, H. (2013). „Bildungs- und Lerngeschichten" in der Schweiz: Umsetzungserfahrungen und Materialien. Zürich: Marie Meierhofer Institut für das Kind.

Für den weiten Blick aufs Kind

Schäfer, G. E., Staege, R. & Meiners, K. (Hrsg.). (2010). Kinderwelten – Bildungswelten: Unterwegs zur Frühpädagogik. Berlin: Cornelsen Scriptor.

- In diesem Herausgeberband werden verschiedene Perspektiven und Zugänge zur kindlichen Entwicklung beschrieben.
- Lesenswert ist z. B. Ludwig Liegles Beitrag der „Didaktik der indirekten Erziehung". Strukturiert stellt er dar, dass eine vom Kind aus gedachte Erziehung keineswegs eine Laissez-fair-Pädagogik darstellt.
- Insgesamt anregend und geeignet für den fachlichen Austausch im Team, um eigene konzeptuelle Überlegungen voranzubringen.

Zum Thema Beobachtung

Beller, S. & Beller, E. K. (2016). Kuno Bellers Entwicklungstabelle 0-9. Berlin: Dr. Simone Beller, Forschung und Fortbildung in der Kleinkindpädagogik.

- Die kindliche Entwicklung wird in Phasen beschrieben. Für jede Phase sind typische Merkmale aufgeführt; daher ist sie ein guter Orientierungsrahmen.

- Man kann mit ihr auch einen Entwicklungsverlauf darstellen, wenn man sie zur systematischen Dokumentation nutzt.
- Es geht nicht um einen Vergleich zu einer statistischen Norm, vielmehr um die Wahrnehmung von Kompetenzen.
- Es ist ein aufwändiges Beobachtungsinstrument, das vor allem hilfreich ist, wenn bei einzelnen Kindern ein genaueres Hinschauen angesagt ist.

Zur Qualitätsdiskussion

Ahne, V. (2013). Immer Stress mit der Krippe. Gehirn und Geist, 12(5), 14–19.

- Dieser Artikel der Zeitschrift „Gehirn und Geist" von 2013 bezieht sich auf die Wiener Krippenstudie und greift aktuelle Diskussionspunkte differenziert auf.

Viernickel, S. (2013). Schlüssel zu guter Bildung, Erziehung und Betreuung: Bildungsaufgaben, Zeitkontingente und strukturelle Rahmenbedingungen in Kindertageseinrichtungen. Berlin: Der Paritätische Gesamtverband.

- Auf Basis der aktuellen Forschung nimmt die Autorin Ableitungen für die Gestaltung von Rahmenbedingungen vor.
- Wer sich mit Qualität beschäftigt, kommt um diese Expertise nicht herum; sie ist Kernbestandteil der derzeitigen politischen Diskussionen.

Internetquellen zur eigenen Recherche

www.kitafachtexte.de

- Frei verfügbare Fachartikel; Wissenschaft für die Praxis fundiert aufbereitet.

www.socialnet.de

- Eine Plattform für Fachinformationen aus Sozialwirtschaft und Non-Profit-Management – Die Plattform bietet ein ausführliches Lexikon zu verschiedenen Themen.

www.erzieherin.de

- Ein Portal für die Frühpädagogik mit Berichten, Rezensionen, Veranstaltungshinweisen und vielem mehr.

www.weiterbildungsinitiative.de

- Die WiFF (Weiterbildungsinitiative frühpädagogische Fachkräfte) stellt zahlreiche Expertisen, Forschungsberichte und Handreichungen als PDF-Datei oder als gedruckte Broschüre frei zur Verfügung.

www.kindergesundheit-info.de

- Die BzgA (Bundeszentrale für gesundheitliche Aufklärung) bietet auf dieser Plattform sowohl für Eltern als auch Fachkräfte umfangreiches Informationsmaterial und Videoclips.

Anhang

Quellenverzeichnis

Adams, D., Carwardine, M. (1992). *Last Chance to See*. New York: Ballantine Books.

Adolph, K. E. & Berger, S. E. (2006). Motor development. In W. Damon, R. M. Lerner, D. Kuhn & R. S. Siegler (Hrsg.), *Handbook of Child Psychology. Vol 2: Cognition, perception, and language* (S. 161–212). New York: Wiley.

Adolph, K. E. & Berger, S. (2010). Physical and Motor development. In M. H. Bornstein & M. E. Lamb (Hrsg.), *Developmental science: An advanced textbook* (S. 241–302), New York: Psychology Press.

Adolph, K. E., Karasik, L. B. & Tamis-LeMonda, C. S. (2010). Moving between cultures: Cross-cultural research on motor development. In M. H. Bornstein (Hrsg.), *Handbook of Cultural Development Science* (S. 61–88). New York: Psychology Press.

Ahne, V. (2013). Immer Stress mit der Krippe. *Gehirn und Geist,* 12(5), 14–19.

Ainsworth, M. D. S., Blehar, M. C., Waters, E. & Wall, S. (1978). *Patterns of attachment: A psychological study of the strange situation*. Hillsdale, N.J.: Erlbaum.

Alessandri, S. M., Sullivan, M. W. & Lewis, M. (1990). Violation of expectancy and frustration in early infancy. *Developmental Psychology, 26*(5), 738.

Anand, K. J. S. & McGrath, P. J. (1993). An overview of current issues and their historical background. In K. J. S. Anand & P. J. McGrath (Hrsg.), *Pain in Neonates* (S. 1–18). Amsterdam: Elsevier.

Aronson, E. & Rosenbloom, S. (1971). Space perception in early infancy: Perception within a common auditory-visual space. *Science, 172*(3988), 1161–1163.

Ash, T., & Taveras, E. M. (2017). Associations of short sleep duration with childhood obesity and weight gain: summary of a presentation to the National Academy of Science's Roundtable on Obesity Solutions. *Sleep Health*, *3*(5), 389–392.

Aslin, R. N. & Newport, E. L. (2012). Statistical learning: From acquiring specific items to forming general rules. *Current directions in psychological science, 21*(3), 170–176.

Aslin, R. N. & Smith, L. B. (1988). Perceptual Development. *Annual Review of Psychology 39*(1), 435–473.

Bahrick, L. E. & Watson, J. S. (1985). Detection of intermodal proprioceptive–visual contingency as a potential basis of self-perception in infancy. *Developmental Psychology, 21*(6), 963.

Baillargeon, R. (1998). Infants' understanding of the physical world. In M. Sabourin, F. Craik & M. Robert (Hrsg.), *Advances in psychological science: Biological and cognitive aspects.* (Bd. 2, S. 503–529). Hove, England: Psychology Press.

Ball, D. J. (2007). *Trends in fall injuries associated with children's outdoor climbing* frames. (Int J Inj Contr Saf Promot. 2007 Mar),14(1), 49–53.

Barton, E. E., Reichow, B., Schnitz, A., Smith, I. C. & Sherlock, D. (2015). A systematic review of sensory-based treatments for children with disabilities. *Research in Developmental Disabilities, 37*, 64–80.

Bauer, P. J., Wenner, J. A., Dropik, P. L., Wewerka, S. S. & Howe, M. L. (2000). Parameters of remembering and forgetting in the transition from infancy to early childhood. *Monographs of the Society for Research in Child Development*, i–213.

Behne, T., Carpenter, M., Call, J. & Tomasello, M. (2005). Unwilling versus unable: infants' understanding of intentional action. *Developmental Psychology, 41*(2), 328–337.

Behne, T., Liszkowski, U., Carpenter, M., & Tomasello, M. (2012). Twelve-month-olds' comprehension and production of pointing. *British Journal of Developmental Psychology, 30*(3), 359–375.

Beller, S. & Beller, E. K. (2016). *Kuno Bellers Entwicklungstabelle 0–9*. Berlin: Dr. Simone Beller, Forschung und Fortbildung in der Kleinkindpädagogik.

Bensel, J. (2023). Wildes und gewagtes Spiel – Risikokompetenz bei Kindern fördern. In *Kindergarten heute. Wissen kompakt*. Freiburg: Herder.

Berger, R. (2023). *Grenzsteine der Entwicklung. Manual: Entwicklungsbeobachtung und -einschätzung von Kindern im Alter von 0–6 Jahren. Version 2023*. Freiburg: Herder.

Bertoncini, J., Bijeljac-Babic, R., Blumstein, S. E. & Mehler, J. (1987). Discrimination in neonates of very short CVs. *The Journal of the Acoustical Society of America, 82*(1), 31–37.

Bialystok, E., Craik, F. I. M., Green, D. W. & Gollan, T. H. (2009). Bilingual minds. *Psychological Science in the Public Interest, 10*(3), 89–129.

Bialystok, E., Luk, G., Peets, K. F. & Yang, S. (2010). Receptive vocabulary differences in monolingual and bilingual children. *Bilingualism: Language and Cognition, 13*(4), 525–531.

Bieber, M. (2015). Regulationsentwicklung und -probleme bei Säuglingen und Kleinkindern, *KiTa Fachtexte*.

Birch, L. L. & Marlin, D. W. (1982). I don't like it; I never tried it: effects of exposure on two-year-old children's food preferences. *Appetite 3*(4), 353–360.

Bischof-Köhler, D. (2011). Autonomie und die Geburt des Ichs. In *Soziale Entwicklung in Kindheit und Jugend* (S. 141–162). Stuttgart: Kohlhammer.

Bischof-Köhler, D. (2011). Dominanz, Ansehen und Kompetenz. In *Soziale Entwicklung in Kindheit und Jugend* (S. 182–211). Stuttgart: Kohlhammer.

Bodenburg, I. (2012). *Der Entwicklung Raum geben: Ausstattungsideen für Kitas*. Berlin: Cornelsen.

Börne, L. (1964). Über den Umgang mit Menschen. In Rippmann, I., Rippmann, P. (Hrsg.) *Sämtliche Schriften*. Düsseldorf: Melzer.

Borke, J., Keller, H. (2021). *Kultursensitive Frühpädagogik*. Stuttgart: Kohlhammer.

Bowbly, J. (1975). *Bindung. Eine Analyse der Mutter-Kind-Beziehung*. München: Kindler.

Bowlby, J. (1969). *Attachment and loss: Attachment*. New York: Basic Books.

Bridi, M. C. D., Aton, S. J., Seibt, J., Renouard, L., Coleman, T. & Frank, M. G. (2015). Rapid eye movement sleep promotes cortical plasticity in the developing brain. *Science-Advances, 1*(6), e1500105.

Bril, B. (1997). Culture et premières acquisitions motrices: enfants d'Europe, d'Asie, d'Afrique. *Journal de pédiatrie et de puériculture, 10*(5), 302–314.

Bulf, H., Johnson, S. P. & Valenza, E. (2011). Visual statistical learning in the newborn infant. *Cognition, 121*(1), 127–132.

Carpenter, M., Nagell, K., Tomasello, M., Butterworth, G. & Moore, C. (1998). Social cognition, joint attention, and communicative competence from 9 to 15 months of age. *Monographs of the society for research in child development*, i-174.

Carr, M. (2001). *Assessment in Early Childhood Settings – Learning Stories. London, Thousand Oaks*. New Delhi: SAGE Publications.

Carr, M. & Lee, W. (2012). *Learning stories: Constructing learner identities in early education*. London: SAGE.

Cartmill, E. A., Armstrong, B. F., Gleitman, L. R., Goldin-Meadow, S., Medina, T. N. & Tru-eswell, J. C. (2013). Quality of early parent input predicts child vocabulary 3 years later. *Proceedings of the National Academy of Sciences, 110*(28), 11278–11283.

Case, R., Hayward, S., Lewis, M. & Hurst, P. (1988). Toward a neo-Piagetian theory of cognitive and emotional development. *Developmental Review, 8*(1), 1–51.

Chang, H. W. & Trehub, S. E. (1977). Auditory processing of relational information by young infants. *Journal of Experimental Child Psychology, 24*(2), 324–331.

Chang, H. W. & Trehub, S. E. (1977). Infants' perception of temporal grouping in auditory patterns. *Child Development, 48*(4), 1666–1670.

Choe, D. E., Lawrence, A. C. & Cingel, D. P. (2023). The role of different screen media devices, child dysregulation, and parent screen media use in children's self-regulation. *Psychology of Popular Media, 12*(3), 324.

Christakis, D. A., Gilkerson, J., Richards, J. A., Zimmerman, F. J., Garrison, M. M., Xu, D. et al. (2009). Audible television and decreased adult words, infant vocalizations, and conversational turns: a population-based study. *Archives of Pediatrics & Adolescent Medicine, 163*(6), 554–558.

Cierpka, M. (2012). *Frühe Kindheit 0–3 Jahre: Beratung und Psychotherapie für Eltern mit Säuglingen und Kleinkindern*. Berlin: Springer.

Cierpka, M. & Cierpka, A. (2012). Entwicklungsgerechtes Trotzen, persistierendes Trotzen und aggressives Verhalten. In M. Cierpka (Hrsg.), *Frühe Kindheit 0–3 Jahre. Beratung und Psychotherapie für Eltern mit Säuglingen und Kleinkindern* (S. 263–248). Berlin: Springer.

Clark, D. L., Kreutzberg, J. R. & Chee, F. K. (1977). Vestibular stimulation influence on motor development in infants. *Science, 196*(4295), 1228–1229.

Clifton, R. K., Perris, E. E. & Bullinger, A. (1991). Infants' perception of auditory space. *Developmental Psychology, 27*(2), 187.

Conway, A. & Stifter, C. A. (2012). Longitudinal antecedents of executive function in preschoolers. *Child Development, 83*(3), 1022–1036.

Coster, D. & Gleave, J. (2008). *Give Us a Go! Children and Young People's views on Play and Risk-Taking*. London: National Children's Bureau for Play England.

Csibra, G., Gergely, G., Bíró, S., Koos, O. & Brockbank, M. (1999). Goal attribution without agency cues: the perception of 'pure reason' in infancy. *Cognition, 72*(3), 237–267.

Csibra, G., Bíró, S., Koós, O. & Gergely, G. (2003). One-year-old infants use teleological representations of actions productively. *Cognitive science, 27*(1), 111–133. Csikszentmihalyi, M. (2001). Das Flow-Erlebnis (Konzepte der Humanwissenschaften)/Jenseits von Angst und Langeweile, im Tun aufgehen. Stuttgart: Klett-Cotta.

DeCasper, A. J. & Fifer, W. P. (1980). Of human bonding: Newborns prefer their mothers' voices. *Science, 208*(4448), 1174–1176.

Deci, E. L. & Ryan, R. M. (1993). Die Selbstbestimmungstheorie der Motivation und ihre Bedeutung für die Pädagogik. *Zeitschrift für Pädagogik, 39*(2), 223–238.

Degotardi, S. & Pearson, E. (2014). Relationships with Peers: Togetherness, cooperation, friendship and belonging. In S. Degotardi & E. Pearson, *The Relationship Worlds Of Infants And Toddlers: Multiple Perspectives From Early Years Theory And Practice*. Open University Press.

DeLoache J. S., Chiong, C., Sherman, K. et al. (2010). Do babies learn from baby media? *Psychological science, 21*(11), 1570–1574.

Dennis, W. (1973). *Children of the Creche*. New York: Appleton-Century-Crofts.

Dennis, W. & Dennis, M. G. (1991). The effect of cradling practices upon the onset of walking in Hopi children. *The Journal of genetic psychology, 152*(4), 563–572.

Diamond, A. & Gilbert, J. (1989). Development as progressive inhibitory control of action: Retrieval of a contiguous object. *Cognitive Development, 4*(3), 223–249.

Doebel, S., Stucke, N.J. & Pang, S. (2022). Kindchenschema and cuteness elicit interest in caring for and playing with young children, but less so when children are masked. *Sci Rep 12*, 11903.

Dörner, D. (1983). Empirische Psychologie und Alltagsrelevanz. In G. Jüttemann (Hrsg.), *Psychologie in der Veränderung: Perspektiven für eine gegenstandsangemessenere Forschungspraxis*, 13–29. Weinheim: Beltz.

Douglas, A., Adams & M. C. (1992). Last Chance to See. New York: Ballantine Books.

Drösser, C. (2005). Tod durch versalzen. *Die Zeit,* 59(5).

Eimas, P. D. (1975). Auditory and phonetic coding of the cues for speech: Discrimination of the [rl] distinction by young infants. *Perception & Psychophysics, 18*(5), 341–347.

Ekström, A. & Cekaite, A. (2020). Children's touch in a Swedish preschool: Touch cultures in peer group interaction. *International Journal of Early Years Education*, online ahead of print.

Elkonin, D. (Hrsg.). (1980). *Psychologie des Spiels*. Köln: Pahl Rugenstein.

Evanschitzky, P. (2020). Learning Stories. Der Ansatz der Lerngeschichten. In C. Deffner, & I. Schenker, *Das Lernen anregen. Exekutive Funktionen fördern,* S. 125–143. Weimar: Verlag das Netz.

Fairhurst, M. T., Löken, L. & Grossmann, T. (2014). Physiological and behavioral responses reveal 9-month-old infants' sensitivity to pleasant touch. *Psychological Science, 25*(5), 1124–1131.

Fernald, A. (1993). Approval and disapproval: Infant responsiveness to vocal affect in familiar and unfamiliar languages. *Child development, 64*(3), 657–674.

Fernald, A. (1985). Four-month-old infants prefer to listen to motherese. *Infant Behavior and Development, 8*(2), 181–195.

Fernald, A. (1989). Intonation and communicative intent in mothers' speech to infants: Is the melody the message? *Child Development*, 1497–1510.

Fröhlich-Gildhoff, K., Nentwig-Gesemann, I. & Haderlein, R. (Hrsg.). (2008). *Forschung in der Frühpädagogik: Materialien zur Frühpädagogik*. Freiburg: FEL.

Furman, B. (2013). *Es ist nie zu spät, eine glückliche Kindheit zu haben.* (Übersetzung: Abao, R.). Borgmann: Dortmund.

Garon, N., Bryson, S. E., & Smith, I. M. (2008). Executive function in preschoolers: a review using an integrative framework. *Psychological bulletin, 134*(1), 31.

Gaschler, F. & Gaschler, G. (2011). *Ich will verstehen, was du wirklich brauchst: Gewaltfreie Kommunikation mit Kindern. Das Projekt Giraffentraum* (5. Aufl.). München: Kösel.

Geppert, U. & Küster, U. (1983). The emergence of 'wanting to do it oneself': A precursor of achievement motivation. *International Journal of Behavioral Development, 6*(3), 355– 369.

Gergely, G., Bekkering, H. & Király, I. (2002). Developmental psychology: Rational imitation in preverbal infants. *Nature, 415*(6873), 755.

Gergely, G., Nádasdy, Z., Csibra, G. & Biro, S. (1995). Taking the intentional stance at 12 months of age. *Cognition, 56*(2), 165–193.

Gibson, E. J. & Walk, R. D. (1960). The "visual cliff". *Scientific American, 202*, 67–71.

Gide, A. (1953). *So sei es oder die Würfel sind gefallen.* Stuttgart: DVA.

Gopnik, A. (2009). *Kleine Philosophen: Was wir von unseren Kindern über Liebe, Wahrheit und den Sinn des Lebens lernen können.* (Übersetzung: Kober, H.). Berlin: Ullstein.

Goldberg, E. & Barr, W. B. (1994). Selective knowledge Loss in Activational and representational amnesias. In L.R. Squire, & N. Butters (Hrsg.), *Neuropsychology of memory* (2. Aufl., S. 72–80) New York: Guilford Press.

Goswami, U. (2001). *So denken Kinder: Einführung in die Psychologie der kognitiven Entwicklung.* Bern: Huber.

Goswami, U. (2008). *Cognitive development: The learning brain.* New York: Taylor & Francis.

Granrud, C. E., Yonas, A. & Pettersen, L. (1984). A comparison of monocular and binocular depth perception in 5-and 7-month-old infants. *Journal of Experimental Child Psychology, 38*(1), 19–32.

Grolnick, W. S., Kurowski, C. O., McMenamy, J. M., Rivkin, I. & Bridges, L. J. (1998). Mothers' strategies for regulating their toddlers' distress. *Infant Behavior and Development, 21*(3), 437–450.

Gunnarsdottir, B. & Bateman, A. (2022). Initiating interactions in the toddler peer group. Embodied conversation starters. In *Research on Children and Social Interaction (= RCSI) 6* (1), 5–29.

Haas, S. (2012). *Das Lernen feiern: Lerngeschichten aus Neuseeland*. Weimar: Verlag das Netz.

Hafner, K. (2020). *Das Phänomen des Risky Play: Ist das Spiel mit der Gefahr gefährlich oder gefährdet?* Masterarbeit zum Universitätslehrgang für Elementarpädagogik an der Universität Salzburg.

Hamann, K., Warneken, F., Greenberg, J. R. & Tomasello, M. (2011). Collaboration encourages equal sharing in children but not in chimpanzees. *Nature, 476*(7360), 328–331.

Hamzelou, J. (2015). Pain really can be all in your mind. *New Scientist, 225*(3004), 10.

Hanna, E. & Meltzoff, A. N. (1993). Peer imitation by toddlers in laboratory, home, and day-care contexts: implications for social learning and memory. *Developmental Psychology, 29*(4), 701–710.

Harris, J. R. (2009). *The Nurture Assumption: Why Children Turn Out the Way They Do* (2nd). New York: Free Press.

Harris, J. R. & Liebert, R. M. (1991). *The child: a contemporary view of development* (3rd). Englewood Cliffs, New Jersey: Prentice-Hall.

Harris, J. R. & Liebert, R. M. (1992). *Infant and child: development from birth through middle childhood*. Englewood Cliffs, New Jersey: Prentice-Hall.

Hart, B. & Risley, T. R. (1995). *Meaningful differences in the everyday experience of young American children*. Baltimore: Paul H Brookes Publishing.

Hart, B. & Risley, T. R. (2003). The early catastrophe. *American Educator, 27*(4), 6–9.

Hartmann, W. Kinder- und Jugendärzte fordern Verbot für „Laufiernhilfen". In: Kinderärzte im Netz, 20.01.2019. Verfügbar unter: www.kinderaerzte-im-netz.de, Suche: Kinder- und Jugendärzte fordern Verbot für „Lauflernhilfen" [07.01.2024].

Harvard University. (2015). *Activities Guide: Enhancing and Practicing Executive Function Skills with Children from Infancy to Adolescence*. Boston: Center on the Developing Child.

Hatwell, Y., Streri, A. & Gentaz, E. (2003). *Touching for knowing: Cognitive psychology of haptic manual perception*. Philadelphia: John Benjamin's Publishing.

Haug-Schnabel, G. (2011). Die Sauberkeitsentwicklung unter dem Aspekt des Erlangens von Autonomie und Kontrolle. *KiTa Fachtexte*. Verfügbar unter: www.kita-fachtexte.de/fileadmin/Redaktion/Publikationen/KiTaFT_Haug_Schnabel_II_Sauberkeitsentwicklung_2011.pdf [6.5.2024].

Haug-Schnabel, G. & Bensel, J. (2007). Vom Säugling zum Schulkind. Entwicklungspsychologische Grundlagen. *Kindergarten heute Spezial*(99).

Hepach, R., Kante, N. & Tomasello, M. (2017). Toddlers Help a Peer. In *Child Development, 88*(5), 1642–1652.

Hédervári-Heller, É. & Dreier, A. (2013). Ohne Bindung geht es nicht! *Betrifft KINDER, 9*(11/12), 16–23.

Hille, K., Evanschitzky, P. & Bauer, A. (2024). *Das Kind – die Entwicklung zwischen drei und sechs Jahren: Psychologie für pädagogische Fachkräfte*. Hamburg: Handwerk und Technik.

Hirabayashi, S. I. & Iwasaki, Y. (1995). Developmental perspective of sensory organization on postural control. *Brain and Development, 17*(2), 111–113.

Hirshkowitz, M., Whiton, K., Albert, S. M., Alessi, C., Bruni, O., DonCarlos, L. et al. (2015). National Sleep Foundation's sleep time duration recommendations: Methodology and results summary. *Sleep Health, 1*(1), 40–43.

Hoff, E. (2009). *Language development* (4). Crawfordsville: Cengage Learning.

Hoff, E. & Core, C. (2015). What Clinicians Need to Know about Bilingual Development. *Seminars in Speech and Language, 36*(2), 89–99. New York: Thieme Medical Publishers.

Hoffmann, S. Die schönsten Zitate von Astrid Lindgren. In: GEOlino, 14.11.2017. Verfügbar unter: www.geo.de/geolino/, Suche: Astrid Lindgren: Die schönsten Zitate [7.5.2024].

Holzinger, M. (2015). Jean de la Fontaine: Fabeln. (Übersetzung: Etzel, T.). Berlin: Holzinger.

Janisch, W. Fatale Salzpudding-Vergiftung. In: Stern, 16.03.2006. Verfügbar unter: www.stern.de/panorama/verbrechen/prozess-fatale-salzpudding-vergiftung-3497450.html [7.5.2024].

Jenni, O. (2021). *Die kindliche Entwicklung verstehen. Praxiswissen über Phasen und Störungen.* Berlin: Springer.

Jenni, O. G., Chaouch, A., Caflisch, J. & Rousson, V. (2013). Infant motor milestones: poor predictive value for outcome of healthy children. *Acta Paediatrica, 102*(4), e181–e184.

Johansson, E. (2017). Toddler's relationships: A matter of sharing worlds. *Studying babies and toddlers: Relationships in cultural contexts*, 13–27.

Johnson, M. H., Dziurawiec, S., Ellis, H. & Morton, J. (1991). Newborns' preferential tracking of face-like stimuli and its subsequent decline. *Cognition, 40*(1), 1–19.

Jouhanneau, J. S., Ferrarese, L., Estebanez, L., Audette, N. J., Brecht, M., Barth, A. L. et al. (2014). Cortical fosGFP expression reveals broad receptive field excitatory neurons targeted by POm. *Neuron, 84*(5), 1065–1078.

Kappeler, S. & Simoni, H. (2009). Die Entwicklung des prosozialen Verhaltens in den ersten zwei Lebensjahren. *Schweizerische Zeitschrift für Bildungswissenschaften, 31*(2), 603– 624.

Kaukomaa, T., Peräkylä, A. & Ruusuvuori, J. (2013). Turn-opening smiles: Facial expression constructing emotional transition in conversation. *Journal of Pragmatics, 55*, 21–42.

Keller, H. (1923). *Die Geschichte meines Lebens.* Verfügbar unter: www.gutenberg.org/files/62735/62735-h/62735-h.htm#Helen_Kellers_Bildungsgang [07.05.2024].

Keller, H. (2011). *Kinderalltag: Kulturen der Kindheit und ihre Bedeutung für Bindung, Bildung und Erziehung*. Berlin: Springer.

Keller, H. (2013). Attachment and Culture. *Journal of Cross-Cultural Psychology, 44*(2), 175–194.

Keller, H. (2013). Culture and Development: Developmental Pathways to Psychological Autonomy and Hierarchical Relatedness (2). *Online Readings in Psychology and -Culture, 6*(1).

Keller, H. (2019). *Mythos Bindungstheorie. Konzept, Methode, Bilanz*. Weimar: Verlag das Netz.

Keller, H., Yovsi, R. D. & Völker, S. (2002). The Role of Motor Stimulation in Parental Ethnotheories: The Case of Cameroonian Nso and German Women. *Journal of Cross-Cultural Psychology, 33*(4), 398–414.

Kellogg, W. N. & Kellogg, L. A. (1933). *The ape and the child: a study of environmental influence upon early behavior*. New York: McGraw-Hill Book Company.

Kercher, A. & Höhn, K. (Hrsg.). (2010). *Zweijährige im Kindergarten: KiGa 2 Plus – Arbeitshilfe für Leitung und Teams* (10 ed.). Kronach: Link/DKV.

Knauf, H. (2017). Lerngeschichten als narratives assessment in der Elementarpädagogik: eine empirische Untersuchung des Konzepts in deutschen Kindertageseinrichtungen. In *Zeitschrift für Erziehungswissenschaft, 21*, 423–439.

Kochanska, G., Murray, K. T. & Harlan, E. T. (2000). Effortful control in early childhood: continuity and change, antecedents, and implications for social development. *Developmental Psychology, 36*(2), 220–232.

Korczak, J. (1973). *Wenn ich wieder klein bin: Und andere Geschichten von Kindern*. Göttingen: Vandenhoeck & Ruprecht.

Kuhl, P. K. (2004). Early language acquisition: cracking the speech code. *Nature reviews neuroscience, 5*(11), 831–843.

Kuhl, P. K., Tsao, F. M. & Liu, H. M. (2003). Foreign-language experience in infancy: Effects of short-term exposure and social interaction on phonetic learning. *Proceedings of the National Academy of Sciences, 100*(15), 9096–9101.

Laewen, H.-J. (2009): *Grenzsteine der Entwicklung. Ein Frühwarnsystem für Risikolagen.* Abrufbar unter: www.frueherziehung.ch; Suche: Laewen, Grenzsteine der Entwicklung [07.01.2024].

Lamm, B. (2018). Geschwisterkulturen. In *Betrifft Kinder*, Heft 03/04. Kiliansroda: Verlag das Netz.

Lang, R., O'Reilly, M., Healy, O., Rispoli, M., Lydon, H., Streusand, W.et al. (2012). Sensory integration therapy for autism spectrum disorders: A systematic review. *Research in Autism Spectrum Disorders, 6*(3), 1004–1018.

Lany, J. & Saffran, J. (2013). Statistical learning mechanisms in infancy. In J. L. R. Rubenstein & P. Rakic (Hrsg.), *Comprehensive Developmental Neuroscience: Neural Circuit Development and Function in the Brain* (Bd. 3, S. 231–248). Amsterdam: Elsevier.

Largo, R. H. (2010). *Babyjahre: Entwicklung und Erziehung in den ersten vier Jahren.* München: Piper.

Leu, H. R., Flämig, K., Frankenstein, Y., Koch, S., Pack, I., et al. (2007). *Bildungs- und Lerngeschichten: Bildungsprozesse in früher Kindheit beobachten, dokumentieren und unterstützen.* Weimar: Verlag das Netz.

Lewis, M., Alessandri, S. M. & Sullivan, M. W. (1990). Violation of expectancy, loss of control, and anger expressions in young infants. *Developmental Psychology, 26*(5), 745.

Lohaus, A., Vierhaus, M. & Maass, A. (2013). *Selbstkonzept. In: Entwicklungspsychologie des Kindes- und Jugendalters für Bachelor*, S. 168. Berlin, Heidelberg: Springer.

Løkken, G. (2000). The playful quality of the toddling "style". *International Journal of Qualitative Studies in Education, 13*(5), 531–542. Lorenz, K. (1971). From Studies in Animal and Human Behaviour: II, Cambridge, MA: Harvard University Press.

MacFarlane, A. (1975). Olfaction in the development of social preferences in the human neonate. In Ciba Foundation (Hrsg.), *Parent – Infant Interaction. Ciba Foundation Symposium 33* (S. 103–113). Amsterdam: Elsevier.

Malaguzzi, L. (2010). I *cento linguaggi dei bambini. L'approccio di Reggio Emilia all'educazione dell'infanzia*. Bergamo: Edizioni Junior.

Malaguzzi, L. (1993). For an education based on relationships. *Young Children, 49*(1), 9–12. Mandler, J. M., Bauer, P. J. & McDonough, L. (1991). Separating the sheep from the goats: Differentiating global categories. *Cognitive Psychology, 23*(2), 263–298.

Mason, W. A. (1965). Determinants of social behavior in young chimpanzees. In H. F. Harlow & F. Stollnitz (Hrsg.), *Behavior of nonhuman primates* (Bd. 2, S. 335–364). New York: Academic Press.

Matricciani, L., Olds, T. & Petkov, J. (2012). In search of lost sleep: secular trends in the sleep time of school-aged children and adolescents. *Sleep medicine reviews, 16*(3), 203–211.

Maurer, D. & Salapatek, P. (1976). Developmental changes in the scanning of faces by young infants. *Child Development, 47*(2), 523–527.

McGraw, M. B. (1935). *Growth: A study of Johnny and Jimmy.* Appleton Century.

Meltzoff, A. N. & Moore, M. K. (1977). Imitation of facial and manual gestures by human neonates. *Science, 198*(4312), 75–78.

Mennella, J. A., Coren P. J. & Beauchamp, G. K. (2001). Prenatal and postnatal flavor learning by human infants. *Pediatrics, 107*(6), e88.

Michaelis, R., Berger, R., Nennstiel-Ratzel, U. & Krägeloh-Mann, I. (2013). Validierte und teilvalidierte Grenzsteine der Entwicklung. *Monatsschrift Kinderheilkunde, 10*(161), 898–910.

Michaelis, R. & Niemann, G. W. (2010). *Entwicklungsneurologie und Neuropädiatrie: Grundlagen und diagnostische Strategien* (4. vollständig überarbeitete und erweiterte Auflage). Stuttgart: Georg Thieme Verlag.

Ministry of Education New Zealand. (1996). *Te Whàriki: Early Childhood Curriculum.* Wellington: Learning Media.

Miyake, A., Friedman, N. P., Emerson, M. J., Witzki, A. H., Howerter, A. & Wager, T. D. (2000). The unity and diversity of executive functions and their contributions to complex "Frontal Lobe" tasks: A latent variable analysis. *Cognitive Psychology, 41* (1), 49–100.

Moll, H., Richter, N., Carpenter, M. & Tomasello, M. (2008). Fourteen-month-olds know what "we" have shared in a special way. *Infancy, 13*(1), 90–101.

Muir, D., Abraham, W., Forbes, B., & Harris, L. (1979). The ontogenesis of an auditory localization response from birth to four months of age. *Canadian Journal of Psychology / Revue canadienne de psychologie, 33*(4), 320–333.

Munzer, T. G., Miller A. L., Wang, Y. et al. (2021). Tablets, toddlers and tantrums: The immediate effects of tablet device play. *Acta Paediatrica, 110*, 255–256.

Murray, L. (2014). *The Psychology of Babies.* London: Robinson.

Nentwig-Gesemann, I., Fröhlich-Gildhoff, K., Harms, H. & Richter, S. (2011). *Professionelle Haltung – Identität der Fachkraft für die Arbeit mit Kindern in den ersten drei Lebensjahren.* WiFF Expertisen, *24*, 57–84. München: Deutsches Jugendinstitut.

Nishitani, S., Miyamura, T., Tagawa, M., Sumi, M., Takase, R., Doi, H. et al. (2009). The calming effect of a maternal breast milk odor on the human newborn infant. *Neuroscience Research, 63*(1), 66–71.

O'Callaghan, F. V., Al Mamun, A., O'Callaghan, M., Clavarino, A., Williams, G. M., Bor, W. et al. (2010). The link between sleep problems in infancy and early childhood and attention problems at 5 and 14 years: Evidence from a birth cohort study. *Early Human Development, 86*(7), 419–424.

Otto, H. (2009). *Culture-specific attachment strategies in the Cameroonian Nso: Cultural solutions to a universal developmental task.* Universität Osnabrück.

Otto, H. (2011). Bindung – Theorie, Forschung und Reform. In H. Keller & A. Rümmele (Hrsg.), *Handbuch der Kleinkindforschung* (Bd. 4, S. 390–428).

Pascalis, O., de Schonen, S., Morton, J., Deruelle, C. & Fabre-Grenet, M. (1995). Mother's face recognition by neonates: A replication and an extension. *Infant Behavior and Development, 18*(1), 79–85.

Pauen, S. (2006). *Was Babys denken. Eine Geschichte des ersten Lebensjahres.* München: C. H. Beck.

Pempek, T. A., Kirkorian, H. L. & Anderson, D. R. (2014). The effects of background television on the quantity and quality of child-directed speech by parents. *Journal of Children and Media, 8*(3), 211–222.

Pikler, E. (2021). *Friedliche Babys – zufriedene Eltern. Vom achtsamen Umgang mit unseren Kindern.* Freiburg: Herder.

Pikler, E. (2001). *Lasst mir Zeit. Die selbständige Bewegungsentwicklung des Kindes bis zum freien Gehen.* München: Pflaum.

Pikler, E., Tardos, A. (2018). *Lasst mir Zeit: Die selbständige Bewegungsentwicklung des Kindes bis zum freien Gehen.* München: Pflaum.

Pinker, S. (2007). *The language instinct: How the mind creates language.* New York: Harper Perennial Modern Classics.

Porter, R. H., Makin, J. W., Davis, L. B. & Christensen, K. M. (1992). Breast-fed infants respond to olfactory cues from their own mother and unfamiliar lactating females. *Infant Behavior and Development, 15*(1), 85–93.

Preston, S. D. (2013). The origins of altruism in offspring care. *Psychological bulletin, 139*(6), 1305.
Projektbüro SCHAU HIN! *SCHAU HIN! Was dein Kind mit Medien macht. Wann sind die Kleinen groß genug für die Medienwelt?* Abrufbar unter www.schau-hin.info/grundlagen/kleinkinder-und-medien [07.01.2024].
Purdon, A. (2016). Sustained shared thinking in an early childhood setting: an exploration of practitioners' perspectives. *Education 3-13, 44*(3), 269–282.
Radesky, J. S., Schumacher, J. & Zuckerman, B. (2015). Mobile and interactive media use by young children: The good, the bad, and the unknown. *Pediatrics, 135*(1), 1–3.
Rattaz, C., Goubet, N. & Bullinger, A. (2005). The calming effect of a familiar odor on full-term newborns. *Journal of Developmental & Behavioral Pediatrics 26*(2), 86–92.
Rekers, Y., Haun, D. B. & Tomasello, M. (2011). Children, but not chimpanzees, prefer to collaborate. *Current Biology, 21*(20), 1756–1758.
Remsperger, R. (2013). Das Konzept der Sensitiven Responsivität – Ein Ansatz zur Analyse des pädagogischen Antwortverhaltens in der ErzieherInnen-Kind-Interaktion. In *Frühe Bildung, 2*(1), 12–19.
Remsperger, R. (2011). *Sensitive Responsivität. Zur Qualität pädagogischen Handelns im Kindergarten.* Wiesbaden: VS Verlag für Sozialwissenschaften.
Remsperger-Kehm, R. (2020). Dialoge und Interaktionen mit Kindern gestalten – Zur Sensitiven Responsivität pädagogischer Fachkräfte. In G. Müller & R. Thümmler (Hrsg.), *Frühkindliche Bildung zwischen Wunsch und Wirklichkeit – Neues zur Kindheits- und Familienpädagogik,* S. 178-192. Weinheim: Beltz Juventa.
Remsperger-Kehm, R. (2020). *Sensitive Responsivität.* [online]. socialnet Lexikon. Bonn: socialnet, 26.03.2020 Abrufbar unter: https://www.socialnet.de/lexikon/5982 [19.12.2023].
Ridley, M. (2003). *Nature Via Nurture: Genes, Experience and What Makes Us Human.* London: Fourth Estate.
Rindermann, H. & Baumeister, A. E. (2015). Parents' SES vs. parental educational behavior and children's development: A reanalysis of the Hart and Risley study. *Learning and individual differences, 37*, 133–138.
Rochat, P. & Morgan, R. (1995). Spatial determinants in the perception of self-produced leg movements in 3-to 5-month-old infants. *Developmental Psychology, 31*(4), 626.
Rovee-Collier, C. (1997). Dissociations in infant memory: Rethinking the development of implicit and explicit memory. *Psychological Review, 104*, 467–498.
Roseberry, S., Hirsh-Pasek, K. & Golinkoff, R. M. (2014). Skype me! Socially contingent interactions help toddlers learn language. *Child Development, 85*(3), 956–970.
Röttger-Rössler, B. (2022). Bindung aus sozialanthropologischer Perspektive. Schriftenreihe Soziale und kulturelle Vielfalt von Kindheit, Familie und Erziehung. Heft 1. FU Berlin. Abrufbar unter https://refubium.fu-berlin.de/handle/fub188/36287.3 [03.01.2024].
Rupp-Glogau, R. (2014). Selbstbestimmtes Essen für kleine Menschen unter drei Jahren. *TPS Sammelband*, 70–71.
Rushforth, J. A. (1994). Pain Perception. In M. I. Levene & R. Lilford (Hrsg.), *Fetal and Neonatal Neurology and Neurosurgery* (S. 601–610). Livingstone: Churchill.
Ryan, R. M., & Deci, E. L. (2017). *Self-determination theory: Basic psychological needs in motivation, development, and wellness.* United States: Guilford publications.
Saby, J. N., Meltzoff, A. N. & Marshall, P. J. (2013). Infants' somatotopic neural responses to seeing human actions: I've got you under my skin. *PLOS ONE, 8*(10), e77905.
Saffran, J. R., Aslin, R. N. & Newport, E. L. (1996). Statistical learning by 8-month-old infants. *Science, 274*(5294), 1926–1928.
Sánchez-Amaro, A. & Rossano, F. (2023). Comparative curiosity: How do great apes and children deal with uncertainty? *PLOS ONE 18*(5), e0285946.

Sandler, A. & Coren, A. (1981). Vestibular stimulation in early childhood: A review. *Journal of Early Intervention, 3*(1), 48–55.

Sandseter, E. B. (2010). *Scaryfunny – A qualitative study of risky play among preschool children.* Thesis for PhD at Norwegian University of Science and Technology Faculty of Social Sciences and Technology Management Department of Psychology.

Sandseter, E. B. H., Sando, O. J. & Kleppe, R. (2021). Associations between Children's Risky Play and ECEC Outdoor Play Spaces and Materials. *Int. J. Environ. Res. Public Health 2021, 18*(7).

Sangrigoli, S. & De Schonen, S. (2004). Recognition of own-race and other-race faces by three-month-old infants. *Journal of Child Psychology and Psychiatry, 45*(7), 1219–1227.

Schaal, B. (1988). Olfaction in infants and children: Developmental and functional perspectives. *Chemical Senses, 13*(2), 145–190.

Schäfer, G. E., Staege, R. & Meiners, K. (Hrsg.). (2010). *Kinderwelten – Bildungswelten: Unterwegs zur Frühpädagogik.* Berlin: Cornelsen Scriptor.

Schmidt, H. J. & Beauchamp, C. K. (1988). Adult-like odor preferences and aversions in three-year-old children. *Child Development, 59*(4), 1136–1143.

Schmitt, J., Rossa, K., Rüdiger, M., Reichert, J., Schirutschke, M., Frank, H. et al. (2015). Determinanten der psychischen Gesundheit im Einschulungsalter – Ergebnisse einer populationsbezogenen Untersuchung in Dresden. *Kinder- und Jugendarzt, 46*(6), 312– 325.

Schmuckler, M. A. (1996). Visual-proprioceptive intermodal perception in infancy. *Infant Behavior and Development, 19*(2), 221–232.

Schneider, K. (2020). Mit Lerngeschichten wachsen. Reflexionen – Ansporn – Entwicklungen. Weimar: Verlag das Netz.

Siegler, R., DeLoache, J. S. & Eisenberg, N. (2005). *Entwicklungspsychologie im Kindes- und Jugendalter.* Heidelberg: Spektrum Akademischer Verlag.

Simcock, G. & Hayne, H. (2002). Breaking the barrier? Children fail to translate their preverbal memories into language. *Psychological Science, 13*(3), 225–231.

Sims, A., Chounthirath, T., Yang, J., Hodges, N. L., & Smith, G. A. (2018). Infant Walker–Related Injuries in the United States. *Pediatrics, 142*(4).

Siraj-Blatchford, I. (2009). Conceptualising progression in the pedagogy of play and sustained shared thinking in early childhood education: a Vygotskian perspective. *Educational and Child Psychology, 26*(2), 77–89.

Siraj-Blatchford, I., Sylva, K., Muttock, S., Gilden, R. & Bell, D. (2002). *Researching effective pedagogy in the early years.* DfES Research Report 356. Nottingham: Department of Education and Skills.

Smith, L. & Yu, C. (2008). Infants rapidly learn word-referent mappings via cross-situational statistics. *Cognition, 106*(3), 1558–1568.

Sorce, J. F., Emde, R. N., Campos, J. J. & Klinnert, M. D. (1985). Maternal emotional signaling: Its effect on the visual cliff behavior of 1-year-olds. *Developmental Psychology, 21*(1), 195.

Spencer, C. & Blades, M. (1985). How children navigate. *Journal of Navigation, 38*(3), 445–453.

Spitzer, M. (2013). Wischen – Segen oder Fluch? Zu Risiken und Nebenwirkungen der neuen Art des Umblätterns. *Nervenheilkunde, 32*(10), 709–714.

Spitzer, M. (2015). Am Anfang war das Wort. *Nervenheilkunde, 34*(6), 466–468.

Spitzer, M. (2015). *Vorurteile loswerden? – Im Schlaf!.* Nervenheilkunde, 34(08), 650–652.

Stahl, A. E. & Feigenson, L. (2015). Observing the unexpected enhances infants' learning and exploration. *Science, 348*(6230), 91–94.

Strack, F., Martin, L. L., & Stepper, S. (1988). Inhibiting and facilitating conditions of the human smile: A nonobtrusive test of the facial feedback hypothesis. *Journal of Personality and Social Psychology*, 54, 768–777.

Steiner, J. E. (1979). Human facial expressions in response to taste and smell stimulation. In H. W. Reese & L. P. Lipsitt (Hrsg.), *Advances in Child Development and Behavior* (Bd. 13, S. 257–295). New York: Academic Press.

Stenger, U. (2001). Grundlagen der Reggio-Pädagogik: Das Bild vom Kind. In *Päd Forum, 3*, 9–14.

Stieve, C., Stenger, U., Zirves, M., Poliakova, A., Vitek, K., Rapp, L. et al. (2023). *Wie Raumqualitäten entstehen. Erfahrungsräume in Kindertageseinrichtungen.* Weinheim: Beltz Juventa.

Streeter, L. A. (1976). Language perception of 2-month-old infants shows effects of both innate mechanisms and experience. *Nature, 259*(5538), 39–41.

Streri, A. (2012). Crossmodal interactions in the human newborn: New answers to Molyneux's question. In A. J. Bremner, D. J. Lewkowicz & C. Spence (Hrsg.), *Multisensory development* (S. 88–112): Oxford University Press.

Streri, A., Coulon, M. & Guellaï, B. (2013). The foundations of social cognition: Studies on face/voice integration in newborn infants. *International Journal of Behavioral Development, 37*(2), 79–83.

Streri, A. & Spelke, E. S. (1988). Haptic perception of objects in infancy. *Cognitive Psychology, 20*(1), 1–23.

Sylva, K., Melhuish, E., Sammons, P., Siraj-Blatchford, I. & Taggart, B. (2004a). *The effective provision of pre-school education (EPPE) project: Final Report: A longitudinal study funded by the DfES 1997- 2004.* London: Institute of Education, University of London.

Sylva, K., Stein, A., Leach, P., Barnes, J. & Malmberg, L. E. (2011). Effects of early child-care on cognition, language, and task-related behaviours at 18 months: An English study. *British Journal of Developmental Psychology, 29*(1), 18–45.

Thiel-Bonney, C. & von Hofacker, N. (2012). Fütterstörungen in der frühen Kindheit. In M. Cierpka (Hrsg.), *Frühe Kindheit 0-3 Jahre. Beratung und Psychotherapie für Eltern mit Säuglingen und Kleinkindern* (S. 219–248). Berlin: Springer.

Thorndike, E. L. (1911). *Animal intelligence: Experimental studies.* New York: Macmillan.

Tomasello, M. (2020). *Mensch werden. Eine Theorie der Ontogenese.* Berlin: Suhrkamp.

Tomasello, M., Carpenter, M., Call, J., Behne, T. & Moll, H. (2005). Understanding and sharing intentions: The origins of cultural cognition. *Behavioral and Brain Sciences, 28*(5), 675–691.

Tomasello, M. & Hamann, K. (2012). *Kooperation bei Kleinkindern*: Max-Planck-Institut für evolutionäre Anthropologie.

Tomasello, M. & Zeidler, H. (2010). *Warum wir kooperieren.* (Vol. 36). Berlin: Suhrkamp.

Trehub, S. E. (1993). Temporal auditory processing in infancy. *Annals of the New York Academy of Sciences, 682*(1), 137–149.

Trehub, S. E. (2010). In the beginning: A brief history of infant music perception. *Musicae Scientiae, 14*(2), 71–87.

Tremblay, R. E., Japel, C., Perusse, D., McDuff, P., Boivin, M., Zoccolillo, M. et al. (1999). The search for the age of 'onset' of physical aggression: Rousseau and Bandura revisited. *Criminal Behaviour and Mental Health, 9*(1), 8–23.

Uniklinikum Würzburg. *Sehbehinderung und Blindheit.* Online unter https://www.ukw.de/augenklinik/schwerpunkte/kinderaugenheilkunde-strabologie-und-neuroophtalmologie/sehbehinderung-und-blindheit/ [02.02.2024].

Vicedo, M. (2013). *The nature and nurture of love: From imprinting to attachment in Cold War America.* Chicago: The University of Chicago Press.

von Hofsten, C. (2004). An action perspective on motor development. *Trends in cognitive sciences, 8*(6), 266–272.

von Hofsten, C. & Fazel-Zandy, S. (1984). Development of visually guided hand orientation in reaching. *Journal of Experimental Child Psychology, 38*(2), 208–219.

Vouloumanos, A., Hauser, M. D., Werker, J. F. & Martin, A. (2010). The tuning of human neonates' preference for speech. *Child Development, 81*(2), 517–527.

Weiss, M. J., Zelazo, P. D. & Swain, I. U. (1988). Newborn response to auditory stimulus discrepancy. *Child Development, 59*(6), 1530–1541.

Wertfein, M., Wirts, C. & Wildgruber, A. (2015). Bedingungsfaktoren für gelingende Interaktionen zwischen Erzieherinnen und Kindern. *Ausgewählte Ergebnisse der BIKE-Studie. IFP-Projektbericht, 27.* Online unter www.ifp.bayern.de/imperia/md/content/stmas/ifp/projektbericht_bike_nr_27.pdf. [22.12.2023].

Wertheimer, M. (1961). Psychomotor coordination of auditory and visual space at birth. *Science, 134*(3491), 1692–1692.

Wüstenberg, W. (1992). Soziale Kompetenz 1–2-jähriger Kinder. Krabbelstube als Teil des sozialen Netzes und ihr Beitrag für die soziale Entwicklung des Kindes. Dissertation. Frankfurt/M. In W. Wüstenberg & K. Schneider (2021), *ICH–DU–WIR. Wie Kinder in den ersten drei Lebensjahren ihre Beziehungen miteinander gestalten. Erkenntnisse aus Forschung und Praxis.* Berlin: Wamiki.

Wüstenberg, W. & Schneider, K. (2021). *ICH–DU–WIR. Wie Kinder in den ersten drei Lebensjahren ihre Beziehungen miteinander gestalten. Erkenntnisse aus Forschung und Praxis.* Berlin: Wamiki.

Wustmann Seiler, C. & Simoni, H. (2013). *„Bildungs- und Lerngeschichten" in der Schweiz: Umsetzungserfahrungen und Materialien.* Zürich: Marie Meierhofer Institut für das Kind.

Wygotski, L. (1987). *Ausgewählte Schriften. Band 2: Arbeiten zur psychischen Entwicklung der Persönlichkeit.* Köln: Pahl Rugenstein.

Wygotski, L. S. (1980). Das Spiel und seine Bedeutung in der psychischen Entwicklung des Kindes. In D. Elkonin (Hrsg.), *Psychologie des Spiels* (S. 430–465). Köln: Pahl Rugenstein.

Zelazo, P. D. (Hrsg.). (2013). *The Oxford Handbook of Developmental Psychology, Vol. 1: Body and Mind.* Oxford: Oxford University Press.

Zentner, M. R. & Kagan, J. (1998). Infants' perception of consonance and dissonance in music. *Infant Behavior and Development, 21*(3), 483–492.

Zentner, M. R. & Kagan, J. (1996). Perception of music by infants. *Nature, 383*(6595), 29.

Zimmerman, F. J., Christakis, D. A. & Meltzoff, A. N. (2007). Associations between media viewing and language development in children under age 2 years. *Pediatrics, 151*(4), 364–368.

Zmyj, N., Daum, M. M., & Aschersleben, G. (2009). The development of rational imitation in 9-and 12-month-old infants. *Infancy, 14*(1), 131–141.

Internetquellen

www.schau-hin.info. [07.01.2024].

Spiegel online (2014). *Skate Baby, skate!* Virales Video: Baby fährt Skateboard in Australien. Verfügbar unter: https://www.spiegel.de/video/virales-video-baby-faehrt-skateboard-in-australien-video-1536628.html [07.01.2024].

YouTube: *Stonekelly 3 year old Kahlei.* Verfügbar unter: www.youtube.com. Suche: 3 year old Kahlei [07.01.2024].

Bildquellenverzeichnis

© Max-Planck-Institut für evolutionäre Anthropologie: S. 160

Autorinnen: S. 61/1; 239/1; 239/2; 244/1; 244/2

Bauer; Agnes, Neu-Ulm: S. 6/3

Dach, Martina, Ulm (aufgenommen in der Städtischen Kindertageseinrichtung Kinder-Welt-Entdecker Ruländerweg 1/1, Ulm): S. 20; 22/1; 22/2; 22/3; 24; 26; 27/2; 29; 32/1; 38; 39; 41; 42; 53; 58; 78; 81; 91; 92; 93; 96; 111; 116; 119/1–5; 120/1; 120/2; 127/1; 127/2; 127/3; 140; 143; 144; 145; 147; 148; 149; 152; 156; 183; 188; 215; 221/1; 221/2; 222; 223/1; 223/2; 223/3; 247/3; 247/4; 253; 256; 257/1; 257/2; 260; 263

Evanschitzky, Petra, Stuttgart: S. 6/2; 247/1; 247/2

Galas, Elisabeth, Bad Breisig: S. 137

Hille, Katrin, Heilbronn: S. 6/1

KEYSTONE Pressedienst GmbH & Co. KG, Hamburg: S. 65/3

King, Warren, Horokiwi, Neuseeland: S. 77/1; 77/2; 87; 115; 117

Renate Alf Cartoonistin, Weimar: S. 209

Shutterstock Images LLC, New York, USA: S. 4 (mikiekwoods); 61/3 (Dinu Design); 97/1 (Ihnatovich Maryia); 240/1 (Dawn Hudson); 240/3 (Dawn Hudson)

stock.adobe.com: S. 28 (Sandy Schulze); 30/1–4 (Pixavril); 95/1 (poco_bw); 95/2 (famveldman); 97/2 (Stephi); 179/1 (doublebubble_rus); 179/2 (IconWeb); 179/3 (Annika Gandelheid); 240/2 (mizar_21984); 240/4 (K. C.)

Timm, Gabriele, Berlin: S. 113

Többe, Tim, Münster: S. 16; 23; 27/1; 34/1; 34/2; 35; 37; 46; 55; 60/1–4; 61/2; 64/1–4; 65/1; 65/2; 66; 72; 106; 110/1; 110/2; 115; 124; 125; 126; 132; 136; 139/1; 139/2; 146/1; 146/2; 158; 164; 173; 182/1–4; 196; 230

Stichwortverzeichnis